Début d'une série de documents en couleur

Couverture inférieure manquante

BIBLIOTHÈQUE
DE PHILOSOPHIE CONTEMPORAINE

SCIENCE
DE
LA MORALE

PAR

CH. RENOUVIER
De l'Institut.

NOUVELLE ÉDITION

TOME SECOND

PARIS
FÉLIX ALCAN, ÉDITEUR
LIBRAIRIES FÉLIX ALCAN ET GUILLAUMIN RÉUNIES
108, BOULEVARD SAINT-GERMAIN, 108

1908

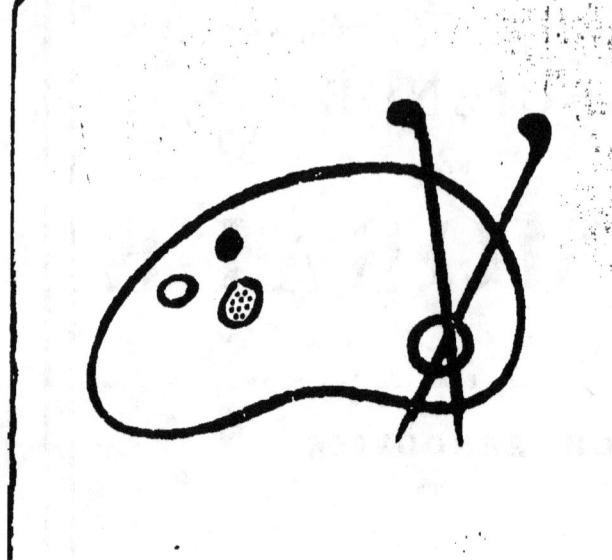

Fin d'une série de documents en couleur

SCIENCE
DE
LA MORALE

FÉLIX ALCAN, ÉDITEUR

AUTRES OUVRAGES DE M. RENOUVIER

Critique de la doctrine de Kant (publié par M. L. Prat). 1 vol. in-8°
de la *Bibliothèque de philosophie contemporaine*. . . . . . 7 fr. 50
Les dilemmes de la métaphysique pure, 1 vol. in-8° de la *Bibliothèque
de philosophie contemporaine*. . . . . 5 fr. »
Histoire et solution des problèmes métaphysiques, 1 vol. in-8° de la
Bibliothèque de philosophie contemporaine. . . . . 7 fr. 50
Uchronie, *l'Utopie dans l'histoire*, 2ᵉ éd. ; 1 vol. in-8°. . . . 7 fr. 50
Le personnalisme suivi d'une étude sur *la perception externe et sur la force*,
1 vol. in-8° de la *Bibliothèque de philosophie contemporaine*. . 10 fr. »

Essais de critique générale, 1ᵉʳ essai, logique, 2ᵉ édition, 3 vol. in-12. Au
bureau de la Critique philosophique. . . . . épuisé.
Essais de critique générale, 2ᵉ essai, psychologie, 2ᵉ édition, 3 vol. in-12.
Au bureau de la Critique philosophique. . . . . épuisé.
Essais de critique générale, 3ᵉ essai, principes de la nature, 2ᵉ édition.
2 vol. in-12. . . . . épuisé.
Introduction à la philosophie analytique de l'histoire, 2ᵉ édition entiè-
rement refondue. 1 vol. grand in-8°, Ernest Leroux, éditeur. . 12 fr. »
La philosophie analytique de l'histoire. 4 vol. in-8°. Ernest Leroux, édi-
teur ; le volume. . . . . 12 fr. »
Esquisse de classification des systèmes, 2 vol. in-8°. Au bureau de la
Critique philosophique. . . . . épuisé.
La Nouvelle Monadologie (en collaboration avec M. L. Prat). 1 vol. in-8°,
Armand Colin, éditeur. . . . . 12 fr. »
Victor Hugo, le poète, 1 vol. in-12. Armand Colin, éditeur. 3 fr. 50
Victor Hugo, le philosophe, 1 vol. in-12. Armand Colin, édit. 3 fr. 50

OUVRAGES DE M. LOUIS PRAT

Le Mystère de Platon : *Aglaophamos*, avec une préface de Ch. Renouvier.
1 vol. in-8°, 4 fr. (Félix Alcan, éditeur).
L'Art et la Beauté : *Kallikles*, 1 vol. in-8°, 5 fr. (Félix Alcan, éditeur).
La Fin du Sage : *Les derniers Entretiens de Ch. Renouvier*, 1 volume in-12
(A. Colin, éditeur).
La Nouvelle Monadologie (en collaboration avec Ch. Renouvier), 1 vol.
in-8° (A. Colin, éditeur).
Le caractère empirique et la Personne : Rôle de la Volonté en Psycho-
logie et en Morale, 1 vol. in-8° de la *Bibliothèque de philosophie contempo-
raine*. 7 fr. 50. (Félix Alcan, éditeur).

SCIENCE
DE
LA MORALE

PAR
CH. RENOUVIER
De l'Institut.

NOUVELLE ÉDITION

TOME SECOND

PARIS
FÉLIX ALCAN, ÉDITEUR
LIBRAIRIES FÉLIX ALCAN ET GUILLAUMIN RÉUNIES
108, BOULEVARD SAINT-GERMAIN, 108
—
1908
Tous droits de traduction et de reproduction réservés.

SCIENCE DE LA MORALE

PRINCIPES DU DROIT

LIVRE QUATRIÈME
LE DROIT SOUS LE CONTRAT SOCIAL

TROISIÈME SECTION
LE DROIT ÉCONOMIQUE

CHAPITRE LXXVIII
DU DROIT QUANT A LA PROPRIÉTÉ

Après les droits inhérents aux personnes comme telles, et qu'elles apportent dans la société vis-à-vis des autres personnes, après ceux qui les suivent dans les relations domestiques et qui, se liant à des devoirs particuliers, dépendent cependant d'une seule et même loi morale avec les premiers, il faut examiner les droits accessoires et néanmoins essentiels dont la matière est externe, à défaut desquels les personnes demeureraient comme suspendues sans appui au milieu des objets physiques de leur activité dans le monde, ou dans un état invincible de compétitions et de doutes, en tant que l'une d'entre elles s'attacherait à un objet qui pourrait convenir également à d'autres. Les fins naturelles de l'homme comportent l'usage ou la destruction de certaines choses extérieures, de plus, un travail qui est une action pour les modifier selon les besoins ; et il ne saurait procéder ainsi au moindre des actes nécessaires à la vie, sans ce qui s'appelle s'*approprier* un objet, se le rendre propre en manière telle que l'usage analogue qu'un autre en voudrait faire se trouve dès lors impossible. C'est l'idée la plus générale de la propriété.

L'idée du droit en général résulte de celle de la fonction, car la personne ayant besoin d'une appropriation quelconque pour atteindre ses fins, il est du devoir d'une autre personne de reconnaître à la première un droit quelconque de s'approprier des choses. C'est une conséquence immédiate de la loi morale qui nous oblige à regarder la personne d'autrui comme une fin pour elle-même, quelles que puissent être nos fins propres. On doit donc considérer la propriété, ou droit d'appropriation, comme une sorte d'extension de ce qui constitue la personne même ou le droit inhérent à sa nature; et la propriété, une fois déterminée, doit être inviolable au même titre que la personne dont elle est un développement externe.

Mais comment déterminer la propriété ? Juste en soi, comment la rendre juste encore en ayant égard à cette circonstance que l'appropriation de l'un est exclusive de l'appropriation de l'autre, portant sur un seul et même objet? ou comment faire pour diviser les objets en raison de la multiplication des personnes, et les leur partager en échappant à la loi naturelle des compétitions? Comment arriver en outre à ce résultat que les hôtes survenants de la terre ne rencontrent pas l'impossibilité d'une appropriation à leur profit dans le fait de l'appropriation acquise à leurs prédécesseurs ?

Ces questions impliquent l'idée sociale ; leur solution suppose le concept systématique d'une société d'êtres raisonnables qui procèdent à l'établissement des matières respectives de leur droit commun de propriété : c'est-à-dire que cette solution même ou son application possible conviennent à l'*état de paix* accompli, sont nécessairement troublées par l'*état de guerre*, et que le droit de défense intervient dans tous les règlements de fait auxquels on est conduit.

Commençons par dégager deux principes dont l'importance est d'autant plus grande qu'ils sont antérieurs à l'idée sociale parfaite et s'appuient sur la seule personne, en ne lui supposant d'autre rapport avec les autres qu'une conscience du juste commune à toutes, sans délibération et sans convention particulière aucune. C'est ce qui fait qu'on les a regardés souvent l'un et l'autre comme les derniers fondements de l'institution de la propriété. Mais il s'en faut qu'on les ait élucidés par les distinctions nécessaires. La double considération de la paix et de la guerre, de la société accomplie ou idéale, d'une part, et du droit de défense, de l'autre, conduit seule à l'éclaircissement véritable de ces principes.

Le premier est ce qu'on nomme le droit du *premier occupant*. Soit qu'il s'agisse d'un fruit cueilli et consommé sur l'heure, ou des autres appropriations immédiates, mais de nature à se prolonger plus ou moins, d'un objet qui n'est encore affecté à personne, soit qu'il s'agisse d'un instrument durable et permanent de travail, actuellement sans maître, l'homme que nulle convention formelle ou tacite ne lie, auquel nulle propriété antérieure à l'égard de cet objet et de cet instrument n'a été déclarée, doit se considérer suivant la nature et la raison, et doit de même être considéré par autrui comme propriétaire. La loi morale suffit à cela, telle que je viens de la rappeler. En effet, une personne a pourvu à ses fins; une autre personne la reconnaît fondée, puisque celle-ci, par hypothèse, n'a point d'appropriation rivale à faire valoir dont l'antériorité constituerait pour elle-même un droit semblable, et que nous excluons également la supposition d'une entente préalable, ne fût-elle que tacite, sur le partage des biens naturels entre des associés.

Le cas abstrait est donc très clair, en supposant du moins que l'occupant ne dépasse point, dans son acte d'appropriation, les limites visibles de son utilité et de ses prévisions, ce qui serait un abus manifeste, puisque la fin seule ici justifie le moyen. Envisageons maintenant, je ne dis pas seulement un acte de société formel, qui aurait l'avenir à prévoir et des conditions à mettre, dans l'intérêt de tous, à l'appropriation individuelle des objets qui ne se détruisent pas, à celle des instruments indispensables, tels que la terre ou l'eau, sur lesquels on ne saurait admettre que personne veuille abdiquer implicitement ses droits quelconques ; envisageons le simple concept indéterminé d'une société d'êtres raisonnables : nous pourrons encore et nous devrons reconnaître à chacun la propriété des objets meubles consommables, à usage de sa personne, que nul autre ne peut revendiquer à l'aide d'un titre de possession antérieure ; mais nous ne pourrons plus, nous ne devrons pas donner au droit du premier occupant une extension de nature à rendre impraticable à l'avenir l'usage des droits naturels des autres et à priver ceux-ci des moyens d'atteindre leurs fins. Ce résultat serait en effet directement contraire à la loi morale appliquée au concept social, et on aurait à le craindre, dans le cas où l'appropriation des objets de quelque nature et de quelque étendue qu'ils fussent serait reconnue sur les pures prémisses d'une occupation première utile à l'occupant.

Je dois avertir que je suppose ici le droit d'appropriation, ou propriété, emportant le droit d'user et de disposer de la chose appropriée suivant l'arbitre individuel ; non pas d'abuser, car l'abus jure avec le droit et la renonciation au devoir ne saurait être admise, mais d'employer, de conserver, de transmettre, à titre gratuit ou non, sans être lié par aucune obligation positive d'ordre général. C'est bien là, en effet, ce que signifie radicalement la propriété. On n'introduirait pas des conditions à cet égard sans limiter directement ou indirectement l'appropriation, et il importe peu ici que les bornes qu'on y mettrait s'appliquassent au fait même de s'approprier des choses ou à la manière plus ou moins étendue de se les rendre et de se les constituer propres.

Je ferai encore remarquer que, à ne pas sortir de

l'hypothèse du concept social pur et de l'*état de paix* où je me place, il ne serait pas sérieusement à craindre que l'appropriation, admise d'abord sans réserve et sur la seule base de l'occupation, eût pour conséquence la violation de la loi morale et la privation des associés de leurs droits naturels et des moyens d'atteindre leurs fins. L'hypothèse implique précisément le contraire, car elle implique la disposition égale de chacun à pourvoir en toute rencontre à ce qu'exigent indispensablement les fins des autres. Je veux donc seulement faire entendre que ce principe de la propriété ne serait point tenable, qu'il aurait pour effet ou la dissolution de l'association normale, la guerre, ou la recherche amiable d'une loi des appropriations qui fût de nature à réserver, dans l'exercice du droit actuel de l'un, la satisfaction possible des besoins de l'autre et, en général, le principe du droit commun à la propriété pour l'entretien de l'existence de tous. Mais il faut maintenant changer de point de vue.

Ce n'est pas la paix qui règne, c'est la guerre, encore que mitigée par l'idéal social et par la société de fait fondée sur des compromis. Il ne s'agit point d'une association dont tous les membres suivraient la raison, connaîtraient et pratiqueraient la loi morale de toutes leurs forces, aviseraient constamment de bonne volonté et par un accord de leurs arbitres, aussi formel que possible, à se garantir leurs fins individuelles et à travailler à leurs fins communes ; nous sommes dans un état de choses où chacun est forcé par le principe de sa conservation propre, et quelles que soient ses intentions pour autrui, à se défendre contre les entreprises des autres, et même sans cela, à s'entourer de garanties matérielles autant qu'il le peut, sachant bien qu'il doit compter principalement sur lui-même en tout ce qui lui est nécessaire. La société compatible avec cette manière d'être et de voir est une société bien imparfaite, mais qui respecte les situations acquises de ses membres, et par suite leur liberté : moins imparfaite en conséquence que si, n'étant pas plus spontanément morale qu'elle n'est, elle entreprenait vainement de confisquer leurs droits quelconques afin d'assurer l'accomplissement externe de leurs devoirs d'associés. Or le principe de l'occupation antérieure et comme première y gouverne on peut le dire tout, par l'établissement d'un droit positif consacrant un fait général. Ce fait consiste en ce que tout homme venant au monde trouve toutes choses à l'état d'occupation ou de revendication de la part de ceux qui l'ont précédé et qui l'entourent, et ne peut se faire place autrement qu'en s'appuyant s'il y a lieu sur les conventions particulières intervenues entre ceux-ci et sur les droits et devoirs particuliers de ses parents. Hors de là, l'*étranger* est censé ne lui rien devoir, et l'espèce de prescription reçue pour établir la légitimité de la possession exclusive acquise des biens ou instruments de travail n'est en partie autre chose que la déclaration du droit d'un premier occupant. Je dis en partie, afin de réserver une autre source de propriété dont il sera question tout à l'heure.

Sous ce point de vue, la propriété est l'apanage naturel d'une famille, non de certains hommes isolément, par la raison que les sentiments et les passions, d'accord ici avec des devoirs particuliers, avec une responsabilité particulière, assurent approximativement la conservation et la transmission de ce moyen de vivre dans les groupes ou associations élémentaires formés par les mariages. La garantie d'existence que la propriété comme idée générale représentait pour toute personne, reçoit de la sorte historiquement une grave atteinte, s'affaiblit, manque le but et se retrouve divisée en s'appliquant aux groupes responsables d'eux-mêmes et de leurs membres futurs, pendant qu'on abandonne, au moins en fait, l'idéal de l'association intégrale et parfaite. En revanche, un autre genre de garantie est obtenu, savoir une forme très efficace du droit de défense de l'homme à l'endroit des entreprises que ses semblables ou la société même, telle qu'elle est et dans l'état de guerre, dirigeraient contre son droit et sa liberté.

Droit de défense, c'est par ce mot qu'il faut terminer l'examen du principe du premier occupant. Imaginons en effet que le principe des possessions acquises soit contesté : la supposition est loin d'être arbitraire. On voudra donc assujettir par contrainte les hommes à d'autres devoirs que ceux qui s'accordent pour eux avec le droit acquis en matière de propriété. N'y pouvant arriver en provoquant l'entente commune pour modifier ce droit, par le fait on déclarera la guerre, auparavant latente. Le propriétaire menacé s'estimera dans l'état de défense, et non sans justice, s'il est vrai que la situation morale des hommes, d'ailleurs trop semblable à la sienne propre, ne lui permet pas de compter sur l'équité finale des tentatives de la force. La guerre aboutira à de simples déplacements, si ce n'est aux effets ordinaires de la réaction triomphante, nullement à la révolution du droit positif. Il est bien entendu que je pense ici à des entreprises radicales contre le mode général de distribution de la propriété, et non à ces guerres contre des abus particuliers, à ces réformes relativement faciles dont il y a des exemples dans l'histoire.

Faisons maintenant une autre supposition : admettons que grâce à des traditions, à des coutumes, à des croyances ou enfin à des circonstances spéciales on parvienne à substituer au principe du premier occupant et des droits acquis des familles celui d'une communauté qui se proposera de garantir et de réaliser les droits naturels égaux de toutes les personnes à l'appropriation des choses; alors rappelons-nous aussi que nous sommes dans l'état de guerre et comprenons-en bien les conséquences. La communauté, quels qu'en soient les règlements, qui voudra remplir cette condition usera de contrainte, ayant affaire à des hommes qui par hypothèse ne sont pas des justes, et aura pour maintenir et appliquer sa loi des chefs qui ne seront pas cela non plus. Mais concédons à l'utopie tout ce qu'elle demande, accordons qu'il y ait moyen de faire régner la loi sans les hommes ou sans les supposer meilleurs qu'ils ne nous sont connus, plus véritablement en paix par leurs volontés ; encore est-il que la loi de communauté qui partagera les biens partagera nécessairement les travaux et fonctions qui les procurent et les distribuent. Rendant toute responsabilité collective, au lieu que chacun agisse à ses risques et périls propres, elle avisera de manière ou d'autre à ce que nul ne puisse éluder ou négliger son devoir. En un mot, elle édictera les obligations et les fera remplir. Mais c'est dire que tous les devoirs humains mutuels seront extérieurement forcés et que l'autonomie de la raison sera violée. En voulant atteindre un but de moralité, on aura manqué à la première des fins, à la loi morale essentiellement. Et j'ajoute que le droit de défense naîtra aussitôt d'une telle situation, parce que chacun se sentira atteint dans sa liberté. Mais la défense alors, c'est le rétablissement de la propriété.

Continuons l'étude de la propriété en la rattachant à un autre principe. Celui-ci n'est pas moins juste et naturel que le premier, ni moins directement dépendant de la loi morale, quand on le voit en lui-même. Aussi est-il souvent invoqué. Mais il ne résout pas mieux les antinomies nées de l'*état de guerre*. En fait, il faut toujours revenir au droit de défense, quoi qu'on fasse. Je veux parler du droit de la personne à s'approprier exclusivement les fruits de son travail particulier.

Le fruit proprement dit est justement appropriable par une raison pareille à celle que j'ai exposée en parlant d'une première occupation ; car, toute personne étant admise par les autres à titre de fin pour soi, conformément à la loi morale, il faut qu'elle puisse pourvoir sans obstacle à cette fin en travaillant pour elle-même, ce qui implique la jouissance du produit pour elle qui se l'est procuré. Mais, de plus, ici le travail donne au fruit obtenu une sorte de consécration individuelle, un cachet de personnalité qui ajoute un caractère de propriété que portait un objet occupé en premier et nécessaire à la vie. Le vol au premier chef est l'acte qui dépouille un homme de ce qui sort ainsi de lui par le travail et de ce qui est et reste lui-même en quelque manière, puisqu'on ne donne pas ce nom aux attentats directs contre la personne et contre le corps.

On passe du fruit proprement dit à l'instrument du travail en considérant que l'instrument brut donné par la nature se transforme par une première œuvre, devient lui-même une sorte de fruit, le plus long souvent, le plus pénible à obtenir, et sans lequel on ne pourrait pas en faire naître d'autres. La raison exige que cette œuvre soit faite, que cet instrument soit ainsi transformé, la matière façonnée, la terre mise en valeur; et il arrive de là que la propriété des instruments se présente à nous comme fondée sur le droit de la personne à jouir des produits de son travail, et pour cela même à se les approprier avec la matière qui en fait le fond, et quoique productifs eux-mêmes et non directement consommables. Mais la raison humaine ne se borne pas là; elle a des effets que nous expliquerons en nous rendant compte de la formation du capital en général, de l'usage des échanges et de l'institution de la monnaie, représentative du capital échangeable.

En traitant de la morale comme science pure, ou sur des fondements abstraits et idéaux, par conséquent avant d'avoir expressément égard à l'*état de guerre* et au droit de défense, j'ai reconnu que la seule considération des erreurs et fautes possibles de l'agent raisonnable, la convenance morale de rendre ce dernier indépendant de la bonne volonté des autres dans les choses les plus indispensables à ses fins, et de lui accorder à cet effet des moyens suffisants de développer sa responsabilité particulière sans dépendre du consentement non plus que du travail d'autrui, en un mot les conditions de sa dignité et de sa liberté, exigeaient qu'il pût disposer à son seul arbitre d'une certaine sphère d'objets assemblés autour de lui sous le nom de propriété et adaptés à la poursuite ou à la jouissance de sa fin personnelle fondamentale. J'ai supposé, comme il le fallait sous ce point de vue, et sans me demander compte des moyens, que l'institution de sphères égales de ce genre aurait été faite de manière que l'état initial actuellement juste pût encore demeurer tel en visant les relations de famille, la multiplication des hommes et les circonstances prévoyables de l'avenir. C'est en m'appuyant sur une telle hypothèse, permise et même exigée par mon sujet comme je l'envisageais alors, que j'ai pu résoudre une première question théorique des droits et devoirs quant à l'assistance (V. chap. xxv).

Maintenant la même supposition se présente, mais avec ses difficultés qui naturellement s'accroîtront sans mesure aussitôt que nous aurons égard au droit de défense. Ajournons un moment la question de guerre et tenons-nous dans la théorie. Admettons donc que les agents moraux sont propriétaires, et qu'ils le sont sur les bases d'un état initial juste. Ils travaillent dans les sphères de leurs responsabilités personnelles, et ils ont droit aux fruits de leurs travaux et à ceux de ces fruits qui sont des instruments pour leur en procurer d'autres. Il a été reconnu par les économistes, avec beaucoup de vérité, que l'appropriation de la matière brute tendait, par le progrès du travail humain, à devenir un élément minime et presque incomparable auprès de l'appropriation fondée sur le travail qui transforme la matière. Nous pouvons donc, sans manquer à une généralité suffisamment approchée pour les raisonnements, considérer le capital, ou richesse accumulée, comme dû au travail et justement approprié à ce titre. Étant approprié, il est échangeable et transmissible gratuitement ou en diverses manières, à l'arbitre du propriétaire. Échangeable, il se représente par la monnaie, et la monnaie, richesse essentiellement meuble, universelle par convention, facilite les accumulations et les transmissions et devient un instrument essentiel du jeu de la liberté et de la responsabilité de chaque agent. Transmissible enfin, ce même capital, mobile et variable dans les familles selon leur multiplication, ou des unes aux autres selon leurs relations, modifiable à raison du travail bien ou mal dirigé, bien ou mal soutenu, ne tarde pas à se trouver réparti suivant des lois qui ne représentent presque plus en rien l'état initial et ne répondent point au but qu'on se proposait : celui de constituer à chaque agent une sphère de propriété pour la poursuite de sa fin personnelle fondamentale, le maintien de sa liberté, le développement de sa responsabilité propre.

Je ne m'occupe nullement ici des faits subversifs, et par exemple de la pression que les hommes peuvent exercer les uns sur les autres, à la faveur de la misère et de la guerre, pour réduire une partie d'entre eux à l'état de capital ou de choses, en violant la loi morale. Je n'ai pas même en vue le monopole des matières premières, telles que le sol, si ce n'est en tant qu'il résulterait de transmissions et de transactions formellement et séparément justes en partant des bases que j'ai posées. Mais il suffit de songer aux qualités diverses des hommes, aux suites nécessaires de leurs erreurs et de leurs fautes et à l'ensemble des faits naturels qui influent sur la valeur et sur les partages de leurs biens ; on voit clairement que leur solidarité, tant mutuelle qu'avec la nature, intervient pour une part prépondérante dans la situation que chacun d'eux peut devoir à ses propres déterminations libres ; en sorte que le but proposé à l'établissement théorique de la propriété est complètement manqué. Il l'est doublement quand on est obligé d'admettre que les usages établis pour l'exploitation de la propriété, les relations entre propriétaires et non-propriétaires ne sont pas ce qu'il faudrait pour permettre à ces derniers de récupérer les biens perdus.

Soit donc que l'on regarde en théorie sociale, et pour déterminer le fondement des appropriations, au fait radicalement juste d'une occupation première et à ses inévitables conséquences, soit qu'on prenne pour fondement le travail qui suit l'occupation, il se trouve toujours que l'institution de la propriété va naturellement contre sa fin. La communauté pure, organisée, est un régime de servage ; mais la propriété, qui est un régime de liberté, aboutit, par ses applications logiques, à la privation de propriété pour un nombre de ceux qui doivent y participer d'après le concept, et par suite encore au servage, ou la négation du premier principe de la société ; car il n'est plus pourvu à la puissance propre de chacun d'atteindre sa fin fondamentale.

Toutefois la solution de cette espèce d'antinomie ne saurait offrir la moindre difficulté dans la morale pure. D'une part, comme on suppose, sous ce point de vue, l'*état de paix*, la parfaite bonne volonté mutuelle de tous les agents moraux et associés, on peut dire qu'ils se trouveront toujours là pour remédier aux maux éventuels et restituer la justice en faveur de ceux d'entre eux qui ont eu à souffrir de la solidarité des fautes d'autrui, ou des accidents, ou enfin du développement imprévu de la loi elle-même. D'une autre part, en tenant compte des réflexions anticipées, de la prévoyance et des lumières de l'expérience, on admettra qu'ils chercheront les moyens d'introduire, dans cette loi de la propriété, des restrictions, des amendements, des modifications pour des cas prévus, en sorte qu'elle porte son correctif avec elle. Il peut y avoir pour cela des systèmes à juger, à comparer, des difficultés à résoudre : il n'y en aura pas d'insurmontables tant qu'on supposera des hommes également bien intentionnés et toujours prêts à établir entre eux, après délibération, une entente commune. C'est là l'idéal qu'il est toujours bon de se représenter. Mais les choses ne vont plus ainsi quand on se transporte dans les conditions qui suscitent le droit de défense.

Quelle que soit l'origine de la propriété, juste ou injuste, volontaire ou non, bien ou mal entendue, effet de la réflexion, de l'instinct ou de la violence, de la part de ceux qui en ont appliqué la loi pendant une première période, la propriété doit toujours présenter les caractères suivants pendant une seconde: premièrement, elle offre par le fait de sa distribution acquise des inégalités et des privilèges qui la rendent aussi peu juste en apparence, aussi contradictoire avec son principe, dans le cas où elle aurait été conçue et réglée primitivement d'une manière équitable, que dans celui où elle résulte de la guerre et se fonde sur la conquête. On sait assez que cette dernière hypothèse est la véritable, quoique entremêlée de la part de légitimité qui procède du travail et des conventions. L'autre, en sa pureté, n'est que de théorie. Secondement, un état défensif est constitué dans les personnes et pour les garanties d'existence des familles de ceux qui possèdent actuellement leurs instruments de travail, s'il est vrai que ceux-là ne sauraient suffisamment compter sur l'équité des revendiquants et la justice sociale, pour abandonner ce qu'ils ont, en échange de promesses dont nul n'est capable d'assurer l'exécution. Que sera-ce donc si, au milieu d'un flux d'opinions et de passions contradictoires, ils entendent retentir encore plus de menaces terribles que de belles promesses!

Il importe peu à ce moment que l'origine de la propriété soit légitime ou illégitime en fait. Légitime en essence, elle l'est. Le crime, s'il y eut crime, doit être l'objet d'une prescription, attendu que sans prescription il n'y a moyen ni d'amener un état de choses tolérable, ni de faire régner ce qu'il est possible encore de paix entre les hommes. La défense de chacun en son bien est sa liberté même. L'attaquer dans la garantie qu'il tient de l'établissement des choses, c'est menacer cette liberté et probablement celle de tous, sans pouvoir prescrire aux occupants de la propriété des devoirs formels qui tomberaient devant la nécessité de leur conservation personnelle. Le crime, si l'on veut qu'il y ait toujours crime, est un mal solidarisé par la coutume, le consentement général implicite, la masse des contrats particuliers; on ne pourrait y remédier que par un autre consentement et des mesures universelles. Mais la société n'a pas la vertu et n'a pas même la force de régler à nouveau les relations fondamentales de ses membres. Y parviendra-t-elle jamais, ce sera par des moyens de paix, non de guerre, car il y a contradiction à attendre de la violence la paix, et de la contrainte, ce qui, selon l'hypothèse idéale, doit résulter de l'accord libre et raisonnable de tous.

Loin d'éluder ici la question du droit et du devoir de la personne, il faut la présenter sous la forme la plus vive. Représentons-nous d'un côté une personne, une famille prospères à qui rien ne manque de ce qui peut garantir leur conservation, plus que cela, à qui le capital accumulé fournit les moyens de vivre sans travail, à la faveur des conventions que la coutume autorise et dont nous examinerons le droit dans la suite. De l'autre côté sont des hommes à l'état de nudité, pour ainsi dire, dénués de toutes ressources actuelles pour vivre, et même de tout instrument propre à employer utilement leurs forces. Ces derniers se fondent sur le concept de la société des êtres raisonnables, de cette société dont tous les membres doivent reconnaître à chacun le droit d'atteindre sa fin personnelle, et, se trouvant liés avec lui par l'existence d'une communauté de fins et de travaux, doivent aussi non seulement le respecter, mais l'aider au besoin dans l'établissement de sa sphère propre. Ils se fondent encore sur la loi morale du travail, qui exige avec justice de tout associé une part d'efforts dans l'intérêt de tous, correspondante aux biens que le travail présent et passé de tous lui a procurés; et ils revendiquent leurs droits à la propriété, à tout le moins dans la limite des moyens indispensables de l'existence. L'un de ceux qui présentent la revendication, car il faut bien préciser les termes de la question, est je suppose irréprochable personnellement; on ne saurait lui objecter sa responsabilité et le mauvais usage qu'il a fait de la juste part que l'ordre des choses dont il se plaint lui avait donnée. Mais toute revendication implique des personnes auxquelles elle a trait nécessairement et qui doivent y faire droit. A qui va donc s'adresser l'homme dont je parle ? Est-ce à la société dont il invoque le principe, est-ce à ceux de ses semblables que j'ai représentés dans l'opulence ?

La solution du problème serait relativement facile dans un cas simple, élémentaire qu'on a quelquefois envisagé ; mais l'utilité n'en est pas grande ; il est bon seulement de s'en rendre compte pour éclaircir autant que possible toutes les parties de notre sujet. On imagine un homme isolé, seul et maître dans une île déserte, par exemple, où son travail suffit à ses besoins et laisse même un excédent qui est richesse ; puis un hôte survenant, un naufragé nu qui n'ayant en commun avec le premier que la qualité d'homme, ne lui étant lié antérieurement en aucune manière, néanmoins réclame de lui les moyens de subsister. En pareil cas, excluant toute idée de crainte fondée, d'où naîtrait pour le propriétaire un droit de défense ; admettant, comme je le fais par hypothèse, que le nécessaire demandé par le nouveau venu n'a point à s'imputer sur les ressources indispensables à la stricte conservation du premier, car autrement celui-ci serait en demeure de *mériter*, non d'accomplir un *devoir de justice*, un devoir proprement dit ; remarquant que la nature raisonnable commune à ces deux êtres moraux, et leurs passions sympathiques les placent dans une situation du genre de celles où deux hommes quelconques seraient supposés s'être rencontrés pour la première fois, abstraction faite de tout rapport de famille ou de convention et de toutes passions antérieurement développées : il est clair que les causes morales de la formation du lien social existent, tant du côté de la raison que de celui des sentiments ; et comme l'un des contractants manque par le fait des moyens de vivre dont l'autre abonde, tandis que l'idée mère de la société des êtres raisonnables consiste en ce que chacun est une fin pour lui-même et doit posséder les moyens de cette fin, par l'aide d'autrui, s'il en est besoin et s'il est possible, la question se résout enfin par poser le devoir du maître de l'île d'admettre le naufragé au partage de ses biens suivant une loi et sous des conditions quelconques, mais qui ne mettent point la loi morale en danger dans leurs relations.

On voit que l'assistance ne suffit même pas pour épuiser le contenu du devoir dans le cas proposé, mais qu'il faut en outre arriver à l'idée d'une distribution des biens et notamment des instruments de travail. On nierait sans cela, ou les premiers éléments de l'idée sociale, ou que ce fût un devoir des êtres raisonnables envers eux-mêmes de réaliser l'idée sociale qu'ils trouvent dans leur raison aussitôt qu'ils entrent en relation réciproque (voir chap. XIV et XXI). Mais ce cas de deux hommes et d'une île où ils sont libres et seuls diffère profondément de celui d'une société où la responsabilité personnelle et la solidarité ont eu leur jeu entre un nombre d'hommes considérable. Ici, la même idée sociale existe sans doute, est objet de la raison dans sa pureté, et les passions aussi la revendiquent contre d'autres passions qui l'ont violée, contre des coutumes où désormais une part de fatalité entre. Cette idée, que les faits masquent sans l'étouffer jamais complètement, des *naufragés* comme celui dont nous parlions la dégagent et l'exposent menaçante au milieu des foules pressées de population d'un continent tout occupé. Mais, encore une fois, à qui vont-ils adresser leurs revendications ? A la société de fait, qui n'est point la société idéale ? Aux personnes particulières qu'ils pensent pouvoir les satisfaire ? Auxquelles de ces dernières, quand elles peuvent se renvoyer le devoir les unes aux autres, le répudier séparément chacune, l'accepter collectivement peut-être, mais alors pour une collectivité assurément irréalisée, si ce n'est irréalisable.

Puisque le droit revendiqué suppose des personnes à l'égard desquelles il est revendicable, savoir des personnes déterminées, assignables, il est manifeste que le droit idéal et primordial de propriété inhérent à toute personne ne reste ou ne devient un droit effectif, un *crédit* défini qu'autant qu'il correspond à un *débit* également défini et fixé. La société de fait n'est pas ce débiteur, car elle n'a point cette pleine existence collective et cette qualité représentative de ses membres qui lui permettraient de répondre pour eux tous et d'agir efficacement en leur nom et par des moyens de paix. La société idéale est celle qui répondrait de la dette ; il ne lui manque pour cela que d'exister. Les politiques qui ne voient point le vrai problème moral, et qui se flattent de résoudre la question sociale au moyen d'une révolution dont le principe serait la responsabilité réelle de la société envers ses membres, sont des logiciens qui prennent pour accordé le point même qu'il faudrait et qu'ils veulent obtenir. Victimes de la commune illusion des philosophes, en ce qu'ils attribuent la réalité à une idée de cela seul qu'ils la conçoivent, et cela dans le moment même où, demandant qu'on la réalise, ils constatent qu'elle n'est point réalisée, on ne peut, il est vrai, leur reprocher le désir ni la tentative, s'ils ne proposent que de justes moyens ; bien plus, leurs efforts, dans ce cas, sont louables ; mais ils sont enfermés dans un cercle vicieux, parce que la société réclamée devrait exister déjà pour pouvoir devenir : je veux dire, exister en vertu des dispositions morales et de l'entente générale des personnes, laquelle représente un concept identique, soit qu'elle fonctionne en manière d'une telle société, soit qu'elle fonctionne pour la rendre possible et la réaliser. Et comment sortir du cercle ? La violence ne saurait produire des fruits de paix. C'est de plus se contredire que d'y recourir ici ; c'est précisément établir par le fait la non-existence des conditions que suppose l'œuvre à accomplir.

Je continue à m'occuper exclusivement du problème moral, et je conclus que les personnes privées sont ici les seules à qui il soit juste et possible d'imputer des devoirs. Comment les leur imputer maintenant ? Nous les trouvons à l'état de division, et de plus à l'état de défense, comme je l'ai expliqué. L'opposition de la justice de l'un et de l'injustice de l'autre, en termes vulgaires, l'impossibilité de chacun de compter suffisamment sur les actes et même sur la simple bonne volonté d'autrui, interdit tout parti pris décisif à quiconque aurait la pensée de s'avouer isolément responsable et de payer sa dette, car on se regarde aussi comme en droit de veiller à sa conservation personnelle, et comme obligé de se réserver les moyens de faire face à ses engagements positifs et de remplir des devoirs nés de la loi et de la coutume. Le devoir collectif idéal ne peut donc pas avec justice incomber solidairement à la personne individuelle. Loin de là, l'établissement de la propriété paraît encore plus nécessaire à la société de fait, ou dans l'*état de guerre,* qu'il ne l'est à la société rationnelle, que j'ai considérée comme conduite à l'adopter par le besoin de partager les responsabilités et d'accorder aux individus des moyens propres d'atteindre le principal des fins individuelles.

La propriété, sous ce point de vue définitif du droit de défense, est un moyen d'indépendance personnelle, une liberté, un droit général de résister aux revendications non fondées sur des droits positifs ; et ce moyen suppose alors l'emploi de la contrainte au besoin, de la force, pour repousser les tentatives de ceux qui voudraient faire table rase au détriment des contrats et de ce qu'il entre de paix dans l'ordre social. C'est en ce sens une forme régularisée de la guerre, comme c'en fut un effet quant aux distributions actuelles ; mais c'est en même temps une forme de paix, grâce à l'acquiescement et à la coutume ; c'est, dans ce mélange de guerre et de paix qui compose les relations humaines, une garantie telle quelle du premier des biens, la liberté des personnes, et quelque chose encore en outre, une méthode historique de progrès social dont l'efficacité est prouvée par l'expérience. En effet, d'un côté, l'insuffisance de la richesse générale en tout temps, ou l'abondance corrélative des populations, rend l'organisation de la défense personnelle plus nécessaire, en même temps que les suites prévues d'un partage égal des biens, s'il était possible, sont dès lors plus douteuses ou moins séduisantes ; et, d'un autre côté, le monopole du capital, si l'on veut le qualifier ainsi, mais disons plutôt l'intérêt direct de travail et d'administration créé aux propriétaires des instruments de travail par le fait même de l'appropriation, leur liberté, leur sécurité ont contribué à l'enrichissement général dans une mesure énorme, et cette loi ne semble pas pouvoir être remplacée par une équivalente, en l'état moyen actuel de moralité des hommes.

Il n'est pas moins vrai que le droit de défense, réalisé en faveur des propriétaires, a pour contre-partie la négation de la propriété aux autres, par l'effet seul du développement de l'institution ; ajoutons et des règlements touchant les loyers et les salaires, dont nous aurons plus tard à examiner l'équité. De là naît pour les non-propriétaires un droit aussi, un droit quelconque que l'on peut également appeler de défense, si ce n'est d'agression, et nous revenons toujours à signaler dans l'économie de la propriété une contradiction fatale. Nous avons vu que les devoirs correspondants à ce droit ne pouvaient être simplement et rigoureusement définis en des personnes vis-à-vis desquelles il fût revendicable. Est-ce à dire maintenant que tout devoir personnel à cet égard s'évanouit, que le droit rationnel tombe faute de détermination possible, et qu'on ne saurait imaginer ni réformes sociales ni justes moyens de les accomplir ? Je répondrai à cette question en étudiant les devoirs transformés qui incombent à l'agent moral au point de vue de l'*état de guerre* et sous le régime de fait de la propriété.

En terminant ce chapitre, il ne sera pas inutile de remarquer la solution qui s'en déduit pour une question souvent controversée. On se demande si la propriété est de droit naturel ou de droit positif. Voici ce qu'il faut répondre : La propriété paraît tout d'abord être de droit naturel ou rationnel, c'est-à-dire fondée sur la nature morale de l'homme, en tant qu'on se réfère au concept général de l'appropriation, à la souveraineté pure de l'agent raisonnable sur les choses, lesquelles ne peuvent lui constituer des rapports de justice, aux conditions de sa liberté vis-à-vis des autres agents semblables, et aux droits que créent l'occupation et le travail, pour ceux qui occupent et travaillent, envers ceux qui n'ont pas de droits antérieurs du même genre au même endroit.

Mais on peut dire également et sans changer de point de vue que la propriété est essentiellement de droit positif, ou fondée sur une convention. En effet, la société des agents raisonnables que je considère est toute de contrat formel, non moins que de nature et de raison. La justice doit s'y affirmer, s'y dégager dès le premier moment, puisqu'il s'agit d'agents qui réfléchissent et délibèrent entre eux pour se mettre d'accord en toutes choses, soutiennent les uns avec les autres des relations de droit et de devoir et les rendent positives de naturelles et rationnelles qu'elles étaient, à l'instant où ils se reconnaissent obligés. En un mot, la convention ne se sépare pas de la nature raisonnable, dans l'hypothèse. Mais il y a plus : la raison et la convention ne sont ici fondées que sur la nécessité de garantir à chaque associé les moyens d'atteindre ses fins propres sans dépendre d'autrui en telle manière que la loi morale soit violée. Si donc cette nécessité cessait d'apparaître, si les agents, sûrs d'eux-mêmes, d'eux tous, de leurs intentions et de leurs œuvres, pensaient pouvoir atteindre le même but par une méthode autre que l'institution de la propriété, ils seraient libres et ne laisseraient pas d'être justes en formant une autre convention. On voit que la propriété, sous cet aspect, est encore plus conventionnelle qu'elle n'est naturelle.

Ce point de vue est entièrement renversé quand il s'agit de l'*état de guerre* et des conditions humaines de l'histoire. Tout d'abord la propriété paraît être de droit positif : c'est bien telle que la trouve tout homme entrant dans l'humanité par la naissance ; et il suffit de réfléchir au fait de sa distribution inégale, à l'impossibilité où plusieurs se trouvent de se procurer les instruments de travail, au but manqué, s'il était vrai que la propriété fût d'institution naturelle et rationnelle, c'est-à-dire destinée à assurer à chacun des moyens indépendants d'atteindre le principal de ses fins propres ; il suffit, en un mot, de comparer la pratique à la théorie pour s'assurer, quelque opinion qu'on ait des origines sociales, que le fondement actuel du droit d'appropriation est la loi, savoir une convention plus ou moins vicieuse en ses formes, plus ou moins imposée, d'ailleurs introduite par de puissants motifs, il n'importe, mais enfin qui est loin de satisfaire pleinement aux conditions de la nature, suivant la raison.

Mais envisageons plus directement l'homme dans l'*état de guerre* où il est, et dont nous avons vu que la propriété actuelle est une expression, en tant que droit de défense. Les biens qui lui sont appropriés sont la garantie de son indépendance et de sa liberté, toujours menacées. Le droit de défense est fondé en nature et en raison, supérieur à toute convention ; les garanties qui en font partie, dès qu'elles sont acquises, les biens acquis à chacun en vertu des précédents sociaux se posent en conditions effectives de ce droit naturel ; l'occupation, le travail qui après tout se joint communément à l'occupation dans beaucoup de sociétés, placent le propriétaire dans une situation analogue à celle qu'il aurait en théorie dans une société commençante, avec cette différence qu'ici l'imperfection de la société et la guerre lui rendent le devoir moins clair, plus difficile, impossible même sans porter atteinte à son droit qui change de forme. Que sera-ce maintenant si des conventions telles quelles, mais les seules qui existent viennent sanctionner le droit de défense ? Il est clair que la loi ajoute sa force à la force de la nature, mais on voit que la propriété, considérée dans l'*état de guerre*, est encore plus naturelle qu'elle n'est conventionnelle.

Il est temps de se rendre compte des devoirs qui subsistent dans un tel état de choses, et dont l'accomplissement pourrait seul le modifier.

CHAPITRE LXXIX.

DROITS ET DEVOIRS SOUS LE RÉGIME DE LA PROPRIÉTÉ

Encore que la propriété puisse être établie, comme on l'a vu, sur de justes fondements et passer pour une institution de la société rationnelle, il n'est pas moins vrai que telle qu'elle est, ou dans l'*état de guerre*, elle est assimilable à ces coutumes et à ces lois injustes à l'égard desquelles, une fois instituées, j'ai eu à rechercher les droits et les devoirs de l'agent moral, qui ne peut les changer de lui-même et de lui seul, mais qui dispose d'une action quelconque pour les modifier et doit se proposer des règles de conduite pendant qu'elles sont ce qu'elles sont. L'analyse sera donc semblable à ce qu'elle a été relativement aux autres problèmes, et les solutions seront analogues. Il sera facile d'abréger.

Mais quand il s'agissait de l'esclavage, par exemple, une institution de tout point condamnable, la question se terminait aux règles proposables à la personne en ce qui dépend d'elle, et, en ce qui ne dépend pas d'elle seulement, aux règles pour subir un mal existant ou pour y échapper. Quand c'est de la propriété qu'il s'agit, outre les règles applicables à un état de choses donné qui a ses abus, il faut chercher quels moyens généraux sont disponibles pour passer de l'appropriation abusive à l'appropriation rationnelle, ou justement répartie ou compensée. Cette question nouvelle n'est de mon sujet qu'autant qu'elle touche à la morale et au droit; mais je ne saurais l'éviter dans cette limite.

Récapitulons l'état de choses d'où je pars. La propriété existe et constitue une garantie de juste indépendance et de liberté pour ceux qui possèdent, un moyen d'atteindre le principal de leurs fins propres sans dépendre de la bonne volonté d'autrui plus que douteuse, un droit de défense contre les entreprises des autres ; j'ajoute contre les conséquences prévues de leurs vices dans l'administration de leurs biens particuliers ou publics et à l'égard du commun devoir de travailler. D'un autre côté, la société comme elle est semble établie en négation des droits pareils d'une partie des associés. Ceux-ci, qui ne devraient répondre que de leurs œuvres, sont, par le fait de la non-propriété où les destine leur naissance, victimes des iniquités passées et solidaires des vices, des fautes et des malheurs d'autrui, ceci tout au moins dans la sphère de la famille, pour n'aller pas chercher plus loin, comme si la famille était tout pour eux, la société rien, quand ils en sont nécessairement membres et qu'elle occupe le sol où ils naissent et leur impose toutes sortes de devoirs. Voilà le droit de défense retourné et passé sous une forme nouvelle et subversive du côté de ceux qui, ne pouvant l'assumer sous la forme de la propriété, se trouvent dépourvus des garanties essentielles qui leur appartiendraient en vertu de l'idée sociale. La guerre sourde que suppose une distribution si inégale, et que mitigent différentes lois acceptées, un droit positif reconnu, peut éclater avec furie au moment où l'injustice et les douleurs de la situation forcent l'esprit des déshérités de l'ordre social à se tourner vers l'idée pure.

La question se pose donc entre le droit rationnel, tenu pour absolu, toujours valable et revendicable pour la liberté, et le droit positif coutumier ou légal, qui a pour lui l'autorité et au besoin la force. La revendication est impossible à déterminer en fait, faute d'application rigoureuse à des personnes définies, comme je l'ai fait voir. Le pire qui pût advenir serait l'acte de revendication téméraire et violente qui aurait pour effet la guerre et ne mènerait pas à la paix, et, dans l'hypothèse improbable où il ne confirmerait pas la propriété dans les mains de ceux qui la tiennent, où même il ferait plus que de la déplacer et parviendrait à l'abolir, produirait cet inévitable résultat de détruire toute liberté sans rendre les hommes en rien plus capables d'introniser une autorité juste. Il faut donc subir ce qui est, quel qu'il soit, dans une certaine mesure, et dans une certaine mesure aussi, travailler à le modifier. Les différentes oppositions que j'ai énumérées ailleurs jettent nécessairement le trouble dans la conscience de l'agent moral suspendu entre les faits et l'idéal, l'autorité et la liberté, la passion et la raison, l'utilité et les fins rationnelles. Mais c'est du milieu de ces difficultés mêmes que ressortent pour lui des règles de conduite.

La morale résout le problème en général, en attribuant aux personnes l'intégrité du droit abstrait d'abord, puis le droit aux moyens d'en suppléer la revendication concrète et d'en obtenir la reconnaissance par autrui, sous la seule condition que ces moyens soient : premièrement, conformes au devoir envers soi-même et envers les autres, à la prudence et à la justice, et autant que possible au droit positif même dont il s'agit d'amener la modification, attendu que le respect de la forme de ce droit est un bien très grand, difficile à remplacer; secondement, que l'agent les juge en conscience propres à satisfaire aux conditions de possibilité et d'utilité effective, eu égard aux fins qu'il se propose. La fixité de l'esprit dans la représentation de l'idéal est d'ailleurs un précepte qui domine ces règles, mais dont l'observation doit s'allier avec la sagesse, avec la connaissance et l'appréciation impartiale des faits auxquels s'applique l'action.

Il s'agit ici de fins qui ne dépendent pas de l'agent seul, et c'est ce qui explique l'intervention du principe d'utilité, comme dans les questions analogues que ne saurait trancher l'autonomie de la raison. Remarquons maintenant que le possible et l'utile peuvent en conscience, dans certains cas, s'attribuer à des moyens de contrainte ou de force ouverte destinés à introduire des réformes dans un régime injuste de la propriété. Que de tels cas se rencontrent pour des entreprises dirigées contre l'institution même, ni la réflexion ni l'expérience ne permettent de le croire, et nous avons vu que les fins qu'on voudrait ainsi atteindre sont contraires à la liberté. Mais il en est autrement des tentatives qui ne menacent que des abus et des privilèges. Le fait et l'issue de certaines révolutions prouvent que le recours à la force peut alors être quelquefois efficace. Je n'examine pas si des moyens plus légitimes en soi ne seraient pas aussi plus sûrs. En morale pure, on devrait affirmer qu'ils le seraient, et nul ne peut contester que, en fait, les autres ne soient très dangereux. Mais je traite des questions de droit, et celle du droit révolutionnaire se présente quand les prémisses que j'accepte impliquent l'*état de guerre* et placent le droit de défense du côté de ceux qui tentent les voies de contrainte pour obtenir justice.

Le droit révolutionnaire est un droit rigoureux qui n'est pas niable selon les principes que j'ai posés et dans les conditions d'injustice où je suppose les personnes. Mais si l'on veut réfléchir un moment à ce que c'est que juger et prononcer en conscience, connaître les faits et les apprécier, agir avec prudence, observer avec scrupule les ménagements qu'exigent les droits positivement acquis et la conscience d'autrui; si l'on veut se bien rendre compte des dangers des procédés révolutionnaires, j'entends ici relativement aux fins même que l'on poursuit en les employant; penser à l'extrême difficulté de réunir un nombre suffisant d'hommes sûrs, et d'accord entre eux et constants dans une action commune; si l'on se représente comme il faut la somme d'incertitude et de désordre que comportent ces bouleversements où la liberté promise au droit est usurpée par l'ambition, l'envie, l'intrigue et tous les attentats, où ceux qui veulent le bien ont souvent des motifs vicieux et ceux qui veulent le mal en affectent de louables, les uns et les autres ne sachant bien d'ordinaire ni ce qu'ils veulent, ni ce qu'ils sont eux-mêmes, où enfin les plus justes mesures sont réduites à revêtir la forme du crime; si l'on songe à tout cela, on trouvera sans doute que le précepte prescrit par la morale au droit révolutionnaire a beaucoup de force et de portée, que la possibilité et l'utilité réelle des moyens est rarement claire quand il s'agit d'user de violence, et qu'il n'y a pas si loin qu'on pourrait croire des théories qui refusent le droit d'insurrection contre un ordre établi, dans tous les cas possibles, à la morale appliquée plus réelle qui maintient le droit issu de l'état de guerre en le soumettant au devoir.

J'ai donné ailleurs des définitions de l'esprit conservateur, de l'esprit révolutionnaire, et de leurs vices ; j'ai analysé la notion des moyens utiles et son rapport à la morale pure ; et posant, à propos de l'esclavage, le principe de l'obligation de conformer les faits et les institutions à la raison, j'ai distingué entre les devoirs dont l'objet complexe dépend de personnes autres que l'agent et ceux dont l'accomplissement ne dépend que de lui (V. chap. LXXII). Ces derniers devoirs ont dû se présenter avec un caractère absolu. En effet, la relation du maître et de l'esclave (ou du serf) étant une relation directe de personne à personne, où la loi morale est violée au premier chef, l'affranchissement est un devoir individuel qui ne se peut éviter, dès que la conscience est éclairée. Il en serait encore ainsi, dans l'ordre de la propriété, de la relation entre le riche et le pauvre (dénué des moyens de vivre et de travailler), si elle existait simplement et séparément entre eux, comme dans le cas de l'île déserte examiné plus haut. Nous avons vu combien nettement interviendrait alors l'idée sociale, et que, pour y satisfaire, la personne de l'occupant n'aurait pas seulement à respecter celle du naufragé, aux termes d'une justice prohibitive de certains actes, mais encore à le secourir et à lui procurer cette part de propriété essentielle à l'obtention des fins d'une personne quelconque. Mais, dans le présent cas, l'occupant est en face d'un nombre indéfini de personnes dénuées dont le droit, quel qu'il puisse être, est identique à son égard. Modifier leur condition d'une manière générale, c'est ce qui ne dépend plus de lui seul ; renoncer à ses biens, à ses garanties propres, à sa liberté, pour soulager tout ce qu'il pourra matériellement d'infortunes et à l'aide d'une distribution arbitraire d'ailleurs, c'est sacrifice et ce n'est pas justice. D'une part, il est ordinairement obligé à d'autres endroits, par des devoirs positifs inéluctables et par des engagements particuliers (V. chap. XXIII); d'une autre, il n'est pas même clair pour lui que l'emploi direct de ses moyens en faveur de ceux qu'il veut secourir soit plus utile à l'amélioration et à l'avancement de leur classe que ne l'est tel autre sage emploi conforme à l'économie sociale. Au contraire, si le sentiment incline à donner et à assister, la raison porte plutôt à prêter, c'est-à-dire à commanditer le travail par le capital. Seulement, nous pouvons remarquer incidemment que l'utilité et par suite le devoir interdisent sous ce point de vue l'usage improductif de la richesse, l'encouragement de ces travaux de luxe, avantageux sans doute à ceux qui les font, mais non pas plus avantageux que d'autres travaux qui serviraient à tous en augmentant la totalité de l'avoir utile. Ce n'est pas qu'il ne faille accorder ici quelque chose à l'art, à ses manifestations individuelles, par conséquent à une partie des productions humaines qui portent le nom de luxe. L'utilité, en un sens élevé, n'en est pas douteuse. Là aussi est une branche de l'idéal que l'humanité poursuit. Dans quelles limites faut-il en enfermer la satisfaction, au regard de l'utilité stricte et matérielle et en présence de tant de dénuements? C'est une question d'appréciation consciencieuse.

Je conclus des considérations précédentes que le devoir, en ce qui dépend de l'agent seul et relativement aux abus de la propriété, est un devoir de bonté plutôt que de justice, et que la justice en restreint nécessairement les applications (V. chap. XXII et XXV). Il ne saurait avoir pour objet que des personnes choisies parmi toutes celles qui peuvent faire valoir des titres semblables. Il a donc pour nom l'assistance, pour mesure naturelle les bonnes passions, pour motifs déterminants les rencontres de la vie. Il n'est pas possible de le définir d'une manière générale et rigoureuse. Il peut s'appliquer imprudemment et témérairement, ou au détriment de devoirs plus impérieux dans l'espèce ; il peut être nuisible à ceux qu'il veut servir ; presque toujours insuffisant à sa tâche, il a quelque chose d'arbitraire ; et cependant il peut, dans certain cas, produire des biens particuliers immenses et que l'agent placé dans certaines circonstances est fondé à croire incomparables. Enfin, quelques-uns de ces cas sont tels, que la personne de qui l'assistance est réclamée sera jugée coupable en la refusant. C'est que le devoir positif n'est pas tout, et que nous sommes d'accord à chercher un grand fonds de responsabilité chez l'homme qui pèche du côté des passions, obéit aux unes, est insensible aux autres, non moins que chez celui qui viole la loi morale par une injustice actuelle.

Mais ce qui domine la question de l'assistance individuelle, c'est que l'œuvre en implique logiquement ce même droit de propriété, d'usage indépendant, sans correctif, de la propriété, dont les conséquences ont amené l'état de choses auquel il s'agirait d'apporter remède. Il est manifeste qu'aussitôt qu'on voudrait la regarder comme un devoir formel correspondant à un droit de l'assisté, elle ne paraîtrait par là même qu'un devoir palliatif, né du fait de la violation d'un devoir supérieur antécédent. Ainsi l'injustice de son origine, et à vrai dire de son essence, résulterait de cela précisément qu'on aurait lieu de la déclarer juste. L'assistance est donc bonne et légitime pour des cas particuliers plutôt que moralement nécessaire en général : bonne sous condition, légitime en tant que fondée sur la justice essentielle de la propriété, impropre à en réparer les iniquités de fait avec quelque généralité, indéterminable à titre d'obligation pour les personnes. La correction normale des abus, la réduction de la propriété à son principe doit être cherchée ailleurs. Il faut revenir aux devoirs universels, à ceux qui se rattachent réellement à l'ordre du Juste, et dont l'accomplissement ne dépend plus de l'agent moral isolé, mais suppose une action sociale.

CHAPITRE LXXX

DES MOYENS DE RÉSOUDRE L'ANTINOMIE DE LA PROPRIÉTÉ

En considérant l'assistance comme une œuvre sociale, et non plus du point de vue des simples devoirs des particuliers, on voit disparaître ou s'atténuer les difficultés de son application, et son efficacité s'accroître, sa portée s'agrandir en face du but à atteindre. Mais ses rapports avec la justice demeurent les mêmes. Elle peut avoir pour objet la réparation de certains maux ou désordres de la nature dont quelques personnes ou groupes de personnes ont à souffrir séparément, et encore se proposer de remédier à des erreurs, même à des fautes individuelles et à leurs effets de solidarité, appliquer en un mot la bonté, la sympathie mutuelle aux accidents de la vie par une action collective. Mais le tout est subordonné aux possibilités physiques, à la loi de la raison et à l'accomplissement préalable de la justice (V. chap. xxvi).

Cette assistance sociale, quelque bien organisée qu'on l'imagine, n'est pas plus apte que l'assistance individuelle à prévenir ou à corriger radicalement les conséquences antinomiques du régime de la propriété; elle les suppose acquises au moment où elle intervient et n'a rien du caractère d'une loi modificatrice des phénomènes sociaux. Le remède qu'elle apporte d'ailleurs n'est pas profond; on l'accuse, non sans raison, de tendre à perpétuer le mal en le soulageant. L'adopter et s'y borner, c'est avouer qu'on désespère de ramener le fait de la propriété à son principe, si ce n'est nier ce principe et la véritable idée sociale, substituer la bonté au devoir et résoudre, par l'offre d'une loi de grâce, un problème issu d'un déni de justice. D'ailleurs la bienfaisance a toujours des effets d'abaissement pour ceux qui en sont les objets, quand ils pourraient prétendre mieux. La reconnaissance, alors impossible de leur part, est remplacée par des sentiments vicieux et par des notions fausses et démoralisantes de leurs propres droits ou des droits des autres. Si donc le problème est résoluble, on doit en chercher la solution dans des mesures sociales qui redressent la pente de la propriété aux accumulations, ou qui rendent à ceux qu'atteint la privation de propriété des droits équivalents et leur assurent des moyens propres d'atteindre le principal de leurs fins.

On peut en effet concevoir ces deux sortes de méthodes. Les unes proposent des mesures restrictives, d'ailleurs directes ou indirectes, et prennent pour idéal un état où nulle personne ne pouvant développer son droit au delà de certaines limites, nulle non plus ne serait dans l'impuissance réelle de faire valoir le sien à la possession des instruments de travail indispensables. Les autres laissant la propriété libre en principe, s'attachent à y substituer d'autres droits là où elle fait défaut et, en un mot, des garanties dont cette même propriété est rendue positivement responsable. Les deux méthodes, celle des restrictions et celle des garanties épuisent logiquement le sujet, et on n'en saurait imaginer une troisième. Elles ne sont pas nécessairement exclusives l'une de l'autre et peuvent au besoin recevoir des applications partielles. Toutes deux visent également le but ; mais leur emploi étant assujetti aux conditions morales de toute action collective ou de toute institution généralement consentie, leur possibilité, leur utilité, leur convenance relative soulèvent toujours des questions d'appréciation consciencieuse, selon les circonstances, les lumières et l'état de moralité des hommes.

Je dis qu'il n'existe pas une troisième méthode, parce que je me place au point de vue moral et politique de la société générale, donnée empiriquement avec de certaines institutions régnantes dont la propriété fait partie, et obligée d'entraîner dans ses évolutions tous ses membres. Il n'en serait plus ainsi dans le cas où j'envisagerais des sociétés particulières et toutes volontaires entre un nombre limité de personnes animées de sentiments communs et suffisamment fixes (V. chap. LXXXVII). Alors la valeur morale des associés suppléerait, dans une mesure plus ou moins forte, à ce qui pourrait pécher dans les lois dont ils conviendraient, et leur bonne volonté aurait presque tout le mérite qu'on a coutume d'attribuer à l'organisation et au règlement. Il leur serait donc loisible, non seulement de limiter et de réglementer de diverses manières l'appropriation ou l'espèce des choses appropriables, mais même d'abolir toute propriété, en ne s'exposant qu'à des dangers relativement faibles, tant que durerait la concorde. Mais la société générale, que je considère dans l'histoire, nous offre la propriété établie, avec les abus développés de la propriété, et nulle législation praticable n'y saurait intervenir que par certaines restrictions ou certaines garanties.

La terre étant le principal instrument de travail, peu s'en faut qu'il ne faille dire l'unique en plusieurs cas, le premier des moyens restrictifs auxquels on doit penser est une limitation légale directe du droit d'appropriation aux personnes de cet instrument commun, afin que le pouvoir d'acquérir des autres ne soit pas anéanti par le fait du monopole. Ou, si l'unité familiale est regardée comme un fondement naturel de la propriété, ainsi que de la responsabilité de gestion et de transmission des biens, on songera à un système de lois tendant à rendre inaliénables et constantes dans les familles les portions du sol primitivement distribué. Désignons sous le nom de lois agraires, par extension du sens historique de ce mot, non seulement les distributions à nouveau de quelques territoires, en vue de réparer des maux déjà produits, mais toutes les dispositions constitutionnelles d'une portée préventive, telles que certaines institutions (au moins écrites) des Juifs; comptons parmi les actes de réparation temporaire les mesures accidentelles et révolutionnaires d'abolition des dettes (dont l'antiquité présente des exemples), puisqu'un rapport étroit existe entre la dette et la propriété territoriale ; ajoutons tous les actes de dépossession d'une classe au profit d'une autre.

Il y a donc deux espèces de moyens restrictifs, ceux qui sont brusques et d'un effet utile tout passager, et ceux qui résultent du jeu continuel des institutions d'un peuple. Les premiers ont toujours amené de si fortes perturbations et soulevé, ne fût-ce qu'à la simple proposition, de telles tempêtes, ils provoquent tant de résistances consciencieuses en faisant subitement violence aux droits qui sont ou se croient acquis, et en troublant effectivement les sources et bouleversant le cours du droit positif, qu'ils portent au plus haut degré le caractère révolutionnaire, et ne sauraient s'excuser que par la nécessité la plus impérieuse, par une injustice sociale arrivée au comble, par un état de guerre déclaré et flagrant qui ne permet plus de rien attendre des voies pacifiques. Puis, après bien des malheurs et des crimes, des succès, des échecs et des réactions, il se trouve que la mieux réussie des révolutions de ce genre n'a rien changé radicalement, et que les anciens abus reparaissent sous une forme nouvelle, si ce n'est sous une forme identique[1].

La restriction légale directe du droit d'appropriation du sol, si l'on y recourait, serait évidemment de nature à gêner l'expansion de la propriété sous un mode, sans y mettre d'obstacles sous un autre, et par suite sans en assurer ni faciliter l'accession réelle et efficace à un plus grand nombre d'hommes. Le capital, de quelque manière qu'il soit lui-même représenté, représente toujours la propriété et en a les effets ; son accumulation dans quelques mains conduit au monopole, qu'on

---

[1] Les lois agraires relativement anodines qui furent proposées à Rome un siècle avant César, auraient très probablement prolongé la République en s'appliquant et se généralisant. Les troubles qu'elles produisirent sont au nombre des causes qui l'ébranlèrent. La responsabilité principale pesa sur l'aristocratie romaine si remarquable par son égoïsme et sa dureté à toutes les époques, et qui fut perdue aussitôt que le peuple eut des chefs sans scrupule.

veut prévenir ; il faudrait donc étendre la limitation au capital en général. L'ancienne loi des Juifs avait prévu cette conséquence, quand elle introduisait d'avance, sous le nom de *jubilé*, une espèce de révolution périodique pour réintégrer les familles dans leurs biens engagés ou vendus, et pour abolir toutes les sortes de dettes. Cette loi curieuse, si naïve, qui témoigne de l'existence de sentiments profonds mais grossiers de justice sociale, fut toute de théorie probablement. Pratiquée, elle aurait été impuissante à corriger, avec ou sans le droit d'aînesse, inique en soi, les effets de la multiplication inévitable des familles. Avec ce droit donné dans la coutume, il n'y avait point de propriété pour les familles nouvelles, point de garantie pour les personnes en général ; sans ce droit, les biens se divisaient jusqu'à devenir insuffisants et dérisoires. Le retour périodique des propriétés à leurs sources était enfin une mesure qui n'eût atteint son but, c'est-à-dire conservé la propriété dans les familles malheureuses, qu'en perpétuant leur état misérable, puisque le crédit doit naturellement se refuser à celui qui offre pour l'obtenir un gage légalement invalide dans un temps donné.

J'insiste sur ces considérations bien connues, afin de conclure que les bornes qu'on fixerait à la propriété territoriale réunie dans les mêmes mains et les mesures conservatrices de cette même propriété pour les personnes (car ce sont là des procédés parallèles) n'ont pas plus les unes que les autres la vertu de remédier aux accumulations individuelles du capital. Nous avons pourtant dans notre législation des restes nombreux de ces mesures, et les jurisconsultes sont en général hostiles à toutes les innovations qui rendraient les immeubles plus facilement aliénables ou favoriseraient la circulation des titres qui les représentent. Leur unique motif en cela ne provient sans doute point de l'habitude ancienne de regarder l'unité matérielle de la famille, assise sur la propriété foncière, comme la base nécessaire et suffisante de la société. Dans ce cas, il faudrait les dire animés d'un sentiment oligarchique opposé à la vraie notion du droit social, car les familles qu'ils prétendent sauver de l'instabilité ne sont ni les seules qui existent, ni au fait les plus nombreuses. Mais ils gardent aussi quelque chose du préjugé économique qui identifie le sol avec le capital en général, et, sous ce point de vue, on doit avouer qu'ils tendent à conserver la liberté des personnes, en cherchant à rendre le capital moins instable pour ceux qui actuellement le possèdent. Ils oublient seulement que d'autres ne le possèdent point.

Le préjugé ne manque pas d'une apparence spécieuse en morale, quoique la science économique le renverse. Il est naturel au moins que, dans l'état actuel des choses, au milieu de l'insécurité relative des capitaux meubles et des transactions auxquelles ils donnent lieu, la propriété territoriale, telle que nous la connaissons, paraisse la seule qui renferme éminemment les garanties desquelles la conservation de la liberté des personnes dépend. Mais ceci n'a rien de nécessaire en théorie, et il n'est pas moins vrai d'ailleurs qu'on ne voit point comment on pourrait assurer à tous les membres d'une société la liberté, sous cette forme, sans y porter atteinte sous une autre en leur ôtant la faculté des contrats ; ou comment on les préserverait de la dépossession dont les menace toujours le capital accumulé sous une autre espèce, lequel, leur étant nécessaire, les domine ; ou comment l'on ferait, enfin, pour que la multiplication du genre humain permît de concilier dans une loi générale la conservation de biens suffisants aux uns avec la garantie de biens pareils aux autres qui surviennent. On imaginerait beaucoup mieux, avec les hypothèses morales convenables (dont l'établissement d'un système agraire n'est pas non plus exempt), un état de société où la propriété du sol serait entièrement mobilisée, et où l'emploi du capital, c'està-dire de l'instrument de travail en général, serait garanti à tous sans que la liberté des contrats se trouvât diminuée.

Quoi qu'il en soit, c'est au capital en général, et non pas en particulier à l'appropriation du sol, qu'il faut appliquer les mesures de restriction ou de limitation auxquelles on aurait recours pour résoudre l'antinomie de la propriété. Quelles peuvent être ces mesures ?

Il n'est pas possible d'en concevoir de directes, à moins de prendre l'un de ces deux partis, soit d'arrêter le travail même qui accroît le capital entre les mains du propriétaire, et, par exemple, d'interdire les contrats qui servent à étendre ce travail, et que je suppose ici légitimes en eux-mêmes ; soit de dépouiller simplement et immédiatement le producteur de son produit. Ces expédients sont injustes autant qu'impraticables et ne méritent pas l'examen. Il faut donc prendre une voie indirecte et, sur ce considérant que tous les agents moraux sont tenus par le devoir de garantir à leurs associés les instruments nécessaires pour travailler à leurs fins individuelles, dans la mesure du possible, les obliger en vertu du consentement général à contribuer de leurs biens aux moyens d'accomplir ce devoir. Or la contribution dont je parle peut s'établir en telle sorte qu'elle amène une limitation effective du droit d'appropriation.

C'est à l'impôt progressif que nous sommes amenés ainsi, et non pas comme à un impôt proprement dit, ou ayant pour objet de subvenir aux frais généraux qu'exige le soin des intérêts communs des personnes et des propriétés, car un tel impôt serait logiquement ou personnel ou proportionnel (V. ch. LXXXVI), mais comme à une contribution dont le but avoué est cette conséquence même qu'on reproche à l'impôt progressif, savoir, de mettre un obstacle infranchissable aux accumulations individuelles de la propriété. Il s'agit de rendre une société possible, dans laquelle l'accession au capital ou instrument de travail serait donnée à tous ; et ceci implique une première condition et un premier moyen : c'est que, supposant une somme quelconque de capitaux actuellement accumulés, la répartition libre qui s'en fait ne puisse dépasser, dans les mêmes mains, une mesure jugée convenable à raison de la privation corrélative d'autrui. L'impôt progressif obtient ce résultat au degré voulu, selon la progression qu'on adopte pour imposer les fractions dans lesquelles un capital particulier quelconque peut être censé divisé. Il s'agit, sous un autre point de vue, de réclamer des membres de la société de justes dons pour favoriser l'accession au capital de ceux d'entre eux à qui elle est refusée par le fait : l'impôt progressif, portant sur le capital individuel, et en raison croissante avec ce même capital croissant, est le mode logique et naturel de mesurer ces dons. Enfin, il s'agit aussi d'obvier aux passions et aux vices, aux dangers que court la liberté, à la fausse élévation de certains hommes et au fatal abaissement des autres, dans une société où la richesse, trop inégalement répartie, fausse les pouvoirs, corrompt l'autorité et donne à la liberté toutes sortes d'applications immorales : l'impôt progressif résout encore ce problème, et la solution ne porte aucune atteinte au libre usage des facultés économiques ni à la puissance de disposer et de contracter. La limite s'applique exclusivement au fait dont la répression importe, et dont le droit, à partir d'un certain point, est dominé par un droit supérieur.

Je passe de l'examen des moyens restrictifs à celui des moyens de garantie. Les seuls d'entre les premiers qui nous ont paru praticables et efficaces, en tenant compte des données de l'expérience et de la science économique, et d'ailleurs en laissant toute appropriation libre en principe, ont le mérite de préparer les seconds. Par eux-mêmes, ils n'atteignent pas le but, puisqu'on renonce à donner une propriété à chacun du même coup qu'on limite la propriété de chacun conformément à l'idéal des lois agraires ; mais ils le dégagent ; en l'état de choses que nous voyons s'ensuivre de l'inégale répartition des capitaux, jointe à une richesse générale très bornée, ils sont des préliminaires indispensables de toute mesure de garantie. La contribution progressive fournit les moyens matériels; il reste à les mettre en œuvre et à chercher la forme que la garantie peut prendre.

Avant d'aller plus loin, toutefois, plaçons une remarque essentielle. En disant que l'établissement d'une contribution progressive est chose praticable, en cherchant ensuite la meilleure forme à donner à la garantie, j'entends me tenir dans une espèce d'abstraction relative et ne rien préjuger sur la possibilité réelle de les faire accepter dans une société donnée. Il s'agit d'une sorte de conception intermédiaire entre l'*état de guerre* et le pur *état de paix*. On verra plus loin quelles en sont les conditions, quel degré de possibilité et d'utilité on peut lui reconnaître. (V. ch. LXXXII.)

Éclaircissons maintenant l'idée de garantie. Il n'est pas douteux que du seul fait de la limitation, quoique indirecte, de l'appropriation du capital il ne résulte pour tous une facilité plus grande de l'acquérir dans certaines limites et une répartition plus égale. Mais ceci ne suffit point nécessairement. Le droit à l'instrument du travail subsiste toujours pour celui qui en demeurerait privé pour une raison indépendante de sa volonté, et on doit aviser aux moyens de le lui procurer. Ce droit est celui que la raison publique a si bien nommé le *droit au travail*. En effet, le simple usage de l'instrument, dès qu'il est garanti à titre de droit reconnu, équivaut pleinement à la propriété quant à ses effets moraux, qui sont les seuls qui nous intéressent, puisqu'il assure à l'agent la liberté d'atteindre ses fins par son travail, sans dépendre d'autrui autrement que par le don même de la garantie. Cette dernière dépendance n'est pas de celles que la loi morale interdit, car elle est réciproque et se fonde sur la justice. Si les hommes qui font valoir le droit au travail, et qui l'obtiennent, en *doivent* par là même aux autres la reconnaissance et les moyens, c'est que ceux-ci *doivent* le reconnaître et le procurer. Ce droit est en ce sens une propriété véritable, soumise au consentement social, mais non pas plus au fond que tous les actes possibles qui se produisent en société. Les autres modes d'appropriation auxquels on applique plus volontiers le nom de propriété se trouveraient assimilés en principe à celui-là, du moment qu'ils seraient frappés d'une restriction destinée à le satisfaire. Restent, il est vrai, les habitudes d'injustice qui s'opposent à ce que les relations humaines affectent facilement leurs formes réelles et sincères ; mais je parle de ce qui doit être.

Ainsi l'exercice du droit au travail, supposé reconnu et garanti, ne *donnerait* pas l'instrument, mais le *prêterait*, et encore qu'il ne fît que le prêter, fournirait une propriété véritable et l'équivalent moral de l'appropriation rigoureuse. Comme il est de la nature du travail de laisser un bénéfice, j'entends de permettre au travailleur d'avoir un excédent, après tous frais et dépenses faits, c'est-à-dire en un mot de capitaliser, il est clair que la garantie du pouvoir matériel de travailler, si elle est sérieuse, doit placer celui à qui elle est offerte dans la condition naturelle et première de l'homme qui se met à l'œuvre sans autre capital que l'instrument immédiat avec les moyens indispensables d'en user, et qui néanmoins parvient à accumuler. Or ceci est parfaitement juste et représente bien tout le droit que l'individu peut prétendre en compensation des appropriations qu'il trouve effectuées autour de lui, dans une société qui autorise l'appropriation pour chacun et en admet toutes les conséquences sous l'unique réserve du droit fondamental semblable de chacun. Partant de cette origine, qui fut celle des premiers qui travaillèrent, il doit être normalement en état d'acquérir comme ils ont acquis et de transmettre comme ils ont transmis. S'il ne l'est point, c'est de trois choses l'une, ou que la garantie n'est pas suffisamment bien entendue ou appliquée, mais je suppose ici qu'elle l'est ; ou que l'insuccès tient aux vices du travailleur, desquels il est seul responsable ; ou que la nature, ses forces, les circonstances le trahissent, et dans ce cas, inimputable aux hommes, il ne saurait avoir recours qu'à l'assistance particulière ou publique.

Cherchons les moyens de cette garantie que nous voulons sérieuse. On peut en concevoir deux modes généraux d'application. L'un consisterait à assurer dans des limites convenables, à celui qui réclamerait son droit et y serait fondé, l'usage du capital sous la forme la plus libre et la plus indéterminée, savoir, d'une somme de monnaie, afin qu'il eût la faculté de diriger ses forces comme lui-même l'entendrait. Il resterait redevable à la société du capital avancé par elle, puisque, d'après ce qui précède, il s'agissait de lui fournir l'instrument en tant que simple moyen de travailler, et non pas à titre d'appropriation immédiate, de lui procurer l'usage, non directement la propriété, celle-ci étant laissée se former librement par la combinaison du travail, des faits d'occupation antécédents et des actes de transmission et de transaction de tout genre. Le moyen dont je parle est donc ce qu'on nomme le crédit.

L'autre moyen suppose que la société, représentée comme telle et avec une administration à cet effet, emploierait les fonds provenant de la contribution progressive à se rendre elle-même propriétaire d'une série d'instruments de travail convenables, et les mettrait à la disposition des justes réclamants, sous sa surveillance, de manière à leur assurer tous les bénéfices du travail en se réservant le capital primitif. Il est nécessaire ici de remarquer que le choix des instruments aurait plusieurs conditions à remplir : ne porter que sur un certain nombre et d'une nature assez universelle, sans quoi la société tendrait à se substituer à l'action de ses membres en une multitude de travaux et de productions, et l'on serait conduit à un système d'organisation industrielle que n'entraîne nullement l'objet qu'on se propose ; exiger le moindre apprentissage possible et convenir plus ou moins aux forces et à l'habileté de tous, puisque la société ne peut assurer à chacun, sans dépasser son but, des emplois conformes à leurs aptitudes variées, naturelles ou acquises ; se diriger enfin à la production des objets les plus nécessaires et les moins exposés à surabonder, outre les travaux tout naturellement indiqués comme se rapportant aux grands objets d'intérêt public qu'il appartient à la société de déterminer et de poursuivre.

Examinons les deux moyens. Le premier, celui du crédit, emporte, dans ce cas, l'idée d'un prêt dont l'intérêt stipulé n'atteint pas la totalité du revenu net que l'emprunteur pourra tirer de son travail à l'aide du capital emprunté ; autrement l'intérêt détruirait virtuellement la propriété qu'on veut fonder, et le but de la garantie serait manqué. Mais tout crédit, par la nature des choses, exige soit des gages matériels, pour répondre de l'emploi malentendu ou vicieux qui peut en être fait, soit une certitude morale résultant de la situation ou du caractère de la personne qui le reçoit et qui doit en tirer un parti utile. Ici, la condition est d'autant plus impérieuse que, songeant à un service rendu au prix le plus modique (estimé à sa juste valeur, — V. chap. LXXXIII), nous ne pouvons compter sur la ressource d'un intérêt calculé de manière à couvrir dans les moyennes les pertes subies dans les cas particuliers. Et que serait-ce si nous prétendions rendre un service entièrement désintéressé ! Or les gages matériels, les seuls certains, sont absents par hypothèse, la question étant de procurer l'instrument de travail, le capital, à qui en est dépourvu. Le crédit serait donc nécessairement personnel, et ses résultats seraient attendus d'une attente toute morale. Or la considération des personnes, l'estime de leurs valeurs intrinsèques, nous sont interdites, parce que le problème est général et que nous ne leur demandons de justifier que de leurs besoins, qui sont à nos yeux leurs droits. Il est clair que nous ne saurions, dans la garantie que nous leur donnerions sous cette forme, avoir nous-même la garantie d'un bon usage de leur part, d'un usage utile pour eux-mêmes. Au contraire, en leur procurant directement l'usage de l'instrument qu'elle choisit et le travail qu'elle surveille, la société offre l'assurance voulue à ses membres et s'assure qu'ils en profitent, ainsi qu'elle en a certainement le droit en la donnant. Il faut ainsi recourir au second moyen.

Notre attention doit se porter d'abord sur une manière très radicale et très large d'en concevoir l'application. En exposant plus haut l'idée générale des lois agraires, nous avons reconnu l'impossibilité d'une constitution durable de la propriété territoriale, qui viserait à garantir l'indépendance des personnes et leur suffisance propre quant à leurs fins individuelles principales, par l'attribution de lots autant que possible égaux et invariables à ces mêmes personnes ou à leurs groupes naturels. La société aurait à intervenir de temps à autre, et dès lors par des révolutions périlleuses, afin de rétablir l'équilibre troublé par l'instabilité de répartition du capital autre que la terre. Le vice des institutions agraires serait sans doute atténué, grâce à la loi limitative de l'appropriation du capital en général (à la contribution progressive) que nous admettons à présent. Mais l'établissement de cette espèce de maximum de propriété n'empêcherait pas que certaines personnes ou groupes ne restassent exposés à tomber au-dessous de tout minimum tolérable, par l'effet des lois naturelles, d'une part, et de la liberté du travail et des transactions particulières, de l'autre. Ainsi, même dans le système que j'ai écarté, la question du droit au travail et de l'intervention sociale se présenterait toujours. C'est d'ailleurs la société que le jeu de la contribution croissante mettrait en possession des excédents des capitaux individuels; ce serait donc nécessairement à elle à en faire l'usage pour lequel seul la contribution est supposée et légitime.

Nous sommes conduits maintenant à l'examen d'un système qui est la contre-partie des lois agraires, car il supprime l'appropriation individuelle de la terre, au lieu de la niveler, et qui semble bon pour résoudre le problème de l'application du droit au travail, en ce qu'il livre à la société un instrument de travail satisfaisant à plusieurs des conditions posées et dont l'étendue assure la suffisance en tout état de choses. Imaginons que les fonds à provenir de la contribution progressive soient affectés par la société à acquérir la propriété de la terre, en partie, si l'on veut, ou selon les besoins, ou jusqu'au bout pour entrer dans la pensée radicale du système. Alors des lots de fermage distribués dans une proportion et à des conditions convenables aux réclamants du droit au travail, et à d'autres après eux, s'il y a lieu, permettront d'établir un régime de la propriété sous lequel tous les hommes auront la faculté réelle, aussi bien que le droit, de se servir utilement pour eux d'un instrument dont il est aisé de leur supposer un suffisant apprentissage commun, d'un instrument le plus nécessaire de tous et dont les produits variés sont les moins sujets à excéder les besoins, et cela moyennant une juste surveillance du travail par les représentants de la société qui le distribue.

J'ai considéré la propriété en général comme une qualité ou attribut de la personne, comme un moyen et une garantie de sa liberté, puis comme un droit de défense où se reproduit le même point de vue, seulement plus nécessaire et plus impérieux. Je suis loin de vouloir abandonner ici un principe tellement fondamental en droit. Pourtant si je plaçais la question dans l'*état de paix* par hypothèse, en d'autres termes, si je supposais l'observation de la loi morale obtenue et assurée dans une société donnée, je pourrais admettre que la propriété du sol n'est point cette propriété essentielle, indispensable à la personne, à son libre développement, à son indépendance d'autrui quant à ses fins propres et principales. Je reconnaîtrais l'existence d'une garantie nécessaire et suffisante à cet égard dans le fait seul d'une propriété plus naturellement personnelle et toute mobilière, dans la libre appropriation des fruits du travail, dans l'accumulation et la disposition facultative des signes de la valeur entre certaines limites, enfin dans la liberté des contrats. Il ne me paraîtrait donc pas important, et il ne me paraîtrait peut-être pas bon que le fonds fut appropriable au même titre que le sont la valeur créée, surajoutée et le revenu, au lieu de demeurer affecté aux emplois qu'on en peut faire par une entente commune. Mais en droit appliqué, l'hypothèse m'est interdite, et je suis contraint de regarder l'appropriation du sol comme la garantie effective la plus utile de la défense des personnes contre les entreprises d'autrui, notamment contre la société de fait elle-même ou ses représentants quelconques. Il ne faudrait pas que la reconnaissance et les conditions d'exercice du droit au travail nous amenassent à mettre en danger tous les droits possibles, alors même que celui-là serait certain de demeurer toujours sauf.

Le système général des fermages, avec la propriété du sol dévolue à l'État, doit être exclu du nombre des moyens destinés à l'application du droit au travail. Ce n'est pas à dire qu'on ne pût admettre des ateliers agricoles parmi ceux qu'on fonderait pour y satisfaire, mais ce devrait être alors dans une limite assez resserrée, ou de manière à n'impliquer point le principe. Il est naturel de donner plutôt cette destination à des ouvrages que la société soit appelée à décider et à diriger en tout état de cause, et à cette partie des travaux publics qui ne réclame ni une aptitude trop spéciale ni un long apprentissage du travailleur. Les ateliers qu'on établirait dans ce genre, ou dans tout autre plus spécial au besoin, devraient d'ailleurs être déterminés selon les nécessités reconnues et les circonstances, avec les appréciations voulues et la ferme intention d'atteindre un but rigoureusement circonscrit.

La propriété n'étant point attribuée, quant à l'instrument du travail, à celui qui le reçoit de la société pour exercer son droit; l'idée du crédit étant rejetée comme inapplicable; celle du fermage comme dangereuse en thèse générale, et par conséquent à éloigner dans les cas particuliers, puisque la justice exige l'emploi d'une méthode commune à tous; celle du louage, enfin, lorsqu'il s'agit d'instruments autres que la terre, devant être éliminée pour les mêmes raisons que celle du crédit, dont elle n'est guère qu'une application, il ne reste plus que le mode des salaires qui puisse représenter le moyen de satisfaire au droit. Mais ici deux questions s'élèvent : l'échange du travail contre un salaire est-il légitime en soi? Un salaire peut-il jamais remplir la condition posée d'offrir au travailleur les moyens, non de vivre seulement, mais de former un capital et d'avoir la propriété en puissance? C'est ce que j'examinerai dans la suite (V. chap. LXXXII). Je réserve toute conclusion.

Une autre question est étroitement liée, cette fois de la manière la plus heureuse, à la question du droit au travail : je veux parler des assurances. L'établissement social d'un système complet d'assurances atteindrait ce résultat de diminuer dans une mesure très considérable le nombre des cas où le droit au travail peut être revendiqué. En effet, il s'agit d'une garantie offerte aux personnes contre des pertes de capital de plusieurs genres et subies sans faute et sans reproche de leur part. Ce vaste moyen préventif dont j'aurai également à examiner le principe et le procédé (V. chap. LXXXVI) a, par-dessus toutes méthodes possibles d'organisation du droit au travail, l'avantag de n'impliquer que des conditions de possibilité matérielle et morale beaucoup plus faciles à remplir. Or nous savons que la possibilité, les moyens utiles et pratiques sont à consulter nécessairement dans la solution des problèmes que nous étudions, encore que la justice sociale parle, et qu'il soit du devoir strict de chacun de procurer la conformité des faits avec la théorie, en tout ce qui dépend de lui.

CHAPITRE LXXXI

DROITS CONSÉCUTIFS A LA PROPRIÉTÉ

Quand nous remontons au principe de la propriété, comme inhérente à la personne d'abord, ensuite comme droit de défense, nous reconnaissons sans peine un droit naturel, identique dans le premier cas avec cette sorte de convention *a priori* qui interviendrait entre de purs êtres raisonnables, et confirmée dans le second cas par la convention ou droit positif que les institutions sociales représentent dans l'histoire (chap. LXXVIII). Au droit naturel d'appropriation se rattache le droit d'user et de disposer, qui n'en est que le simple développement. Ce dernier droit est limité par les devoirs de toute espèce de l'agent ; formellement et extérieurement, par les droits d'autrui, c'est-à-dire par les engagements contractés, par le droit virtuel des enfants, dont j'ai rendu compte, et par le droit commun des hommes à la propriété, lequel prend socialement la forme de droit au travail, ainsi que je l'ai fait voir. Toute réserve faite sur ces points, et sans oublier les devoirs généraux et les devoirs envers soi-même dont il ne saurait exister le plus souvent de sanction externe, on ne voit pas quelles restrictions pourraient recevoir le droit d'user et celui de disposer en faveur d'autrui, gratuitement ou non gratuitement. La notion de propriété les renferme analytiquement, car un objet cesse d'être mien tout autant que je n'ai plus le pouvoir de l'employer à mon gré, ou de le donner ou de le prêter sous telles conditions mutuellement consenties.

La question est plus obscure quand il s'agit du droit de disposer librement de la propriété par testament, en supposant les exigences précédentes toutes satisfaites et des biens exempts de charges actuelles. Que les biens d'une personne, à sa mort, restent affectés, jusqu'à due concurrence, à remplir les engagements dont elle avait le droit de les grever, les possédant effectivement, c'est toute justice, et il est même clair qu'elle n'en était plus implicitement propriétaire, du moment qu'elle les devait à titre quelconque. La dette contractée doit avoir son effet, et le respect du droit positif oblige au besoin la société à intervenir pour assurer cette solution, la seule admissible. Mais qu'une personne puisse légitimement disposer de ce qu'elle possède, au moment où n'existant plus elle ne possède plus, c'est ce qu'on ne voit pas si bien. On peut dire, il est vrai, que celui qui peut disposer librement d'une manière quelconque, et assigner un temps quelconque à la réalisation de son acte, peut aussi bien assigner pour cela l'instant où il cessera d'exister. Mais n'est-ce point une subtilité destinée à masquer l'anomalie, la contradiction du don de ce que l'on n'a pas au moment où l'on donne ? Le droit de tester n'est-il pas un abus déduit d'une fiction ?

Je ne le pense pas, mais je ne recourrai point, pour justifier ma thèse, à la doctrine de l'immortalité personnelle. Outre qu'un tel argument impliquerait des croyances dont la morale et le droit doivent rester indépendants, il n'est nullement topique, et ne résoudrait la difficulté que s'il était possible de connaître la constante volonté du défunt au moment où s'ouvre son héritage terrestre, ou du moins si lui-même avait pu la prévoir, puisqu'on s'appuie sur ce qu'il est resté capable de posséder et de disposer. Mais à quoi bon aller chercher si loin ? il suffit de se rendre compte de toute l'extension du droit qu'entraînent la nature réfléchie et prévoyante de l'homme et la portée réelle de sa volonté. De même qu'il peut s'engager par contrat, et irrévocablement, pour des temps où il ignore si son vouloir et le vouloir d'autrui et tant d'autres conditions seront ce qu'elles sont maintenant, et sans savoir s'il existera encore ou non, de même aussi il est libre de disposer pour une époque où il sait qu'il n'existera point, en offrant toujours le même gage, le gage reconnu de ses possessions actuelles. Qu'on y pense, on ne tardera pas à voir que les contrats les plus ordinaires n'entreprennent pas moins sur l'avenir que ne font les testaments, et ne se risquent pas à moins d'inconnues, et enfin ne permettent pas moins au contractant d'appliquer sa volonté, autant qu'il est en lui, à des choses qui ne dépendront pas de lui ou de lui seul quand l'heure sera venue. Les testaments sont au fond de véritables contrats, dans lesquels seulement le consentement de l'une des parties se trouve réservé, et qui ne sont pas plus soumis que d'autres à la condition d'une acceptation de la part des tiers ou de la société qui auraient le pouvoir d'en arrêter les effets.

Toute la question est donc de savoir si cette espèce particulière d'engagements portant sur l'avenir doit être reconnue. La volonté, que la loi morale commande de respecter, est actuelle, quand le testament a lieu : il ne s'agit nullement de respecter la volonté fictive d'un mort. L'objet auquel cette volonté s'applique est actuel : une propriété présente et légitime. Il en est disposé pour l'avenir ; et pourquoi ne serait-ce pas sous ce mode aussi bien que sous tout autre, quand il est admis que l'homme engage l'avenir de toutes manières, et l'engage légitimement en ne disposant que de ce qui est à lui ? Je conclus que le droit de tester est un véritable droit consécutif à la propriété, et dont la reconnaissance invoque des titres identiques. Pour nier ce droit, il faudrait ou contester ces titres et le fondement qu'ils ont dans l'inhérence personnelle et dans le droit de défense, ou s'inscrire contre la faculté actuelle de disposer, laquelle est une conséquence de la notion d'appropriation, ou enfin maintenir une distinction entre le respect que mérite la disposition actuelle et celui que ne mériterait point la disposition posthume. Je crois montrer que, dans ce dernier cas, on scinderait le respect dû à une volonté actuelle, sous le prétexte qu'elle porterait sur le futur, savoir sur une époque où l'agent respectable n'existerait plus. Et c'est comme si l'on respectait le testament au moment où il est fait, puisqu'il a son principe de légitimité alors, pour le déclarer non valable en tant qu'émané d'une volonté morte, au moment où il s'ouvre. Ce sophisme une fois découvert ne peut paraître qu'une injure au droit, un refus de se rendre aux suites logiques d'un acte qu'on avoue être légitime en soi et dans l'instant qu'il est fait.

Il serait absurde de ne point admettre le droit de tester et d'admettre le droit d'engager la propriété par des contrats dont l'effet est remis en partie, soit intentionnellement, soit par la nature des choses, après la mort du propriétaire, et dont alors cette même propriété doit garantir l'exécution. Il faudrait, par exemple, interdire les actes de vente de nu-propriété (et remarquons qu'une libéralité testamentaire pourrait ostensiblement affecter la forme d'un acte de ce genre). Cependant, que fait le vendeur en pareil cas, si ce n'est disposer de ce qui est sien et qu'on devrait prétendre ne l'être plus par la raison qu'il ne l'aliène qu'après sa mort ? S'assure-t-il ainsi des avantages présents, on ne saurait dire qu'il ne les paie pas de son bien. N'en exige-t-il point, ce qui est le cas du testament, son désintéressement ne fait pas injuste ce qui serait juste étant intéressé. Il n'y a moyen d'échapper à cette assimilation et aux conséquences qui s'en tirent, qu'en réduisant la propriété individuelle à n'être qu'un simple usufruit, ce qui entraîne logiquement l'interdiction de tous les actes particuliers auxquels le fonds sert de gage. Or ceci est la négation même de la propriété, dont le concept véritable est l'appropriation à la personne, et dont le droit n'est limité que par des devoirs clairement déterminés envers d'autres personnes.

Nous nous rendrons facilement compte à présent de la situation de la propriété à la mort du propriétaire. Elle représente en premier lieu, dans son état et valeur actuels, une gestion accomplie, une accumulation faite, positive ou négative. Elle représente en second lieu les engagements pris et les dispositions prises antérieurement, parmi lesquels il faut compter les dons ou legs aussi bien que les dettes, et elle en est le gage.

Elle représente en troisième lieu un moyen de remplir des devoirs formels du défunt, lorsqu'il n'y a pas pourvu lui-même, attendu que d'autres volontés que la sienne interviennent maintenant nécessairement, et que si celles-ci doivent respecter la première supposée juste et en procurer l'accomplissement, elles ont aussi le devoir de la réprimer, de la rectifier ou de la suppléer en tant qu'incompatible avec les droits d'autrui ou n'en faisant pas état. Remarquons bien que l'intervention sociale en ceci n'implique rien de plus à l'encontre de la liberté du mort qu'elle ne fait de celle du vivant quand il y a lieu.

Je suppose qu'il est d'abord satisfait aux engagements proprement dits et aux dettes positives. Les dispositions testamentaires ayant le caractère de legs ont alors pour limites deux sortes de devoirs : le devoir social, soit envers les membres de la société en général ; c'est celui-là même dont je me suis occupé en traitant du droit naturel de propriété et de sa transformation en droit au travail ; puis le devoir familial, et principalement celui du père envers ses enfants, s'ils n'ont pas reçu tout ce qui leur est dû.

L'établissement des conditions matérielles du droit au travail m'a conduit ci-dessus à admettre dans le régime de la propriété, et comme moyen à la fois limitatif et réparateur, une contribution progressive portant sur les capitaux quelconques accumulés dans les mêmes mains. On pourrait concevoir le même but atteint par un prélèvement social qui porterait sur la propriété au moment où elle se transmettrait par testament ou par tout autre mode d'héritage ; mais ce procédé paraît à la fois moins digne, moins moral, moins logique que celui qui s'adresse directement et immédiatement au capital, partout où il se trouve et s'accumule et, pour ainsi dire, à chaque moment de sa formation. Quoi qu'il en soit, cette partie du devoir est encore accomplie par hypothèse, dans la mesure et le mode voulus ; il reste à savoir ce que doit au devoir familial la propriété transmissible, exempte désormais de tout autre charge. Le rechercher, ce sera traiter la question de l'hérédité naturelle ou dans la famille. De là on pourra conclure aux limites de ce droit de tester que j'ai établi le premier, à titre de principe qu'il est, et lié de la manière la plus directe au droit personnel de propriété.

Les principes du droit domestique nous ont fait connaître deux sortes d'obligations morales : 1° celle qui naît des relations sexuelles, et qui commande à deux personnes, au nom de la raison, de formuler aussi explicitement qu'il se peut les engagements mutuellement pris et les devoirs qu'ils se reconnaissent vis-à-vis des enfants qu'ils pourront avoir ; 2° l'obligation naturelle et implicite des parents envers ces personnes futures dont ils doivent procurer l'accomplissement et respecter les fins propres (V. chap. LXXV et LXXVII). Cette dernière est le fondement de l'autre en ce qui touche les enfants, et c'est elle qui nous intéresse ici. Je n'ai à revenir sur la question du respect, ni par le côté négatif qui se résume en prohibitions, ni quant à ce qui regarde les soins exigés par la personne en voie de formation et comme telle. Il ne s'agit que de l'obligation dont l'objet est matériel ; mais celle-là aussi doit dépendre du devoir dont l'objet est moral. Je veux dire que tout doit se déduire ici de l'unique but à poursuivre, lequel est de constituer une personne en possession de tout ce qui appartient à son essence. Or il lui appartient de posséder des moyens propres de travailler à ses fins. La société n'est pas irresponsable à cet égard, et nous avons vu comment elle pouvait dégager sa responsabilité. Mais la responsabilité première est celle des parents, en vertu de la nature et de la raison d'abord, ensuite en vertu même de l'institution de la propriété, qui met ou peut mettre en leurs mains les moyens d'accomplir le devoir, moyens que la société ne s'assure qu'à leur défaut. Les parents sont donc tenus moralement de procurer à leurs enfants la part de propriété nécessaire au travail et à la liberté de ceux-ci, ou du moins quelque chose d'équivalent, à savoir ces sortes de moyens réels d'y atteindre dont l'éducation et l'instruction renferment les éléments.

Dans quelle mesure y sont-ils obligés, jusqu'à quelle limite ? C'est d'abord dans toute la mesure de leur pouvoir matériel, tant que n'est pas atteint le but que j'ai rigoureusement défini, et qui s'exprime en termes vulgaires par la faculté de se suffire honnêtement à soi-même. Obtenir, conserver, administrer un tel pouvoir est pour les parents une première obligation à laquelle il serait en certains cas possible d'appliquer la sanction d'une contrainte légale, mais dont la plus grande partie, après comme avant la naissance des enfants, est et ne peut qu'être manifestement libre. Y a-t-il maintenant une autre limite à atteindre au delà de celle qui résulte de la formule du strict devoir ? Je ne saurais voir sur quoi fondée. On ne connaît, on n'assignera jamais une raison de justice et de droit qui puisse obliger les parents, quelle que soit leur situation, à garantir à leurs enfants d'autres biens matériels que les biens nécessaires à la vie et à la liberté, et, en un mot, que le minimum de propriété des instruments de travail dont l'emploi assure l'indépendance à quiconque sait et veut s'en servir.

Le droit de tester admet donc une borne dans le droit des enfants, mais seulement dans le droit borné que je définis. On avoue implicitement cette vérité quand on accorde aux parents la faculté, je ne dis pas légale, car il serait difficile de la refuser, mais rigoureusement juste, d'user librement vivants des mêmes biens dont on n'entend pas qu'ils puissent disposer après eux. Pourtant, si l'administration posthume de la propriété devait subir ici des conditions tirées de ce droit large des enfants, que je conteste, il serait logique que l'administration vivante fût tout entière sous l'empire de ce même droit supérieur au droit du propriétaire, et celui-ci ne serait plus au fond qu'un usufruitier : usufruitier d'un bien de la famille, comme il l'est d'un bien de la société suivant d'autres théories. L'essence de la propriété, son attribution à la personne serait encore une fois renversée. Je sais bien que la morale du monde impose aux parents une sorte de devoir de transmettre autant qu'ils ont reçu ; elle ne leur en fait pas toutefois une obligation stricte, à peine de forfaiture, et surtout ne leur dénie pas le droit de dépenser ce qu'ils ont gagné. La fausse portée qu'on donne souvent aux sentiments de famille s'explique par la faiblesse ordinaire des notions de droit, par l'habitude vicieuse d'ériger en devoirs des passions chéries, puis par une tendance excusable à exagérer les moyens de défense de la famille dans une société anarchique, et par le désir, tout à fait répréhensible cette fois, de chercher la sécurité et le bonheur des siens dans les moyens de vivre sans travailler.

Une limite semblable à celle que fixe le droit de l'enfant au minimum est imposée au droit de tester par le devoir des parents envers leurs propres parents. La dette est généralement claire, indéniable et de valeur identique à la précédente, puisqu'il y a réciprocité, et que les enfants redoivent aux parents l'équivalent de ce que ces derniers leur devaient et sont maintenant censés leur avoir donné. Il peut paraître singulier, quand on y réfléchit, qu'une dette payée introduise l'existence d'une dette inverse. Mais c'est la nature, en effet singulière, de ce cas. Les parents doivent, parce qu'en donnant la vie, qui a pour fin la personne, ils sont tenus par la raison de donner les moyens de constituer matériellement cette personne, lesquels dépendent d'eux ; et les enfants doivent ensuite, parce qu'ils ont reçu ce qui était dû, mais non pas dû précisément à eux, qui n'ont existé qu'à mesure qu'ils ont reçu.

Un autre minimum est à réclamer en droit, en faveur de la femme ou de l'homme, quels qu'ils soient, qui ont eu avec l'homme ou avec la femme des relations sexuelles avouées et d'un caractère public, en supposant qu'il n'y ait pas eu de stipulations contraires. Dans ce cas, en effet, il faut tenir compte du moindre des engagements implicites que des époux puissent prendre en s'unissant, celui de s'assister mutuellement dans leurs moyens d'exister, autant qu'ils le peuvent. L'obligation se produit même toute pareille par le seul fait d'une relation des sexes, dans les circonstances communément supposables. Elle se produit alors moralement (V. chap. LXXV). Elle devient matière d'application du droit par les tiers en devenant publique. Nous trouvons donc ici une nouvelle cause de limitation du droit de tester, mais qui n'est naturellement applicable, en dehors de la volonté du testateur, qu'en cas de besoin prouvé des personnes qui la réclameraient. Le droit des parents à une part de minimum dans l'héritage de leurs enfants est le seul qui, constituant une dette formelle en échange de biens nécessairement reçus, semble ne pouvoir pas se subordonner au besoin de l'héritier.

Le droit de propriété ne commande et ne permet aucune autre limite au droit de tester. Il n'existe aucun fondement de droit rationnel pour l'hérédité des collatéraux, car ils ne peuvent, en cette simple qualité, se trouver mutuellement ni créanciers ni débiteurs dans l'ordre de la nature et de la raison. Mais ce n'est pas à dire que le testateur ne puisse ou ne doive rien vouloir en dehors de ses obligations strictes, qu'il n'ait point à consulter les besoins, les circonstances, ses affections, à entrer dans toutes sortes de considérations personnelles. C'est au contraire cela même qu'il est libre de faire après le devoir rempli. Il peut donc songer aux intérêts de sa famille, aussi bien qu'il peut se préoccuper des intérêts généraux et mettre un but moral au-dessus de tout. Je suppose qu'il fait cet usage qu'il veut de son bien, d'un bien acquis à lui proprement, qu'il faut bien admettre comme tel puisque la propriété est personnelle, et qui serait ordinairement tel en effet si les garanties offertes à l'oisiveté disparaissaient devant celles que réclame le travail. Je suppose encore qu'il est capable et digne de tester ; mais existe-t-il une seule liberté qui ne fût anéantie ou indéfiniment suspendue, s'il fallait attendre pour l'avouer véritable d'avoir la certitude du bon usage qu'en fera l'agent libre ? Je m'occupe du droit rationnel, et j'examine ailleurs la question des moyens généraux de le traduire en justice positive. S'il est vrai que l'établissement du plein droit de tester dût avoir maintenant pour conséquence un retour à des coutumes et à des traditions que la liberté a plutôt la mission de détruire, j'ai assez de raisons de me fier à la sagesse empirique du législateur qui sera chargé de prononcer sur le possible et sur l'utile. Mais reconnaître le droit rationnel est le premier et le plus nécessaire des moyens d'en amener la mise en valeur pratique, ne fût-ce que pour se préoccuper, en voyant les obstacles, de travailler à la dignité des personnes qu'on suppose encore incapables de l'exercer.

Il faut aborder une autre partie de la question de l'héritage. Il reste à se demander si les conditions de l'hérédité naturelle sont aussi bornées que le sont les droits proprement dits des survivants à l'égard d'une propriété dont, par hypothèse, il serait disposé testamentairement. Suivant l'esprit des solutions précédentes, l'acte testamentaire est un fait normal lié à l'existence et à la nature de l'idée de propriété ; par conséquent, l'exercice de la liberté inhérent à cet acte est moral, est non seulement un droit, mais même un devoir imposé par la raison à quiconque veut faire usage de toute la puissance qu'il a reçue pour le bien. Dans le cas, par exemple, où une législation donnée aurait des applications contraires à celles que l'agent moral voudrait, à celles qu'il dépendrait de lui de rendre nécessaires en vertu de cette même législation, si seulement il exprimait sa volonté, il est clair que le devoir de tester lui est imposé dans la mesure du devoir même qu'il a de procurer ce qu'il croit en conscience être le meilleur. N'eût-il à se réserver que la faculté de pourvoir lui-même à ce qu'il lui appartient de régler, c'est encore un devoir, envers autrui souvent, à tout le moins envers soi. Je suppose et je dois supposer la bonne intention jointe à la liberté. Il faut donc que la liberté s'exerce. La seule rencontre où elle puisse moralement s'en remettre à autrui, soit à la loi et à la coutume, est celle où la coutume dispose à son défaut comme elle disposerait si elle disposait. Mais sachant cela, c'est encore tester que de ne pas tester.

Ce devoir peut n'être pas rempli. Comment se présente en pareil cas le problème de l'héritage ? Le propriétaire n'ayant point exprimé de volonté particulière, nous sommes en présence des ayants droit à la propriété, s'il en est, puis de la société, arbitre et juge nécessaire. La société doit d'abord ménager la part de la stricte justice et satisfaire aux mêmes droits qu'elle eût fait valoir au besoin contre un testament formel. Ce sont ceux dont j'ai rendu compte. Après cela, elle ne peut que se mettre aux lieu et place du défunt, non pour hériter de lui, ce qui serait usurpation plutôt qu'arbitrage, ou ce qui supposerait arbitrairement une volonté peu probable de celui qui n'en a exprimé aucune, mais pour disposer comme il eût été naturel et rationnel à lui de disposer[1]. Le respect de la personne et de la propriété doit aller jusque-là, outre le véritable intérêt social qui conseille de laisser individuel ce qui était individuel et de n'appeler à la communauté que ce qu'il est nécessaire, et alors dans le mode le plus franc. La volonté qu'il s'agit de suppléer étant personnelle, il est à présumer qu'elle aurait eu des visées personnelles aussi, et cela eût été légitime autant que naturel. Il faut donc supposer au défunt les affections communes propres à le déterminer. Il ne faut pas lui en prêter de trop particulières, ni des préférences, car on céderait alors à des motifs et on épouserait en quelque sorte des passions dont la personne qu'on remplace n'a point assez senti le poids pour agir. En un mot la raison appliquée à des affections d'ordre général doit seule déterminer l'hérédité.

Telle est la base morale sur laquelle s'appuie la convenance de l'hérédité naturelle, ou dans la sphère de la famille. Le consentement social y est manifestement

1. On pourrait, il est vrai, regarder la dépossession d'un mort intestat comme une sanction pénale de l'obligation de tester ; mais outre que cette obligation rigoureuse n'est pas assez claire, la peine serait dure et frapperait injustement les survivants.

nécessaire, puisque le testament n'existant pas, duquel seul un droit personnel rigoureux peut sortir, l'intervention de la coutume ou de la loi est inévitable, et non pas seulement pour donner force au droit, mais pour le constituer. Toutefois, ce consentement, le droit ainsi établi n'est point arbitraire, attendu qu'il est fondé sur le respect de la volonté de la personne, sûr un devoir étendu aux cas où la volonté non exprimée peut se supposer.

D'après ces principes, il est aisé de voir que l'hérédité naturelle vaut en faveur des enfants premièrement, et cela sous la seule condition que la filiation, dont la recherche est de droit rationnel, soit constatée. Elle leur assure des parts d'héritage égales à tous. La raison et les justes affections ne sauraient prononcer autrement, dès qu'on n'admet rien de plus qu'une société, des personnes et des droits, et qu'on ne se préoccupe point des fausses théories qui visent à organiser des apanages de famille et des intérêts supérieurs à la justice. Il arrive sans doute que l'existence d'une propriété donnée se lie à un établissement dont la suite et la prospérité exigeraient l'indivision. Mais c'est alors au fondateur et à ses continuateurs qu'il appartient de pourvoir à la satisfaction d'un tel intérêt, soit dans la famille, soit en dehors d'elle, en usant du droit de tester. Les lois qui instituent des privilèges pour certains héritiers naturels ont souvent des effets contraires à la fin qu'elles affichent, et celles qui ne respectent pas le droit de tester opposent un obstacle aux fondations d'ordre moral, lesquelles peuvent représenter de grands intérêts, mais en antagonisme avec les intérêts de la famille.

Dans l'ordre d'idées où je me place, l'hérédité naturelle, au défaut des descendants directs, doit passer aux ascendants, attendu que la ligne directe est celle où se rencontrent à la fois les affections les plus universellement données et les plus fortes et les échanges de droits, devoirs et services les plus continuels et les plus intimes. Il convient donc que la propriété, ne pouvant descendre, remonte afin de redescendre. Après les ascendants, et à leur défaut, viennent les collatéraux du premier degré, puis du second, avec lesquels il est naturel et ordinaire que des relations cordiales aient existé[1]. Au delà, la convenance s'obscurcit, quant aux affections à présumer, et ce serait sans doute le cas de consulter exclusivement la raison. On pourrait sans violer aucun respect attribuer la propriété à des œuvres d'utilité sociale. Si je n'ai admis jusque-là aucun prélèvement de cette nature, c'est que j'ai supposé la dette à cet égard payée selon la loi, durant la vie de chacun, et les héritages implicitement affranchis.

CHAPITRE LXXXII

SUITE. LES CONTRATS DE LOUAGE ET LES CONTRATS DE SALAIRE

Un recours direct à la loi morale n'a point été nécessaire pour établir le droit et les limites du droit de tester, car ces limites dépendaient de devoirs déterminés, déduits antérieurement de la loi morale, et ce droit lui-même dérivait de l'idée de propriété, application déjà faite de la loi morale dans l'ordre des choses matérielles. Si une antinomie se présentait dans les conséquences de l'institution de la propriété, ce n'était pas que la loi morale fût violée par le propriétaire, comme tel, mais c'était par l'effet complexe des lois de la nature, des erreurs et fautes des agents moraux, et enfin de la violation des devoirs que j'ai à examiner maintenant et qui se rapportent aux contrats auxquels la propriété donne lieu. Il est permis de douter que l'antinomie se fût jamais produite, au moins d'une manière

---

[1]. Je laisse à rechercher jusqu'à quel point il serait possible d'avoir égard aux situations des personnes, dans un partage légal entre collatéraux. La difficulté la plus sérieuse pour y parvenir serait levée dès l'instant où les fortunes individuelles ne seraient plus des mystères à pénétrer.

éclatante et désastreuse, dans le cas où ces derniers devoirs auraient été observés.

Un recours direct à la loi morale a été nécessaire pour établir un principe d'hérédité naturelle, en partant du droit de propriété comme inhérent à la personne seule, parce qu'il a fallu alors faire intervenir la société, l'ensemble des personnes, et lui attribuer la mission de décider de l'emploi de la propriété vacante, sous la seule condition possible dans ce cas, savoir, le respect d'une volonté non exprimée, mais supposable.

Les contrats proprement dits de louage et ceux qui stipulent des salaires pour le travailleur ont cela de commun, qu'ils consistent en un certain usage de la propriété comme instrument de travail concédé par celui qui en est propriétaire à celui qui ne l'est point, et ce sous de certaines conditions. Ce point de vue est le plus simple en théorie. On le retourne toutefois, et on regarde le salarié comme donnant à loyer, lui aussi, puisque son travail, son habileté, les forces physiques qu'il met en œuvre sont une manière de propriété qu'il engage. En ce sens, il y a instrument loué des deux parts, et le contrat de salaire est une espèce de double contrat de louage. Quoi qu'il en soit, les conditions font les contrats, et comme ici l'emploi de la propriété cesse d'être gratuit pour celui à qui il est concédé, le locataire ayant un loyer à payer, le salarié ne recevant pas la totalité du produit de son travail, il faut nécessairement s'enquérir de la moralité des conditions. Un recours direct à la loi morale est inévitable en tout contrat qui engage mutuellement deux personnes, car il faut s'assurer que les droits naturels de chacune sont respectés.

Deux grands principes dominent tout ce sujet: les conventions doivent être libres, librement acceptées et en pleine connaissance de cause; ensuite il ne faut pas que le besoin ou d'autres motifs étrangers à la justice et à la raison portent l'un des contractants à subir, quoique très volontairement, des stipulations non conformes à l'ordre rationnel des relations humaines. On ne doit pas croire que la première de ces règles suffise à la morale, ainsi qu'en jugent trop souvent des personnes qui, se fondant sur leur simple droit de propriété, pensent pouvoir user de ce droit à l'aide d'autrui à des conditions acceptées quelconques; ainsi qu'en jugent parfois ceux qui se disent *trop heureux* de trouver les conditions qu'ils trouvent. La dignité humaine ne se contente pas si aisément.

La condamnation des institutions qui font porter directement ou indirectement la propriété jusque sur les personnes doit-elle s'étendre aux coutumes du louage, du prêt à intérêt et des salaires? Si l'on considère les faits et l'histoire, il y a quelque chose de cela, car incontestablement le locataire, le débiteur et le salarié ont été et sont encore souvent placés dans une condition, non seulement à n'avoir pas de propriété à eux, mais à ne pouvoir en acquérir aucune, à se trouver réduits aux stricts moyens de vivre au jour le jour, à s'interdire toutes fins plus éloignées, ou d'une nature intellectuelle et morale, à dépendre par conséquent des propriétaires et des créanciers presque aussi matériellement, si ce n'est moralement, que s'ils faisaient partie du capital de ceux-ci, à la seule charge de frais d'entretien qui ne sont pas même garantis au delà du temps où le travailleur a la force nécessaire pour employer l'instrument qu'on lui prête, ni calculés pour y suffire. Admettons que cet état de choses soit constant et un effet naturel du jeu de la liberté sous le régime de la propriété. Ne tenons pas compte de l'indépendance morale relative que l'ancien serf, devenu salarié, métayer, débiteur à titre quelconque, trouve dans le régime des loyers et des salaires; car ce n'est point assez. Négligeons les exceptions nombreuses et croissantes qui se produisent à mesure que la classe des non-propriétaires est plus capable de connaître le droit et de débattre les intérêts: la manière dont s'introduit ce progrès est intéressante, mais ne va pas au fond de la question. Est-il donc vrai que le régime des loyers et des salaires est incompatible avec les principes et ne saurait de sa nature être appliqué en conformité de la loi morale ?

Il n'y a nulle exagération dans l'idée sommaire de la situation du travailleur sans propriété ni garantie, telle que je viens de la résumer, et que tant d'autres l'ont développée. Je dirai même qu'il n'y en a point de possible. J'entends par là que l'étendue du mal n'est pas ce qui moralement importe : n'y eût-il que peu de personnes, une classe extrêmement réduite à qui le régime en question ferait cette situation, un usage de la propriété qui y conduirait nécessairement, ou quelle que fût la bonne volonté des contractants, devrait être condamné en droit. L'exagération commence, ou plutôt le vice logique, au moment où, la passion venant à exclure une considération attentive des principes, on rend la clause fondamentale des contrats qu'on doit étudier solidaire des stipulations abusives qui en déterminent la pratique. On est alors entraîné à vouloir substituer à des usages ayant un fondement de droit, des théories qui, dans le but de relever la liberté humaine, l'oppriment, et, pour corriger la propriété, tendent à la détruire. Il n'est pas une seule institution dont le jeu, et il n'est pas un genre de contrats dont l'application puisse dispenser les hommes de s'occuper de leurs devoirs. Cherchons donc si certaine règle, en soi très simple, ne nous ferait pas connaître ceux qui se rapportent à l'usage d'un instrument prêté moyennant loyer pour le propriétaire ou salaire pour le travailleur.

Assurons-nous d'abord de l'origine et de la légitimité rigoureuse de l'emploi des richesses. Les conditions morales s'ensuivront si l'analyse est exacte. L'application convenable du travail à une matière et avec des instruments donnés est de nature à laisser un excédant qui est l'essence du revenu net et l'élément réel de la richesse, après que le travailleur a fait les prélèvements qui représentent sa propre subsistance, comptée au plus bas, et les frais (au fond une autre part de travail et de subsistance) nécessaires pour entretenir ou préparer l'instrument. Ceci est une loi naturelle dont la vérité résulte de la comparaison faite entre le montant des excédants ou avances à une certaine époque, et pour un groupe fixe de travailleurs, et le montant à une époque postérieure pour ce même groupe, quand il n'est intervenu ni trop de gaspillage ou de fautes, ni de trop graves accidents nuisibles dans la conduite des travaux. On voit même par le fait qu'une somme assez considérable de déperditions est couverte en dernier résultat par le fonctionnement de la loi. La richesse obtenue de la sorte étant toujours décomposable en produits d'efforts individuels, il est clair que la loi s'applique à chaque travailleur, qui se trouve donc en moyenne avoir pu produire un certain excédant. Sous le régime de la propriété, cet excédant, variable pour chacun, s'offre attaché à sa personne et constitue ce qu'on appelle une épargne. Je n'ai pas besoin de faire observer que la loi est indépendante des contrats qui peuvent se passer entre les personnes, car elle n'en suppose primitivement d'aucun genre. On la retrouve également en considérant un homme seul à la surface de la terre, en des circonstances convenables, appliquant son industrie à se fournir d'une série de produits quelconques ; mais j'ai préféré ici la généraliser pour considérer l'homme dans l'état social. Cela posé, on se demande si chacun peut faire de son excédant propre un emploi libre et légitime.

On ne niera pas l'existence ou la légitimité d'un excédant rigoureusement propre à la personne. Si l'on se fondait, en soutenant la thèse négative, sur ce que le travailleur ne peut rien épargner qui lui soit propre, quand les instruments, les avances antérieures, sa vie même, tout ce qu'il a reçu est, pour ainsi dire, hypothéqué au profit des tiers ou de la société en général, sans lesquels il eût été réduit à commencer de travailler sans capital préparé et peut-être à mourir de faim dès les premiers accidents contraires, on oublierait que ce travailleur est lui-même un élément intégrant de la société dont on parle, et que, s'il existe un capital quelconque, une épargne quelconque, il peut en principe y prétendre sa part. Or quelle part s'attribuera-t-il plus raisonnablement que celle dont il a accru, par un travail assurément *propre*, la propriété qui lui a été dévolue ? J'admets cette propriété de base sur des motifs d'ordre naturel et moral que j'ai développés. Je reconnais qu'elle n'est point absolue en ce sens de ne rien devoir à la société, et je me suis occupé de la dette. Le travail propre aussi, je sais qu'il est dû en quelque mesure. Mais après tout cela, il reste une propriété que je suppose consentante de payer ses charges, et un excédant, une épargne, un revenu net, appendice logique de la propriété et du travail, et qu'on n'en pourrait séparer sans les nier.

Que le revenu net pût exister encore dans l'hypothèse où la propriété subirait loyalement ses charges, je le conclus de la loi de capitalisation déjà alléguée, car enfin on voit les membres de certaines sociétés s'entretenir tellement quellement et augmenter en nombre, tandis que le capital s'accumule par l'adjonction continuelle de ce revenu, sans que l'accroissement de la population vienne diminuer le capital individuel moyen, qui, au contraire, augmente. On peut donc imaginer des moyens de répartition de la richesse capables de faire disparaître les cas de dénûment et de mettre la fonction capitalisante à la portée réelle de tous les associés, ce qui tend, comme on sait, à donner à la loi de la population un fonctionnement normal, loin d'en exagérer les effets ; et pourvu que la somme des consommations improductives ne s'élève pas trop, l'épargne continuera de se produire. L'épargne appartiendra aux personnes d'après ce qui précède, et d'une manière d'autant plus essentielle qu'elle peut provenir de leur travail seul, n'impliquer aucune propriété déjà acquise et poser pour tels d'entre eux un premier élément de propriété. Ils en useront donc librement et légitimement, d'où qu'elle procède.

Quel sera maintenant cet usage ? La légitimité n'en échappe non plus à des conditions que ne fait tout autre acte libre d'une personne. Sera-ce une consommation improductive? Si cette solution était généralisée, la société cesserait de pouvoir avancer et s'accroître, et ne pourrait dès lors que reculer, car le stationnement n'est point une loi naturelle. Ne voulût-on l'appliquer que dans une société parvenue à un certain comble de richesse, et dont la population demeurerait fixe, par hypothèse, ce n'est pas à l'égard d'une société de cette espèce que le problème se pose. Dans celles que nous connaissons, le devoir serait violé d'une manière générale, du moment que l'emploi des excédants se ferait sans tenir compte ni de l'augmentation des biens matériels stables et productifs que chaque associé doit se proposer d'obtenir pour tous, ni des garanties à préparer pour les membres à venir. Et si de la vue de l'ensemble nous passons à la considération des droits des personnes, nous trouverons que la consommation improductive, toujours inévitable en une certaine proportion, peut difficilement se délimiter en formant la part convenable des justes jouissances de tout ordre, mais qu'il n'y a pas moins lieu à appréciation consciencieuse, et que chaque personne est moralement obligée de conserver son revenu net et d'en procurer la consommation reproductive dans une certaine mesure.

Puisque la disposition personnelle des excédants de produit est légitime, faute de quoi la propriété ne serait plus qu'un usufruit, et encore borné aux stricts besoins de l'usufruitier, et puisqu'il n'est point permis, à plus forte raison commandé de détruire ces excédants à mesure qu'ils sont obtenus, il ne reste plus à celui qui en a la propriété que de les donner ou que de les prêter sous certaines conditions, quand ils s'élèvent au point où il ne lui est plus possible de les utiliser par lui-même. Or son travail personnel et les capitaux qu'il est en état de faire valoir directement et sans l'aide d'autrui sont nécessairement très limités. Mais nous ne pouvons exiger qu'il donne, car ce serait revenir à la thèse déjà réfutée, et nous supposons qu'il a rempli les devoirs qu'il avait d'ailleurs envers les autres hommes, soit envers la société. Nous ne pouvons pas l'obliger davantage à prêter gratuitement l'instrument qu'il n'emploie pas. Dans ce cas, en effet, non seulement il n'aurait plus en cet excédant qu'une propriété nominale et sans profit possible pour lui, au lieu que nous lui reconnaissons la propriété véritable et l'usage réel, à charge pour lui de le trouver; mais même ayant confié le capital quelconque dont nous parlons à autrui, et s'étant par là implicitement engagé pour le temps nécessaire à la garantie de celui qui y appliquerait son travail, il se verrait nécessairement privé lui-même du fonds, aussi bien que de l'usage, pour le moment précis où il aurait besoin de ce qui lui est maintenant inutile. Mais cela n'est point juste, et nous sommes nécessairement conduits par voie d'exclusion à poser la légitimité du prêt à titre onéreux.

Ici se présente une relation dont il faut se rendre soigneusement compte. C'est le fruit ou revenu du capital prêté qui est la matière théorique du contrat. Le revenu ne pouvant appartenir purement et simplement, par la nature des choses, au propriétaire qui ne travaille pas, ce dernier ayant recours à une autre personne qui consent à travailler, qui par là acquiert un droit aussi sur le revenu, mais qui ne peut l'acquérir entier s'il est vrai que le propriétaire ne puisse l'abandonner entier, il y a lieu à un certain partage. Est-il possible de concevoir une loi de partage qui soit juste pour les deux parties? Telle est à présent la question. Afin de la simplifier, je considère le travail comme une quantité mesurable homogène, un emploi régulier de la force humaine dans un temps donné. Je m'occuperai plus loin du travail en tant que de valeur variable, et de ses coefficients de qualité ou d'habileté.

Ne nous arrêtons pas à l'expédient du partage égal du produit brut. Nulle raison ne le recommande préférablement à tout autre, et l'on n'y trouverait rien du caractère d'une loi, attendu que le rapport soit de la propriété, soit de la main-d'œuvre à la quantité des fruits est excessivement variable, et que, sût-on bien sur quelle part imputer les frais accessoires, c'est toujours arbitrairement qu'on aurait fait entrer l'idée d'égalité dans l'application des droits à un objet auquel on n'a nul moyen de les comparer. La réfutation s'étend au besoin à toute proportion fixe qu'on imaginerait.

Pour ce motif et pour d'autres de liberté et de responsabilité, il est mieux indiqué d'attribuer le produit tout entier à une part et de constituer l'autre à l'aide d'une valeur compensatoire qu'il reste à déterminer en thèse générale. Si le propriétaire renonce au produit et par suite à l'usage de sa propriété pendant un temps déterminé, il stipulera en sa faveur le paiement d'une certaine quantité de monnaie à certaine époque, et c'est ce qu'on appelle intérêt ou loyer suivant la nature du capital prêté; disons simplement loyer. Si au contraire il se réserve tout le produit, auquel cas il peut aussi conserver le capital plus disponible et appeler différents travailleurs avec des engagements, si l'on veut de courte durée, il donnera à ceux-ci des sommes convenues sous le nom de salaires. Ce cas est inverse du précédent, comme je l'ai déjà remarqué, en sorte qu'on a raison de dire que le propriétaire de l'instrument prend le travail en location et paye à son tour un certain loyer.

On ne saurait, il est vrai, se proposer, en théorie, de diviser le produit en raison de deux droits qui ne lui sont pas comparables au sens de la quantité, mais on peut, de ce produit, définir quelque chose qui appartient dans une mesure quelconque à l'un comme à l'autre de ces droits. On ne saurait non plus laisser simplement (toujours en théorie) les loyers ou salaires se régler par un débat particulier, dont la conclusion soit censée juste de cela seul qu'il y a consentement des deux côtés: mais il y a une condition morale, à savoir que l'un des contractants ne subisse pas, faute de mieux, une situation irrationnelle. Cette condition du contrat et cette chose commune aux deux droits, et qui tient à leur nature, ont le même sens et conduisent au même résultat:

Ce que le propriétaire entend se réserver, c'est le

revenu net en partie, net pour lui nécessairement, dans l'hypothèse, dès qu'il ne travaille pas, et qu'on est fondé d'ordinaire à supposer que les frais, dont il a pu conserver la charge, étant retranchés des loyers, laissent un excédant, étant ajoutés aux salaires n'équivalent pas à la somme des fruits. Ainsi du côté de la propriété, sauf exception, et en fait, le droit est assuré quelles que soient la baisse des loyers ou la hausse des salaires. Le travailleur est affranchi de tout scrupule. Si l'exception se produisait, elle pourrait provenir de deux causes, ou de l'insuffisance productive de la propriété ou industrie, qui ne donnant pas de revenu net ne mériterait aucun travail au regard de celles qui en donnent, ou d'une exagération réelle du prix du travail. Le premier cas est un accident dont il est juste que le propriétaire souffre seul, car c'eût été même chose pour lui s'il eût appliqué son propre travail au lieu du travail d'autrui. Il est superflu d'examiner le second cas, étranger à la pratique ordinaire, réductible en théorie à celui qui va se montrer par l'interversion des rôles du propriétaire et du travailleur. En résumé, le droit de la propriété est sauf et la condition morale remplie en ce qui intéresse le propriétaire.

Du côté du travail, maintenant, la réserve est la même : une part du revenu net; j'entends, sans équivoque, une part qui soit nette pour le travailleur après que sa subsistance et les frais laissés à sa charge ont été prélevés. Il existe, en vertu de la loi naturelle que j'ai énoncée, un revenu qui dépasse la somme des dépenses indispensables, y compris l'entretien strict du travailleur, quel que soit ce dernier. Quel qu'il soit, il doit entrer en partage de ce revenu. Si donc il s'agit d'un salaire, le salarié doit trouver dans le montant du salaire la somme de ses frais et subsistance propres, et quelque chose de plus, faute de quoi, l'on ne pourrait dire qu'il participe au revenu net. S'il s'agit d'un loyer, ce loyer ajouté aux mêmes prélèvements ne doit pas atteindre la totalité du produit de la propriété, par la même raison. Quand ce droit n'est pas réservé de fait et dans les conséquences des stipulations, il n'est point satisfait à la condition morale du contrat, parce que le travailleur n'est pas mis dans la situation que la nature permet et que dès lors la raison exige, de retirer de l'emploi de ses forces un fruit excédant ses besoins stricts et immédiats, et qu'il est retenu vis-à-vis d'autrui dans un état de dépendance contraire à la loi morale. Quand le droit se trouve réservé, la condition est satisfaite, parce que le travailleur peut user de l'excédant pour se procurer les moyens d'atteindre par lui-même des fins plus éloignées ou plus relevées, parvenir à la propriété par l'épargne, comme celui qu'on supposerait directement en face de la nature avant toute société, enfin posséder la puissance de l'appropriation et l'instrument matériel de l'indépendance et de la liberté.

La solution est évidemment la même, en ce qui concerne les salaires, lorsque l'on considère le salarié comme donnant son travail à loyer. En effet, il doit s'assurer, comme propriétaire de ce travail (ou de l'instrument immédiat de ce travail), une part du produit net qu'en peut donner l'usage en location; ou, si l'on veut, son rôle est alors celui d'un propriétaire qui travaille lui-même (encore qu'un second instrument soit emprunté d'ailleurs) et qui assimilant sa propriété à tout autre capital, doit s'attendre à en retirer un produit net. Il faut donc que le salaire ait une part affectée à la représentation partielle de ce produit.

Le partage du produit net, ainsi envisagé en droit, semble théoriquement devoir être un partage égal entre le travail et le capital; non qu'il y ait une raison claire pour adopter la loi de l'égalité, mais faute plutôt d'apercevoir quelque raison d'en adopter une autre : c'est un de ces cas où s'adapte merveilleusement la méthode mathématique de la *raison suffisante*. Mais ce qui empêche d'appliquer cette loi de division au régime des loyers et des salaires, c'est qu'il faudrait pouvoir connaître le revenu net à l'avance. Si l'on attendait pour régler les parts le moment où il est possible de constater ce revenu, le contrat changerait de nature et la relation entre le propriétaire et le travailleur serait une association formelle, où l'un apportant le capital, l'autre le travail, ce dernier prélevant de plus sa subsistance estimée au minimum[1], et les frais accessoires étant, je suppose, partagés, les bénéfices (positifs ou négatifs) se diviseraient ensuite sur le pied de l'égalité. Le régime des loyers et des salaires n'est point cela, mais toute idée d'association en est écartée, et l'on veut que le locataire sache dès l'abord quel loyer il paiera, afin de rester maître du travail et de la direction du travail; que le salarié puisse compter sur son salaire, quoi qu'il arrive, et que le propriétaire touche de son côté ce qui lui revient, en demeurant irresponsable au cas d'un loyer, seul responsable au cas d'un salaire. Ces conditions sont visiblement de nature à rendre le problème de la répartition plus difficile et même régulièrement impossible, sans laisser quelque chose à l'aléa, quelque faculté de plus à l'injustice dans les stipulations et dans la manière de les exécuter des deux parts, et, par suite, une place plus grande aux appréciations consciencieuses, qui ne seront pas toujours telles. Il résulte de là que le régime des loyers et des salaires est logiquement et moralement très inférieur à celui de l'association. Mais il n'en résulte pas que le premier soit nécessairement injuste. On vient de voir à quelle condition il est juste; seulement il y a des devoirs difficiles à remplir pour faire que la condition ne soit point vaine.

La grande difficulté vient de la solidarité humaine et des applications forcées du droit de défense. Les erreurs d'appréciation, comme simples erreurs, seraient réparables, et si la coutume ne s'établissait que pour des cas simples, en supposant de plus la justice et la bonne volonté des parties, il est permis de croire que

---

[1] Le propriétaire n'a point droit de réclamer la sienne en ce cas, car il y aurait double emploi. C'est la subsistance du travailleur seul qui est à imputer sur les frais du travail. Celle du propriétaire est censée représentée ailleurs et sur un travail qui lui serait personnel.

la moyenne des taux des loyers et des salaires, dans des circonstances données, s'établirait de telle manière que les droits fussent respectés. Le problème se résoudrait alors par la pratique.

En fait et au milieu de l'immense complexité des intérêts entremêlés, c'est la lutte qui s'établit et ce sont les résultats de la lutte qui composent la coutume dans chaque région géographique et dans chaque ordre de propriétés et de travaux. La liberté a son jeu mais contraint de diverses manières; elle est sujette au devoir, mais comme dans les autres applications de la morale, avec les déviations que causent les passions, les vices, les habitudes et le droit positif lui-même. L'obscurité qui règne sur les situations individuelles et sur les attentes de l'avenir, les dangers à courir, les mauvaises chances à prévoir ont des excuses toutes prêtes. Le propriétaire élève ses prétentions sans y connaître d'autre borne que la possibilité de les faire accepter; le travailleur, souvent réduit à louer son travail au minimum de prix, ou pour sa simple subsistance, remplit mal ses engagements et recourt à la fraude. Si le premier se préoccupait à l'excès d'un devoir dont les limites lui sont mal connues, il courrait fortement le risque d'être volé, bafoué, ruiné ou interdit à la fin pour n'avoir pas fait valoir son droit de défense. Si le second, voulant être loyal en tout, exigeait toujours de justes conditions, afin de pouvoir en rendre à autrui de pareilles, il s'exposerait, étant déjà sans propriété, à demeurer en outre sans travail. Si une propriété, une industrie, un groupe de producteurs, une nation parmi les autres, observaient la justice dans les relations du travail et du capital, et si, comme il est certain, les produits de cette circonscription atteignaient normalement un plus haut prix vénal que les produits similaires des autres circonscriptions de même nature, il faudrait de deux choses l'une, ou que cette propriété, cette industrie, ce groupe renonçassent au commerce avec les autres, non réformés, ou abandonnassent tout bénéfice et se missent en perte. Ainsi le droit de défense et la solidarité sont des obstacles infranchissables, non pas à l'accomplissement de tout devoir, assurément, mais à une réforme brusque et totale des mœurs sur un point déterminé, à plus forte raison pour une personne seule. Les injustices de la propriété et les vices du travail s'entraînent solidairement; les iniquités des groupes industriels ou sociaux de même, à cause du droit de défense.

Ce système de lutte, préconisé sous le nom de régime de liberté, comme s'il représentait la vérité pure, toute la vérité morale possible dans l'ordre économique, ce système, ou plutôt ce grand fait érigé en système, est préférable aux régimes d'organisation du travail et de la propriété sur le fondement de l'autorité. En effet, l'autorité serait contraignante, ou simplement morale et persuasive, ou résulterait de la force des choses et des actions d'un milieu une fois institué. Dans cette dernière hypothèse, on attribuerait aux institutions et, en un mot, à des relations supposées données une première fois (données, il n'importe par quels moyens, et je veux qu'ils ne soient point utopiques) une vertu de produire et de continuer de produire l'ordre moral, indépendamment de l'usage que les hommes feraient de leur liberté demeurée sauve. Je me suis expliqué ailleurs sur cette illusion. Dans la seconde hypothèse, c'est à la liberté qu'on a recours au fond, et l'autorité dont on parle en est une résultante. Rien de mieux; on admet alors le régime libre, en se proposant seulement d'en modifier les applications par l'enseignement du droit et de la morale et par tous les autres moyens moraux que la liberté a d'agir sur la liberté. Il reste donc à examiner la troisième hypothèse, qui est celle de l'autorité proprement dite. Or on a deux grandes raisons de la rejeter. Premièrement, il n'y a nul motif d'espérer qu'une autorité contraignante, quelle qu'elle soit, se trouve naturellement exempte en son exercice des vices, des erreurs et des ignorances des hommes; elle pourrait n'être point juste et ne point vouloir la justice, et, la voulût-elle, elle se tromperait encore aisément sur les moyens de l'atteindre. Il faudrait pour le moins, et pour avoir quelque garantie, que cette autorité même émanât de la liberté ; mais alors la liberté qu'on suppose assez juste pour engendrer l'autorité juste et assez éclairée pour lui dicter des arrêts, doit être capable aussi de se conformer directement à la loi morale dans les choses de son ressort, et ne pas chercher des moyens extérieurs de se contraindre et de se faire violence. Or la propriété, le travail, les contrats, toutes les conventions et associations de nature économique sont de son ressort. En s'obligeant et s'enchaînant par avance, si ce n'est pour ces cas d'iniquité flagrante que toute législation prévoit, elle est sûre de perdre beaucoup de sa vertu et de son efficace dans l'œuvre, et elle ne l'est point de connaître le jeu, les conditions, la nature et la marche complexe des conditions économiques de manière à pouvoir formuler des prescriptions et des règlements par anticipation de l'expérience. Loin de là, nous venons de voir que si nous admettons la séparation de deux éléments, la propriété, le travail, il faut nécessairement renoncer à les rémunérer suivant une loi de partage *a priori*, à cause de ce que l'application et la pratique ont toujours de contingent et d'aléatoire ; il n'est donc pas possible d'arriver à la mesure exacte des devoirs. Si nous n'admettons pas cette séparation, l'autorité que nous chargerons d'aviser à ce qu'elle ne se produise point sera une autorité oppressive.

Secondement, et cette fois en fait, la liberté livrée à elle-même, a obtenu les plus grands développements de richesse que l'histoire connaisse, et, jusque dans les abus auxquels son application a donné lieu, elle s'est montrée apte à élever la condition de ceux qui en ont souffert et qui en souffrent, au-dessus de tout ce que les régimes d'autorité ont jamais su faire. Dans l'état où les sociétés sont parvenues, la liberté et les œuvres qu'elle peut produire, les conventions libres de toute nature paraissent le meilleur ou le seul remède applicable aux vices de la coutume et aux prescriptions de lois moins avancées que les mœurs. Et en effet, s'il est vrai que la solidarité et le droit de défense sont au fond le grand empêchement aux progrès de la justice, et qu'on ne puisse changer tout d'un coup tant de relations liées et combinées de tant de manières, il doit être vrai aussi que les conventions libres sont le moyen de les changer graduellement, car elles peuvent, quand on le voudra, former des sphères particulières de relations où la défense soit moins nécessaire, et modifier les applications de la solidarité. Ou, si elles ne le peuvent, si on ne le veut pas, qui donc le pourra? (V. chap. LXXXVII.)

Il ne s'ensuit point de là que le régime de la liberté renferme par lui-même toute la vérité de l'ordre économique : pas plus que la liberté en général ne renferme la morale, qui est la droite manière d'en user. Les fondateurs de l'économique moderne à titre de science (titre encore imparfaitement mérité néanmoins, car les lois n'en ont peut-être pas atteint une entière exactitude, ni comme expérimentales ni comme rationelles) ont pris les données et hypothèses de la guerre pour prémisses : j'entends de la lutte des intérêts, abstraction faite du devoir. Ne leur contestons pas cette méthode et, pour ainsi dire, ce droit scientifique, mais attendons-les à la fin, obligeons-les à tenir compte de la justice : il faudra qu'ils avouent l'opposition des préceptes de la raison pratique et des aphorismes de l'expérience. En résumé, considérant d'une part les principes économiques, soit, au fait, l'usage et les conséquences de la liberté tels que nous les voyons, rappelant, de l'autre, les commandements de la loi morale, nous sommes autorisés à poser l'existence d'une antinomie analogue à celle que nous avons déjà reconnue entre la nature et les effets de la propriété dans l'histoire, la nature et le principe de la propriété dans le droit et dans l'idée. Comment la résoudre?

Quand il s'agissait de la propriété, du fait de la propriété dévolue à l'un, refusée à l'autre, alors que le droit la demande d'abord pour tous, nous avons eu recours à la société comme garantie. Nous avons voulu nous écarter des faits pour rentrer dans la raison, ou plutôt créer un fait nouveau conforme à la raison. Nous avons trouvé dans la reconnaissance du droit au travail un moyen de donner au dépossédé l'équivalent de la propriété qui lui manquait, et par là (du moins en théorie) l'instrument à l'aide duquel l'homme arrive normalement à l'accumulation des revenus non consommés, à la capitalisation, à la propriété. La même solution est-elle applicable au régime des loyers et des salaires? Il le semble à première vue, et les deux questions sont assurément très liées. Il est au moins certain que les effets les plus funestes de l'abus dans le règlement des loyers ou des salaires, aussi bien que de la répartition trop inégale de la propriété, pourraient en principe être corrigés par un appel au droit au travail, puisqu'il y a là un remède à la misère, à la privation de toutes ressources personnelles, quelles qu'en soient les causes sociales. La différence est grande toutefois. Le droit au travail supposé praticable est une vraie solution à l'égard de l'exercice du droit d'appropriation perdu, en ce sens qu'il tend théoriquement à le faire récupérer, et c'est tout ce qu'on peut exiger dans l'ordre d'une institution telle que la propriété, juste de sa nature et, de sa nature, croissante et décroissante pour des personnes données. Il n'en est pas une, en tant que correctif des vices des transactions privées, car ces vices subsistent alors toujours par hypothèse, et continuent à dépouiller le salarié ou locataire de sa part de revenu net. C'est à la propriété accrue au delà de certaines bornes que nous avons demandé de faire les frais de l'exercice du droit au travail; et ce résultat était en même temps obtenu, par voie indirecte, de limiter l'appropriation privée des capitaux (chap. LXXX). Mais il ne serait pas juste de rejeter sur cette propriété croissante une charge dont on regarderait cette fois l'origine comme placée dans un certain emploi abusif de la propriété grande ou petite et sous la responsabilité de tous les hommes sans exception, en l'état de lutte universelle où ils se trouvent. Au moins faudrait-il que la contribution progressive revînt à la simple proportionnalité, sous cet aspect. Quelque parti que l'on prît dans cet embarras, les travailleurs considérés en corps seraient affranchis de la responsabilité qui leur incombe dans un milieu de coutumes déloyales et de torts réciproques; et cela non plus n'est pas juste. En somme, la solution prétendue ne toucherait pas même ici la vraie difficulté.

Ce n'est pas tout. Les considérations qui précèdent sont accessoires, et j'aurais pu les négliger. Ce qu'il importe de remarquer, c'est que le droit au travail, tel que je l'ai présenté en théorie et en ayant soin de répéter ces mots : *en théorie,* est inapplicable, tant qu'on ne sort pas du régime de lutte dont je m'occupe en ce moment, et qu'on suppose la loi morale habituellement violée. Inapplicable en tant que moyen, s'il était reconnu, de fournir à de justes réclamants le travail qui leur manque, et cela sous les conditions communes faites au travail dans la société comme elle est, ce n'est pas ce que je veux dire. Avec cette portée réduite, il doit paraître aussi praticable qu'il est juste et exigible en principe, toutes difficultés d'introduction à part. On ne voit point quel obstacle intrinsèque en pourrait rencontrer l'établissement, s'il se bornait à assurer ce même minimum que les transactions privées assurent, et au cas seulement où celles-ci feraient vraiment défaut. Mais le droit au travail a plus d'étendue que cela quand il se présente en théorie pour résoudre l'antinomie de la propriété. Nous exigeons alors que le salaire du travailleur qui exerce ce droit suffise rigoureusement à le conduire à capitaliser et à s'élever à la propriété, puisque tel est le but et l'objet unique de ce qu'il serait permis d'appeler une solution du problème. C'est dans ce sens de la théorie que je dis maintenant le droit au travail inapplicable. En effet, nous reconnaissons que le régime des salaires, comme il est, met communément le travailleur hors d'état d'épargner et de faire plus que de subsister. Si donc le droit au travail était organisé conformément à la théorie, il y aurait entre les salaires qu'il offrirait et les salaires communs une différence qui porterait tous les travailleurs à choisir les travaux qui leur assureraient les premiers. Ils y auraient droit, suivant nos principes, non pas comme n'étant point admis au fait à l'usage d'un instrument de travail, mais comme ne l'obtenant qu'à des conditions incompatibles avec leur droit de parvenir à la propriété ou d'en posséder les moyens. Alors la société serait amenée logiquement à se substituer à ses propres membres comme distributeurs de travaux et de salaires, et toute la propriété devrait passer dans ses mains. Nous revenons à l'hypothèse que nous avons repoussée ci-dessus, suivant laquelle les hommes voudraient et croiraient pouvoir faire en masse, à l'aide d'une volonté collective, ce juste emploi de leur liberté dont ils se sont montrés individuellement incapables. Ils n'y réussiraient point, faute de lumières, faute de bonne volonté et de suffisant accord, puisque la lutte qui est dans les faits est avant tout dans les cœurs. Ils ne commenceraient même pas sérieusement l'expérience sur un grand théâtre, car la propriété de fait et la liberté que cette propriété garantit résisteraient, fondées sur le droit de défense, et la guerre des intérêts prendrait un caractère violent. Issue naturelle de la logique d'une réforme qui, pour réaliser la paix et la société parfaite, les supposerait, et, voulant remédier à la privation de propriété d'un certain nombre d'associés, entreprendrait de les déposséder tous!

L'organisation du droit au travail ne saurait donc résoudre pratiquement l'antinomie de la justice et des faits dans le régime des loyers et des salaires. Elle offre un palliatif de l'antinomie entre le droit naturel de propriété et la répartition de fait ; et la contribution progressive, destinée à la subventionner, serait surtout un puissant moyen de modifier cette répartition. Mais il faut alors se renfermer dans les limites telles que le droit au travail ne dépasse guère un recours à l'assistance. Veut-on aller au delà et appliquer la théorie dans sa rigueur, alors on porte atteinte à la propriété, quand on ne veut qu'en réformer la distribution et l'usage, et l'on tombe dans la contradiction.

Avant de conclure définitivement, épuisons l'étude des droits de l'ordre économique.

CHAPITRE LXXXIII

DU DROIT QUANT AUX RELATIONS COMMERCIALES

Pour traiter du droit et du devoir dans les échanges, d'une manière générale, il faut d'abord s'occuper du travail comme échangeable et susceptible de prendre des valeurs variables, et se demander s'il est possible d'arriver théoriquement à la définition et à la mesure de ce qu'on nomme la valeur. J'ai vu jusqu'ici dans le travail une quantité homogène d'efforts appliqués à une matière donnée dans un temps donné, sans distinction de qualités dans l'objet ni dans le sujet, et je n'avais pas besoin de dépasser ce point de vue abstrait pour les questions que j'étudiais. Il y a lieu maintenant d'étudier d'autres éléments.

La mesure du travail, ou sa valeur, est donc en premier lieu une simple mesure de temps. Si l'agent chargé du travail est doué d'une certaine habileté naturelle ou d'une certaine force, que je regarderai d'abord l'une et l'autre comme consistant uniquement en ce que cet agent obtient dans le même temps qu'un autre des résultats plus étendus du même genre, le travail peut encore se mesurer par la quantité de temps qu'il coûterait à un travailleur moyen. Une telle appréciation est possible, et il est juste en ce cas de tenir compte de la plus-value, dans tout contrat où le travail est promis d'un côté contre d'autres avantages de l'autre. On n'échapperait à cette conséquence qu'en obligeant le travailleur à remplir une fonction par l'emploi de toutes ses forces quelconques et indépendamment du fruit qu'il peut en retirer personnellement, ce qui serait lui nier la propriété dans sa source. L'égalité des salaires serait donc une loi inique.

Si le travailleur n'est en état de faire un travail particulier qu'à raison de ce qu'il a fait antérieurement un apprentissage, c'est-à-dire une série de travaux de même ou de différente nature, et auxquels il a dû employer un temps non rétribué, la rétribution de ces derniers doit s'imputer sur les travaux productifs qu'il fait maintenant. Mais ici se présente une difficulté. En principe, et si l'on calculait le montant du travail qui peut être fourni pendant une carrière moyenne de chaque espèce, connaissant d'ailleurs la durée moyenne de l'apprentissage, il serait facile de répartir sur le prix du travail directement productif celui du travail antérieur, et par suite de mesurer encore le travail ou sa valeur[1], et de fixer de justes salaires. Mais en pratique, les hommes qui ont fait de tels apprentissages, d'un certain genre surtout, et dont le travail est nécessaire aux autres, peuvent abuser de leur position et exiger des salaires qui n'ont pour eux de limites que dans la possibilité qu'ils trouvent de les obtenir en fait.

Si enfin nous distinguons différentes qualités de travail, soit par rapport aux genres de fins qu'ils permettent d'atteindre, soit, en chaque genre, eu égard au talent tout spécial que le travailleur apporte et qui modifie ces fins autrement que sous le point de vue quantitatif, nous rencontrons une difficulté plus grande que la précédente. Et d'abord faut-il ainsi ajouter à la notion simple du travail des qualités qui en changent au fond la valeur et en troublent la mesure ?

A consulter l'opinion publique et celle même d'une classe de penseurs, il semblerait que, à ce qu'on nomme talent, capacité ou mérite chez les hommes, est attaché un droit proprement dit à recevoir des autres un sur-

---

[1]. On y joindrait sans peine un calcul d'intérêt pour tenir compte de l'avance faite par le travailleur, soit du retard mis au remboursement qui lui est dû.

croit de rétribution dans toutes les occasions où ils consentent à travailler pour eux ; parfois peut-être à être rétribués sans travail et sans résultats quelconques atteints de leur part au profit d'autrui. Plaçant un homme en face d'un autre homme, on paraît croire que le plus intelligent ou le plus habile est une sorte de créancier naturel des esprits ordinaires : et ce n'est pas seulement en monnaie spirituelle qu'on entend que s'acquitte la dette. Plaçant cette même *capacité* en regard de la société générale (un poète au dire des poètes, un homme d'État selon les ambitieux, etc.), on parle volontiers comme si l'existence de certaines aptitudes, fussent-elles malfaisantes autant que celles des conquérants, impliquait pour ceux qui les possèdent un droit éminent sur les jouissances, et pour le monde entier un devoir de payer l'habileté ou le génie. Mais ce sont là de graves erreurs contre la loi morale. Le mérite est exclusivement moral et se rétribue par le respect ; la supériorité intellectuelle et toute instruction et savoir-faire acquis exigent l'attention et la déférence, sous toutes réserves ; le génie dans les arts impose l'admiration ; la société doit faire dans l'intérêt commun ce que seule elle peut efficacement, commander et rétribuer les travaux qui sont d'une utilité éloignée, quoique souvent très grande, et ceux dont l'importance n'a rien de matériel ni de matériellement appréciable : mais directement et en droit rien n'est dû par personne à personne que pour des services rendus et pour un travail utile et demandé, duquel il s'agit seulement d'obtenir la mesure.

On transporte dans l'appréciation des travaux mêmes l'inégalité qu'on met entre les hommes, et qui est réelle, mais ne touche en rien la justice des rétributions. De ce qu'un certain travail comporte l'emploi d'une faculté plutôt que d'une autre, conduit à des résultats d'une nature plus accomplie ou plus relevée, c'est-à-dire appelle d'autres idées, éveille d'autres sentiments par rapport à l'œuvre ou à l'agent, on pense qu'une autre valeur s'y attache ; et on a raison, la valeur morale est autre, quoiqu'on ne dût pas oublier que les travaux les plus communs et les plus nécessaires ont aussi une valeur, même morale, qui ne redoit rien à aucune ; mais on a tort de conclure que la différence, quelle qu'elle soit, affecte les droits et devoirs mutuels des hommes en société, à l'endroit des efforts qu'ils échangent pour atteindre leurs fins individuelles et communes. Considérons-les comme se devant réciproquement le travail dans une proportion quelconque, ainsi que nous y autorise l'idée rationnelle de l'association pour de certaines fins ; considérons-les inversement comme libres de traiter pour l'échange de leurs travaux respectifs (deux points de vue également et partiellement vrais), il nous sera toujours impossible d'assigner un motif de théorie pour lequel un travail serait compté plus qu'un autre lorsqu'il ne suppose pas plus de temps ou d'efforts, et qu'en un mot tout est égal du côté de la quantité. La catégorie de qualité s'est glissée irrationnellement dans la solution reçue d'un problème qui consiste en une détermination de mesure et ne doit porter sur rien que de mesurable, d'homogène et de rigoureusement échangeable. Les quantités seules ont cette propriété. Le travail doit être une quantité en tant qu'objet de commerce. Si les fins qu'il obtient dans de tels cas se recommandent par des qualités autres qu'utiles ou dont l'utilité échappe à la mesure, c'est une raison qui justifie des sentiments et des rapports de nature spéciale dans la société, nullement un calcul simoniaque des dettes des associés.

Examinons de plus près la question du droit personnel. Un homme a, je suppose, rempli ses devoirs stricts de tout genre ; il a désintéressé, pour ainsi dire, tous ses créanciers, l'individuel et le collectif. Il dépend de lui maintenant de rendre des services d'un autre genre, ou de rendre ceux qu'il rend autrement et mieux que la moyenne des hommes ne fait et n'est tenue de faire dans les mêmes circonstances. Mais il met un prix particulier, disons de fantaisie, à cette nouvelle espèce de travail ; et ce prix on consentira à le payer, car on désire que l'œuvre transcendante possible s'accomplisse. D'après ce qui précède, et fixant les yeux sur le pur décret de la morale, nous dirons, avec une conscience délicate, que cet homme est un trafiquant de choses non vénales. Mais pourrons-nous dire qu'il excède son droit et que nous manquons nous-mêmes à notre devoir en lui accordant ce qu'il demande et que nous ne lui devons pas ? Nous devons évidemment aller jusque-là quand nous envisageons l'idée sociale pure ou idéale. En effet, selon cette idée, non seulement celui-là ne serait pas un bon associé qui ne donnerait point à ses associés tout ce qu'il a de moyens disponibles, et leur refuserait, se renfermant dans le compte de débit et de crédit le plus rigoureux, la jouissance gratuite des choses qui dépendent de lui et n'ont aucun prix vénal rationnel ; non seulement il serait dépourvu de tout *mérite*, mais même conçoit-on que, dans l'hypothèse où la société se constituerait par une convention formelle, on n'imposât pas à chaque membre l'obligation positive d'admettre gratuitement les autres au partage de ce qui ne lui coûte rien à lui-même ? Et que sera-ce si la nouvelle espèce de travail, ou ce que j'ai nommé l'œuvre transcendante, comprend certaines parties dont la production est d'une haute utilité commune, est un bienfait pour tous ? Que sera-ce si nous remarquons que l'un des coefficients nécessaires de toute capacité individuelle et spéciale est une accumulation sociale antérieure d'arts et de connaissances ? Il est clair que la société telle que je la suppose aurait le droit de choisir et d'élever quelques-uns des siens expressément pour remplir les fonctions particulières. Or elle n'aurait, nous l'avons vu, nulle raison pour en calculer la rétribution au-dessus de la moyenne.

Tout est changé, quand nous considérons la société de fait et l'état d'ignorance et de guerre. C'est par des stipulations attribuant des valeurs diverses et variables à des travaux égaux en quantité, différents en qualité, autant que par l'accumulation abusive des capitaux dans certaines mains et par la pression exercée en matière de loyers et de salaires, autant qu'autrefois par des moyens encore plus contraires à la loi morale, que s'est constituée de bonne heure une classe d'hommes d'élite, lesquels ont procuré à la société des biens qu'elle ne poursuivait pas directement, ou qu'elle ignorait. Beaucoup de travaux dénués d'utilité immédiate et même d'utilité apercevable quelconque, que nul n'eût voulu commander, que nul n'aurait eu le temps de faire, ont pu être exécutés ou payés grâce à cette espèce d'économie de leur temps qu'ont réalisée ceux dont le temps s'estimait au-dessus de sa valeur. Ainsi se sont accumulées les connaissances qui semblent totalement désintéressées et qui ne le sont pas, par suite les richesses, par-dessus tout des biens de nature intellectuelle ou morale qui n'ont pas de prix vénal.

Les hommes qui attachent à leurs travaux une valeur supérieure et arbitraire sont souvent fondés à regarder un intérêt social comme à l'état de défense en leurs personnes, contre d'aveugles tendances au nivellement, qui, en arrivant à supprimer les loisirs et les apprentissages longs, abstraits et sans utilité sensible, découronneraient l'humanité de ses plus hauts attributs et terniraient sa fleur de sociabilité. Les passions, en effet, poussent à ce résultat, et la raison y obvierait difficilement dans un milieu où les produits les plus nécessaires sont loin de surabonder, où certains luxes de bas degré, non la science ou l'art, sont toujours prêts à s'emparer de tout le temps disponible au delà des travaux indispensables.

Toutefois, l'excuse valable est ailleurs, savoir dans une situation bien caractérisée de défense et en dehors d'un argument tendant à justifier les moyens par la fin. Les hommes dont je parle ne sont pas les seuls qui réclament de leur travail un prix exceptionnel. Tous les travailleurs sont dans le même cas par le fait ; il n'y a point de loi ; chacun institue à son profit des exceptions autant qu'il le peut, et l'usage autorise le vendeur de travail de chaque espèce à tout demander et à tout obtenir, sauf consentement de l'acheteur, qui offre à son tour le moins possible. La lutte du marché conduit à l'établissement de valeurs empiriques de tout genre, viciées par une double cause, par la pression qu'exercent ceux qui sont le plus maîtres de leur temps sur ceux qui le sont le moins, et par le préjugé ou la coutume qui attachent un prix d'échange à la qualité ou nature du travail, qualité toute d'imagination, appréciée par des gens ayant des habitudes ou de prépotence ou de sujétion. Il faut donc constater ici entre la raison et les faits, entre l'idée sociale pure et la société réelle, une contrariété semblable à celle que nous avons reconnue dans le régime de la propriété et de ses usages. Il est clair que chaque homme étant censé propriétaire absolu de son travail et pouvant le mettre au prix qu'il veut, il y a solidarité de tous dans les effets de la lutte universelle, et que chacun qui voudrait se conformer strictement à la raison est à l'état de défense pour ne le point faire.

On passe facilement en théorie de la question de l'échange du travail à celle de l'échange des produits. Tout produit proprement dit représente une quantité déterminée de travail apportée à la production. Si donc le travail est mesurable, le produit semble susceptible aussi d'une valeur dont la moyenne se puisse calculer dans chaque espèce, et dont les variations se constatent au besoin dans les cas particuliers. Il y aurait lieu, pour chaque produit, de faire la somme : 1° du prix des matières dites premières employées aux différents moments de la production ; ce sont en général des sommes de travail qui se déterminent par des sommes de temps, dans l'hypothèse rationnelle ; 2° du prix des travaux divers qui composent le travail total, et dans lesquels on ne ferait point entrer de coefficients spéciaux ; 3° des frais accessoires, généraux ou particuliers, comptés encore à titre de travail et convenablement répartis sur les produits de chaque établissement agricole ou industriel ; 4° des quotients analogues exigés par l'emploi des engins dont le prix (estimé par la même loi) et la durée de service doivent être connus ; 5° enfin des intérêts dus aux propriétés ou capitaux dont l'usage est nécessaire. Ce dernier chapitre nous ramène à la question des loyers, qu'il faut supposer résolue également dans le sens de la théorie, savoir, par un partage du revenu net entre propriétaire et locataire.

Ce problème, dont il est si aisé d'indiquer la solution en termes généraux, est au contraire d'une difficulté insurmontable à la pratique. Les données qu'il suppose obtenues pour servir à l'établissement des valeurs, et qui sont extrêmement complexes, exigeraient l'emploi d'une statistique profonde, minutieuse, exacte et constamment à jour, telle qu'à peine on l'imagine possible. De plus, une telle statistique réclamerait ou des déclarations parfaitement sincères de tous les intéressés, et suffisamment bien instruites, ou l'existence d'une inquisition sociale insupportable, en admettant qu'on parvînt à l'organiser. Les moyennes des valeurs qu'on calculerait de la sorte et qu'on tiendrait à jour, ne pourraient être imposées, si elles pouvaient l'être, aux détenteurs de produits sans danger d'injustice dans les cas particuliers ; et tous les cas sont particuliers. Il faudrait donc poser l'idéal, fournir tous les renseignements praticables et s'en remettre pour le surplus à la liberté. D'ailleurs, de toutes manières, on n'assujettirait point l'échange des valeurs à des tarifs, à des prix fixés d'avance sans atteindre dans la liberté économique le principe même de la liberté, à cause des moyens d'inquisition et de contrainte qu'on devrait organiser et mettre à la disposition de certains agents de l'autorité sociale.

La liberté réaliserait toute seule la justice dans les échanges, si l'idéal de cette justice était présent dans les âmes et si chacun se conformait à peu près au devoir, soit spontanément, soit sous la pression de l'opinion ambiante et en vertu du mobile de l'honneur : car alors, de proche en proche, des cas plus simples aux plus composés, et par l'addition graduelle d'éléments de travail et de valeur où chacun introduirait des appréciations conformes à la règle et semblables à celles d'autrui, quelle que fût la nature de son apport, les sommes que j'ai indiquées se formeraient d'elles-mêmes, et des moyennes s'établiraient, autour desquelles les prix demandés ou offerts n'auraient que des oscillations relativement faibles. Mais, au fait, ce n'est pas ainsi qu'à lieu le jeu de la liberté. La lutte sur le prix des produits fait suite à la lutte sur le prix du travail, dont j'ai rendu compte. On ne se borne pas à estimer diversement des travaux égaux en quantité, on veut, dans la cession que l'on consent à faire d'un produit, de quelque façon qu'on le possède actuellement, réaliser un bénéfice, comme si ce produit devait acheter, dans un juste échange, une somme de travail supérieure à celle qu'il a coûté. Enfin, loin que l'opinion du milieu vienne modifier celle que chacun se fait du privilège qu'il s'attribue, l'autorité de l'usage s'établit en sens inverse, et l'honneur même, un certain honneur concordant avec les sentiments faussés par la lutte, consiste à obtenir aux dépens d'autrui les plus grands bénéfices.

J'ai traité jusqu'ici la question de valeurs, comme si les produits s'échangeaient directement de producteur à consommateur. Mais les choses ne vont pas communément ainsi. Des intermédiaires s'interposent, et leur travail donne lieu à de nouveaux bénéfices, ceux du commerce proprement dit, dont j'ai maintenant à examiner le fondement.

On ne peut évidemment contester ni la convenance sociale de fonctions distributives quelconques des produits, puisque la production et la consommation ne se placent pas en général aux mêmes lieux, et que leur mise en relation, même sur place, comporte un travail spécial; ni la justice d'une rémunération de ce travail. Mais on nie, en vertu de la raison, que l'office distributif doive appeler un bénéfice proprement dit, soit obtenir une plus-value et cela arbitraire, sur le travail commun. On voudrait donc que le service de la distribution, au lieu d'être ce qu'on nomme le commerce, se trouvât rétribué d'une manière fixe et selon la même loi que tous autres travaux ; et on attendrait cet effet, nécessairement, ou d'une autorité de contrainte, ou de l'établissement d'une agence sociale, ou du simple jeu de la liberté sous certaines conditions.

L'autorité qui atteindrait ce résultat, de soumettre à de justes tarifs les employés de l'échange, serait la même que nous imaginions tout à l'heure appelée à déterminer les valeurs des produits par la subtile recherche des quantités de travail, et ensuite à en imposer les prix dans toutes les transactions. Il conviendrait de savoir la valeur d'une marchandise avant de calculer ce que le travail de sa transmission y ajoute à taux pareil. Cette autorité, que je suppose vouloir se conformer à la loi rationnelle, on a vu combien il était difficile qu'elle se procurât les moyens de l'appliquer. Agissant par voie de contrainte, elle anéantirait toute liberté, donnerait lieu à toutes sortes de fraudes, et ne se maintiendrait point, car il est beaucoup moins aisé de tyranniser les hommes en matière de commerce qu'en toute autre. Et si l'on veut qu'elle émanât elle-même de la liberté de ceux qui seraient d'accord à se l'imposer, elle impliquerait chez eux l'existence des idées, des vertus et bientôt des coutumes propres à la rendre superflue.

L'établissement d'une agence sociale de distribution des produits n'est point, de soi, contraire à la liberté. Les producteurs peuvent demeurer libres d'affecter des prix à leurs produits, les commerçants mêmes libres d'acheter et de vendre à leur gré, s'ils trouvent des vendeurs et des acheteurs, pendant qu'une société grande ou petite prend les mesures nécessaires pour mettre à la disposition de ses membres les produits dont ils ont besoin à des prix que ne surélèvent point les bénéfices du commerce. Il est d'ailleurs essentiel de remarquer que, si la production proprement dite est un travail individuel et qu'on ne saurait réduire en fonction sociale déterminée, commandée et rétribuée, sans détruire la propriété et la liberté, l'instrument propre de l'échange correspond au contraire à une fonction éminemment sociale de sa nature, puisqu'elle est toute d'intermédiaire et d'intérêt commun. On conçoit à merveille qu'en ne dépouillant aucune personne de ses droits naturels, on avise par l'entente de toutes à organiser des moyens dont la facilité, l'économie et la loyauté leur importent à toutes. De plus, le fait seul de l'institution d'une agence n'implique nullement la solution radicale préalable du problème de la valeur des travaux et des produits et de la rétribution égale du travail. On trouvera des avantages suffisants à socialiser l'échange, en ne touchant point encore aux conditions de la production, et en attribuant, s'il le faut, aux employés du service intermédiaire et distributif des salaires conformes à la coutume et non point au droit strict. Enfin les inconvénients et les difficultés d'un établissement de ce genre, souvent proposé et décrit de nos jours, ne paraissent pas très difficiles à lever quand il s'agit d'une société limitée ; et, de fait, on en voit des tentatives réussir dans de petites sphères (V. chap. LXXXVII). Mais quand on songe à ce qui pourrait être désiré dans la société générale et demandé à l'action publique, on est obligé de se dire que la socialisation du commerce, réduite même à la simple institution d'une série d'agences liées, aurait, en l'état actuel des mœurs et du droit public, les plus funestes effets et conduirait à fortifier des pouvoirs déjà excessifs de toute la puissance d'un ordre de fonctionnaires nouveaux. Il est loin d'être sûr que le but qu'on se proposerait fût atteint, car le prélèvement de l'État sur les ventes prendrait aisément la forme d'un impôt, outre les frais payés, et ni l'établissement ni l'emploi de l'impôt n'offrent assez de garanties à la liberté. La classe libre des commerçants est une de celles qui opposent la plus grande résistance aux usurpations du pouvoir. En cela, l'école des économistes a fait preuve de sens pratique, quand elle a soutenu les thèses de la liberté pure en matière de commerce et de la réduction de l'État à un rôle économique passif.

Le jeu de la liberté pourrait avoir pour conséquence la soumission des bénéfices de l'échange à la loi rationnelle, sous la même condition qu'il parviendrait à ranger au devoir l'estimation des travaux et des produits ; c'est-à-dire qu'il y faudrait une modification, puis une action des idées et des mœurs qui permissent, d'une part, aux agents de l'échange, comme à ceux du travail producteur, de consulter la raison, et, d'une autre part, de se trouver désintéressés quant à leur droit de conservation et de défense par une conduite semblable d'autrui, et stimulés dans le sentiment de l'honneur par le règne d'un véritable idéal de moralité. Mais la liberté du *laisser-faire*, avec l'unique stimulant de l'intérêt, et quand c'est à l'enrichissement que se porte le respect pratique du monde, n'a pas et ne peut pas avoir ce résultat, non pas même celui de réduire le bénéfice commercial à une sorte de minimum par suite de la concurrence, ainsi qu'on l'a cru. Rendons-nous compte de la situation du commerçant, suivant les idées établies. Il n'est pas, en général, un simple intermédire prélevant une commission. Il se considère tout d'abord comme un acheteur, et qui veut acheter au meilleur marché possible, en usant de tous ses moyens dans la lutte à laquelle donnent lieu la valeur incertaine, arbitraire du travail et le besoin plus ou moins grand que le producteur a de vendre son produit. Il se considère ensuite comme un vendeur qui entreprend une lutte analogue où les rôles sont renversés. Heureux encore s'il n'achète que pouvant payer, s'il ne vend que pouvant livrer ! Rien ne l'empêche de dégager l'aléa contenu dans ce double exercice de sa profession et d'extraire, pour son profit ou pour sa perte, la quintessence du commerce envisagé comme un jeu pur. Mais n'allons pas si loin ; supposons un jeu sérieux d'achats et de ventes, qui est une matière indispensable de l'autre jeu.

Comment serait-il possible que le commerçant réduisît de force ou de gré son bénéfice à un minimum quelconque ? Le minimum aurait un sens s'il était question de le déterminer en prenant le salaire normal du travail comme élément; il n'en a aucun relativement à l'idée de bénéfice, qui lui est contradictoire. Le travail, en tant que mesuré et rétribué, représente un échange contre un autre travail ; l'échange implique rationnellement l'égalité, exclut le bénéfice; on ne saurait donc avoir l'idée nette d'un moindre bénéfice possible autre que zéro. Consentons à examiner l'idée vague d'un bénéfice modéré. Peut-on le vouloir tel dans le commerce, et peut-on croire qu'il soit tel en thèse générale? La concurrence est nécessairement limitée en ses effets par la volonté et le besoin commun d'obtenir un bénéfice ; en fait, le commerçant n'entend pas seulement vivre et épargner à la manière du cultivateur, mais faire fortune ; donc, en thèse générale, le commerce ne voudra pas descendre au-dessous des prix qui permettent l'enrichissement arbitraire. Cette volonté, ce besoin, ne sont pas une pure hypothèse ; ils sont forcés par l'aléa du négoce, attendu que les chances de ruine doivent être logiquement compensées par les chances de fortune ; attendu encore que le commerçant, ne pouvant jamais savoir à quel moment s'arrête pour lui le danger, et appauvri d'un autre côté par le taux abusif des loyers, est obligé d'exagérer ses prélèvements sans autre borne que l'impossibilité de les opérer. La concurrence ne limite pas les prix, d'une manière universelle et régulière, comme il le faudrait, mais seulement en moyenne, de telle sorte et en tels cas et circonstances qu'une partie des trafiquants aboutit à la ruine et non à la fortune. Y a-t-il ainsi compensation à l'égard des consommateurs, demi-trafiquants eux-mêmes en tant qu'ils débattent les prix, et qui se récupéreraient sur la perte de certains marchands de ce qu'ils ont fourni au gain exagéré des autres? La compensation serait triste en morale, et en fait aussi ; mais, pour l'estimer réelle, il faudrait admettre que la somme des bénéfices du commerce ne l'emporte pas de beaucoup sur la somme de ses pertes, ce qui est manifestement contraire à la vérité. Les économistes n'ont point suffisamment reconnu les causes qui joignent leurs effets à ceux de la concurrence, et les analyses sont à reprendre.

La loi célèbre de l'offre et de la demande encourt la même critique. Considérons-la sans abstraction, au milieu des faits. L'offre n'est pas l'offre pure fondée sur le prix de revient et le besoin de vendre, quand les prix et les besoins portent avec eux des coefficients tirés de l'arbitraire des bénéfices et de la nécessité de les surélever pour faire face aux chances du jeu. La demande n'est pas la pure demande, motivée par le besoin d'acheter et permise par la situation du consommateur, dont le travail propre serait censé toujours justement rémunéré, ou à titre d'égal échange ; mais elle est tenue de subir des conditions générales provenant de la position de ceux qui font l'offre et sont seuls à la faire et de la position de ceux qui ne peuvent toujours payer ce qu'ils ont besoin de demander. La production n'étant pas en relation directe avec la consommation, leur rapport quel qu'il soit, est altéré par les perturbations que le commerce et ses bénéfices jettent dans les évaluations que l'offre et la demande comportent. Mais cette relation directe, existât-elle en général, ne laisserait pas de prendre une forme commerciale : on verrait toujours, par une conséquence naturelle des mœurs économiques, le producteur agir en commerçant et vouloir cumuler son revenu net et les bénéfices aléatoires du marché, bénéfices permis et même exigés par la concurrence des industries considérées comme marchandes. Une double interposition de négoce sépare le produit de son usage et le frappe d'un tribut arbitraire, sans parler de la série d'intermédiaires qui se glissent encore avec plus ou moins d'utilité dans le jeu de la distribution, et qui opèrent comme les premiers. L'offre et la demande, en tant que déterminatrices des prix, subissent en outre des troubles de la part de l'imagination et de la passion, et cela continuellement, quoique à différents degrés. Les coalitions, de la part du vendeur principalement, sont à l'état permanent, sans même exiger une entente formelle, au lieu que l'acheteur est généralement isolé. Par toutes ces raisons, il faut conclure que la loi empirique de l'offre et de la demande est impropre à tempérer les bénéfices du commerce, alors que pour être morale elle devrait tendre à les annuler.

N'oublions pas qu'il s'agit toujours pour nous de droit et de morale. Signalons donc à présent les vices inhérents aux habitudes commerciales : le secret, le mensonge, la fraude, tout ce qu'entraîne de passions mauvaises une profession dont le profit se fonde sur ce que l'un gagne ce que l'autre perd, et réciproquement. La fraude proprement dite n'est pas nécessaire, dira-t-on ; non, mais elle est à peu près universelle et naturellement amenée. La dissimulation est de règle, et le mensonge est la méthode des marchés, des moindres et des plus nombreux encore plus que des grands. Dans les grands, l'exagération des bénéfices (forcée par l'aléa) compense ce qu'ils ont de sincérité relative et produit le scandale des enrichissements monstrueux obtenus sans travail, grâce au hasard et à certain savoir-faire. Il est vrai que le commerce se fait une loi de l'honneur à d'autres égards, et qu'il n'est que juste de le nommer une école de bonne foi pour le monde, quand on compare le règne des mœurs économiques à celui des mœurs politiques et des mœurs *chevaleresques* de l'ancien temps. Mais ce ne sera pas un paradoxe de dire que la fidélité à la parole étant une condition nécessaire, quoique toute morale, de la généralisation des procédés de l'échange, le commerce a dû développer cette vertu, non seulement sans pratiquer les autres, si voisines, mais encore pour trouver sa sécurité en les violant. On serait tenté de rappeler, si la comparaison n'était pas malséante, une nécessité du même genre imposée à toute société de gens qui vivent hors la loi.

En parlant des échanges, je n'ai supposé que des travaux ou des produits échangés les uns contre les autres. Mais le capital lui-même, l'instrument naturel ou artificiel du travail, la chose productive quelconque, sont susceptibles d'être cédés contre d'autres valeurs semblables. Quelques mots suffiront pour appliquer les analyses précédentes aux ventes de biens-fonds. Si, en effet, nous nous référons au principe du droit économique, nous nous rappellerons que la propriété exploitée donne lieu en général à un revenu net, lequel, selon le droit pur, doit se partager entre le propriétaire comme tel et le travailleur qui la fait valoir. Or le propriétaire vendeur, travaillant lui-même ou non, ne saurait en aucun cas céder la partie du revenu afférente au travail et destinée à rémunérer ou son travail propre, ou celui de l'acheteur, ou celui de tierces personnes. Ce qui est donc cessible, c'est l'autre partie, attachée à la propriété simple. Il s'ensuit que le problème de la vente des biens-fonds, comme choses productives, se résoudrait en théorie par la connaissance du revenu net de ces biens et par la capitalisation de la fraction convenable de ce revenu (soit de la moitié) au taux moyen de l'intérêt, c'est-à-dire des loyers, supposés réglés à leur tour, en conformité du droit pur. La différence entre la théorie et les faits qu'engendre la liberté sous l'empire des mœurs économiques consiste en ce que le vendeur fait la cession et perçoit plus ou moins exactement la valeur capitalisée d'un revenu net estimé en raison de l'hypothèse des loyers maxima et des salaires minima[1]. De plus, l'acheteur et le vendeur, au lieu d'accepter les bases et de chercher les éléments d'une appréciation correcte, se croient appelés à faire un marché donnant bénéfice ou perte. Ils usent donc, pour

---

1. On pourrait d'abord croire qu'une compensation s'établit, en ce que le vendeur qui, d'une part, estime son revenu net au double de ce qu'il devrait de l'autre, consent à le capitaliser à un taux double de ce qu'il ferait dans l'hypothèse du droit. Mais les deux vices ne se balancent point, car la somme que reçoit le vendeur lui produit un intérêt double de celui qui convient à la même hypothèse. Son avantage est donc maintenu. En outre, le prix des biens-fonds est toujours surélevé d'une fraction proportionnée à l'excédant de garantie qu'ils offrent par-dessus tous les autres biens, en l'état de guerre économique.

traiter, de la méthode du commerce, en embrassent les vices, et la lutte s'établit avec ses ressources inégales et tout le cortège de ses conséquences dans ces transactions de capitaux qui entraînent tant d'autres rapports.

Voilà donc ce que produit la pure liberté dans l'*état de guerre* et par l'effet d'un usage inévitable du droit de conservation et de défense. Concluons encore une fois en constatant l'existence d'une opposition entre la raison et les faits. La loi rationnelle voudrait que le service commercial fût rétribué à l'égal de tout autre travail, et comme n'ayant pour objet que de procurer l'échange du travail. Les faits nous ont montré la propriété devenue un monopole, l'usage et la cession même de la propriété un établissement de revenu au profit duquel les loyers atteignent un maximum et les salaires un minimum, l'évaluation des travaux et des produits une détermination empirique sortie de la lutte entre les positions acquises et les besoins ; ces mêmes faits nous montrent maintenant les échanges proprement dits sujets à un prélèvement arbitraire de la part de ceux qui les ménagent, et viciés par la guerre des intérêts et la taxe du jeu. Vouloir résoudre l'opposition par voie d'autorité, c'est anéantir la liberté, ou, prétendant la conserver, se contredire. La vouloir résoudre par voie de liberté, c'est enfin supposer la correction des mœurs, puisque la liberté et les mœurs ont produit ce résultat moralement condamnable auquel on veut porter remède. Ainsi la critique du droit commercial nous conduit comme celle de la propriété et de ses usages à ce que j'ai nommé une *pétition de fait*, et la solution du problème moral ne peut être obtenue dans l'hypothèse de l'*état de guerre*. (V. chap. LXXXVII.)

CHAPITRE LXXXIV

SUITE. RÉSUMÉ DU DROIT ÉCONOMIQUE PUR

Résumons les notions de droit pur qui se dégagent des rapports normaux du travail avec le capital, et éclaircissons quelques points par des définitions précises. Le revenu net et le résultat quelconque non consommé du travail forment le capital et en accroissent progressivement les éléments. Le capital se compose de tout ce qui s'ajoute ainsi aux fonds naturels utiles et productifs, non fongibles, et comprend ces mêmes fonds là où ils n'en peuvent être séparés. Ainsi les fruits excédants, plus ou moins durables et utilisables, puis les améliorations des terres, les constructions, les machines et tous les instruments de travail; dans un autre genre, les connaissances ou talents acquis, tout ce qui n'est pas immédiatement détruit pour les frais du travail et la subsistance du travailleur, mais se conserve pour servir à une production ultérieure, tout cela est une espèce de capital, un travail accumulé, tantôt joint à quelque chose d'inséparable, tantôt séparé et représenté par la convention de la monnaie, qui facilite les échanges. Cela posé, la propriété existe, c'est-à-dire que le capital et ceux des objets naturels qui y sont inhérents sont appropriés à des personnes, et cette appropriation est fondée en principe et en droit. Ces personnes ayant à leur discrétion des capitaux, représentés en monnaie, par exemple, ou établis d'une manière plus concrète en instruments spéciaux de travail, peuvent échanger ce qu'elles possèdent contre le travail d'autrui sous diverses conditions légitimes. Elles peuvent aussi travailler à leur gré en tant qu'elles ont des avances réalisables pour leurs besoins, et notamment travailler à des fins éloignées, soit matérielles soit intellectuelles. C'est par la formation du capital, originairement, et c'est ensuite par l'usage du capital comme propriété que s'étendent et se perfectionnent des instruments de toute nature ou des moyens généraux et permanents de vivre et de travailler, qu'il ne faut plus qu'entretenir ; et c'est encore ainsi que deviennent possibles les travaux de surérogation qui, dans l'art, élèvent et affinent l'esprit et les sentiments des hommes, dans la science, agrandissent et fortifient la pensée et la rendent productive.

La propriété étant un droit naturel de la personne, émané de sa liberté, il suffit en la reconnaissant de sauvegarder les droits de ceux que n'y saurait conduire nul emploi de leur liberté, sous les conditions déterminées par la liberté des autres personnes dont ils dépendent en vertu d'une solidarité naturelle. Le principe de la propriété est donc précisément celui qui réclame ici une garantie de chacun contre chacun et au besoin contre tous. Que sera cette garantie ? Le caractère de la propriété et son avantage consistent en ce que, suivant les lois de la nature, elle permet l'obtention d'un revenu net. Pour celui qui la possède actuellement, elle est ce revenu même assuré moyennant travail convenable. Pour celui qui ne possède point, elle sera donc le droit : 1° à l'usage d'un instrument de travail ; 2° à une partie du revenu net du travail qu'il accomplit à l'aide de l'instrument emprunté, l'autre partie devant revenir au propriétaire, sous peine de nier la propriété. La première de ces conditions est celle que l'on connaît sous le nom de droit au travail. La seconde, qui détermine l'application correcte de la première et en fait toute la difficulté, résout théoriquement le problème en fournissant au simple travailleur le moyen ou de parvenir à la propriété ou d'en obtenir l'équivalent. Le prélèvement opéré sur la propriété qui se forme, en faveur de la propriété antérieure, est comparable au surcroît de travail que la nature occupée pour la première fois ou dans ses parties les plus rebelles ou les moins fécondes exige de quiconque la met en valeur. L'occupation antérieure est d'ailleurs nécessaire, est la propriété même ; le travail s'y est joint partout et l'a pour ainsi dire absorbée ; les questions d'origine particulière sont prescrites ; l'usage libre et la transmission font suite à l'occupation et au travail, et les abus sont hors de cause en principe, l'appel au droit ayant précisément pour but de les corriger.

Le droit du travail à sa part de revenu net m'a conduit au règlement normal des loyers et des salaires, qui sont des usages de la propriété. Quant aux échanges de travail contre travail, et par suite de produits contre produits, car les prix de ceux-ci contiennent des rétributions affectées aux différentes espèces de travaux, j'ai reconnu que l'égalité devait en être la base, et que l'unité de valeur ne pouvait se chercher en droit que dans l'unité de temps de travail. On doit seulement tenir compte de ce que beaucoup de travaux actuels en supposent d'autres préalables, qui n'ayant pas pu être rétribués en eux-mêmes, demandent à l'être dans ceux qu'ils ont préparés et rendu possibles. Et il faut introduire en outre dans les prix des produits mesurés par le travail un élément provenant des loyers et intérêts des capitaux partout où il s'en trouve, de quelque nature qu'ils puissent être. Toute autre mesure, ou plutôt toute évaluation arbitraire des tâches et des produits, car on n'imagine pas d'autre mesure que celle-là, m'a paru constituer une vénalité de choses non vénales, donner lieu à un prélèvement injuste de l'espèce du travail de l'un sur l'espèce du travail de l'autre, et à l'établissement d'un genre de revenu net incompatible avec l'observation de la loi morale, en tant que prélevé par l'homme sur l'homme, non sur la nature. La lutte commerciale et ses conséquences pour altérer les valeurs par des bénéfices participent à la même condamnation. Un juste commerce ne ferait payer que son travail propre au taux commun, ses frais et ses loyers.

La répartition du revenu net véritable et rationnel entre tous les associés de la société idéale est une suite forcée de l'échange normal des valeurs et du règlement théorique des loyers et des salaires. La propriété devient ainsi accessible à tous, en elle-même ou par ses équivalents. Dans cette hypothèse, il est clair que le droit au travail n'a plus que difficilement à être invoqué. Les ressources destinées à y faire face (chap. LXXX) ne doivent plus paraître ici que des compromis ou moyens de passage de l'*état de guerre* et d'insécurité à l'*état de paix* et de garantie.

De même qu'il y a accord, en l'état actuel des choses, entre les effets de l'appréciation arbitraire des travaux ou produits et les effets de l'accumulation individuelle et des retenues abusives de la propriété sur la rétribution du travail, de même, dans l'hypothèse idéale, une harmonie s'établirait entre les salaires, les loyers et les prix, consentis par le capital et la main-d'œuvre, pour assurer la juste rémunération de l'un et de l'autre. Un avantage se trouverait seulement en faveur du travailleur propriétaire, exploitant son propre fonds. Mais ce dernier, en cumulant sur la vente de ses produits, aux prix courants, le revenu net et la rétribution du travail serait dans la justice.

A considérer la théorie appliquée, il est maintenant nécessaire d'avouer que la solution du problème des valeurs et des rétributions, telle que je viens de l'esquisser, est illusoire. En effet, le prix vénal d'un produit se formerait en général de deux éléments. Celui des deux qui se mesure par le travail se calculerait encore à toute rigueur, sauf la difficulté d'établir les données nécessaires si complexes. J'ai remarqué ailleurs qu'il faudrait se confier à une juste pratique et faire fonds sur des habitudes tout autres que celles qui existent, pour obtenir de proche en proche l'exactitude des déclarations et demandes qui s'accumulent pour former un prix composé quelconque. Mais le calcul du second élément, ou revenu net à partager entre le capital et le travail dans les divers travaux, est impossible en toute hypothèse. Ce n'est pas seulement parce que ce revenu est variable, imprévoyable, ne saurait se constater qu'après l'échange, après la vente des produits, ne se prête d'ailleurs à aucune détermination rationnelle ; mais c'est qu'en supposant la vente faite il suppose le prix, c'est-à-dire la somme effectuée des deux éléments dont l'un est l'inconnu que l'on cherche. On voit que l'application de la théorie est engagée dans un cercle vicieux. La pure pratique y peut seule échapper à la condition que, ainsi que tout à l'heure nous admettions de loyales supputations des quantités de travail à chaque degré, maintenant nous nous remettions en outre aux intéressés du soin d'estimer le revenu net attendu dans les divers cas particuliers, à l'aide de celui qui a été obtenu dans le passé ou qui l'est moyennement dans les cas semblables. Les prix des produits ne peuvent se fixer autrement, ni, par suite, les loyers et les salaires, dont la partie afférente au revenu net dépend nécessairement des prix, dans la doctrine du droit économique exposée ici.

Dès lors, il est manifeste que la loi de l'offre et de la demande est conservée en droit pur, comme la seule qui permette l'établissement des valeurs en tenant compte du revenu net, c'est-à-dire de l'excédant des produits sur la subsistance du travailleur et les frais du travail. Cette loi est manifestement la seule aussi par le jeu de laquelle un revenu net quelconque puisse être affecté à un travail et à un capital, du moment que les produits, au lieu de demeurer et de s'utiliser sur place, sortent des mains du producteur et doivent trouver des acquéreurs. Il lui appartient encore de mesurer la rente variable des différents fonds auxquels s'applique le travail, depuis les plus utiles jusqu'à ceux qui seraient abandonnés comme improductifs ou ne couvrant que strictement les frais. En toute autre hypothèse que celle de cette loi, il arriverait : ou que la propriété serait socialisée, disons donc abolie, les fonctions productives distribuées, les produits répartis par quelque autorité, ce qui anéantit la liberté des personnes ; ou que les valeurs n'étant estimées pour l'échange qu'en raison du travail qu'elles représentent, sans part aucune faite au capital, c'est-à-dire au travail antérieur et à l'instrument approprié, la propriété n'aurait plus ni intérêt ni base et le capital devrait cesser de se former, disparaître, si ce n'est comme ci-dessus revenir tout entier à la société.

Mais la loi de l'offre et de la demande, que nous reconnaissons ainsi être essentiellement attachée à l'exercice du droit de propriété, n'est plus cette loi empirique, expression de la lutte dans les relations économiques. C'est une loi sujette de la morale et dont l'application est censée se faire par des hommes qui observent la justice de tout leur cœur et de toutes leurs forces. C'est ou ce serait un fait général, mais en plein accord avec le règne du droit, un fait idéal et qui n'existe point. Le fait que les économistes formulent n'est guère plus réel, sous la forme abstraite, impassionnelle, qu'il reçoit dans leurs théories; car si leur école ne demande pas aux hommes de se donner de la peine pour être justes, elle ne suppose pas non plus, comme il le faudrait, qu'ils en prennent pour être injustes et que leurs intérêts individuels les aveuglent au point de leur faire manquer le but de l'utilité générale. Le fait brut est la guerre, avec tous ses vices, avec toutes ses pertes. Celui-là est tellement réel et manifeste et permet si peu d'espoir aux chercheurs que ne soutient pas l'énergie de la raison pure pratique, qu'on s'explique comment toutes les utopies demandent à des actions extérieures et, en un mot, à quelque autre chose qu'à la vertu, les conséquences de la vertu sur la terre.

CHAPITRE LXXXV

DES SERVICES MORALEMENT INÉCHANGEABLES

Il me reste à traiter une question importante, une de celles que les préjugés et les vices régnants obscurcissent le plus, mais où l'application des principes du droit ne laisse pas d'être claire. J'ai parlé de la propriété, puis des échanges, et je n'ai pas défini les choses que la morale permet ou défend de livrer et d'accepter à titre d'échange. Rien de ce qui touche la personne même et ses droits, ne pouvant devenir moralement la propriété d'autrui, n'est aliénable. La propriété conçue économiquement, ou susceptible d'échange, s'étend donc au plus loin, et outre les objets proprement dits, sur l'emploi déterminé des forces, sur le travail, et encore à la condition que l'agent n'engagera pas son activité en tels termes que le libre développement de sa personne en tous genres devienne impossible par le fait de l'exécution de l'engagement. Ceci nous ramènerait à la question des salaires et des loyers. Mais il y a une autre réserve. La personne, dans le mode de livraison de son travail, ne doit pas se livrer en quelque sorte elle-même et subir des conditions qui portent atteinte à sa dignité, en lui donnant vis-à-vis d'une autre personne une situation nuisible au respect que cette autre lui doit. Cette obligation est réciproque. Ainsi la relation commune du maître au serviteur est contraire à la loi morale, quand même le second s'assurerait en fait un meilleur développement de ses facultés qu'il ne le pourrait de toute autre manière. Le commandement réservé au maître ayant des objets et une portée plus ou moins indéterminés, mal connus du serviteur, l'obéissance de ce dernier est implicite, ce qui n'est point juste. Le serviteur étant aux ordres du maître, qui n'a ni raison à donner ni consentement à attendre, ni bienséance à garder peut-être, il est impossible que le maître n'en vienne pas à considérer le serviteur comme un agent mécanique ; et de là s'engendre, au lieu du respect, le mépris, parfois mutuel. La relation de domesticité, quelle que soit la liberté relative qui résulte des stipulations, conservant toujours quelque chose des us de l'esclavage domestique, une guerre sourde s'établit entre le maître et le serviteur, entre les exigences de celui-là et les ruses de celui-ci, laquelle arrive socialement à prendre la forme d'une lutte entre deux classes. Enfin les fonctions domestiques s'étendant à des services qu'il est dégradant de rendre et de recevoir, si ce n'est par affection mutuelle ou dans ces cas d'assistance où les rôles sont renversés, il n'est point compatible avec la dignité en cela d'en faire des objets d'échange et une matière vénale.

Cette rigoureuse déclaration de droit et de devoir s'étend au delà des rapports domestiques privés. En effet, les soins matériels d'un établissement social quelconque et de toute agglomération d'hommes comportent nécessairement de certaines séries de travaux auxquels, moralement, nul n'est présumé se vouer par goût. D'un autre côté, nous avons vu que la qualité du travail et la nature de l'utilité produite ne doivent point, en droit, entrer en ligne de compte dans la mesure des valeurs échangées, mais que le travail seul, ou par sa quantité, représente tout ce qui ne revient pas au capital et ne s'ajoute pas pour le former, dans la matière de l'échange. Mais alors comment concevoir que les travaux répugnants trouvent des preneurs dans une société d'hommes libres et également dignes, quand aucun avantage matériel n'est promis à celui qui les accepte ?

Je ne suis nullement enclin, en apercevant cette difficulté, à revenir sur les décisions du droit pur et à chercher des motifs de doute. Ces décisions, je les ai tirées de la considération générale du sujet, et maintenant que je me mets en face du problème du travail répugnant, je m'y confirme. Je me demande, en effet, comment de simplement répugnant qu'il est selon la nature, tel travail peut, en outre, devenir dégradant : on ne contestera pas qu'il le devienne. Je ne trouve que trois réponses possibles dans l'ordre actuel des choses : 1° Ou la répugnance n'existe pas réellement chez l'agent qui s'y livre, mais fait place à une certaine indifférence grossière, et peut-être même à je ne sais quelle satisfaction d'un instinct dépravé : dans ce cas, la perversion des goûts naturels, la perte d'une délicatesse plus ou moins analogue à la dignité est accompagnée de dégradation aux yeux des hommes ; mais ce ne saurait être la loi commune, et il faut chercher autre chose. 2° Ou peut-être la répugnance est vaincue par un salaire élevé (élevé relativement à celui que le même travailleur attendrait d'un autre emploi de ses forces) ; il trafique donc du dégoût qu'il surmonte, et cette vénalité, ce commerce de choses non vénales est alors ce qui le dégrade ; car si nous pouvions supposer qu'il échange ses goûts réels contre un attrait moral, ou qu'il les sacrifie au devoir, qu'il obéit à son affection pour quelques personnes ou au désir d'être utile au public, non seulement nous ne le jugerions pas dégradé, mais nous l'estimerions, nous pourrions aller jusqu'à l'admirer. 3° Ou enfin ce n'est point par choix que le travailleur est chargé de certaines tâches, mais par suite d'entraînements extérieurs et de fatalités en ce qui le touche. S'il en est ainsi, la loi morale a été violée dans la suite des faits qui ont rendu cette personne assimilable à un agent brut, et la dégradation rejaillit de l'état sur la personne.

Les travaux et offices répugnants dans l'ordre économique public, aussi bien que privé, et toutes les sortes de services intimes rendus de personne à personne qui entraînent rapports continuels, familiarité, pénétration, pour ainsi dire, ont cela de commun qu'ils abaissent l'agent lorsque nulle affection et nul devoir senti, particulier ou social, ne les accompagnent et ne contribuent à les déterminer. Le choix qu'une personne en peut faire pour d'autres motifs, dès lors d'espèce matérielle, est un acte de vénalité ; car, en ce qui les caractérise, ils ne sauraient se mesurer à des salaires. Enfin la vénalité entraîne la perte de la dignité, pour ceux qui imposent non moins que pour ceux qui subissent ces engagements où s'échangent des choses hétérogènes, incomparables entre elles. Sans doute, du côté des premiers, la dignité peut se croire sauve ; elle peut même se croire augmentée : elle n'en est que plus sûrement perdue ; et du côté des seconds, la noblesse des sentiments est, à la rigueur, compatible avec toutes les fonctions que la loi morale ne condamne pas en soi ; mais cherchons bien, et nous reconnaîtrons toujours dans ce cas la présence de quelqu'un des motifs capables de relever le choix de l'agent en apparence abaissé. D'ailleurs, je fais abstraction ici de tous les puissants éléments de solidarité et de coutume qui modifient tant de rapports, et j'examine le fond des relations.

Sous ce point de vue, l'idéal social, la conformité des relations à la raison exigent à la fois la disparition de toute domesticité privée et la suppression de tous les travaux répugnants d'utilité publique, en tant qu'obtenus en échange d'avantages matériels. Et toutefois, il y a là des offices et des fonctions qui doivent nécessairement être remplis. Comment concevoir qu'ils le soient ?

Les offices de domesticité sont ceux qui soulèvent la moindre difficulté. Il est aisé, en effet, dès qu'il ne s'agit que de concevoir, de les imaginer en partie simplifiés ou supprimés, quand ils sont inutiles et gratuitement abaissants ; en partie demandés aux devoirs et aux affections de la famille, sans trop de sujétion pour les femmes ; en partie, en grande partie, confondus avec des offices sociaux dans les sociétés particulières, plus larges que la famille, moins larges que la cité, qui s'offrent comme la meilleure solution en tout cas du problème économique de la vie privée. Remarquons bien que les fonctions domestiques se ramèneraient sans peine à la justice dans cette dernière hypothèse, en se partageant entre les associés ; ou, si quelques-unes de ceux-ci s'en chargeaient exclusivement, ils les relèveraient par des sentiments qu'il est plus facile de supposer dans une association limitée et toute volontaire que dans la société générale. Mais la question des travaux proprement répugnants reste toujours posée.

Ce fut un trait de génie de Charles Fourier d'imaginer dans son utopie les travaux de cette nature accomplis par entraînement et par dévouement. Rien n'est si conforme à la morale, à la véritable délicatesse et à l'idéal d'une société parfaite où nulle personne ne doit perdre de sa dignité. Ce qui ne saurait se demander à la justice, en ce qui touche la personne, est à attendre de son mérite. Il n'y a pas au fond d'autre solution, à moins d'appeler tous les hommes à la corvée à tour de rôle, pour un assez grand nombre d'exercices auxquels ils ne sont pas tous en état de se livrer et qui ne sont pas ceux où ils peuvent être les plus utiles. Il est vrai que Fourier se trouvait conduit en cette occasion par son principe de l'attrait, appliqué à tous les travaux possibles ; et en cela il se trompait gravement et méconnaissait l'existence d'un élément essentiel du travail soutenu et persévérant : la peine à assumer pour atteindre une fin éloignée, à l'aide de moyens qui ne sont pas eux-mêmes des fins et n'offrent rien de désirable ou d'attrayant. Mais il rencontrait admirablement juste en réclamant l'attrait précisément pour les choses qui répugnent et que le devoir ne peut commander à l'un plutôt qu'à l'autre, en élevant de plus ici cet attrait jusqu'au mérite, jusqu'aux impulsions passionnées qui font dépasser le devoir. J'ajouterai maintenant que, de même que l'idée d'un juste échange, inapplicable aux services dont je parle, appelle l'idée d'un salaire ou d'une rétribution exacte et mesurée, partout où elle est de mise, de même l'idée du mérite appelle celle de la reconnaissance. Or la reconnaissance est morale avant tout, mais peut se manifester aussi par des dons gratuits comme ceux qui la provoquent. Il n'est donc pas interdit d'admettre à ce titre une rétribution spéciale affectable aux travaux répugnants. La récompense est alors honorable des deux côtés, tandis qu'elle abaisse ceux qui offrent ou acceptent un prix débattu de ce qui ne saurait se payer. On voit que la morale amène tout naturellement une autre conception de Fourier, dont il faisait une application très légitime à la rétribution des créations de l'esprit, livrées de nos jours au plus honteux trafic. Mais je n'insisterai pas.

La déduction rigoureuse des conséquences du droit pur m'oblige à regarder en face un idéal qu'on jugera sans doute inaccessible et qui n'a guère de rapports avec les faits qui nous entourent. Cela doit être. Je m'arrête cependant au point où il n'est plus possible d'avancer sans donner carrière à l'imagination. Jusquelà les notions les plus nettes et les plus formelles de la morale m'ont dicté des décisions, encore qu'assez étranges à la fin, pour me conduire à la rencontre des vues du plus aventureux des utopistes. Il est vrai qu'il opérait, lui, sur des données de son choix et sur les relations supposées d'agents, je ne dirai pas moraux et raisonnables (car il croyait la morale et la philosophie convaincues d'impuissance), mais je dirai miraculeusement transformés dans l'ordre des passions. Ceux qui n'attendent ni les effets nécessaires d'une harmonie passionnelle qui n'existe point sans la raison, ni des coups de théâtre de la Providence pour dispenser les hommes de la vertu, de la sagesse et des peines qu'elles coûtent, ceux-là n'ont à compter que sur les mœurs pour corriger l'œuvre ancienne des mœurs ou la reprendre à nouveau. Mais tout changement profond des mœurs suppose de longs siècles et de grandes révolutions. Une reprise à nouveau exige de rares et difficiles efforts dans quelque société d'élite affranchie de la solidarité mauvaise du milieu et, de plus, libre d'exister et d'agir. Quoi qu'il en soit, la morale et l'utopie se rejoignent ici. L'une et l'autre demandent des hommes réformés et ne les obtiennent qu'en imaginant entre eux des rapports nouveaux, voulus et établis par eux, non pas dus à la coutume aveugle et à la pression de la société générale, c'est-à-dire ici de celle qui existe fatalement donnée et fonctionne comme un grand corps organique sur lequel il semble que personne ne puisse rien. Pour revenir maintenant à la conclusion de la théorie d'où cette digression est issue, et qui porte sur l'ordre des services moralement inéchangeables, on conçoit difficilement qu'elle devienne jamais applicable à la société envisagée de la sorte. Au contraire, si les travaux et fonctions de l'ordre économique se concentraient dans des sphères plus étroites, on serait admis à supposer entre les membres d'une association ainsi restreinte les relations qui permettent de résoudre le problème. Ce n'est pas la première fois que la morale, même sans être bien épurée et approfondie, arrive à des conclusions incompatibles avec l'existence des grandes villes, des grandes administrations, des grands pouvoirs et de tout ce qui enchaîne l'homme à des actes qui ne dépendent pas de lui (Voir chapitre LXXXVII).

CHAPITRE LXXXVI

DU SERVICE ÉCONOMIQUE DE L'ÉTAT

Les simples principes de la morale imposent au philosophe un point de vue qu'on peut appeler socialiste, dès que, prenant pour hypothèse et prémisse universelle de ses déductions une société d'agents raisonnables et leur reconnaissant, outre des fins personnelles individuelles, une fin personnelle identique chez tous et d'autres fins semblables de plusieurs genres, il doit attendre de leur raison qu'ils pourvoiront par un travail et des arrangements communs à tout ce qui leur est commun et peut s'obtenir plus facilement et sûrement par des efforts réunis que par une action dispersée. Seulement, il y a deux réserves à faire : l'une, qui vient ici sous la forme restrictive, mais qui est bien plutôt un premier principe dans la matière, consiste en ce que chaque agent doit conserver sa liberté sauve à travers les effets de l'action collective quelle qu'elle soit. C'est même le plein développement de cette liberté de la personne qui est la fin morale et la fin essentielle de toutes les personnes ensemble, en les supposant guidées par la loi du respect et de la dignité. L'autre restriction porte sur le choix des moyens vraiment efficaces de s'approcher de la société idéale, quand le point de départ est une société corrompue. Il peut arriver et il arrive ordinairement que ce que les hommes entreprennent en vue d'augmenter leur action sociale aboutit à les priver de leurs libertés d'abord, ensuite à tirer de leurs forces agglomérées des œuvres inavouées par la raison. Inversement, il peut se faire que le jeu de la liberté désordonnée, tantôt mal et tantôt bien inspirée, au milieu des ardeurs de la lutte universelle, prépare et même réalise certaines conditions d'un progrès social que nulle autorité préméditée n'eût été capable d'amener. Il faut donc poser le principe socialiste, on y est obligé par l'idée rationnelle de société, et il faut l'infirmer en même temps comme organisateur d'autorité dans l'application, quand l'autorité ne peut être que de contrainte et d'ailleurs confiée à des agents dont on n'a pas lieu de préjuger nécessairement la dignité.

Qu'il soit donc bien entendu que nous n'impliquerons rien du mérite et de la possibilité morale des applications, et abordons maintenant la notion théorique de société, par rapport aux fonctions économiques. Donnons à la société le nom d'État, sous ce point de vue comme sous le point de vue politique. Appelons État l'organisation quelconque d'une action commune des membres de la société. En principe, cette organisation pourrait être aussi vaste que l'humanité, car l'idée rationnelle va jusque-là. En fait elle sera grande ou petite, pourvu que nous la considérions par abstraction comme isolée de toute autre semblable (les questions internationales viendront à leur place) ; et même il nous sera plus facile de fixer nos idées et de dégager des notions claires, si nous imaginons un État fort restreint, entièrement fermé, où il soit permis de croire que tous les membres du corps sont informés suffisamment de leurs affaires communes aussi bien que particulières. Dans une telle hypothèse, la question qui se pose est de savoir lesquelles de leurs fonctions économiques ils tiendront être du ressort de l'action collective, et lesquelles non, en se fondant sur les principes du droit pur et de la nature des choses.

Il résulte des chapitres précédents que la propriété devra demeurer du ressort individuel. Sans doute, il n'est pas interdit aux associés d'étendre volontairement la portée de l'association jusqu'à procéder par voie d'entente commune et de travaux communs à l'exploitation de leurs fonds réunis, de la terre par exemple, aussi bien que d'un capital industriel. L'usage de la propriété pourrait donc être limité en cela, pourvu que ce fût de fait et de consentement, non de droit antérieur ; que les titres donnant droit au revenu restassent personnels, et que la postérité ne se trouvât point engagée et enchaînée au delà de ce qu'implique la solidarité naturelle des générations. Ainsi la division des capitaux ou instruments de travail sera toujours de droit et s'appliquera notamment, en tout état de cause, aux signes qui les représenteront pour la circulation. Le revenu net et l'épargne fonctionneront au profit des individus. La propriété se transmettra par legs, donations et hérédité. (V. chap. LXXXI.)

La propriété libre entraîne le libre usage de la propriété, par suite la liberté de production et de consommation, en principe, toujours sous la réserve des conventions particulières qui peuvent intervenir et ne modifient l'application du droit naturel que par des volontés formelles, actuelles, conformes à la justice.

La liberté des échanges complète la sphère des fonctions économiques du ressort personnel. Elle n'est soumise, comme les précédentes libertés d'ailleurs, qu'à ces conditions générales de moralité prescrites à toutes les relations, et que nous avons vu se spécifier dans les contrats auxquels la propriété donne lieu. Elle n'exclut point un rôle attribué à l'État dans l'organisation de l'échange. C'est ici, en effet, que se trouve pour ainsi dire le point de rencontre de l'action individuelle et de l'action sociale.

Quand on regarde aux notions en elles-mêmes et non point à la convenance ou à la possibilité actuelle de les réaliser, il paraît incontestable que tout ce qui s'appelle circulation, distribution matérielle, et l'ensemble des moyens qui y servent reviennent à l'État économique par la nature des choses, et si tant est qu'un État de ce genre existe. Or il existe certainement, car on ne saurait admettre que des hommes s'associent et n'appliquent point avec avantage une action commune à des intérêts communs. Ces intérêts de l'ordre matériel ont le triple caractère de ne se bien apprécier et déterminer que par une vue d'ensemble, d'être satisfaits le plus économiquement possible à l'aide d'une direction générale prévoyante et informée (en supposant, il faut le répéter, de véritables agents raisonnables et moraux chargés des fonctions et travaux de la communauté), et d'offrir la plus grande garantie dans toutes les choses impliquant crédit ; tandis que la satisfaction des intérêts communs, attendue de la résultante telle quelle des intérêts particuliers, est nécessairement incomplète, incertaine et accompagnée de forces perdues de toutes sortes. Cela posé, il est clair que les chemins, les monnaies et les banques, ces moyens de circulation divers, doivent être rangés parmi les affaires du public, et qu'une agence générale de commerce ne le doit pas moins, ayant cet objet de procurer la distribution matérielle des produits, pour la plus grande utilité de tous et sans prélèvements arbitraires en faveur des intermédiaires (V. chap. LXXXIII). Il ne s'agit point d'instituer des monopoles et d'interdire aux particuliers des fonctions ainsi attribuées à l'État ; mais si l'État les remplit, et s'il est juste et utile qu'il les remplisse, et si les particuliers se trouvent par là détournés d'y aviser pour leur compte personnel, on ne voit point qui aurait droit de se plaindre, quand l'État n'est que le représentant de l'intérêt de tous, et ce de leur consentement.

Élevons nos vues maintenant. La circulation et la distribution sont utiles et nécessaires ; mais la perfection d'une société d'agents raisonnables est d'offrir à ses membres toutes les garanties propres à leur assurer la liberté et d'ailleurs compatibles avec cette liberté dans la forme, c'est-à-dire ne créant point une dépendance pour en éviter une égale ou moindre. La garantie, en général, signifie le moyen donné à une personne de ne point dépendre, soit des autres, soit de certaines choses et de certains événements dans des circonstances prévoyables. Si l'on concevait l'idée de société de manière à ne reconnaître rien de propre à chaque associé, mais à lui attribuer un droit égal et implicite à tout, avec un devoir pareillement sans limites, cette parfaite communauté qui viserait, ce semble, à envelopper toutes les garanties, les absorberait et les réduirait à néant. Si au contraire l'idée sociale était exténuée à ce point que tout associé, renfermé dans son propre, ne fût généralement obligé à rien vis-à-vis d'autrui, n'étant tenu qu'à l'exécution de ses contrats personnels et positifs, nul ne recevrait de garanties de la part des autres et contre les autres, non pas même touchant l'exécution dont je parle, qui jusque dans la morale pure (à plus forte raison dans l'ordre de la défense et de la contrainte) suppose un devoir commun des hommes de faire et faire faire droit à chacun par les meilleurs moyens. Le siège de toutes les garanties est donc en un état de choses moyen où existent à la fois la propriété et la communauté, combinées dans l'idée sociale. La propriété est la première des garanties, qui est donnée à chacun pour ainsi dire en lui-même, puis la source commune des autres, car elle fournit à chacun le moyen de les offrir, et d'un autre côté, c'est elle en grande partie qui les rend utiles ; et la communauté en est le fondement moral : la communauté nécessaire par laquelle sont unis les êtres raisonnables appelés à vivre de leurs relations mutuelles.

Les garanties que se donnent les membres de la société dans l'ordre économique sont dites des assurances. Elles ont pour objet de les défendre ou de les indemniser individuellement de dommages à causes définies, et à l'aide de moyens fournis en commun, c'est-à-dire par tous ceux qui pourraient se trouver dans les cas où se trouvent certains d'entre eux. Le droit au travail, tel que je l'ai présenté, serait une espèce d'assurance, destinée à indemniser les ayants droit des effets de la distribution des instruments du travail à la suite du jeu naturel de l'institution de la propriété. Il aurait seulement cela de particulier, de son essence, que les primes de l'assurance seraient payées par ceux qui ont gagné à ce jeu naturel, et pour le juste dédommagement de ceux qui y ont perdu ; non pas précisément en vue de faire les fonds d'une indemnité possible des contributaires eux-mêmes, quoique en vérité l'on doive dire aussi philosophiquement, en considérant l'humanité et sa loi de solidarité, que tout homme peut ou pourrait être dans la condition à laquelle il est obligé de remédier chez les autres.

Une autre assurance aurait le même caractère : c'est celle qui garantirait l'éducation physique aux enfants orphelins ou qui sont actuellement dénués. On ne saurait y voir d'ailleurs qu'une suite logique de la précédente ; car ce que la société doit aux parents, elle le doit aux enfants à qui les parents doivent, quand ceux-ci manquent ou sont incapables ; et comme la puissance de travailler n'est pas encore chez ces enfants, qui, autrement, réclameraient l'instrument du travail, c'est cette puissance qu'il faut leur procurer d'abord. Quant à l'éducation intellectuelle et morale, qu'on pourrait, sous le point de vue où nous sommes placés, appeler une assurance contre l'ignorance, elle n'est pas moins due par la société que l'éducation physique, là où les familles sont dans l'impuissance de la donner ; et encore que celle-là n'appartienne point par son contenu à l'ordre économique, elle y rentre par les moyens matériels qu'elle exige, ce qui me fait la mentionner ici.

La dernière des assurances de cette nature est une sorte de complément forcé des autres : je veux parler de l'assistance proprement dite ou de la garantie des secours donnés sans condition à ceux qui ne peuvent matériellement se suffire en aucune manière. Je ne reviendrai point sur l'idée qu'on doit se former de l'assistance en la comparant à la justice ou aux affections humaines (V. chap. XXIII, XXVI et LXXIX). Je n'entreprendrai pas non plus d'en établir la nécessité morale, car si elle n'est point pour l'assisté un droit proprement dit, revendicable contre des personnes séparées ou réunies, mais seulement un besoin qu'il appartient à la société de satisfaire en s'y reconnaissant appelée, et qui dépend conséquemment de l'existence d'une société ainsi entendue, il n'est pas moins certain que les hommes sont aujourd'hui beaucoup moins disposés à contester ce devoir et moins éloignés de le remplir tant bien que mal qu'ils ne le sont d'avouer leurs plus formelles obligations. La question ne porte donc pas tant sur l'assistance en elle-même que sur les moyens de l'instituer. Ici l'assistance se présente comme une garantie, engendrant un droit positif dès qu'elle serait admise, et aux moyens de laquelle il serait pourvu par une contribution de même nature que celle qui permettrait de fonder le droit au travail. Au surplus, j'ai déjà remarqué que la société idéale et de paix, où régneraient les principes d'application de la justice, n'aurait que peu de besoin et d'occasions de recourir à ces sortes d'institutions, qui tiennent toujours de l'expédient ou du remède. Elles sont plutôt convenables à la société de fait et de guerre, qu'elles seraient appelées à transformer. Mais elles viennent inévitablement à la pensée lorsque la notion de garantie, née de l'idée sociale pure, se place dans un ordre de faits réels, actuels, dont nos regards ne se détachent pas sans peine.

Il n'en est pas ainsi des garanties qu'on désigne le plus habituellement sous le nom d'assurances, et qui concernent des intérêts exclusivement matériels, égaux chez tous, identiques pour ceux qui contribuent et pour ceux qui reçoivent, produits à raison d'accidents auxquels tout homme ou toute propriété sont exposés, étrangers enfin à toute idée de revendication de l'un sur l'autre. Sans doute, ces nouvelles assurances auraient des applications très diminuées pour une association où la méthode de collectivité présiderait en une mesure croissante aux travaux de la production, et par suite pourrait niveler jusqu'à un certain point la répartition. Encore serait-ce là une espèce d'assurance implicite, qui ne dispenserait pas d'une plus formelle destinée à parer à divers accidents de la vie individuelle (à moins d'une communauté complète, absolue, dont j'exclus l'hypothèse). On les retrouverait toutes ensuite, quand il s'agirait de les concevoir, et il le faudrait bien, entre une telle association plus ou moins bornée, et les autres, soit semblables, soit différentes, et la société entière.

Quoi qu'il en soit, le théâtre le plus manifeste des assurances est définissable comme il suit : un ensemble de personnes prises en elles-mêmes ou dans leurs propriétés, et qui, à l'égard de choses où leurs intérêts se trouvent distincts, sont soumises à des accidents indépendants de leurs volontés, imprévoyables individuellement, mais appréciables en moyenne et régis par la loi des grands nombres. Ces personnes conviennent entre elles que toutes les fois que les effets nuisibles de ces accidents pourront se prêter directement ou indirectement à recevoir des valeurs positives et numériques, soit en monnaie, elles formeront d'avance un fonds auquel chacune d'elles contribuera en proportion de ses risques particuliers déduits des conditions où elle se trouve, et qui se distribuera ensuite à celles qui auront perdu par le fait, en proportion de leurs pertes. C'est donc un mutualité de garanties.

Il serait inutile d'indiquer les mille formes, combinaisons et applications bien connues de cette simple idée. Ce qu'il importe de comprendre, c'est sa nature, sa généralité, sa moralité. Sa nature est d'être une méthode apportant dans les intérêts individuels, et demeurés tels, les avantages de la communauté ; de réaliser, sans sacrifice de liberté aucun, la même somme matérielle de garanties que la communauté pourrait promettre, de soustraire chaque personne, par l'accord de toutes, à cette instabilité naturelle des choses qui affectent une loi de distribution numérique. Sa généralité consiste en ce que, imparfaitement applicable à de petits groupes et avec de faibles informations, la méthode de l'assurance devient de plus en plus adéquate aux faits, à mesure qu'elle porte sur des groupes plus étendus et des éléments empiriquement mieux déterminés, en un mot sur de plus grands nombres bien établis ; jusqu'à être une expression approximative des rapports réels plus que suffisante quand elle embrasse une grande sphère de son sujet. Enfin, sa moralité dépend des mêmes causes, et principalement de l'identité qu'elle fait apercevoir entre l'idée de mutualité et l'idée de société, dans l'organisation des garanties. En effet, ces personnes qui s'assurent les unes les autres, selon le concept rationnel de l'assurance, il est clair que, si on les considère à l'état de société systématique et réfléchie, on peut dire que c'est la société en corps qui les assure individuellement ; et cette société n'a de limite que le nombre total des hommes et de leurs établissements, à n'envisager même que l'objet propre ou formel de l'assurance exacte ; et autant les essais grossiers de la méthode pouvaient paraître immoraux quand il s'agissait d'un jeu entre quelques personnes intéressées mutuellement à leurs pertes, autant serait juste et noble un système universel, ou du moins le plus large possible, qui relierait directement l'intérêt général aux intérêts individuels, ainsi que le doit faire toute institution normale [1].

On vient de voir l'idée de société, ou État économique, se réaliser par celle de mutualité, quand il

[1]. Il est clair que la valeur des primes s'abaisse quand le nombre des pertes et, par suite, des risques calculés diminue (en supposant surtout que nul intermédiaire ne se place entre l'assureur et l'assuré naturels pour prélever des bénéfices) et qu'ainsi l'intérêt de chacun intervient pour une fraction quelconque, en même raison que l'intérêt de chaque autre, dans un système général d'assurances.

s'agit des garanties matérielles que les personnes peuvent s'offrir pour leurs propriétés (et aussi pour elles-mêmes en tant que la propriété est en jeu dans les accidents auxquels elles sont sujettes). Réciproquement, l'idée d'une mutualité de ce genre est réductible à celle de société ou d'État, car l'État est l'ensemble des personnes qui assurent l'une d'elles, quand la mutualité est entière et sans aucune exception. Cela posé, la prime d'assurance peut être assimilée à une contribution, à un impôt qui se paye à l'État pour un service rendu. Ce service économique est l'un des plus importants. De même que les autres qui seraient relatifs aux diverses espèces de circulation ou de distribution matérielle des valeurs et des produits, il doit se rétribuer selon sa valeur exacte et calculée, puisque nulle personne, ni par conséquent l'État (réunion de toutes, représentée fonctionnellement par quelques-unes) ne doit bénéficier sur aucune. Remarquons ici que le calcul de la dépense, ou de la recette qui lui est égale, implique, en matière d'assurances, la connaissance précise, approfondie et continuelle de tous les éléments d'existence variable des valeurs à assurer, et puis de leurs différentes moyennes ; en un mot, une statistique aussi étendue que les objets susceptibles de garantie. On est conduit sous ce point de vue à poser en fondement du véritable État économique un principe déjà donné généralement dans la morale, le principe de la vérité, de la sincérité et de la publicité, en tout ce qui, concernant chacun, doit être déclaré comme intéressant les relations de tous. Ce n'est pas le moindre mérite du système des assurances que de supposer une telle condition remplie et de devoir servir, en s'établissant, à l'introduire dans les mœurs.

Suivant les notions que j'ai exposées, l'impôt n'est et ne peut être que la part contributive de chaque personne aux travaux, c'est-à-dire, vu la division et la spécificité des fonctions, aux dépenses d'objet commun, et qui leur sont profitables à toutes. Il est aisé de déterminer cette part, en ne quittant pas la vue de l'idéal.

Les assurances donnent lieu à un impôt proprement dit, selon la définition, puisqu'elles exigent une dépense, le remboursement des valeurs assurées dans les cas prévus, et qu'elles satisfont en cela un intérêt commun. Il résulte de la nature de cet impôt qu'il doit être proportionnel pour chacun aux risques calculés contre lesquels la société l'assure, et augmenté d'une part de capitation égale pour tous, afin de pourvoir aux frais généraux de l'organisation des garanties matérielles. La part proportionnelle est mathématiquement indiquée par l'équation entre les risques payant prime et les pertes effectives remboursées. La part personnelle égale de chaque associé se déduit, au contraire, de l'intérêt égal et indivisible qui est le sien dans l'établissement social et dans les moyens d'y pourvoir ; on ne rendrait pas celle-ci proportionnelle comme la première sans substituer, par une sorte de matérialisme irrationnel, immoral, la considération des biens à celle des personnes, en un sujet que domine le concept de l'association des êtres raisonnables égaux. Maintenant que peut être l'impôt en dehors de celui qui vient d'être défini ? Que peuvent être les dépenses nécessaires ou utiles ?

Il y a d'abord les dépenses exigées par les fonctions publiques de circulation et de distribution dont j'ai parlé ; et on ne retrouve plus ensuite à signaler que celles des différentes administrations qui règlent les rapports généraux des associés dans l'*état de paix*. Assimiler toutes ces espèces de services publics à des assurances, par la raison qu'ils sont aussi des espèces de garanties données par la société à chacun de ses membres, ce serait dépasser l'idée de l'assurance économique, laquelle implique l'accident matériel et se propose d'y remédier (non de le prévenir, chose impossible) ; ce serait dépasser même l'idée de garantie en confondant l'ordre social et ses institutions les plus normales avec les moyens pris pour corriger les vices développés dans la marche de ces institutions et dans la conduite des hommes ; ce serait enfin partir de la notion de lutte, quand il s'agit de concevoir la doctrine de la paix, et se représenter l'État comme n'étant essentiellement qu'une méthode de défense des personnes et de leurs biens acquis. Sous ce point de vue, en admettant dans la société l'existence d'une classe d'assaillants de tous les biens et de toutes les positions, et d'une autre classe à l'état de défense contre des malfaiteurs, il est certain que tous les services publics pourraient s'offrir directement ou indirectement comme des garanties. Des garanties pour qui ? non pas pour tous, sans doute, car on ne persuadera pas aisément à ceux qui n'ont rien à garantir, ou à peu près, que leur véritable intérêt étant compris dans le système, ils le doivent accepter et respecter. Et s'ils le respectaient en effet, l'idée de garantie disparaîtrait à l'égard des autres et de tous. D'un autre côté, si nous voulons ne voir que des risques dans les maux auxquels seraient exposés les gens réellement lotis, en l'absence des services publics et des pouvoirs de l'État, ce qui nous ramène à la notion formelle de l'assurance, nous insistons sur le fait de la *guerre*, nous le systématisons et nous le matérialisons. Mais les principes du droit pur exigent que nous regardions d'abord les hommes comme s'unissant en société, poursuivant des biens communs et instituant pour cela des fonctions publiques, indépendamment des garanties dont ils pourront avoir besoin les uns vis-à-vis des autres. Toutes les administrations proprement dites, celle de la justice comprise, qui ne suppose pas nécessairement la mauvaise foi et la mauvaise volonté pour être utile, émanent d'une idée de direction générale et de travail commun, et n'ont premièrement rien à faire avec des garanties. Les pouvoirs coercitifs et répressifs seuls nous apportent l'idée de défense, et de garantie par suite. Or ceux-là mêmes doivent être vus tout d'abord sous un aspect supérieur, l'aspect du droit qui se transforme, et tous les hommes indistinctement doivent être tenus pour intéressés au même titre dans le droit nouveau, tandis que les idées d'assurance et de garantie nous obligeraient à les séparer logiquement en deux classes, l'une où l'on s'assure, l'autre contre laquelle on s'assure.

Revenons à l'impôt. Les conséquences de ce qui précède ne vont pas à moins qu'à en déterminer la forme. Le principe des garanties est le seul qui renfermât une raison pour rendre proportionnelles à leurs biens (en capital ou en revenu, peu importe) les contributions par lesquelles les personnes ont à subvenir aux frais ou travaux des fonctions publiques quelconques. Encore même la part d'assurance concernant les risques de la personne physique semblerait devoir être plutôt une capitation. Il est vrai qu'on peut, sous un point de vue plus commun, et d'où la notion de proportionnalité a dû descendre, considérer l'impôt comme une part des biens, en substance ou en produit (vu quelque droit éminent de l'État ou communauté, par exemple), et non comme une dette des personnes. Mais quand on arrive à penser à ces dernières, ce qui est inévitable, et quand on admet la propriété, si l'on se demande pourquoi les contributions seraient justement proportionnelles aux propriétés, on ne trouve de réponse plausible qu'en recourant à une application plus ou moins nette du principe des garanties. Ce principe n'est donc pas si neuf au fond qu'il a paru l'être lorsqu'on l'a émis avec une rigueur inaccoutumée; il est la raison secrète, enveloppée, de la thèse obscure et habituelle de la proportionnalité de l'impôt, en y joignant pour la fortifier un puissant motif dont je parlerai tout à l'heure. Dès que nous le rejetons, la logique veut que nous déclarions personnelle, égale pour tous les associés, la contribution sociale, savoir celle que la raison réclame d'eux afin de subvenir aux frais communs de la société et de réaliser les avantages matériels et moraux d'une poursuite commune du bien commun, en tout ce qui est moralement et économiquement possible.

Il n'y a point à se demander si la capitation pour le bien public et les fonctions publiques est imputable sur des biens de telle ou telle nature, puisqu'elle constitue une dette personnelle de chacun ; mais elle suppose évidemment chacun pourvu de biens suffisants, ayant du moins le revenu net de son travail et pouvant de cela seul s'acquitter, devenir par ce devoir rempli agent réel de l'établissement social. L'hypothèse est naturelle, supposé que la justice règne dans la distribution de fait et dans les usages de la propriété, dans la rétribution du travail. Naturellement aussi on la trouve inadmissible, en l'état de choses donné par le règlement arbitraire des salaires, des loyers et des valeurs du travail et de ses produits, et lorsque tant d'hommes n'ont part ni à la propriété ni aux moyens de l'atteindre. L'impôt se prend alors où il peut se prendre, sur les capitaux, sur les revenus présumés, sur les transactions. On voudrait pouvoir ne le plus réclamer directement des personnes. L'un des fondements de l'idée sociale s'efface, et la société où s'offre ainsi défigurée la notion rationnelle des contributions est la même qui, entraînée par les passions de ses membres et de ses chefs à des dépenses improductives énormes, ne sait bientôt plus où saisir la richesse publique pour la dissiper.

Nous plaçant maintenant à ce point de vue forcé, l'impôt proportionnel sur les revenus quelconques où qu'ils se trouvent nous paraîtra-t-il relativement juste ? Sur les revenus, plutôt que sur les personnes à proprement parler, cela doit être, dès que celles-ci ne peuvent être présumées en général capables de supporter une capitation. Sur les revenus plutôt que sur les capitaux, c'est logique, attendu que le capital, indépendamment de sa productivité, ne peut pas être appelé à pourvoir à des dépenses qui supposent un produit, et que, tenant compte de la productivité, c'est encore le revenu, au moins possible, que nous imposerions ; et il ne serait point équitable d'affranchir de l'impôt les nombreux revenus basés sur des instruments de travail impossibles à atteindre et à évaluer à titre de capitaux. Enfin la règle de la proportionnalité est amenée par une considération très simple : la contribution sociale ne pouvant être divisée par le nombre des personnes, et égale pour toutes, quand le revenu total n'est pas, même par approximation, réparti entre elles de manière qu'elles puissent répondre individuellement, on n'a que la ressource de diviser la quantité du revenu par le montant voulu de la contribution et de prélever une fraction égale de tous les revenus partiels, en quelques mains qu'ils se rencontrent. Ce système d'impôt est certainement le plus voisin du système normal et celui qui s'éloigne le moins du véritable concept de contribution et de la règle de sincérité en toutes choses. Qu'y a-t-il donc à lui objecter?

Une impossibilité actuelle et pratique analogue à celle qui s'oppose au système normal, au moins quand on imagine l'impôt unique et appliqué rigoureusement sans exception. Il est clair, en effet, qu'on ne saurait, *a priori*, vouloir que la contribution du revenu affecte au delà du revenu net, où que le prélèvement ait lieu, car dans le cas contraire on revendiquerait injustement pour l'utilité commune ce qui serait supposé nécessaire à la stricte conservation individuelle. Or il est constant qu'un très grand nombre de membres des sociétés de fait n'ont aucune part au revenu net général ; il faudrait donc que ceux-là fussent exonérés. Mais alors on manquerait à la règle de proportionnalité, on introduirait dans l'impôt l'idée de progression, en fixant de certains bas revenus au-dessous desquels il ne devrait pas s'appliquer. Essaierait-on de maintenir la rigueur du principe et de la justifier dans la pratique en alléguant que l'impôt prélevé sur les revenus insuffisants aurait pour effet de les augmenter d'une quantité égale à ce même impôt, en vertu de la loi empirique qui nous montre les salaires réglés par le minimum de subsistance et s'élevant nécessairement quand ce minimum s'élève par une raison quelconque ? On consentirait alors à cette loi déplorable qui anéantit tout revenu net pour une partie des membres de la société, on en tirerait parti, on mettrait les choses sur un pied où l'impôt semblerait seul responsable de l'injustice régnante, et pour arriver à ce point on traverserait une période pendant laquelle on aurait à tirer les contributions d'un fonds qui n'existe point. Etablir un tel impôt n'est pas même matériellement possible. L'État, quel qu'il fût, périrait à l'épreuve.

Aucun système simple et rationnel n'est applicable à moins d'admettre préalablement un grave changement des conditions sociales et une plus juste répartition du revenu net. Cette vérité reconnue nous amène à un aspect différent de l'impôt, considéré non plus comme ayant pour objet de fournir aux dépenses d'intérêt commun d'une société normale, mais comme l'un des moyens de réalisation de cette société même. La contribution progressive des capitaux destinée à former le fonds du droit au travail, plus que cela, ouvertement appelée à niveler la propriété et à rendre l'appel à ce droit de moins en moins utile et fréquent (chap. LXXX et LXXXII) nous revient ici nécessairement. De même que les premières contributions dont j'ai déterminé la nature, celle-ci se présente à son tour comme une espèce d'assurance. Mais c'est l'assurance sous un jour tout différent. Les premières comportaient des primes à payer par des associés s'assurant eux-mêmes et mutuellement. Il s'agit à présent de la garantie à donner ou à recevoir sans réciprocité, parce qu'il y a dette: dette de ceux à qui les événements ont permis l'accumulation individuelle, envers ceux que des usages invétérés privent du titre et de l'emploi de la propriété. Cette nouvelle espèce de prime à payer est une voie ouverte à la justice, malheureusement impossible à suivre rigoureusement et que, selon toute apparence, on ne tentera point. Il n'était pas moins nécessaire de la signaler. Tant que ce moyen ou d'autres aussi efficaces et de nature plus fatale n'auront pas amené les membres de la société à une certaine égalité de conditions, il ne faut pas espérer l'établissement d'une contribution unique et rationnelle. Mais les impôts continueront à revêtir mille formes diverses, formes de guerre dont les plus directes n'atteindront les capitaux ou les revenus que contraints et impossibles à dissimuler, et dont les meilleures passeront pour être celles qui ne s'adressent aux personnes qu'à leur insu et s'attaquent arbitrairement à des parties de la circulation, qu'elles vicient.

CHAPITRE LXXXVII

DU DROIT QUANT AUX ASSOCIATIONS ÉCONOMIQUES

Toutes les *pétitions de fait* dans l'ordre économique moral se réduisent à demander aux agents raisonnables un juste usage de la propriété, en matière de loyers et de salaires, et une juste et égale appréciation déclarée des valeurs des travaux et des produits, ramenées à l'unité de travail. A ces conditions seules on peut satisfaire aux principes du droit pur, qui exigent une participation de tous les associés au revenu net social et un partage des revenus nets particuliers entre le travail et la propriété. La reconnaissance et l'organisation du droit au travail réussiraient à les réaliser toutes deux en une forte mesure, puisque tout réclamant, dans cet hypothèse, étant admis à utiliser un instrument de travail étranger, moyennant salaire conforme au droit, l'équivalent de la propriété lui serait assuré, et il est sensible que les relations et traités entre personnes privées se modèleraient alors sur ceux qu'offrirait l'État, ou deviendraient impossibles et feraient partout place à ces derniers. Toute autre manière d'entendre le droit au travail ne satisfait que très imparfaitement à la justice, laisse la rétribution du travailleur fixée au minimum d'entretien et ne peut passer que pour un mode d'assistance. Mais celle-là est pleinement impraticable, inconciliable avec le respect de la propriété et, par suite, avec la liberté des membres de la société qui l'adopterait.

Ce qui s'oppose à la conciliation du droit au travail avec la propriété n'est point un principe. Ce n'est point qu'il soit interdit de soumettre, s'il se peut, une institution au droit, et que cette institution juste en elle-même puisse ainsi se trouver atteinte en théorie. Le contraire est plutôt la vérité. Mais c'est que, en fait, un moyen dont l'emploi oblige, ne fût-ce que temporairement, l'État à disposer des instruments de travail, sans limites connues de son action et de ses besoins, pour cela sans doute à assumer une dictature et à soumettre les biens à un séquestre universel, un tel moyen se confond avec ceux que suggéreraient la négation du droit et de la liberté, la thèse acceptée de la communauté pure et la doctrine immorale qui veut rendre les hommes heureux et justes malgré eux. L'absurdité de la tentative, quand on songe que ce sont pourtant des hommes qui voudraient obtenir ce résultat, et avec d'autres hommes pour instruments, est encore dépassée par le danger, car la simple menace faite aux intéressés en pareille matière est grosse d'une guerre civile, et la guerre civile d'une prompte et aveugle réaction contre le droit.

La reconnaissance et l'exercice rigoureux du droit au travail supposent l'aveu du principe économique moral avec toute sa portée, par conséquent une donnée universelle des idées et des mœurs telle que si on pouvait en effet l'admettre on serait fondé à croire le droit au travail superflu dans la pratique et les hommes disposés à observer spontanément la justice en toutes leurs relations. L'établissement concret de ce droit est donc aussi difficile que la réforme des mœurs, qu'il implique : moins malaisé en un sens, on pourrait le penser, par la raison que l'histoire montre des changements considérables dus à l'action d'une minorité convaincue et ardente ; plus malaisé en un autre sens, eu égard à la nature des intérêts engagés et au paroxysme des passions que ne règle point l'arrêt d'une justice reconnue de tous les partis. On sait assez l'issue ordinaire de la politique des lois agraires et des tentatives de restauration comme celles d'Agis et de Cléomène. Je ne dirai rien des exemples modernes. Les religions seules ont entrepris avec chances de succès apparentes, encore n'est-ce pas directement, d'introduire dans de vastes sociétés des réformes morales aussi importantes que le serait l'acceptation pratique du droit du travail au revenu net et des droits égaux de toutes les sortes de travail. Or le bouddhisme qui tendait à l'abolition des castes a été exterminé des contrées où elles régnaient, et où il était né, et ne s'est répandu que dans les pays voisins ; et le christianisme qui tendait à l'abolition de l'esclavage en attribuant à tous les hommes une même nature morale ne l'a point aboli, mais a consenti de tout temps à le pratiquer. Là où l'esclavage a disparu graduellement, c'est que la ruine et la conquête ont apporté peu à peu des mœurs nouvelles où n'entrait que le servage. Là où le servage a cédé au progrès des temps, il s'est retiré devant le développement du travail libre et finalement a succombé sous les efforts de la raison dans des sociétés arrivées à se suffire sans lui. Ce que nulle religion et nulle révolution n'ont pu amener, un changement rapide et volontaire des mœurs touchant le régime du travail et de la propriété, il ne dépendrait pas d'un État quelconque de l'entreprendre avec la moindre espérance d'y réussir.

La situation économique semble donc être sans issue, à qui regarde la société générale, les grands produits sociaux de la coutume. La *pétition de fait* s'adresse aux mœurs et place le moraliste réformateur dans ce cercle vicieux de prescrire à chaque agent raisonnable une conduite que celui-ci ne pourra tenir effectivement que sous condition de la réforme de tous, ou d'attendre de tous une moralité qui suppose le propre amendement de chacun. Il y a plus, c'est que l'accord manque aux théories, c'est que nous disputons des principes de la morale appliquée, sous la rubrique de ce qu'on appelle *organisation sociale*, et que les systèmes contradictoires se partagent les sectes et les écoles. Mais admettons la lumière faite et les vrais préceptes avoués, il reste toujours que chaque agent alléguera pour sa justification les errements d'autrui et l'impossibilité de changer le monde. L'empirisme a-t-il raison?

Sous un premier aspect, on ne saurait le nier. Le désaccord étant dans les théories, la coutume ayant force de loi et entraînant la loi, la lutte régnant dans les faits, le droit de défense est engendré par l'état de guerre. Tout agent, pour sa conservation, est conduit à se donner toutes les garanties qu'il peut à lui-même, et, à cause des risques de la guerre, à les exagérer, à n'y point mettre de limites. Jusqu'où va le droit, où commence le devoir envers autrui, il n'est point facile de le dire. L'usage de la propriété est sujet à de grandes solidarités, et de plusieurs genres : la famille, le commerce, les engagements naturels ou contractés, etc. Peut-on se soustraire à la lutte? Faut-il vivre stoïquement, réduit de sa propre volonté au minimum de subsistance? C'est le sacrifice et c'est la solitude. Ce n'est pas même la sécurité dans ce qu'on garde.

Sous un autre aspect des choses, supposant toujours la lumière faite, la conscience avertie, l'idéal présent à l'âme, et sans vouloir trop préciser les devoirs, il est incontestable que la lutte, si nécessaire qu'elle soit, a des bornes, lesquelles sont généralement dépassées par les hommes, et cela souvent d'autant plus qu'ils se croient à tort appelés par la supériorité de leurs talents à prélever des parts excessives du fonds social, à consommer la substance d'autrui, à faire de toute société où ils entrent une société léonine. Je crois superflu de rappeler les règles d'équité et de modération à observer dans toutes les relations de propriété et de commerce, dans toute mise à prix des services qu'on rend. Elles sont avouées, quoique peu pratiquées, et l'on n'a pas besoin pour les sentir de s'être nettement rendu compte du droit naturel de tous les hommes à une part du revenu net auquel ils contribuent par leur travail. Mais nous admettons ici qu'on s'en est rendu compte. Alors il nous est permis d'aller plus loin et de poser comme un devoir impérieux l'obligation morale pour tout détenteur d'instruments de travail d'appeler le travailleur à la participation de ce revenu, partout où cela paraît praticable. Or s'il est difficile d'apprécier d'avance un produit net, s'il est impossible à des personnes isolées de soumettre les valeurs à la mesure, il ne l'est point, dans une multitude de cas, de reconnaître qu'un travailleur, un acheteur sont lésés par suite de conventions passées selon la coutume, et de réformer la coutume individuellement. Un commerce relativement loyal n'implique pas la ruine; un partage du produit net obtenu est faisable et se fait parfois, quoique toujours inégal, si je ne me trompe. Enfin, lorsque la solidarité des industries, augmentée de celle des nations commerçantes, introduit par l'effet de la concurrence une difficulté particulière de rendre justice au travail, en élevant les salaires, par exemple, lors même que la difficulté serait stricte et ne laisserait point de marge, ce qui n'arrive guère, il reste la ressource d'une entente, car les préceptes de la morale s'adressent à tous les peuples, à tous les hommes.

Un ordre nouveau de devoirs s'élève quand nous reportons notre vue des obligations de la sphère individuelle à celles qui touchent l'action sociale et la réforme des mœurs. Ici, la conscience convaincue doit employer tous les efforts dont elle dispose à favoriser le progrès de l'idéal dans le monde. Mais si les exemples donnés, le devoir accompli dans les relations privées, n'ont qu'une faible portée, rares comme ils le sont quand la faiblesse de l'agent est accrue par les résistances de son milieu, imparfaits comme ils doivent l'être en n'abandonnant pas le droit de conservation, en subissant les faits principaux de la lutte universelle, il faut avouer que l'action directe sur la marche des lois et des coutumes, en vue d'amener la reconnaissance du droit, est à son tour étrangement réduite, et pour les mêmes raisons. Nous pouvons rappeler dans ce cas les principes déjà posés pour les cas analogues : celui du maintien ferme de l'idéal, ou de la constance de la volonté, en tant que libre d'agir; celui de la recherche consciencieuse des conditions de possibilité des fins, ou des moyens vraiment utiles de les atteindre. Mais ce que nous avons dit aussi du droit révolutionnaire et de l'emploi des moyens de contrainte, de leurs dangers, de leurs illusions, de leurs vices est plus que jamais applicable. Nous sommes toujours retenus par les mêmes liens dans le même cercle vicieux de la réforme des mœurs.

Puisque nous ne pouvons exiger raisonnablement des personnes isolées la justice intégrale, ni l'attendre d'une grande société liée à ses traditions et à ses coutumes ; que ni les exemples singuliers ne peuvent admettre une forme rationnelle radicale, ni le monde qui les reçoit en être sérieusement affecté, il nous reste un parti moyen à prendre, le seul possible et légitime désormais : c'est de demander au nom de la morale aux personnes qui reconnaissent le droit, qu'elles s'unissent en sociétés particulières afin de le faire passer dans les faits, comme elles l'entendent, autant qu'elles croiront l'œuvre possible eu égard aux convictions et aux vertus de leurs membres, eu égard à l'état du milieu général avec lequel il y a nécessairement des relations à conserver ; c'est de demander d'autre part à ce milieu, à la grande société, une simple concession, la tolérance, qu'elle veuille souffrir les sociétés particulières et leur accorder toute la liberté nécessaire à leur existence, compatible avec la sienne. Ainsi la valeur de l'exemple sera multipliée, l'exemple lui-même deviendra plus net, plus résolu, pendant que l'imitation demeurera libre ; des expériences s'institueront, qui ne seront en effet, si l'on veut, que des expériences, des modes d'essai divers de la justice sur des théâtres volontaires ; et les mœurs auront charge de réformer les mœurs, unique solution logique d'un tel problème.

La substitution de l'association volontaire et limitée à la société fatale, en une partie notable des relations, a ce mérite incomparable de rendre les hommes agents réfléchis de leurs actes et auteurs de leurs coutumes. L'association peut s'appuyer ou non sur des principes religieux ; ceci dépend de l'apport de croyance de ses membres ou fondateurs et ne saurait se commander; elle formule en tout cas des droits et des devoirs, car les relations économiques aboutissent toujours à une détermination du droit quand on les veut conformes à l'idéal de la raison; et si vraiment elle s'inspire de la loi morale, si elle contient la divergence des vues et des intérêts par la passion du bien collectif, si les vertus pratiques ne lui font pas défaut, elle possède les conditions d'ordre et de durée nécessaires et suffisantes. Alors il est satisfait à la *pétition de fait* économique, au moins dans certaines limites et, par là même, approximativement, aux différentes formes générales de la *pétition du fait de paix* (chap. L et LI). La justice de l'un n'est plus infirmée par l'injustice de l'autre ; la liberté s'accorde avec une autorité, œuvre ou résultante libre des volontés concordantes des associés et de leurs habitudes voulues ; l'autonomie de la raison cesse d'être en conflit avec la passion qui exige des fins externes empiriquement bonnes et utiles ; enfin l'opposition entre la liberté morale et la détermination par les lois du milieu tend à disparaître.

L'association capable d'essayer ainsi la solution du problème économique répond à un droit naturel et personnel dont j'ai rendu compte à ce titre (chap. LXXIV). Mais ce droit peut être contesté et réduit à l'impuissance. Est-il libre de s'exercer, c'est alors aux agents moraux de rechercher les voies et moyens de l'association propre à conformer leurs rapports mutuels au droit et à la vérité : ils doivent individuellement se demander si les conditions nécessaires d'entente réelle et de moralité sont réunies. La liberté est-elle, au contraire, niée dans l'État, les droits et devoirs personnels se réduisent à ceux que j'ai exposés, et dépendent au surplus des questions de droit public que j'aborderai dans la suite.

Deux grands motifs portent l'État à combattre la liberté des associations économiques et justifient à leurs propres yeux ceux qui le dirigent. Je ne parle ni de la coalisation d'intérêts qui peut usurper la force de l'État et la mettre à son service, ni même de cette passion du pouvoir qui fait craindre à ceux qui l'ont en main ou des difficultés et des obstacles ou des rivalités futures. Mais, indépendamment de ces motifs illégitimes, il y a des principes qu'on invoque. Le premier consiste dans la revendication du droit social de défense contre tels groupes particuliers, encore plus que contre de simples individus, qui, par un manquement grave à la loi morale, et nuisible à autrui, se mettraient dans le cas d'être justement réprimés et contraints. Ce principe est vrai dans l'abstrait, l'Etat pouvant passer pour le représentant de la généralité en face des volontés injustes, agglomérées ou non ; mais, dans ce même sens, il se retourne aussi, car la défense et le droit peuvent bien se rencontrer du côté d'une ou de plusieurs volontés individuelles. En pratique, rien n'est si facile à des gouvernants, ni si ordinaire, que d'attribuer faussement à des associations naissantes, des tendances immorales et nuisibles, pendant qu'ils voient en eux-mêmes, à tort, une représentation autorisée de la raison commune. D'un autre côté, il arrive à des associations de se proposer des fins qui mettent vraiment en jeu la défense d'autrui ; il y en a de possibles dont l'action réelle, et même à l'insu de la plupart de leurs membres, servira seulement à donner à quelques hommes le pouvoir nécessaire pour changer l'État, violenter les consciences, tyranniser les mœurs. Cette double cause engendre des difficultés directement insurmontables et des conflits où la justice est indémêlable.

Le second principe invoqué contre les associations partielles se tire de la considération de l'association intégrale, ou de l'État supposé légitime. On voit un axiome politique dans cette thèse : qu'on ne doit souffrir de la part d'aucune association des envahissements de nature à substituer progressivement sa puissance à la puissance de l'Etat. Il y a, sans doute, une sorte de contradiction à s'énoncer aussi généralement, car si l'issue que l'on craint avait lieu, il s'ensuivrait seulement que l'action des libres volontés humaines, justes ici par hypothèse, changerait la forme de l'État et l'assimilerait à celle d'une association primitivement restreinte ; le tout sans que le droit de personne eût été violé. Mais si l'on observe que les associations partielles ont naturellement et dans le fait des visées particulières, religieuses, morales, économiques, lesquelles ne peuvent pas être *a priori* supposées conformes et adéquates à la volonté commune et à la raison universelle, tout en étant licites, ou de droit à leur égard, il faudra convenir que l'extension de telles associations peut et doit justement être limitée, en tant que leur développement collectif, opposé à la dispersion relative des autres intérêts ou besoins matériels et moraux, aurait pour effet de déposséder ces derniers de certains éléments nécessaires. Le plus indispensable de tous est la propriété. Et la propriété doit d'autant plus être sauvegardée contre l'absorption dont une association quelconque la menacerait, que, de sa nature, elle est appelée à servir de garantie à tout ce qui est et veut rester en dehors.

C'est une loi curieuse et facile à apercevoir sans le moindre calcul, qu'une association formant la constante minorité numérique dans un État, mais recevant des particuliers par dons ou par legs des propriétés qu'elle n'aliène point, doit élever de plus en plus et indéfiniment son avoir au-dessus de celui qui appartiendrait jamais à ses membres en toute autre hypothèse, priver par là les autres de ce genre de moyens et de garanties, s'assurer d'une fraction considérable et croissante du revenu net général, et faire peser contre tout droit la volonté de quelques hommes échelonnés dans le temps sur l'ensemble des générations présentes ou futures. Les effets injustes de la loi dont je parle sont neutralisés lorsque, au lieu d'une seule association de cette nature, il en existe plusieurs différentes et rivales. Néanmoins il y aurait danger, même dans ce cas, et pression exercée sur les personnes étrangères aux associations dominantes. Il faut donc, et le droit exige de deux choses l'une : ou que la société, l'État, pose des bornes à la formation de la propriété collective et inaliénable des associations, ou que, les choses ayant librement cours, des révolutions viennent de temps à autre restaurer la distribution normale des biens, la distribution conforme à celle des personnes, des volontés et des œuvres. Ce dernier moyen qui fait gémir le droit positif et ne s'emploie pas sans trouble est pourtant légitime quand il est nécessaire ; on y appliquerait volontiers une maxime connue, en la renversant : *Summa injuria, summum jus.* Les législations préventives, évidemment meilleures en principe, nuisent par le fait à la liberté actuelle, mettent des empêchements au bien sous prétexte d'obvier à des dangers, obligent à juger et à prévoir, chose toujours difficile et qui trompe, servent enfin d'instruments, dans l'application, pour réprimer d'un côté ce qu'on tolère ou favorise de l'autre, selon que penche le pouvoir.

En somme, les associations économiques, auxquelles je reviens maintenant, ont de grandes difficultés à surmonter pour s'établir et s'assurer des moyens de vitalité et de durée, surtout quand elles apportent des innovations profondes dans les mœurs. Ces difficultés sont telles qu'on ne pourra complètement les vaincre, si ce n'est à l'aide d'un sentiment moral ou religieux puissant, et grâce d'ailleurs à la pression des intérêts d'une classe prépondérante, impossible à contraindre. Cette seconde condition est aujourd'hui la mieux satisfaite des deux. C'est assez pour commencer l'œuvre, en s'inspirant d'une idée de justice, encore que trop négative, aveuglement hostile à la propriété, plus disposée à voir les obligations d'autrui que les siennes propres. Ce n'est peut-être pas assez pour l'accomplir.

Des groupes de travailleurs éclairés et moraux peuvent associer leurs efforts, conquérir le capital par l'épargne, quoique bien péniblement dans les conditions présentes, mais le sacrifice est nécessaire pour ne rien demander qu'à soi et à sa propre liberté. Ils peuvent observer entre eux l'équité économique du partage du travail et du revenu net de la coopération. Ils peuvent, comme consommateurs unis, retrancher à leur profit les bénéfices des intermédiaires. Ils peuvent, par des traités avec d'autres associations pareilles, réduire les bénéfices abusifs de certaines productions, tendre à les supprimer et à niveler les valeurs. Ils peuvent, grâce à des coalitions légitimes, obliger le capital à leur abandonner la part de revenu net à laquelle le travail a droit. Ils peuvent introduire enfin dans leurs sociétés, devenues elle-mêmes propriétaires, des relations plus morales que celles du monde, et pourvoir aux besoins de la vie collective, aux garanties de la vie individuelle. Ces choses se réaliseraient sans révolution et sans violence, si pour être capable et digne de les vouloir et de les faire il suffisait d'en posséder matériellement le pouvoir. Elles seraient facilitées par une conquête que nous savons être bien plus aisée, celles des droits politiques, si le progrès des classes en intelligence et en moralité pouvait précéder leur liberté d'agir, au lieu de la suivre difficilement et de loin. Toutefois ce n'est qu'en exerçant bien ou mal son droit qu'on apprend à l'exercer avec résolution et justice. La manière dont la propriété séparée du travail a usé jusqu'à ce jour de la puissance que lui confèrent les mœurs ne permet pas qu'on se montre sévère pour les erreurs et les fautes que le travail séparé de la propriété doit commettre à son tour en usant de ses droits pour mettre fin à cette séparation funeste.

L'initiative des grandes réformes revient à la liberté. Le mouvement spontané des idées morales produit des actes et les multiplie, avant que nulle autorité ne les impose. Ou plutôt de là même naît l'autorité, une autorité nouvelle et qui doit vaincre les résistances de l'ancienne. L'histoire abonde en preuves de cette vérité, quand elle nous fait voir tant de changements sociaux partis d'*en bas,* tant de pouvoirs impuissants à comprimer comme à susciter les mœurs, et les législations aprioriques sans force et sans vertu. Ce n'est qu'en apparence que les pouvoirs réguliers fondent, détruisent ou améliorent, car ils ne font que suivre un progrès établi, et d'ordinaire en le combattant. Tel homme peut assurément beaucoup sur les autres hommes; il peut davantage si la puissance matérielle s'ajoute en sa personne aux influences morales. Mais cette action des grandes personnalités, bonne ou mauvaise, vient alors en confirmation de la liberté et des initiatives individuelles. Ainsi la question pratique du choix à faire entre l'initiative de la société ou de l'État et celle des personnes est implicitement résolue dans les considérations précédentes.

Ces deux sortes d'initiatives ont leurs partisans également convaincus. C'est que l'une est vraiment fondée en théorie, tandis que l'autre est nécessaire en fait. Dans l'état de paix idéal, il n'y aurait plus en cela de problème, attendu que les deux actions comparées et débattues se confondraient, la liberté et l'autorité marchant d'accord, celle-ci n'étant que l'expression de celle-là. Sans supposer la perfection morale et politique atteinte, si nous recourons seulement au principe, à la distinction de la sphère individuelle et de la sphère sociale, il est clair que, rangeant dans cette dernière tout ce qui ressortit au bien général et aux affaires communes, nous attribuerons à l'État représentant de la société, tel qu'il sera, la mission d'y pourvoir. Mais quel sera-t-il? La difficulté est là. Les réformateurs par la voie d'*en haut* et les utopistes autoritaires supposent que le pouvoir sera mis et maintenu aux mains d'hommes dont la liberté d'action sera précisément disposée à s'employer dans le sens de leur propre liberté de jugement et d'appréciation; ils supposent encore que cette liberté ne divergera pas de la direction de celle du commun des hommes, tellement qu'il y ait vice de nullité au fond des partis pris du pouvoir. L'expérience ne permet pas de leur concéder ces hypothèses. L'initiative de l'État, j'entends ici justement limitée, est vraie en théorie, fausse en pratique, tant qu'il y a pour la réclamer *pétition de fait* : pétition d'un fait de mœurs qui n'est pas donné ; soit, quant au raisonnement, pétition de principe.

C'est sans doute une triste condition des choses humaines que les idées les plus justes, les plus utiles, les mieux fondées en raison, qui de leur nature comporteraient des moyens de réalisation collectifs, sociaux comme leurs fins et demanderaient à pénétrer dans les faits à l'aide d'une initiative commune, et dès lors grâce à l'action spéciale de ceux qui ont charge de la représenter, que ces idées, dis-je, soient précisément les plus dangereuses ou les plus impraticables de toutes, faute pour une telle représentation d'exiger réellement, faute même d'une suffisante préparation des hommes qui devraient la déléguer. Il se trouve ainsi que la plupart des systèmes qu'on appelle socialistes sont des combinaisons de la vérité pure avec une erreur énorme et ne peuvent ni s'essayer, ni seulement se proposer à la pratique, par des moyens d'autorité, sans amener aussitôt de grands troubles et finalement une rétrogradation sociale. Au contraire, cette liberté qui, dans l'état actuel des choses, semble n'être que la liberté de la lutte et sur laquelle pèse la responsabilité visible de tant de maux, qui n'apporte en théorie qu'une simple faculté, sans moyens propres, intrinsèques de se diriger et de réaliser des biens quelconques, renferme cependant la méthode unique de toutes les réformes possibles. La liberté est grosse de tous les biens, non moins que de tous les maux. La raison qui la dirige, les passions qui l'animent existent ou n'existent pas, mais ne s'imposent point. Rien ne change dans les institutions et les lois sans impliquer un changement dans les mœurs, encore que les mœurs subissent à leur tour l'influence des institutions réussies. Mais rien ne change dans les mœurs que par l'action de la liberté. Tous les pouvoirs sociaux sont naturellement voués à la coutume, qui est la société même à un instant donné. L'homme collectif ne se modifie volontairement que le moins qu'il peut, à son corps défendant pour ainsi dire ; et quand il arrive à éprouver de grands changements, c'est que la liberté de quelques-uns qui s'entendent a pu se faire jour à travers la résistance obscure ou patente du plus grand nombre et de ses chefs.

QUATRIÈME SECTION

LE DROIT POLITIQUE

CHAPITRE LXXXVIII

LE GOUVERNEMENT. SA DÉFINITION, SES FONCTIONS ET SES MODES

Le plus grand progrès que l'homme ait pu faire dans sa vie sociale a été de soumettre sa conduite à la dictée de la raison délibérée en commun. Anciens ou modernes, il s'en faut que tous l'aient accompli, mais pour ceux qui en ont été dignes, ce nom de progrès convient, est l'expression d'un fait réel, quoi qu'on puisse penser de l'origine et du premier état de l'agent raisonnable et moral. En effet, la raison elle-même a dû exister sous une forme instinctive et pour ainsi dire implicite dans les sentiments, les pensées et les actes, avant d'être formellement exprimée et régulièrement délibérée dans les consciences et dans leurs rapports mutuels. La coutume en tout a certainement précédé les lois et les gouvernements systématiques. C'est à la suite des méfaits contre la coutume et contre la morale, deux choses nécessairement confondues en l'état initial d'un être doué d'une constitution éthique naturelle, que le besoin de soumettre la vie à des prescriptions supérieures à l'expérience a été senti. Le premier effet de ce besoin éprouvé fut un gouvernement quelconque.

L'idée la plus générale du gouvernement consiste en celle d'un certain système de moyens propres à satisfaire aux conditions suivantes : à l'idée du bien que la raison veut rencontrer dans tout acte, mais particulièrement dans ceux qui sont d'intérêt commun (idée donnée en opposition avec la conduite possible de chacun); au droit de défense des uns, né de l'expérience des déviations dangereuses des autres ; à la nécessité de procurer par préceptes, n'importe comment sanctionnés, par la contrainte au besoin, certains actes positifs ou négatifs individuels qui ne s'offrent pas spontanément; enfin au désir d'atteindre, grâce à une action collective forcée, des fins communes qu'on voit ne se point obtenir par une harmonie naturelle des efforts produits indépendamment les uns des autres.

Que des maux, de grands maux, résultent des moyens ainsi employés pour supprimer le mal de l'arbitre ou produire le bien contraint, c'est maintenant ce qui est manifeste et dont la cause profonde est précisément celle-là qui rend de tels moyens nécessaires. La constitution du malade social fait que le remède est pour lui une maladie, une maladie d'autant plus grave que le remède est par le fait plus nécessaire, mais qui enfin lui permet de vivre. Le moindre degré de l'un et de l'autre se rencontre dans les cas où le gouvernement, tant par le contenu que par le mode d'application de ses décisions, se distingue le moins de la raison générale et de chaque volonté, réellement intervenantes et actives : au bout de cette voie, on aperçoit même la guérison, puisque, à la limite, il n'y aurait nulle contrainte. Le pire degré s'observe quand les hommes ne trouvent d'autre procédé de gouvernement que de tout remettre, et les prescriptions et les exécutions, à l'unique volonté raisonnable ou déraisonnable qu'ils imaginent propre à réaliser l'ordre et l'unité.

Distinguons la matière et la forme des gouvernements. Quant à leur matière, ils impliquent la solution de cette question : Que doit-il être prescrit obligatoirement, que doit-il être défendu aux personnes, sous la sanction de peines quelconques ou par voie de contrainte effective? Sur quelle nature d'actes, ou particuliers, ou collectifs, dans quelles limites, le commandement doit-il s'exercer? Le principe le plus clair est ici celui qui se tire du droit de défense, combiné avec la loi morale, laquelle se traduit alors par l'obligation de respecter la liberté de chacun en tout ce qui n'est point contraire à la liberté des autres. Un gouvernement, soit qu'il prescrive, soit qu'ensuite il contraigne, ne doit rien ordonner positivement ou négativement en dehors de ce qui est nécessaire pour sauvegarder les droits de tous contre les déterminations particulières de leurs facultés d'agir. Il peut en vertu de cela même ordonner aux particuliers des actes nécessaires pour la défense commune, et au refus desquels ils se mettraient hors de la société et renonceraient implicitement à leurs propres droits. Mais, si clair qu'il paraisse en termes généraux, le principe est sujet à de grandes difficultés dans l'application, non seulement parce que les hommes sont extrêmement portés à juger, sans suffisante raison, que l'on nuit à leur liberté en se conduisant autrement qu'eux-mêmes dans des cas donnés, en se formant d'autres règles, en puisant dans d'autres croyances d'autres devoirs, en interprétant différemment les conditions de la société et de sa défense, mais encore parce que le préjugé et la passion, en cela, ne portent pas toujours à faux et que véritablement il existe des manières très efficaces de travailler directement à la ruine du droit d'autrui en prétendant ne faire qu'usage du sien. Il n'est pas moins vrai qu'un vice universel des gouvernements est de s'appuyer sur la notion telle quelle de ce que la coutume tient pour bon et utile à chaque époque, et de vouloir assujettir indistinctement leurs *sujets* à cette règle empirique, comme ils le feraient aux lois les plus universelles et les plus impérieuses de la justice. En droit domestique, civil, économique, les prescriptions et les limitations vont toujours au delà du droit que les hommes peuvent moralement s'attribuer les uns sur les autres, et ne sont souvent que des cas d'application de cette maxime injuste : nul n'agit bien qu'en agissant comme j'agirais moi-même à sa place, et je le contraindrai si je puis à faire tout ce que je fais, comme je le fais. En droit politique, l'action est un privilège de ceux que le gouvernement propose à son œuvre de contrainte générale.

J'ai examiné sous le chef commun des droits personnels, et sous les titres de droit domestique et économique, toutes les principales obligations morales et libertés relatives à la vie sociale. J'ai donc épuisé le contenu de ce qu'on nomme droit civil, autant qu'il était possible sans passer des notions éthiques à des considérations proprement législatives que je devais éviter. J'ai de cette sorte étudié la matière des gouvernements, en tout ce qui concerne la direction interne des sociétés, et mes conclusions ont été autant de permissions ou d'interdictions morales à l'adresse de ceux-ci, autant d'injonctions, de préceptes ou de conseils donnés aux personnes qui vivent sous un ordre plus ou moins distant de la raison. Maintenant viennent les questions de forme, c'est-à-dire politiques, et toujours dans leurs rapports avec la morale.

Une première division de l'idée de gouvernement, quant à la forme, est suggérée immédiatement par la raison. Autre chose, en effet, est de déclarer ce qui doit être fait ou évité universellement : acte législatif; autre de prononcer sur des cas particuliers, pour les ramener aux classes de conformité ou non-conformité à la loi : acte judiciaire ; autre encore d'user des moyens matériels de ranger les volontés à l'ordre en se passant au besoin de certains consentements : acte exécutif. Ces trois actes, les trois fonctions qui en assument le pouvoir et composent l'ensemble d'un gouvernement sont parfaitement distinctes dans le concept. Il est, en outre, très clair que les garanties des personnes contre le mauvais usage de la faculté de gouverner attribuée à certaines d'entre elles seront d'autant plus sérieuses que les fonctions dont je parle se trouveront mieux séparées en fait. Ceci est un principe essentiel pour l'*état de guerre*, disons donc pour toute politique, et les publicistes en général n'ont point manqué de le reconnaître. Ne nous y trompons pas cependant; le droit pur n'exige pas tant la séparation des fonctions, car elles pourraient être réunies légitimement s'il y avait pour cela consentement, volonté formelle des gouvernés, qu'il n'impose à ces fonctions, où qu'on les place et comme qu'on les distribue, d'émaner réellement des personnes et de les représenter, d'être en un mot des droits fondés et non des pouvoirs usurpés.

Considérées historiquement, les trois fonctions du gouvernement sont des pouvoirs donnés par la tradition et la coutume, toujours à quelque degré du moins. Logiquement et moralement, ce doivent être des délégations formelles. En effet, d'une part, il est manifeste que les personnes ne peuvent pas toutes et continuellement les exercer quand il y a lieu, surtout dans une société tant soit peu vaste, puisque la nature des choses en fait des actes divisés de réflexion, de délibération ou d'exécution, auxquels la participation égale et commune de tous n'est point en général praticable. D'une autre part, la loi morale interdit de réduire l'un quelconque des gouvernés à l'état tout passif de serviteur ou sujet, sous l'empire des décisions et des actes du gouvernement, dont il doit être membre actif aussi bien que de la société, selon la raison. Cette espèce de contradiction entre le fait et le droit est levée par l'expédient de la délégation ou représentation, et ne peut l'être d'aucune autre manière. Elle n'est même levée à la rigueur que si l'expédient a toute l'efficacité d'un principe : savoir, si la représentation est réelle et sincère, si ensuite les actes sont approuvés, si enfin les volontés ou consentements de toutes les personnes sont exprimés formellement. En effet, il est vrai des consciences ensemble ce qui l'est d'une seule, que la raison n'est satisfaite et obéie qu'autant que claire pour elle-même, délibérée et formulée. Combien l'histoire et la logique divergent ici, jusque dans les cas et exemples les plus choisis, on le sait assez. Mais la réalisation progressive de la logique est le but idéal de l'histoire.

J'examinerai les pouvoirs et les droits pour chacune des branches distinctes de gouvernement. Mais auparavant se présente une autre analyse de l'idée gouvernementale quant à la forme. De quelque manière qu'il soit donné satisfaction à la relation normale du pouvoir avec le droit, en supposant même que l'accord soit entier, on peut se poser la question du nombre des personnes appelées à gouverner du consentement des autres. Les différentes déterminations de ce nombre fournissent des divisions bien connues, qu'il est bon de préciser à notre point de vue, et dont la considération importe toutes les fois que le droit n'est pas exactement sauvegardé dans les institutions, c'est-à-dire, par le fait, toujours.

Le gouvernement est démocratique lorsque toutes les personnes régies y participent directement ou indirectement dans toutes les branches, et le serait en plein si leur participation, étendue aux trois fonctions, ne devenait indirecte que dans les cas et dans la mesure où elle cesserait matériellement de pouvoir être directe. Je dis *toutes les personnes*, afin de ne pas exclure les femmes ; et il ne saurait y avoir en effet de principe pour les exclure, mais seulement des *faits de guerre* devenus nécessitants dans la pratique actuelle, comme il ne manque pas d'y en avoir aussi à l'égard des esclaves ou des serfs, quand de telles classes d'hommes existent dans l'État. Des exceptions de participation, quelles qu'elles aient pu être, le fait que l'action gouvernementale des citoyens mêmes n'a été qu'indirecte, et par suite ordinairement faussée dans nombre de cas où l'on ne prétextait pas d'une impossibilité matérielle, par-dessus tout le fait moral, générateur de tous les autres, savoir l'incapacité, l'indignité de certaines masses de personnes, en tant qu'appelées au gouvernement d'autrui et de soi-même, se sont toujours opposés à la réalisation de la pleine et sincère démocratie. Quelques peuples anciens, très limités, ou divisés en beaucoup de tribus et de polices locales, semblent s'en être plus approchés sous l'empire de la coutume et de la tradition, en grande partie religieuse, et avec des gouvernements presque tout spontanés, que d'autres n'ont su faire en adoptant des lois délibérées et des règlements systématiques. Cependant ces derniers seuls ont vu rationnellement le but ; mais le but est resté un idéal, et qui se confond à vrai dire avec celui du règne de la raison et de la morale. Historiquement, la démocratie n'a guère été qu'une suite d'efforts, durant certaines séries de temps, pour faire prévaloir les passions du plus grand nombre sur les passions du moins grand nombre, dans une société donnée ; encore est-ce le plus souvent avec l'emploi ou avec la menace des moyens de gouvernement propres à l'autocratie ou à la monarchie. Les démagogues, les tribuns, les dictateurs, juges ou généraux destitués, les tyrans, certains conseils ou assemblées aussi sont des instruments que la passion met en œuvre dans les démocraties, pour faire triompher ses fins en se démettant plus ou moins du droit de gouverner. L'instrument se tourne aisément contre l'ouvrier, en pareil cas ; mais quoi qu'il en soit, passion pour passion, celle qui anime les masses soulevées, même aveugle, est ordinairement plus juste que n'est le commun mobile des gouvernements de monopole. L'égoïsme est naturellement moins pervers dans le grand nombre que dans le petit, puisque les fins sont avouables, étant communes en principe, encore que les moyens imaginés puissent être iniques ou violents.

Le gouvernement est aristocratique lorsqu'une classe ou des classes entières des personnes en sont exclues. L'institution de l'esclavage suffit donc pour le constituer tel, ou encore la coutume universelle qui ne laisse aux femmes qu'une voix consultative ou subreptice. Cependant l'aristocratie, selon le langage formel de la politique commence seulement là où certaines classes d'hommes d'entre les hommes libres, sont seules appelées à gouverner, et quand c'est principalement la naissance qui en forme les rangs. Le nom d'oligarchie s'emploie souvent dans le même cas pour exprimer le fait que la classe gouvernante est composée de peu de familles et dirige toutes choses aux fins intéressées de ses membres. Il faut avouer cependant que le nombre n'est pas ce qui importe le plus, que les gouvernements aristocratiques sont capables aussi de vues tout autre que nobles, et qu'une oligarchie, de son côté, n'est pas nécessairement étrangère à tout ce qui est grand. Des gouvernements qualifiés d'oligarchiques ont souvent représenté à merveille et servi les appétits communs d'ambition et de grandeur des peuples, et n'ont donné d'autres sujets de plaintes à ces derniers que ceux dont les mœurs et les volontés des hommes, aux mêmes époques, auraient également fourni la matière sous des formes différentes et pour la satisfaction de passions aussi peu justes. Les oligarchies et les aristocraties répondent donc au même sens éthique et sont également réprouvées par la loi morale. Elles sont condamnables, premièrement, en ce que l'homme, considéré en général, s'y trouve exclu du gouvernement de leur masse ; secondement, par la raison que ceux qui assument la charge de gouverner en usent plus ou moins en vue de leurs fins particulières, et non de la fin générale. Le premier motif met en cause une responsabilité humaine étendue, vague, mais toujours effective, s'il est vrai que les exclus sont indignes ; le second accuse personnellement les gouvernants, même alors qu'ils obéissent à des passions communes et populaires, car ils se les rendent personnelles et poursuivent dans le faux bien public ce qu'ils appellent leur gloire.

Des philosophes ont entendu l'aristocratie autrement et comme un gouvernement des meilleurs, moralement meilleurs, plus dignes et plus capables que le peuple. Le nom odieux de l'oligarchie pouvait alors se réserver pour le gouvernement de fait des plus riches, serviteurs de leurs propres intérêts, l'autre étant le nom du gouvernement de droit, dévolu à la vertu. J'examinerai plus loin la question de savoir si la vertu a le droit de gouverner. Mais pratiquement, toute utopie philosophique et aussi toute théocratie écartée, on doit dire qu'en général les mêmes hommes, dans une société donnée, sont à la fois les plus instruits, les plus capables, les plus riches et ceux que la naissance range dans une certaine classe. Si en outre le désintéressement et la vertu sont à prendre quelque part, on ne voit point que ce puisse être facilement hors de leurs rangs, à moins d'un système qui résoudrait la question par la question, en supposant quelque constitution de nature à mettre la vertu en évidence et à lui donner le pouvoir, mais qui elle-même impliquerait fonction de la vertu pour s'établir et se conserver. Ainsi l'aristocratie répond historiquement à un seul et même fait, quelque définition qu'on en donne, empirique ou morale. L'oligarchie n'en diffère que par une question de nombre, accessoire au fond, ou tout au plus par le genre des passions régnantes, ici mercantiles et là guerrières, mais qui ne sont guère dans les chefs que ce qu'elles sont dans les peuples. Aussi les mêmes philosophes qui ont professé des doctrines de *gouvernement des meilleurs* se sont vus conduits, dans le fait, à se montrer favorables à l'aristocratie et à l'oligarchie, telles que de leur temps elles se montraient, plutôt que d'accorder leur appui à la démocratie, qui leur paraissait être le gouvernement de la grossièreté, de l'ignorance et des vices les plus bas. Ils savaient pourtant qu'on ne doit pas faire fonds sur les qualités superficielles et brillantes que développe une éducation raffinée, étrangère à la morale.

Il n'est pas moins vrai que tout peuple renferme dans son sein une classe quelconque plus ou moins nombreuse, n'importe comment distinguée en droit positif, sur laquelle il est impossible de ne pas compter en première ligne pour introduire un progrès nouveau ou pour conserver un progrès acquis, et à laquelle il serait à la fois périlleux et puéril de vouloir refuser une part prépondérante au gouvernement de fait. Il est inévitable, il est fatal, en l'état actuel de l'humanité, non seulement que certains hommes s'arrogent à toute force des droits plus étendus qu'ils n'en accordent aux autres pour décider de la direction commune (ce n'est pas là ce dont je voudrais arguer), mais encore que le peuple, appelé à agir en quelque chose, subisse, appelle lui-même l'influence de ces hommes et ne puisse s'en passer. De là l'existence, en toute société, d'une aristocratie nécessaire et qu'on peut dire en partie naturelle et légitime en tant qu'elle résulte de l'inégalité avouée des lumières et des talents. Ceci nous ramène, par la voie de l'expérience, à l'idée philosophique du gouvernement des meilleurs. Mais ce n'est pas pour nous faire attacher des droits en principe à une capacité qui reste inconnue d'avance et indéterminable. C'est pour nous faire apercevoir la nécessité de permettre, dans toute organisation gouvernementale, aux influences, aux actions prépondérantes effectives, où qu'elles siègent, une intervention régulière là où, de manière ou d'autre, elles se produiraient irrégulièrement, si ce n'est subversivement. Il se rencontrera plus loin, à propos du droit électoral dans les démocraties, sujet qui prête à de grandes illusions, une occasion d'insister sur cette remarque importante. A présent, il suffit d'observer que le principe aristocratique bien entendu et convenablement mesuré aux faits est un élément inséparable de tout gouvernement. La démocratie lui offre une place, grâce au système des délégations ; en sorte qu'on peut le dire maintenant : ce système, après s'être présenté comme une dérogation, à la vérité matériellement imposée aux applications de l'idée démocratique, se dévoile au fond comme condition des gouvernements mêmes qui respectent le mieux la liberté. Ils ne sauraient échapper à la nature des choses en matière de délibération à prendre par des associés, lesquels ne sont pas et ne se tiennent pas pour égaux d'expérience et d'entendement, quelque égalité qu'ils doivent d'ailleurs se reconnaître.

Continuons l'examen des gouvernements au point de

vue moral, et passons de l'idée aristocratique à l'idée monarchique. Le gouvernement remis tout entier aux mains d'un seul paraît, au premier aspect, plus contraire à la liberté et le serait, par suite, à la fondamentale égalité des êtres moraux[1], que celui qui se partage entre un certain nombre de familles égales entre elles ou réglées par une hiérarchie d'origine quelconque, passée en coutume. En effet, on est porté à penser, d'abord, qu'il y a bénéfice numérique acquis à la liberté par le fait du nombre plus grand des hommes qui en jouissent; ensuite, on observe que ceux-ci, ayant d'ordinaire à la défendre contre les entreprises de plus puissants qu'eux-mêmes, sont naturellement amenés à y laisser participer leurs inférieurs. Mais l'aristocratie qu'on envisage ici est celle qu'il faut supposer dirigée par des intérêts égoïstes, imposée et oppressive, et non point légitimement admise à représenter l'action gouvernante de la société entière. Dans ce cas, la comparaison établie entre elle et la monarchie pure fait pencher la balance en divers sens.

Si la monarchie est une tyrannie, soit qu'elle pèse à la fois sur toutes les têtes, hautes et basses, chez un peuple qui s'est de longue date abandonné lui-même et laisse la force et le hasard disposer du pouvoir, soit qu'une classe l'établisse et la soutienne pour vaincre les résistances d'une autre classe, c'est de tous les gouvernements le pire actuellement et à la fois le plus dangereux pour l'avenir. Il n'est pas d'aristocratie qui n'y soit préférable. Si la monarchie est régulière, héréditaire par exemple, le même principe qui la fait être l'accompagne d'une aristocratie. Il existe alors trois intérêts dans l'État, le monarchique, l'aristocratique, le

---

1. On oppose fréquemment la liberté et l'égalité l'une à l'autre, et cet antagonisme des deux principes est exact dans beaucoup d'applications où l'on doit les considérer objectivement, par exemple en matière de lois économiques. Mais dans l'ordre purement moral, les hommes ne sauraient être libres quand ils ne sont pas égaux, ni atteindre, quand ils ne sont pas libres, cette égalité qui suppose chez eux la dignité propre et le respect de la dignité d'autrui. Ainsi les deux notions s'entremêlent.

populaire. Ce dernier représente le droit par position, avec ou sans clairvoyance d'ailleurs. L'aristocratie s'unit-elle à la revendication commune du peuple, quand il y a lieu, elle devient, par ce fait, préférable à la monarchie, dirige la nation dans ses progrès, contracte des habitudes de justice et les communique, s'achemine elle-même et achemine toutes les classes à la pratique sincère, non seulement de la liberté, mais encore de l'égalité, sans le vouloir, et l'affaiblissement fatal de l'idée monarchique est heureux, si loin qu'il se pousse. Mais l'aristocratie, au contraire, se tient-elle enfermée dans son intérêt exclusif, se joint-elle à la monarchie dans tout ce que celle-ci veut en violation des droits généraux, l'oblige-t-elle ensuite par ses menaces, sa prépotence, ses efforts désordonnés pour troubler et diviser l'Etat, à servir un intérêt, si ce n'est à reconnaître un droit populaire et à s'y appuyer pour lui résister, alors l'idée monarchique devient éminemment préférable. Tant que dure une telle situation, c'est la monarchie qui représente, encore qu'imparfaitement sans doute, la justice, le droit commun, la société. L'égalité morale et matérielle gagne tout ce que la puissance aristocratique peut perdre. La liberté ne perd rien, car celle des privilégiés ne compte pas, étant par hypothèse indignement exercée et justement frappée de déchéance, et celle des autres n'a rien à perdre encore. Le tout serait, dans ce cas, que l'idée monarchique fût de nature populaire et représentât vraiment l'utilité générale et la fin commune avec plein consentement public, sans mélange de tyrannie, sans que l'intérêt d'une maison, ou la gloire d'un homme, ou les vices d'un autre, sans que les passions qui gouvernent celui qui a charge de gouverner, vinssent substituer des vues particulières à la fonction du bien public personnifiée dans la monarchie. Mais voilà ce que l'expérience défend d'attendre du gouvernement héréditaire d'un seul, surtout posé en fondement de tous les pouvoirs à la fois.

Si nous voulons apprécier le principe monarchique pur, nous devons le prendre avec l'hérédité, ou du moins avec la faculté donnée au monarque de transmettre lui-même ses pouvoirs ; car s'il s'agissait de compétitions et de tyrannies, des accidents répétés ne composeraient point un principe de gouvernement ; et si d'une monarchie élective, il faudrait supposer l'existence logiquement supérieure d'une aristocratie ou d'une démocratie pour procéder aux élections. Ceci admis, le principe est contraire à la loi morale pour deux motifs : 1° à cause de l'hérédité même ; 2° à cause de la confusion des pouvoirs, qu'y s'y attache tellement qu'une revendication partielle quelconque du droit, de la part des subordonnés, est toujours dans le cas de demeurer vaine si la monarchie doit par hypothèse être au-dessus de toute atteinte.

L'hérédité comme droit absolu (absolu une fois posé, quelle qu'on veuille en être l'origine) supprime le droit de sujet, agent raisonnable, à se constituer désormais un gouvernement selon la raison et à disposer de lui-même quant à la sphère des pouvoirs dévolus au monarque. Si ces pouvoirs sont convenablement bornés, l'hérédité peut n'avoir que l'inconvénient, relativement léger, quoique bien grave, d'impliquer l'aveu de l'impuissance des hommes à se gouverner en certaines choses autrement et mieux qu'en se remettant à l'imprévu des effets d'une loi de la nature, et de perpétuer ainsi la marque des dissensions civiles, dont on n'a su probablement trouver la fin que par l'abdication commune des vues des combattants. Mais la limitation du pouvoir monarchique, laquelle suppose déjà préalablement une autorité supérieure au monarque, ne peut en outre s'assurer et se conserver que par l'intervention à tout le moins possible de cette autorité. Si l'hérédité est absolue, ce seul point inattaquable de la monarchie lui permet de tout refuser à cette autorité ou de tout entreprendre sur elle ; et si cette autorité veut les moyens de ses fins, elle est contrainte enfin de nier l'hérédité. Il est contradictoire d'instituer une personne pour une certaine fonction, une personne libre, inviolable, et d'entendre borner l'exercice de ses passions et de sa volonté au delà de ce qu'elle-même reconnaît et consent.

Le principe monarchique pur étant donc condamné par la morale, il reste qu'on puisse l'appliquer sous la réserve de droits supérieurs, en vertu d'une loi positive ou constitution et en manière de traité synallagmatique; soit alors qu'on établisse la monarchie héréditaire, par un expédient propre à tenir compte des nécessités créées par l'habitude et à faciliter le passage de l'*état de guerre*, d'où la monarchie émane toujours en fait, à un *état de paix* où les rois seraient inutiles; soit qu'on réduise l'application du principe à établir, sous des noms divers, des pouvoirs temporaires, électifs, qui ont quelque chose de commun avec la monarchie. Ceci nous amème à observer que l'idée monarchique, prise en général, a comme l'idée aristocratique des propriétés qui lui permettent de garder une place dans la politique rationnelle, ou conforme à la morale.

Ce qu'il y a de commun à l'idée aristocratique et aux faits, même rationnels, c'est la donnée d'une influence due et toujours accordée de quelque manière à la supériorité de raison et de lumières d'une partie des membres de la société, lesquels nécessairement appartiennent plus souvent aux classes contre qui des droits se revendiquent qu'à celles qui ont des droits à revendiquer (mais ceci n'exclut point les cas de revendication où l'on s'accorde). Or, la part à faire à la primauté d'intelligence et de vertu porte principalement sur tout ce qui exige délibération, généralité de vues, désintéressement de l'esprit, en d'autres termes sur la fonction législative; et la délégation ou représentation est le mode par lequel elle se traduit sans déroger au delà de l'inévitable au principe moral de l'autonomie personnelle. De même ce qu'il y a de commun à l'idée monarchique et au fait démocratique le plus sincère, c'est le choix nécessaire d'une personne unique pour toute fonction impossible à partager. Toute fonction exécutive est visiblement dans ce cas, où que ces sortes de fonctions doivent normalement s'étendre, et d'où qu'elles doivent procéder et comment, ce qui pose d'autres questions. Le bon sens nous dit toujours que chaque acte exécutif particulier implique une unité de volonté, et que toutes les choses d'exécution dans un État exigent d'autre part de l'unité entre elles, et par suite l'institution formelle d'un commandement. De là l'existence, en toute démocratie systématique, de magistrats de nom quelconque ayant plein pouvoir d'ordonner des actes sous certaines conditions. De là le problème de fixer ces dernières et de fixer en outre l'origine et la fin du pouvoir, ses divisions, autant que possibles, et son unité autant que nécessaire. Comme qu'il en soit décidé, le contenu philosophiquement démêlé d'un pouvoir exécutif est toujours l'idée monarchique, et il y aurait profit à le reconnaître. Sans doute, la monarchie est alors limitée, et par la loi et par l'autorité fondamentale d'où elle émane. Mais quelle autre notion de la monarchie, en dehors de la force pure invoquée ou subie, est compatible avec la raison ? Il faut moralement accepter celle-là ou se condamner à ne s'en former aucune.

Le pouvoir judiciaire se rapproche du pouvoir exécutif en un point essentiel et partage l'assimilation de ce dernier à l'idée monarchique dans quelque mesure. En un autre sens, il dépendrait plutôt de l'idée aristocratique, et, en un autre encore, tous les hommes dignes du nom d'homme peuvent indifféremment être appelés à juger. Deux parties sont à distinguer en effet dans l'axe complexe d'un jugement préparé, porté et exécuté en conformité de la loi : une déclaration positive ou négative de faits, comme faits, d'où ces jurys d'accusation et ces jurys de jugement dont l'institution est l'un des premiers caractères des peuples libres ; puis l'ensemble des actes nécessaires pour rendre la loi applicable et le jugement possible et efficace dans les cas particuliers : c'est la partie qui suppose des qualités spéciales, tant acquises que naturelles chez le juge, et comprend à son tour deux éléments, un de discernement et de délibération, un de commandement, le premier rappelant l'existence d'une sorte d'aristocratie de mérite intellectuel et moral, le second, le besoin d'unité et de responsabilité inhérent à l'exécution proprement dite.

Sous le point de vue philosophique où nous sommes placés pour apprécier le caractère des fonctions sociales et des personnes appelées à les remplir, remarquons bien que l'idée aristocratique se conserve, mais en perdant son ancien attribut de naissance ou de fortune, puisque ni l'une ni l'autre ne sont des garanties du mérite exigé, dont la constatation ne peut plus être attendue que de l'élection ; et que l'idée monarchique, d'une part subit la même transformation, de l'autre échappe à l'unité simple qui naissait de la confusion des pouvoirs quand les pouvoirs ne se reconnaissaient pas une origine rationnelle et populaire, et peut se partager en autant de fonctions, partie indépendantes, partie coordonnées, qu'il y a de classes d'objets réclamant un commandement responsable.

Je passerai maintenant à la critique des trois pouvoirs et des droits qui leur appartiennent, en tant que la morale y est intéressée, et autant que possible en généralisant les questions de manière à éviter les problèmes spéciaux de l'organisation politique.

CHAPITRE LXXXIX.

LE DROIT LÉGISLATIF.

Le pouvoir de déterminer une loi est le point de départ logique et moral de tous les autres pouvoirs, car celui de juger implique une loi préalablement posée, et des actes d'exécution quelconques ont pour but de développer des faits contenus dans une loi, ou de ramener, de soumettre à une loi des faits qui s'en écartent. Toute volonté réglée légifère par sa règle, avant de passer à l'acte. Dans le domaine individuel, la personne ne fait pas consister son autonomie, qui serait alors mal nommée, à produire de simples modifications arbitraires, mais bien à conformer librement ses décisions à la raison, c'est-à-dire à la loi comme elle est dans la conscience. En une société, l'entente avec ou sans délibération, pour les biens communs et la fin commune, suppose toujours l'accord à suivre une règle, une loi. Et si quelques-uns s'arrogent le droit de commander, ils invoquent une loi qu'ils disent être généralement avouée; ils tentent de justifier ainsi aux yeux d'autrui, aux leurs propres, des actes même pervers; autrement, ce ne serait plus du tout un état social, ce serait un pur *état de guerre*, le plus déclaré et le plus violent possible.

Le pouvoir législatif n'est donc législatif que par sa relation avec un devoir. Il ne s'exerce en ce sens de la part d'une personne sur les autres que comme il fait d'une personne sur elle-même, en vertu de la reconnaissance ou rappel d'une *loi* dominant l'acte mental où elle se formule sous des conditions données, exclusive du pur arbitre, résultant donc de la nature des choses et essentiellement de la raison. Cette identification du pouvoir au droit est la propre marque d'une société d'agents libres et raisonnables. Tout autre fondement d'autorité est en soi violation de la loi morale. De là la conséquence que le pouvoir ou droit législatif est celui dont nulle personne ne peut se démettre moralement, c'est-à-dire sans cesser d'être un agent de son espèce. La perte de l'autonomie n'est pas seulement ce qu'on la voit être sous l'aspect matériel de la société : la renonciation à une part de direction sociale correspondante à une part d'intérêts; c'est l'abandon de l'arbitre en tant que réglé par des motifs internes, la soumission à l'arbitre d'autrui, quel qu'il soit dès lors, réglé ou déréglé, enfin la déclaration, volontaire ou forcée, que l'abdiquant ne participe point à la raison commune, organisatrice des établissements humains, ou que s'il y participe, il est incapable d'en tirer lui-même des décisions conformes.

Cette démission, qui n'est pas possible moralement, est cependant le grand fait historique par lequel toutes les sociétés ont été dominées, qui, né de la *guerre* ou de ses causes, s'est produit dans le développement des États mêmes dont il niait le principe : produit tantôt à la faveur d'un monopole du droit social refusé à l'esclave et à l'étranger, tantôt et toujours à la suite des convulsions civiles. Si bien que la question n'est plus ici d'établir l'autonomie personnelle dans l'abstrait, tâche facile, mais plutôt de chercher comment et jusqu'à quel point il peut exister pour une personne un droit quelconque de faire la loi aux autres ou un devoir de subir la loi que les autres lui font.

La situation morale est assez exactement représentée, sinon justifiée, par le motif ou l'excuse que ne manquent jamais d'alléguer les gouvernants, savoir que le grand nombre des hommes se trouve dans un état d'incapacité ou, si l'on veut, d'enfance et de déraison relative qui permet au petit nombre, même à un seul au besoin, de prendre la tutelle de tous. Appelons vertu l'ensemble des qualités morales et intellectuelles nécessaires à ce rôle de tuteur, notamment quant à la fonction législative. S'ensuit-il du fait avoué que la vertu ait le droit de faire la loi ?

D'abord, et dans aucune hypothèse, il ne peut s'ensuivre que celui ou ceux qui s'instituent législateurs aient le droit de tromper les hommes, c'est-à-dire de leur persuader, sous le prétexte de l'utilité générale et pour obtenir une soumission plus entière, des choses qu'ils sauraient eux-mêmes n'être point vraies. Le mensonge et la fraude sont des faits de l'*état de guerre*, incompatibles avec le véritable *état de paix* dont toute législation doit favoriser le règne, toujours nuisibles au fond et au trompeur et au trompé, dès que les institutions en ont reçu l'empreinte presque indélébile. Écartons cette idée qui jure avec la vertu dont nous parlons ; supposons que le législateur puisse errer, non qu'il veuille en imposer systématiquement sur la mission qu'il s'attribue ; admettons enfin que, pour donner autorité et sanction à la loi, dans sa loyauté, il use ouvertement de la force qu'il peut atteindre, là où la persuasion n'agit pas.

Le droit dont il se prévaudrait est alors un droit de défense, mais sujet de par la loi morale aux restrictions que j'ai exposées ailleurs. Le recours à la ruse vicie trop profondément les œuvres humaines où il entre, et en éloigne trop la raison, pour être jamais excusable dans la fonction législative, jamais propre à préparer le retour à l'ordre moral dont on est en partie contraint de se départir ; mais le recours à la force est incontestablement autorisé dans certaines circonstances. C'en est une nécessaire, que le cas où des membres d'une société qui ne peut se passer de loi ne sont ni dignes de s'en donner une en leur autonomie, ni capables de la reconnaître ni de lui obéir spontanément quand elle leur est présentée. Le droit de la vertu est néanmoins sujet aux objections suivantes :

Qui peut justement le revendiquer ? La vertu s'accompagne-t-elle d'un critère qui permette de la constater ? Est-elle jamais sûre d'elle-même et de l'indignité d'autrui ? Ceux-là mêmes contre lesquels on invoque le droit de défense et de coercition peuvent, en général, et quand on met leurs cas personnels à part, être capables de connaître la raison, la loi, et d'en vouloir l'établissement ; tous les hommes le sont dans certaines limites ; ils n'en sont empêchés que par des préjugés que partagent souvent ou mettent à profit ceux qui les gouvernent avec une raison prétendue supérieure. D'un autre côté, la nécessité, seul fondement du droit de défense, est facile à étendre au delà du nécessaire : il est aisé de compter pour défense ce qui est attaque et de prolonger les effets d'une situation temporaire en abusant de motifs qui n'existent plus. Enfin le droit de défense est général, et les faits qui le suscitent réciproques ; les gouvernants n'y donnent pas moins lieu que les gouvernés ; la tutelle tend à devenir seigneurie, et les serfs de la loi esclaves de ceux qui la dictent, quand ils n'opposent point de résistance.

Ces arguments demeurent théoriquement sans réponse. L'expérience, à son tour, les confirme en montrant que les peuples barbares sont les plus gouvernés de tous, malgré la succession anarchique de leurs gouvernements, les plus étrangers par leurs volontés aux lois qui les régissent et qui n'échappent à l'arbitraire des princes que grâce à la coutume aveugle des sujets. Au contraire, plus est active et nombreuse l'intervention des peuples dans leurs actes législatifs, plus on voit les citoyens gagner en lumières, en vertus et en réelle autonomie morale, malgré le désordre et les variations possibles de leurs résolutions. Il n'est pas moins vrai que, pratiquement, historiquement, il y a toujours dans une société des hommes qui s'attribuent le don de régler et de diriger, le refusent aux autres, ont pour cela des motifs plausibles et en outre la confiance et l'ascendant que donnent les maximes reçues, la sagesse vraie ou fausse de l'expérience et des traditions. Quand une autorité de ce genre règne sans contestation sur des foules inertes et comme étrangères à la raison, qui ne revendiquent rien, elle abuse toujours du pouvoir et d'ailleurs se consume en luttes intestines. Contestée, elle en appelle à la force, et la force lui répond du côté des réclamants qui, même victorieux, ne savent souvent qu'imiter ce qu'ils remplacent. Ainsi, l'histoire entière s'agite et se tourmente hors du droit et semble impuissante à y entrer.

Pourtant deux tentatives plus considérables que toutes les autres ont été faites. Toutes deux ont porté et porteront encore de grands fruits. La première appartient à ces petits peuples de l'antiquité qui les premiers formèrent la notion même de la loi, c'est-à-dire du règlement civil et politique, à la fois général, impersonnel, étranger à toute acception d'intérêts ou de personnes, ainsi qu'aux variations quotidiennes d'une ou de plusieurs volontés, et cependant soumis à l'examen et au consentement. Après la gloire des créateurs de la loi vient celle des hommes qui ont voulu la rendre purement rationnelle et morale, en élevant sa formule abstraite au-dessus de toutes les traditions ou croyances particulières, et appelant l'humanité entière à la reconnaître, sans distinction aucune de conditions ni de nations. Cette entreprise, que le fait semble accuser maintenant de n'être qu'une chimère, et dont les moyens furent d'ailleurs condamnables au double point de vue de l'utilité réelle et finale et du respect des droits de la personne, n'est pas moins en soi d'une portée considérable, immense par l'exemple et par la leçon. La nation qui l'a conçue se l'est rendue fatale, parce qu'elle a trop présumé de ses forces pour échapper à la pression de ses habitudes et à l'exigence de ses vices. Mais toutes les autres ont eu le spectacle de l'élan, aussi bien que celui de la chute. S'il en est une qui ne se croie que des vertus, et dont la conscience historique soit exempte de crimes, il lui est permis, mais à nulle autre, de se montrer seulement sévère en jugeant la France.

Le principe du règne de la loi étant accordé, le droit égal de tous les membres de la société de participer aux actes législatifs étant reconnu, mais les faits, d'une autre part, se trouvant tels que je viens de les résumer, la morale politique est embarrassée dans une *pétition de fait* analogue à celles que les autres parties du droit ont mises en lumière. Et même la pétition est double : il faut demander que l'essentiel des lois soit embrassé avec constance et unanimité, du moins approximatives, et que les variations de la volonté autonome ne forment pas des oscillations désordonnées et d'une trop grande amplitude ; car si cette condition n'est pas remplie, il y a contradiction entre la vertu du respect de la loi, nécessaire à l'ordre social, et les divers jugements qui taxent d'injustice, consciencieusement, on peut le supposer, la loi à laquelle on doit obéir. Et il faut demander de plus que ceux qui exercent le droit législatif ou le revendiquent soient doués de la moralité et des lumières voulues par la fonction. Ce don ne peut appartenir qu'à une véritable autonomie acquise, ou s'acquérir que par une action plus ou moins prolongée de la loi même sur ceux qu'elle régit. Si donc les uns ne sont pas capables d'apporter efficacement leur intervention, tandis que les autres ont le pouvoir sans la bonne volonté, la société se trouve enfermée dans un cercle dont il n'est pas facile qu'elle sorte.

La place du droit rationnel est occupée par la coutume, par les traditions religieuses et politiques, par un droit positif plus ou moins respecté. Avec le temps, la coutume s'oblitère, les traditions s'effacent; l'autorité, le témoignage, l'erreur et la vérité mêlées d'un état de l'âme désormais passé vont en s'affaiblissant; les abus naissent, grandissent, à leur tour s'invétèrent, et le même droit positif qui se fonda parce qu'il était possible et jugé bon et sérieusement observé, devient impraticable. Quand un peuple arrivé à ce point est impropre à travailler à une loi nouvelle et à s'emparer pour cela des pouvoirs nécessaires, ce qui impliquerait de sa part un recours quelconque à la raison (encore que très mélangée sans doute), il est livré aux entreprises de la force et de la ruse et à tous les hasards de la puissance disputée : son salut ne lui vient pas même alors d'une révolution religieuse, qui peut bien agir sur les mœurs, mais qui n'est pas de nature à engendrer de vraies institutions politiques avec l'autonomie pour les mettre en œuvre. Lorsque, dans ce même cas, un peuple revendique activement ses droits rationnels, ce peut être avec violence et sans aucun esprit de sagesse, ou, au contraire, en apportant dans les faits de guerre qui éclatent aussitôt une part suffisante de tempéraments réclamés par l'état des notions communes de justice et la conscience d'autrui, une mesure nécessaire de respect pour cet ordre antérieur dont tous les éléments renversés à la fois mettraient face à face avec la raison la foule des hommes incapables d'en connaître autre chose que le nom. La première hypothèse offre de grandes chances pour que le droit de défense retourné, passé tout entier et tout à coup du côté des intérêts anciens, paralyse, sinon toujours le progrès social actuel, au moins le progrès politique, garantie permanente, unique, de beaucoup d'autres progrès. La seconde hypothèse réalisée ralentit la marche de la raison et du droit en apparence, mais assure leur fondement dans les mœurs et doit mener définitivement à la liberté ceux qui joignent le respect à la persévérance dans la voie des réformes.

Je ne reprendrai pas ici l'examen du droit révolutionnaire et la théorie des *moyens utiles* en matière de revendication et de progrès, car ce ne serait que répéter, à propos du droit législatif, ce que j'ai dit de tous les autres droits ; mais il est plus spécialement de mon sujet de me demander s'il n'existe point un moyen général que la pratique ait suggéré et que la raison avoue pour lever la contradiction entre l'incapacité législative (incapacité de fait) et le droit pur des incapables (droit inhérent à la qualité d'homme). Le système de la représentation élective vient aussitôt à la pensée. On remarque, en effet, que celui qui n'est point supposé capable de formuler la loi peut l'être d'en désigner un plus capable que lui-même ; et que celui qui n'est point supposé capable de désigner ce plus capable peut l'être encore d'en désigner un qui le désigne. Ceci est un fait d'observation, duquel d'ailleurs on se rend facilement compte en songeant au principe de l'autorité naturelle et de l'aristocratie légitime, en considérant combien il est plus aisé de discerner parmi les hommes un homme instruit, moral et de bon jugement que de juger soi-même de ce qui est vrai ou bon dans un ordre de choses complexes.

Si l'on poussait la négation de la capacité législative des peuples, tels qu'ils sont, jusqu'à leur refuser la faculté de discerner cette capacité dans autrui et de la faire sortir d'une élection, dût encore cette élection n'être qu'indirecte, il faudrait aller logiquement jusqu'à leur nier le discernement nécessaire pour avouer un autre mode quelconque de représentation et de gouvernement, et pour consentir en quelque connaissance de cause à l'autorité qui s'impose à eux ; il faudrait les assimiler à des troupeaux aveugles ; et on aurait tort de se flatter, en maintenant strictement cette hypothèse, que le pouvoir législatif ou autre parmi eux pût jamais appartenir à de plus dignes que la foule. Nous devons donc regarder le principe de la représentation élective comme toujours applicable et vraiment pratique, sauf à rendre le mode de délégation plus ou moins indirect. De quelque manière qu'on l'établisse, on satisfera, non sans doute à l'autonomie pure, mais à l'autonomie imparfaite, modifiée par le milieu social, et l'on conciliera d'une façon plus ou moins approchée l'inaptitude de fait avec le pouvoir de droit des hommes en tant que législateurs. On les placera dans des conditions, ou les appellera à des fonctions telles qu'ils puissent acquérir par l'exercice les facultés et les vertus mêmes dont on les trouvait d'abord dépourvus. C'est le seul moyen d'échapper au cercle vicieux de la politique et de l'histoire, qui semblent constamment mettre des progrès à faire dans la dépendance de ces mêmes progrès quand ils seront acquis.

Je suis conduit par la critique du pouvoir législatif à celle des systèmes électoraux, grâce auxquels seuls on peut le rendre conforme au droit. J'envisage nécessairement le suffrage comme universel, car, dans le cas contraire, il y aurait des membres de la société qui seraient exclus de l'autonomie, ce que réprouve la loi morale ; je suppose en d'autres termes une société dont tous les membres soient des membres réels et actifs. Mais non seulement l'indignité des hommes, appréciés du point de vue du concept de l'autonomie idéale, non seulement l'impossibilité d'appeler des peuples entiers à une délibération commune et d'obtenir d'eux une entente réfléchie et ferme sur les lois qui leur conviennent nous obligent de remplacer la législation directe par l'élection des législateurs ; l'incapapité populaire et les autres conditions empiriques du suffrage peuvent encore nous contraindre à rendre l'élection elle-même indirecte si nous voulons en obtenir de véritables législateurs et sauvegarder la liberté des citoyens. Un rapide examen des divers modes électoraux va me conduire à ce résultat par voie d'exclusion.

Le suffrage universel direct appelle l'électeur à discerner la vertu législative dans l'un de ses égaux ; mais par là même il lui donne le droit de conférer directement un pouvoir, il l'expose donc à l'effet des promesses ou des menaces des candidats, à l'action des prestiges qui brillent en eux, à toutes les erreurs et à toutes les tentations qui font perdre de vue l'objet unique de la représentation à constituer et le remplacent par d'autres mobiles. Ce vice du suffrage direct est singulièrement atténué pour le premier degré du suffrage indirect, où les électeurs nomment seulement d'autres électeurs ; et il n'existe qu'amoindri autant que possible, quand on passe au second degré, où des électeurs déjà choisis et relativement intelligents, indépendants et moraux ont à se choisir des représentants qui sont ceux de tous.

Le suffrage universel direct se trouvant ainsi détourné de sa fin, qui est la représentation, pour n'être plus qu'une contention immédiate d'intérêts et d'idées nécessairement troubles, il offre aux pouvoirs actuels, légitimes ou non dans leur origine, et à tous les intérêts établis, de fortes chances de l'emporter dans les élections quand ils sont unis, et de se partager les fruits de la victoire. Victoire est bien le mot, car c'est un vrai combat, où les adversaires du régime existant ne peuvent espérer le succès qu'en soulevant les passions populaires, plutôt les mauvaises peut-être que les bonnes, et se voient en grande partie empêchés par la force, au nom de l'ordre, de faire jouer ce dangereux moyen qui tend à aggraver le caractère de la lutte. Cet autre vice est corrigé comme le précédent, autant que le permet la nature des choses, quand les électeurs forment eux-mêmes une élite élue.

Mais de telles objections, quoique très graves, n'atteignent pas encore ce qu'on pourrait appeler la logique du suffrage universel direct ; il en est une décisive : c'est que pareil suffrage n'a jamais existé pour un nombre d'électeurs tant soit peu grand ; qu'il n'est que pure apparence et que, en réalité, qu'on le veuille ou non, des *degrés* s'établissent toujours dans les élections. Les hommes influents, les chefs d'opinion et de parti s'entendent pour choisir des candidats dans leurs rangs, ou même dans les rangs opposés, cela se voit, et les désigner au choix des simples électeurs. Ceux-ci par le fait nomment indirectement, s'ils ne préfèrent user de leur libre arbitre et du suffrage direct pour *perdre leurs voix*. Il arrive ainsi que l'intérêt, l'intrigue et le hasard décident d'une élection d'où la notion propre de représentation a presque disparu, le peu qui reste de cette dernière étant à la discrétion de ce que j'ai nommé plus haut une aristocratie naturelle. Mais de plus l'aristocratie qui intervient, au lieu d'être élective, comme elle le serait dans le cas où l'on admettrait régulièrement le mode indirect, est constituée arbitrairement, sans règle ni sanction, avec toutes sortes d'abus, enfin très peu nombreuse ; et le comble du suffrage indirect faussé est la définition qui convient au prétendu suffrage direct dont les candidats sont déterminés, d'un côté par l'autorité, de l'autre par quelques hommes de quelques partis plus ou moins coalisés.

Il faut nécessairement faire place aux prépondérances que j'appelle aristocratiques. Or cette place vaudra toujours mieux régulière et légale qu'irrégulière et usurpée. Proposerons-nous d'attribuer des voix multiples et variables aux différentes personnes selon leurs valeurs d'instruction et de capacité présumées ? Ce système, toujours sujet à doutes dans l'application, offense en outre les droits de ceux qui sans preuves ni titres ont cependant de bonnes raisons pour se croire des citoyens complets, ayant en cela des égaux et non des supérieurs. La prépondérance réelle s'estime et s'impose en pratique, et d'ailleurs ne se mesure point en théorie. Le lieu légitime et naturel de son exercice est dans les influences subies spontanément. Celles-ci suffisent, d'autres ne seraient pas justes. Veut-on les constater et les régulariser ? On n'a qu'à recourir au moyen offert par le système de l'élection à deux degrés, lequel a précisément pour but de constater l'existence de l'aristocratie naturelle et d'en ordonner, d'en légitimer l'action. La multiplicité de voix accordée à certaines qualités et notabilités de personnes ne pourrait que s'ajouter à la prépondérance que ces personnes possèdent déjà, et n'aurait nullement la vertu de corriger le mode anarchique, abusif, prépotent sous lequel elle se fait constamment place dans toute élection universelle directe.

Un autre système électoral a été préconisé et employé pour remédier à l'incapacité des masses appelées à l'élection, pour donner, qu'on l'avouât ou non, une supériorité forcée à l'aristocratie du mérite et écarter les petits intérêts, les petites passions et jusqu'à un certain point, à ce qu'on croyait, la pression des pouvoirs établis. Je veux parler de l'élection par *scrutin de liste,* qui oblige l'électeur, à cause de la grande étendue de la circonscription électorale, à porter son suffrage sur des notabilités d'une sphère large. Cet expédient, car on ne peut nommer autrement le procédé qui éloigne l'électeur du candidat et réduit la représentation à quelque chose de très vague, cet expédient pourrait s'appliquer à l'ensemble d'une nation formée en cercle électoral unique, et aurait alors pour effet de remettre le pouvoir législatif aux mains de toutes sortes de personnes de notoriété diverse, de compétence douteuse et sans relations particulières avec leurs mandants. On se propose ainsi de corriger certains abus de la délégation ; mais c'est la base même qu'on en renverse, en ne voulant que la déplacer ; on aggrave en même temps l'action des prestiges étrangers et dangereux ; on n'obvie point à la pression des pouvoirs ou intérêts constitués, lesquels ne perdent rien de leur autorité en s'employant à composer des listes et à les faire réussir ; on laisse enfin subsister l'intervention inévitable de ces électeurs anomaux de *second degré* qui, sans mandat ni titre régulier, s'arrogent le droit de soumettre des listes à ceux du *premier*, restreignent ou forcent les choix de ceux-ci, et introduisent dans le jeu de l'élection plus d'intrigue qu'on n'en aurait dans tout autre système.

La conclusion à tirer de cet examen des systèmes connus et éprouvés c'est que le suffrage universel à deux degrés n'est pas moins universel que le suffrage direct, qu'il l'est même à plus juste titre, plus sincère, et qu'il a le mérite de régulariser, de réduire à un mode normal ce qu'il y a de voulu pratiquement dans l'exercice des influences et dans la recommandation des candidats par quelques hommes ou groupes d'hommes, en appelant les électeurs à se faire leurs présentations à eux-mêmes, à se constituer eux-mêmes les influences qu'ils sont disposés à accepter.

Il ne sera pas inutile d'observer que le nombre des degrés du suffrage pourrait dépasser deux et se multiplier à volonté ; mais ce ne serait qu'arbitrairement, dès qu'il suffit de deux pour satisfaire aux conditions du problème et lever les difficultés qui rendent le suffrage direct illusoire et vicieux. Au reste, le nombre des électeurs du second degré est un point à déterminer, et ce nombre définitif à atteindre importe plus au fonctionnement et aux résultats du principe de représentation que ne fait celui des degrés établis pour y conduire. Il doit être aussi élevé que le permet l'état de moralité et de lumières des premiers électeurs. Le réduire sans nécessité, ce serait le réduire sans justes motifs. Il faut seulement que les électeurs définitifs puissent aisément s'assembler et délibérer. Il faut de même que les circonscriptions électorales soient assez limitées pour que les électeurs se connaissent bien les uns les autres.

Quel que soit le mode adopté pour constituer une représentation, c'est toujours la loi de la majorité qui décide du choix des représentants ; puis, dans l'assemblée de ces derniers, la même loi décide des articles d'une législation quelconque à adopter, après que toutes les phases possibles de la délibération commune ont été parcourues, en vue de produire une unanimité généralement inespérable. J'ai à rechercher le fondement moral du droit des majorités de décider et du devoir des minorités de se soumettre. En quel sens est-il raisonnable d'attacher des droits et des devoirs à une règle que la raison, à première vue, ne peut manquer de trouver si étrange?

Nul ne saurait soutenir que la majorité, comme telle, ait simplement le droit de dicter la loi à la minorité. En effet, réduisant la thèse à sa plus simple expression, il se trouverait que *l'un* a le droit de dicter la loi à *l'autre*; mais ceci étant directement contraire à la loi morale, il faudrait qu'on estimât cet *autre* privé de raison, et qu'on mît le signe certain de la privation dans ce fait, qu'il existe actuellement un moins grand nombre d'hommes de son avis qu'il n'y en a de l'avis contraire. Les avis étant changeants, de même qu'ils ne sont pas unanimes (car ce sont deux choses étroitement liées), il arriverait donc que la raison et la folie alterneraient continuellement leurs places et leurs rôles, sans qu'on leur connût d'autre critère qu'un fait numérique, et encore variable. Remarquons, afin de pousser l'absurdité à bout, que si la majorité et la minorité venaient à se cristalliser, pour ainsi dire, dans certains nombres fixes, la dernière aurait un titre à se prendre pour une forme nécessaire aussi de la raison humaine, car il n'y a pas de raison pour que la forme commune invariable de l'esprit de cent mille hommes soit moins la raison que ne l'est la forme invariable commune de l'esprit de deux cent mille.

Au fond, la raison et la société, la loi qui en émane, supposent l'unanimité. Si l'ignorance, l'erreur, le vice et tous les maux acquis rendent par le fait l'unanimité impossible, on est conduit à supposer l'existence d'une certaine volonté raisonnable et générale latente, puis, faute de pouvoir en déterminer les arrêts, à regarder comme un préjugé légitime le parti pris d'assimiler à cette unanimité cachée la majorité, facile à découvrir dans les cas particuliers. Tenons-nous cette fois le fondement moral d'un droit des majorités et d'un devoir des minorités ? Non pas plus que tout à l'heure, à cause du défaut de fixité qui accompagne les décisions du nombre pour une seule et même question et pour des circonstances pareilles, et qui s'oppose à ce qu'on les prenne pour l'expression de quelque chose de constant. Il faudrait au moins que les variations de la majorité observassent une loi de nature à permettre à la raison de s'en dégager à la fin. Or cette loi se constate en effet dans les États dont les lois et conditions sociales s'améliorent progressivement et tendent au règne de la raison. Mais c'est alors pour infirmer la valeur morale du principe des majorités, et non pour la confirmer, car cette loi consiste en ce que des séries de minorités deviennent des majorités à tour de rôle, si bien que, à un moment donné, la raison se trouverait toujours du côté d'une certaine minorité. Mais de laquelle ? En somme, ni majorité ni minorité, comme telles, ne se prêtent à la convention qui les assimilerait à l'expression d'une volonté générale.

C'est cependant bien d'une convention qu'il s'agit, et, par suite, de droits et de devoirs conventionnels, mais d'espèce toute différente de ceux qui pourraient naître d'une véritable manifestation de la raison par l'entremise des majorités. De même que l'unanimité serait l'effet et la marque de la présence véritable et entière de la raison dans une société, de même elle caractériserait un plein *état de paix* et seule aurait la vertu de le conserver sans atteinte. Et de même que le besoin de recourir au principe des majorités est la conséquence et le signe d'une absence plus ou moins sensible de la raison dans nombre d'esprits, c'est-à-dire encore d'une société imparfaite, de même il est une propriété de l'*état de guerre*, il l'exprime et il le continue, tout en étant le principal moyen de l'atténuer et de le réduire à des formes de paix matérielle.

A regarder les faits en face, il est impossible de se flatter que les décisions obtenues et rendues exécutoires par la majorité des voix dans une société quelconque soient autre chose que ce que nous arrivons ainsi à définir : une sorte de convention de guerre, laquelle a pour objet, premièrement, de borner la lutte au domaine de l'intelligence et des passions en excluant toutes voies de fait ; secondement, d'obtenir la soumission volontaire des vaincus du scrutin qui doit décider comme ferait ailleurs la force, et par là d'affirmer et de conserver le fait social jusque dans les actes où son impuissance éclate. La reconnaissance du principe des majorités établit donc une manière de *droit des gens* à l'intérieur, qui substitue à la force le nombre pour trancher les difficultés, et détermine les voies et moyens de cette autre espèce de combat. Issu de l'impossibilité pratique de la paix complète et de la société pure, ce droit est une convention qui fonde la paix possible, vise à les affermir, et même à les étendre, en se prêtant à la manifestation de l'unanimité dans la mesure où elle tend à se produire, appelle, quand il est sincère, tout homme à légiférer et à se gouverner, à la charge pour lui d'entrer dans un système de transactions, se développe enfin en droits et devoirs particuliers que résument, d'un côté, le respect de la loi, encore que contraire peut-être à la volonté personnelle, et de l'autre, le respect du législateur, c'est-à-dire de tout homme comme législateur, alors même que sa volonté n'est pas celle qui prévaut dans la loi.

Ces droits et ces devoirs ayant un fondement conventionnel et non plus purement moral, du moment qu'ils cessent de s'attacher à l'autonomie personnelle et se rapportent à des obligations qui ne sont par le fait établies qu'extérieurement, il est clair qu'ils ne sauraient avoir une valeur entière que sous condition. Ils naissent au fond et dépendent toujours d'un contrat synallagmatique supposé. Le droit législatif de la majorité, entendons ici celui de passer la loi effective et conséquemment d'aviser aux moyens de la faire exécuter, implique le droit législatif de la minorité, c'est-à-dire celui de participer à titre égal et de la même manière aux délibérations, d'où virtuellement aux résolutions mêmes. Le devoir d'obéissance à la loi est donc conditionné en principe par l'observation de la justice politique dans l'État. Mais il y a une autre condition encore plus importante, dont le droit rationnel en sa plus grande généralité pose le fondement.

Le droit de législation, quand il s'exerce d'une personne sur elle-même (autonomie), ne permet rien d'arbitraire, mais suppose des obligations que la conscience reconnaît et ne crée point. A plus forte raison, quand il s'étend sur la personne d'autrui, suppose-t-il des devoirs antérieurs à la loi, les uns que cette dernière personne a par elle-même et qu'on ne doit jamais lui commander de violer, les autres que l'auteur de la loi a vis-à-vis du sujet de la loi, préalablement à tout, et auxquels il ne saurait manquer sans ôter lui-même à ses prescriptions le caractère obligatoire n'importe comment présumé. Tous ces devoirs sont corrélatifs aux droits naturels et rationnels d'une personne quelconque. Nulle législation ne peut donc porter atteinte aux droits de cette espèce (V. chap. LXXI-LXXIV) sans être frappée de nullité en principe. Il n'est pas de majorité, non plus qu'il n'est de supériorité matérielle ou intellectuelle (morale, ce serait contradictoire) qui puisse justement s'arroger la faculté de passer outre au droit essentiel d'une seule personne. Le jeu des majorités et des minorités, la convention, les transactions dont j'ai parlé, tout ce droit des gens que j'ai défini doivent porter exclusivement sur la matière de délibérations et de décisions laissée libre par les obligations fondamentales communes et réciproques de tous les hommes.

A ce compte, on est forcé de convenir que nul État dans le monde n'ayant rigoureusement respecté le droit personnel, nulle majorité n'ayant fait aux minorités la part voulue, soit en puissance législative, soit en liberté des autres genres, il n'y a pas de législation qui ne fût nulle en principe et par vice d'origine et par injustice de divers de ses articles. La convention formulée dans la théorie précédente des majorités est comparativement un vrai droit de paix, un idéal que l'histoire remplace par des luttes plus confuses et des accords de gouvernement plus contestés, souvent troublés par des révolutions. Le droit de légiférer et le devoir d'obéir à la loi rentrent ainsi dans la classe générale des droits et devoirs modifiés par l'*état de guerre* et sur lesquels il serait inutile de revenir. Les règles de l'idéal à poursuivre et des moyens possibles ou utiles de l'atteindre s'offrent les mêmes que nous les avons vues en traitant des droits particuliers, et peuvent seules s'employer à lever les contradictions, à franchir les cercles vicieux de la morale appliquée.

Revenant maintenant au principe de la représentation et à ce système des élections à deux degrés qui m'a paru le plus propre à résoudre le problème empirique du droit législatif comparé au fait de l'incapacité législative du grand nombre, je remarquerai pour finir que le vice du système des délégations du droit législatif, surtout indirectes, paraît le plus grand possible dans la société où les esprits, les passions et les intérêts sont le plus divisés ; il est au contraire le moindre, là où les cœurs sont le plus unis et les opinions convergentes. Mais c'est ce qui justifie ce système. Je veux dire qu'un État dont les membres approcheraient de l'unanimité qu'envisage la morale pure serait de moins en moins intéressé, en la personne de chacun d'eux, aux modes et aux choix des élections, aux mandats à donner aux élus, aux garanties à exiger d'eux : toutes les représentations lui seraient bonnes par hypothèse et équivaudraient au gouvernement direct. Mais comment l'unité qui n'existe pas arriverait-elle à se réaliser par la représentation ? Celle-ci deviendra de plus en plus difficile et délicate, jusqu'à l'extrême limite où nul ne peut trouver de représentant fidèle de lui que lui-même. Ainsi le gouvernement direct semble théoriquement nécessaire en raison croissante des discords qui le rendent pratiquement impossible. Au demeurant, il faut que la société marche et forme vaille que vaille une majorité avec des unités personnelles incohérentes, oppressives si elles agissent, impuissantes si elles se neutralisent. Cet état de choses, où les opinions se dispersent et se combattent dans les rangs de l'aristocratie naturelle d'un peuple, est d'ailleurs le même qui comprend des masses incapables et passionnées, aptes sans doute à se faire représenter par des personnes, moyennant un suffrage à deux degrés, mais non pas à exprimer directement ou par les choix qu'elles font des convictions fondées et une politique réfléchie. En résumé, le système représentatif avec un double degré d'élection, donnant mandat à des personnes plutôt qu'à des opinions, excluant par conséquent les mandats impératifs implicites ou formels, est le moins impropre de tous à absorber les divisions et à constituer les majorités. Il n'est point injuste au fond; il est le remède naturel et sans danger de l'incapacité législative et de la dispersion des vues ; il se prête aussi bien que tout autre à l'expression d'une volonté commune, dès qu'elle se forme ; ses défauts dépendent de la nécessité des choses dans l'*état de guerre*, auraient leurs équivalents dans un système électoral quelconque, et sont de nature à s'atténuer jusqu'à devenir indifférents quand on suppose la tendance générale du peuple à l'unanimité et à la paix.

Tel n'est pas le point de vue où se placent les publicistes préoccupés de la *représentation des minorités*, c'est-à-dire de la représentation des opinions plutôt que des personnes. Assurément, ils ont raison de penser que les opinions, en minorité ou non, doivent être représentées. Aussi le sont-elles dans la doctrine que j'embrasse, car il faut bien admettre en général que toute opinion déjà produite par les divers moyens que comportent des relations, des communications sociales libres, et arrivée à un certain degré de plausibilité, peut se faire jour dans l'esprit d'une personne qui reçoit le mandat législatif d'une autre ; et s'il n'en est pas ainsi, il ne semble pas bien utile que l'opinion en question franchisse son stage de préparation et de discussion et entre, pour ainsi dire par sa propre vertu, dans une assemblée où elle augmentera la confusion sans ajouter à la lumière. Le droit de se faire représenter appartient, comme tout droit possible, à des hommes, non à des idées, et toute idée qui n'a pas la force de traverser la filière de la représentation des personnes, dans une personne qui la porte avec soi, ne saurait aspirer à un rôle social. Qu'elle se contente donc des voies ordinaires de propagation des idées !

Les différents biais imaginables pour obtenir la représentation d'une minorité (entendons toujours d'une opinion en minorité), et cela dans telles ou telles circonscriptions inévitablement arbitraires, peuvent se juger en se ramenant à un procédé général qui résoudrait le problème. Si en effet le système est juste pourquoi ne pas le généraliser ? Ce procédé est fort simple : il consisterait, supposé qu'un peuple eût mille représentants à nommer, à réclamer de chaque électeur son vote pour un candidat unique, et à déclarer élu quiconque réunirait en sa faveur un millième au moins des suffrages exprimés. Je néglige, bien entendu, les arrangements accessoires que réclamerait la pratique. Ils n'offrent pas de trop grandes difficultés, et le système lui-même peut se remplacer par d'autres qui y équivaudraient. On verrait alors les opinions, les intérêts spéciaux, les projets exclusifs, les doctrines et les utopies tant progressistes que rétrogrades se composer en groupes d'électeurs au nombre voulu et faire souvent réussir leurs candidats. Les élections atteindraient un degré de sincérité remarquable. Mais le résultat serait une assemblée anarchique, qui ne répondrait nullement à la moyenne des esprits et des vœux, et qui, incapable de remplir sa mission législative, céderait bientôt la place à un pouvoir usurpateur quelconque. C'est qu'au fond, au lieu de représenter ce qui est le lien des hommes et leur permet seul de se gouverner, au lieu de les représenter eux-mêmes en général et en tant que personnes, on aurait suscité puis aggloméré tout ce qui les sépare et réuni en un corps les plus inconciliables d'entre eux pour les charger de concilier les autres. Du grand au petit, d'un système complet et logique à un essai timide, le principe reste le même ; on ne saurait attendre qu'un surcroît de dissensions d'un mode de délégation qui ne partirait pas de la personne indépendamment des vues propres qu'elle peut avoir ; et les minorités que le cours naturel des choses, au sein d'un peuple libre, n'introduit pas dans ses délibérations n'y prendraient place artificiellement que pour ajouter des éléments de lutte inutiles et dangereux à ceux qui existent déjà, apporter des protestations, provoquer des réactions, et constater l'impuissance de légiférer[1].

CHAPITRE XC

LE DROIT JUDICIAIRE

Un droit mutuel de jugement des hommes les uns sur les autres est inhérent à une société quelconque, à cause de la raison commune à tous, de la faillibilité propre de chacun et de la nécessité de s'examiner ensemble ainsi qu'isolément sur le choix des fins convenables et sur la fidélité à les poursuivre par les moyens qu'autorise la loi dont on convient. Dans le pur *état de*

---

[1]. Je défends le principe général, mais j'admets que l'exception a des raisons de se faire admettre. Si par exemple un corps électoral est divisé en deux partis tranchés dont l'un a constamment la majorité, mais une majorité faible, dans les différentes circonscriptions, il est clair que la minorité peut très justement revendiquer son droit à être représentée, droit devenu vain dans le moment même où elle comprend presque la moitié de la nation. Dans ce cas extrême et dans tous ceux qui en approchent, il serait naturel de recourir à des expédients, et par exemple de former des circonscriptions d'électeurs qui auraient trois députés à nommer et n'en pourraient désigner chacun que deux, tandis que le tiers des suffrages suffirait pour en faire passer un. C'est, si je ne me trompe, le système introduit à titre d'essai partiel dans la récente constitution électorale de l'Angleterre. Il n'implique rien d'ailleurs touchant l'emploi ou le rejet des degrés dans les élections.

paix, le jugement réciproque serait tout moral, sans contrainte, sans autre sanction que la loi morale et que la conscience qu'il faut supposer bien informée et bien obéie de toutes parts, puisqu'on suppose une bonne volonté générale. Pour être dénué de tout appareil de fausse autorité et de terreur, il ne serait sans doute alors que plus continuellement exercé et plus systématiquement. Toutes les sociétés religieuses en sentent la nécessité, il est vrai, en l'appliquant d'une manière perverse en général, parce que, en général, ce ne sont point des sociétés libres.

Dans l'*état de guerre* mitigé par des lois et des gouvernements, les mêmes rapports sociaux sont jusqu'à un certain point conservés, mais la société étant moins étroite en un sens, plus contraignante en un autre et d'ailleurs plus irrégulière et plus troublée, les jugements qu'elle comporte deviennent à la fois plus accidentels, moins visiblement réciproques, plus graves en leurs conséquences, accompagnés d'un appareil de force et étayés d'une autorité presque toute extérieure. C'est ce qu'on peut observer dans l'institution des tribunaux, dont l'objet, en effet, n'est plus d'appeler les hommes à se guider en se redressant mutuellement, mais 1° d'assurer l'obtention des fins communes nécessaires par la substitution de la contrainte à la spontanéité individuelle qui fait défaut; et cela pour des cas et avec des formes régulièrement déterminées; 2° de réprimer les actes des uns qui mettent en jeu le droit de défense des autres, et d'obtenir pour ces derniers les réparations justes.

Le droit de juger est donc transformé par l'*état de guerre* en telle sorte que le droit de défense en devient le fondement, soit qu'il s'agisse d'obliger ou de réprimer, car du moment que certaines obligations communes sont nécessaires dans la société au degré où elle existe, le juge chargé de constater un manquement et d'y mettre ordre ne fait réellement que pourvoir à la défense de ceux qui remplissent fidèlement leurs devoirs et ne sauraient, sans préjudice pour tous, en être seuls effectivement chargés. On voit par là que les limites du droit judiciaire comme droit de contraindre, sont à chercher dans le droit de défense, et rien n'importe tant que de les établir et de les observer, afin que le cas défensif ne change pas de place en passant du côté des devoirs généraux imposables à celui des droits particuliers violés.

Une première limite consiste donc en ce que nulle obligation décrétée par jugement et nulle répression effectuée ne doivent porter indistinctement sur les actes personnels, en tant que conformes ou contraires au bien universellement parlant, soit au bien de tous, soit, *a fortiori*, à ce qui serait estimé le bien propre de l'agent. Mais il faut que l'acte enjoint ou interdit à une personne intéresse directement la défense d'une autre, ou de toutes ensemble. Hors de là, le jugement devenu tout moral, et d'ailleurs rendu par des juges que rien ne doit faire présumer plus dignes que n'est le délinquant réel ou prétendu, le jugement appuyé dès lors nécessairement sur des principes moraux ou religieux dépassant le domaine social empirique, et toutefois posés comme contraignants, sortirait du domaine du droit et constituerait un attentat, une entreprise violente contre la conscience, en des choses où la société ne saurait lui opposer que des consciences légales. Observons que cette première condition imposée au droit judiciaire ne dépend même pas de la loi et ne lui est point postérieure. C'est avant tout la loi civile et politique, et ce sont les gouvernements quelconques qui sont assujettis par la loi morale à ne rien faire entrer dans la classe des devoirs contraints de ce qui est essentiellement moral, ou en tant que tel, mais seulement en tant que la défense l'exige. Autrement la sphère du bien, de la paix et de la liberté se trouve souillée par le mélange des faits et passions de la guerre et se détermine aussitôt en servitude.

Une seconde limite concerne l'origine de l'acte de volonté par lequel se définissent les cas d'obligation ou d'interdiction avec contrainte. Cet acte ne saurait émaner ni d'une volonté individuelle, comme telle, ni d'aucune autorité extérieure, mais il faut qu'un contrat social puisse être supposé, qu'il y ait à cet effet déclaration commune, au moins consentement, sous la réserve de ce que j'ai dit ailleurs de la règle empirique des majorités; or cette condition ne se réalise que par le règne de la loi. Le grand fait de la loi, surtout si la liberté naturelle est respectée sous son empire, mais toujours à quelque degré, même en dehors de ce *desideratum* si rarement satisfait, est alors la garantie de chacun contre les volontés d'autrui, une formule du droit de défense, et en même temps de l'autorité véritable, impersonnelle ou, pour mieux dire, universellement personnelle. On comprend sans peine que l'existence d'une législation soit une limite du droit de juger, puisqu'il arrive infailliblement que là où la loi manque, le jugement, c'est-à-dire le juge, quel qu'il soit, fait la loi. Mais cela est contre la morale, tout vrai jugement supposant une loi préalablement donnée. Ainsi la condition que je résume ici revient à exiger la séparation de la fonction du juge, entièrement bornée aux applications d'une loi dont l'examen ne lui appartient point, et dépouillée d'ailleurs de toute prérogative gouvernementale. C'est seulement de cette manière qu'un *pouvoir* judiciaire peut être l'expression d'un droit.

La troisième et dernière limite s'applique à la forme du jugement et à la qualité du juge. Cette forme doit être réglée par la loi, comme le fond; et quant au juge, que la loi doit encore désigner d'une manière générale, elle est tenue pour être morale de le prendre au milieu du peuple, soit par la voie du sort, soit au vœu et au choix du peuple même et sans autre condition, du moins en ce qui touche la déclaration de vérité des faits donnant lieu à accusation ou à condamnation. Les travaux de l'instruction et de la procédure demandent seuls des qualités et peut-être des garanties spéciales, qui cependant n'excluent pas non plus le mode de l'élection pour la nomination du juge. Avec tout autre établissement judiciaire, il est clair que les égaux cessent d'être jugés par leurs égaux, que l'application de la loi, la connaissance des devoirs et de la violation des devoirs et jusqu'à celle de la loi morale deviennent comme des privilèges, et qu'enfin les personnes tombent dans la dépendance de quelque pouvoir différent de la vraie société, diffèrent d'elles-mêmes.

Revenons à la matière des jugements. Elle est civile ou politique, selon qu'elle concerne les devoirs mutuels à redresser des associés pris dans leurs relations individuelles, ou leurs devoirs envers tous, envers l'État, légalement déterminés. Elle est pénale, quand ce qu'on nomme une *peine* est expressément ajouté à la contrainte, au redressement et à la réparation qui, autant qu'on peut les obtenir, sont les objets naturels de toute sentence de juge. Mais je traiterai séparément la question des peines.

Le premier et le plus essentiel objet des jugements, sous le point de vue de liberté et de garantie où je me place, est de sanctionner et d'assurer l'accomplissement des obligations contractées par les membres de la société les uns envers les autres, individuellement et en choses licites : c'est là, en effet, le fond de la garantie donnée à chacun, en vertu du contrat social, contre la négligence ou la mauvaise volonté d'autrui, en supposant tous les actes d'abord libres. Le second objet des jugements et le plus délicat, le plus pénétré d'abus dans la pratique et d'abus mortels pour la liberté, inévitable en lui-même pourtant, est non seulement de réprimer les actes faits en violation des engagements particuliers, mais encore de rectifier ou d'annuler ces engagements ou leurs suites, en tant que les intéressés directs seraient convenus entre eux de choses illicites, soit incompatibles avec leurs propres droits fondamentaux inaliénables, soit contraires au droit commun et aux devoirs exigibles de tous, nécessaires, incontestables. La morale amène ici une remarque qu'on ne jugera pas inutile. Dégager des personnes du devoir de remplir des promesses librement faites, réaliser à son profit certains effets de la volonté d'une autre personne, mais que celle-ci n'a point cru vouloir, si c'est ainsi que l'on devait comprendre le jugement qui annulerait ou modifierait un contrat, il dépasserait le pouvoir moral de la société. Au lieu de cette fausse notion de l'intervention sociale, ce qu'il faut entendre, c'est que la société impose de nouveaux devoirs, invoque de nouveaux droits dont elle a la garde, et poursuit, par la contrainte au besoin, contre les individus, l'exécution de ce qu'il lui appartient de régler, et cela d'une part en conservant ce qu'elle peut conserver des effets de leurs volontés, et de l'autre en s'opposant aux suites des droits et devoirs positifs qu'il leur a plu stipuler contrairement au droit commun.

Je ne pourrais maintenant que répéter les thèses développées dans d'autres chapitres, si je revenais sur la tendance vicieuse des lois à restreindre plus que de raison et de nécessité les libertés individuelles d'agir et de contracter en tout genre, sur l'exagération ordinaire et nuisible de la tutelle sociale, sur la substitution d'une autorité de fait ou de la volonté de certaines personnes et de certaines classes à la loi vraiment digne de ce nom, sur ce qu'il entre de fatal toutefois dans ces déviations morales de l'idée de gouvernement, enfin sur les règles suivant lesquelles se modifient les droits et devoirs des personnes, au sein d'un ordre de choses où le pouvoir judiciaire et l'organisation de ce pouvoir, puisque c'est de cela qu'il s'agit ici, s'étendent au delà de la sphère légitime et s'établissent en violation de la liberté. Je ne reprendrai toutes ces questions que réunies, et pour conclure, en traitant du degré de l'obligation inhérente à un lien politique de fait (V. chap. xcv).

La question de la qualité du plaignant ou poursuivant en justice doit, en bonne logique, succéder aux précédentes qui regardent la qualité du juge et les limites du droit de juger; mais il n'y faut que peu de développements, car les principes sont clairs. On se demande si les individus seuls comme lésés (un quelconque d'entre eux s'il s'agit d'un objet d'intérêt commun) peuvent légitimement mettre en cause l'auteur d'une violation du droit, ou si l'action sociale, outre le fait du jugement pour lequel son intervention est inévitable, comporte l'établissement d'un ministère public chargé de veiller à l'observation des lois et de poursuivre d'office les délinquants. Le droit de l'individu est fondamental ; celui du ministère public n'est légitime qu'autant qu'il en émane suivant les principes généraux que nous avons établis pour les gouvernements, et qu'il s'exerce avec le respect de la liberté sans conférer aucun privilège. On ne saurait contester l'initiative individuelle de justice en matière publique aussi bien que privée, ou du moins il n'y a que les oligarchies et les pouvoirs usurpés qui la dénient. On ne mettrait peut-être pas plus en doute le droit et l'utilité d'une fonction représentative de la justice sociale, si ce n'était qu'on a quelquefois sous les yeux des gouvernements qui la font servir à leurs vues particulières, des accusateurs publics, des juges mêmes qui ne trouvent jamais rien d'inique aux prétentions de l'autorité constituée, puis des magistrats passionnés, à l'état de lutte contre leurs justiciables, et de plats et ambitieux auteurs de réquisitoires dont la malsaine faconde se déploie contre l'éloquence impudente des avocats, avec lesquels ils échangent d'indignes compliments par-dessus la tête des accusés. Mais un tel spectacle est bien fait pour donner à croire que la société la mieux représentée, quant aux poursuites judiciaires, serait celle que chacun de ses membres représenterait au besoin, sans que nul eût à remplir cet office au nom de tous. Que n'est-ce possible ?

Deux questions générales seulement me restent à examiner à propos de l'ordre judiciaire. La première est celle que soulève dans beaucoup d'esprits la comparaison des moyens préventifs et des moyens répressifs quand il s'agit de contenir les personnes dans l'enceinte de leurs droits par l'action sociale. Mais elle est déjà nettement résolue pour quiconque fait la moindre attention aux principes.

La prévention, dans tous les sens de ce mot, est l'opposé du vrai jugement que veut la morale. Ce jugement est l'acte de la liberté de l'un, intervenant après l'acte de la liberté de l'autre, par conséquent dans la pleine lumière des faits et de la raison, avec l'intégrité du respect du droit. La prévention, si l'on entend par là la disposition où est un agent à s'attendre à quelque abus ou manquement de la part d'un autre, est un jugement anticipé, un jugement plus ou moins probable, auquel manquent les premières conditions morales pour agir légitimement à l'encontre d'autrui. Si l'on entend la mesure même qu'on prend pour s'opposer à des actes condamnables simplement possibles, elle n'est justifiable qu'autant qu'elle ne limite en aucune autre chose la puissance d'agir de celui qu'on redoute ; autrement, c'est encore un jugement anticipé dont les effets sont injustes. La situation de prévenu ne peut point être faite moralement à une personne en raison de la probabilité appréciée de ses intentions ou de ses actes futurs, mais seulement de la probabilité de ses actes accomplis et jusqu'à fin de l'enquête, en vue d'un jugement régulier qui la condamnera sur preuves ou la réintégrera dans la plénitude de son droit. Et remarquons une conséquence importante de ce principe ; c'est que la nécessité étant l'excuse unique des faits de prévention qui se placent entre la probabilité des actes accomplis et leur preuve obtenue positive ou négative, rien ne doit y être admis de ce qui préjugerait le sens du jugement, rien donc d'irréparable pour le prévenu et rien que d'absolument nécessaire pour le conduire au plus tôt devant le juge, dussent les données du jugement manquer si elles ne pouvaient être réunies qu'en supposant ce qui est à prouver et traitant l'accusé comme un coupable. Et sait-on même d'avance comment devra être traité ce coupable qu'on n'a point jugé ? Mais une détestable coutume de la plupart des peuples qui se piquent de civilisation soumet les accusés à des manœuvres et à des tortures qu'on n'oserait plus recommander ou se permettre à titre de peines.

Les moyens qu'on appelle préventifs du mal sont de leur nature opposés à l'idée du jugement après l'acte et de liberté avant l'acte, autant que peut l'être l'idée de *prévention* dans le sens le plus général où s'étendrait ce mot au delà des usages du langage. On en fixerait assez bien l'idéal en imaginant une intelligence qui préviendrait par la pensée les actes répréhensibles, et qui serait jointe à une puissance suffisante pour les prévenir aussi dans l'exécution. Mais au fait, cette intelligence est sujette à errer, cette puissance à prendre des mesures fausses ou criminelles, et, dans ses meilleures intentions, dans ses meilleures précautions, il ne dépend jamais d'elle de faire obstacle aux actes répréhensibles de certains agents sans mettre en interdit du même coup des classes entières d'actes de tous. On ne voudrait pas moins que tout fût ainsi jugé d'avance, et que l'humanité fût débarrassée de ses propres jugements en perdant sa liberté d'agir. On suppose donc, ou à peu près, l'infaillibilité du pouvoir ; on lui donne mission de s'opposer en masse et dès l'origine à tout ce qui paraît dangereux ; on subordonne à son autorisation tout ce qui fait craindre quelques conséquences. Tout au contraire de la loi, qui ne défend rien que d'une manière générale et qui permet ce qu'elle ne défend pas, il faut ici que les objets des permissions et des défenses soient vus dans les cas particuliers et appréciés dans leurs aboutissements, afin que rien ne soit possible de ce qui implique la possibilité du mal. L'espèce de *loi vivante* à laquelle on arrive de la sorte, est un rêve immoral, que caressent parfois des partisans d'une *providence sociale*, mais que la marche du monde, comme elle est, exclut visiblement en déjouant les meilleures facultés préventives des hommes et soumettant finalement au jugement d'autrui, du moins dans l'histoire, les actes de ceux qui voulurent en vain assumer la fonction de la liberté de tous.

L'hypothèse de la *prévention* idéale dépasse pourtant les vues ordinaires, et n'est ici que pour montrer l'étendue de la question. Prenons-la terre à terre. Une vue superficielle des choses fait vanter les moyens préventifs selon la maxime : il vaut mieux prévenir que d'avoir à réprimer plus tard. S'il ne s'agissait que des moyens légitimes, des moyens de droit et souvent de devoir et qui sont, eux-mêmes des fins morales, il est trop clair que le bien qui prévient des maux est doublement un bien pour ainsi dire. Mais on entend qu'il est bon de prévenir, en mettant la liberté d'agir en échec, des actes estimés probables qu'on aurait à réprimer une fois produits. Or ceci n'est admissible que si la liberté peut n'être contrainte que relativement à l'acte condamnable tout seul et chez l'agent seul qui va le commettre. Hors de là, ce n'est qu'une extension plus ou moins fatale du *droit de guerre* et du droit de défense, et sous ce point de vue je n'y reviendrai pas. Je rappellerai seulement qu'on agrandit presque toujours cette fatalité plus que de raison. D'ailleurs on ne réfléchit jamais assez aux suites moralement désastreuses de ces moyens qui vont à condamner l'usage des plus utiles instruments dont il peut être fait un mauvais usage, à supprimer mille libertés pour obvier à l'effet d'une seule, et chez mille personnes pour en réduire une à l'impuissance, et qui les accoutumant toutes à vivre en tutelle tendent à les dépouiller de tout mérite et à les rendre incapables de progrès.

Les moyens préventifs comprennent, outre les lois restrictives de la liberté, toutes ces mesures et institutions appelées de police qui vont à leur but en passant de la surveillance à l'inquisition, de l'inquisition à la provocation et aux pièges tendus, et s'accompagnent toujours d'un grand mépris de la nature humaine. Certes, la surveillance proprement dite, celle qu'on nommerait volontiers l'œil ouvert de tous sur tous et en toutes choses, et ne contraignant jamais plus avant le délit que ne fait la lumière, cette surveillance est bonne et nécessaire, c'est un droit, c'est un devoir, et je dirai un apanage essentiel de la vraie société, où nul n'est désintéressé de rien ni de personne. Mais cette autre police dont on dit que les grands États ne peuvent se passer, et qui paraît en effet s'y développer d'autant mieux que la surveillance libre et la publicité y font défaut, tandis qu'il y existe au contraire une complicité générale du secret contre le pouvoir, celle-là est un outrage à la loi morale, une forme de la Raison d'État, la plus corruptrice de toutes, justifiant des moyens honteux par des fins secrètes et souvent inavouables, soumettant le juste à l'utile et l'utile même à de grossières apparences ou à des cas particuliers, et le tout en somme à des volontés arbitraires. La guerre interne d'une société s'y déploie dans sa bassesse et dans son horreur ; l'honnêteté la plus médiocre s'en détourne et n'ose approuver qu'implicitement, à condition de n'y pas regarder. La répression, même violente, excessive, inique, pourrait avoir sa noblesse, mais cette prévention est l'ignominie même. Je suis d'ailleurs incapable de dire si autant elle a d'effets dégradants, autant elle en a d'avantageux, de ceux qu'on dit impossibles à remplacer, ni combien il existe de vrais honnêtes gens mieux instruits que moi quand ils le prétendent ; mais je ne me tromperai pas en assignant pour cause à la conviction la plus commune sur ce point l'habitude invétérée des pratiques de l'esclavage. Les simples principes de la liberté et les gouvernements libres exigent qu'un État laisse les mœurs se régler par les mœurs, en tout ce qui dépasse la stricte application de lois formelles ; qu'il réduise sa police adjuvante des tribunaux à une active surveillance, dont la maxime soit celle de l'éducation libérale : entière confiance apparente avant les faits, attention, méfiance en pensée seulement et en attente ; enfin qu'il se montre prompt et résolu à apporter le franc redressement du jugement public aux cas qui comportent légalement l'intervention sociale.

Les règles de droit que j'ai établies pour les jugements donnent aux accusés, plus généralement à ceux dont les actes peuvent être l'objet d'une rectification publique quelconque, des juges qui sont des égaux, des *pairs*, des hommes entièrement comme eux et qui n'assument que des fonctions temporaires, accidentelles, à l'égard de la reconnaissance et de la déclaration des faits. Si on ne voyait que le pur idéal, il ne répugnerait nullement que ce vrai juge, ce juré désigné fût une personne unique et nommée par le sort, par exemple. Au contraire on ne représenterait ainsi que mieux et plus simplement l'unité de conscience et de raison dont on poursuit la manifestation par la pluralité. Mais cette hypothèse étant au fond celle de l'impeccabilité et même de l'infaillibilité de l'homme (il est vrai dans les choses seules où il n'y a point d'intérêt personnel direct) est chimérique : je ne la signale que pour ne manquer aucune occasion de remonter aux principes. On préfère donc sans hésiter le juge multiple ; mais il arrive alors qu'on ne sait à quel nombre s'arrêter, ni comment remédier au défaut d'unanimité qui se rencontre en général dans les délibérations quelque nombre qu'on adopte, ni enfin à quels signes certains on peut reconnaître un verdict valable. C'est la dernière question qui va m'occuper ici.

Elle est très embarrassante et même insoluble en théorie, ce qui se conçoit bien, puisque la théorie suppose l'accord, c'est-à-dire l'unité de la raison, et que cet accord est précisément ce que refusent les faits. Encore, quand il ne s'agit que de fixer le nombre des juges appelés à délibérer, quoique les peuples libres aient beaucoup varié sur ce point, et quoique on ne puisse point invoquer de motif *a priori* pour la déterminer, ou plutôt précisément pour cela, on peut toujours alléguer que tous les nombres possibles seraient bons, si l'un quelconque pouvait être certainement bon, et que celui que des motifs pratiques ont fait choisir n'a du moins nulle objection théorique à redouter. Et, en effet, après que la pratique a ainsi décidé, ayant égard par exemple à la facilité, à la tranquillité des délibérations, à la convenance d'éviter des nombres trop grands qui seraient passionnés ou tumultueux, et trop petits qui risqueraient d'amener des jugements trop individuels ; en supposant d'ailleurs le mode de désignation adopté au-dessus du soupçon de partialité, il n'arrive pas qu'on soit averti par l'usage qu'on s'est trompé, si ce n'est que le peuple soit lui-même, à cause de ses divisions ou par défaut de sagesse, incapable d'être représenté ; mais les difficultés, les doutes, les scandales se réunissent alors sur les moyens usités pour tirer sentence des juges, et notamment sur la fiction qui substitue à l'accord manquant une certaine majorité de suffrages. Ils demeureraient les mêmes et paraîtraient plus choquants si de grandes assemblées du peuple siégeaient pour juger ses membres, comme cela s'est vu dans les démocraties [1].

Si nous exigeons l'unanimité des voix pour qu'un verdict soit valable, ce qui doit être la première impulsion de quiconque est animé d'un fort sentiment de justice, pénétré de l'idée de la raison universellement personnelle, et mal familiarisé avec les procédés de jugement à coups de nombre, soit à coups de force, nous pouvons craindre, en fait, de paralyser l'action exécutive des lois ou de trop compter sur l'énergie morale des jurés obligés de fournir à tout prix une déclaration unanime. Mais si nous consentons à nous contenter d'une majorité, laquelle nous paraîtra suffisante ? La majorité simple fait dépendre le verdict d'une seule voix (en supposant le nombre des jurés impair), et cela, non pas comme si un seul avait à prononcer, mais ce qui est bien plus fort, dans un cas où il y a déjà partage égal des voix quand on ne compte pas la sienne, en sorte qu'un seul décide, non à titre de représentant d'un peuple représentable par hypothèse, mais de remplaçant accidentel d'un peuple partagé. Il ne faut pas moins qu'une grande habitude, une grande résignation aux faiblesses et aux anomalies humaines, pour n'être pas troublé par la considération abstraite d'un tel genre de jugements, quoi que la psychologie puisse

---

[1]. Socrate fut condamné à une majorité absolue de *trois voix* sur un très grand nombre de votants (par 281 voix dans un jury de 557 membres, les *Dikastes*).

avoir à dire ensuite pour montrer qu'ils peuvent néanmoins n'être pas aussi mauvais qu'on pourrait les croire.

Et remarquons bien qu'il s'agit ici de jugements, non de décrets législatifs ou de mesures exécutives générales. Nous avons vu que la règle des majorités se justifiait, en tant que moyen de gouvernement, par la nécessité, par l'accord anticipé supposé de tous les membres de la société à se soumettre à cette règle variable en ses effets, par le respect également supposé des droits fondamentaux auxquels nulle loi ne doit porter atteinte, enfin par le caractère provisoire des actes d'une majorité actuelle qui peut être une minorité future. Mais il s'agit d'un jugement, c'est-à-dire au fond et essentiellement, ne l'oublions pas, d'une déclaration de faits comme constants. Ce qui est en jeu est quelque chose d'actuel, de particulier, de personnel pour ceux qui en sont cause, de définitif et souvent d'irréparable pour un accusé. Aucune des raisons alléguées en faveur de la règle des majorités n'est applicable à cette espèce d'absolu, à moins que ce ne soit celle de la nécessité pure, car un établissement judiciaire est nécessaire. Mais il faudrait alors que rien autre ne fût possible. Il n'en est pas ainsi.

D'abord on peut abandonner la majorité numérique simple, exiger des nombres de voix plus élevés pour la validité d'un verdict. On ajoutera ainsi sans nul doute à la probabilité des bons jugements. Mais l'embarras n'est pas dissipé pour cela. Quel argument présentera-t-on, par exemple, pour préférer la décision prise à sept voix contre cinq (sur douze) à celle qui serait prise à sept voix contre six (sur treize)? Le même qu'on pourra aussitôt invoquer pour préférer huit voix contre quatre, neuf voix contre trois, etc. (sur douze) : savoir la probabilité croissante, une approximation plus grande de l'unanimité. Mais donnera-t-on une raison pour se contenter d'une probabilité qui n'est pas la plus grande possible, et pour se tenir à celle-là, une moindre ne suffisant pas, une plus grande étant superflue? Évidemment non; rien ne peut être superflu en matière de probabilités ; c'est ce qui résulte de la nature même de cette idée qui a la certitude pour limite, la certitude qui est ce qu'on désire. Il faut donc aller jusqu'à la probabilité la plus grande possible, et c'est l'unanimité, car l'unanimité donne une sorte de certitude pratique dont il faut se contenter et qui n'est pourtant qu'une probabilité quand on songe à la faillibilité humaine. Si l'on s'arrête en chemin, on sera déterminé par de simples appréciations, nécessairement vagues et plus ou moins incertaines sur la moralité et l'intelligence des jurés et sur la possibilité d'obtenir d'eux un juste verdict avec le nombre de voix voulu.

Tout ceci s'applique principalement au jury dans ma pensée ; mais on peut l'étendre aux juges du droit ou interprètes de la loi, quoique leurs fonctions fussent simplifiées et rigoureusement limitées chez un peuple qui posséderait d'une part une législation régulière, claire et assez fixe, et d'autre part appellerait des jurés à prononcer sur les points de fait de toute nature. Mais il suffit qu'il y ait pluralité de juges et que les délibérations touchant l'application du droit puissent amener le partage des voix. En principe, l'unanimité est exigible en tout jugement et toute partie de jugement où le juge est multiple. Les majorités auxquelles on s'arrête comme apparemment probables sont des expédients, et si une nation exige l'unanimité, aimant mieux ne point se troubler des étrangetés, ou même des vices de sa pratique en cela, que d'avouer que ses jugements ne sont pas les plus probables possibles, ses libertés, ses membres mis en cause les mieux garantis possibles, c'est assurément celle de toutes qui a le sentiment le plus vif de la justice et de la raison.

CHAPITRE XCI

LES PEINES

La *peine*, dont j'ai à traiter maintenant, n'est plus la simple passion désignée sous ce nom générique[1]; c'est en un sens tout objectif, encore très étendu, le mal de nature quelconque imposé à un agent moral, soit par contrainte, soit même avec soumission ou consentement de sa part, et pourvu que ce mal puisse être nommé *mal* en quelque sens, notamment à l'égard de celui qui le subit, tout en admettant peut-être la désignation contraire de *bien* en un sens différent, quant à sa personne même ou à celle d'autrui. Ajoutons une condition à cette définition, savoir que la peine résulte de la décision de certaines personnes et s'applique à une autre, à raison d'un acte injuste (c'est-à-dire dépassant plus ou moins son droit) qui serait imputé à cette dernière, nous aurons l'idée essentielle de la *peine* à étudier dans ce chapitre. Il faut voir seulement comment la peine se détermine au sens de la *punition*, car c'est le point de vue qui domine ordinairement les esprits.

Conformément à la définition, il y a peine pour un agent dont l'action sociale arrête, restreint ou annule certains actes ou moyens d'agir, et de cela seul que la liberté de cet agent, laquelle est un bien essentiel, se trouve alors empêchée. Ce cas se présente continuellement dans les lois civiles, supposées justes, et dans les applications qui s'en font. On ne peut pourtant pas dire en général qu'il y ait punition, ou que la peine doive être interprétée comme telle, car il est possible que l'agent ait fait ou voulu faire sans mauvaise volonté ce qu'il croyait être de son droit, qu'ensuite il se soumette

[1] Synonyme pour moi de celui de *tristesse* que j'ai plus volontiers employé, afin de marquer le caractère subjectif de l'analyse des passions (ci-dessus, chapitres LVI et suivants).

de bon cœur à la sentence de ses égaux, et qu'ainsi non seulement il n'ait pas été punissable, mais que même le caractère de peine s'efface de l'état qu'on lui impose, grâce aux lumières qu'il reçoit, si la contrainte devient chez lui acquiescement, et l'acquiescement satisfaction intime capable de dominer le sentiment des privations.

La punition commence là où un acte injuste et que l'on tient pour volontairement injuste ayant été perpétré, il n'y a plus lieu seulement à redressement de l'agent, avec moyens de contrainte accessoires, mais à répression et à réparation forcée. Ce n'est pas qu'il ne puisse y avoir aussi dans ce cas de soumission ultérieure et acceptation de peine; mais ceci ne concerne que l'état moral produit chez un accusé ou condamné, et ne change rien à la nature inflictive de l'arrêt et de la répression qui se poursuit, non plus qu'au droit, à l'attitude et aux appréciations tout externes des juges.

Je ne considère ainsi dans le matériel de la peine, même entendue comme punition, que deux éléments : ils comprennent tout ce qui est nécessaire pour réprimer et pour réparer. La répression comporte au minimum une diminution ou privation quelconque et plus ou moins prolongée de liberté pour l'agent réprimé, car il est aussi logique d'atteindre en sa liberté celui qui, en ayant fait un mauvais usage, est légitimement présumé en disposition de continuer le cours de son injustice, qu'il le serait de retenir matériellement le bras prêt à frapper : c'est le droit de défense; il faudra seulement chercher si cela suffit. La réparation, soit directe et au degré que la nature des choses permet d'obtenir, soit en tout cas par les équivalents qu'il est possible d'y trouver, comporte des pertes, privations et afflictions quelconques pour un condamné. Il est donc certain que, à ce double titre d'agent réprimé et d'agent faisant réparation forcée, l'auteur d'une injustice est soumis à une peine que le déshonneur qui l'accompagne aggrave encore, et dont la triste habitude que l'humanité a de ces autres peines qu'on nomme des supplices diminue seule la gravité apparente. Enfin cette peine est bien de l'espèce des punitions, tout en ne dépassant pas du côté du juge la sphère du droit de défense.

Il n'est pas moins vrai et je ne prétends pas nier qu'il entre encore un autre élément dans l'idée vulgaire de punition. On a même coutume d'entendre par la peine imposée au criminel, proprement dite, ce qu'on ajoute spontanément à la part de peine qu'on estimerait strictement nécessaire, d'un côté pour réprimer ce qui est répressible et, de l'autre, pour réparer ce qui est réparable. Ce nouvel élément s'appuie sur deux motifs : 1° sur le sentiment moral qui nous porte à juger que celui qui a fait le mal a mérité de le souffrir, et sur l'espèce de compensation de justice, en subversion, qui s'établit ainsi ; 2° sur le désir de poser la peine en exemple frappant pour les criminels d'intention, et de retenir par la plus grande crainte possible ceux que la justice intérieure ne retient pas. En admettant ces motifs, on trouve une excuse, mais superflue et que le seul droit de défense renferme déjà, pour étendre la répression au delà du fait actuel qui la justifie, et jusqu'à des actes futurs qui ne sont encore que présumés avec plus ou moins de fondement : examinons-les du point de vue de la morale et du droit.

Il est licite et naturel de considérer la peine comme servant d'exemple, car la *guerre* et le cas de défense étant donnés en fait, il est inévitable que la crainte devienne un mobile pour les hommes ; et ce mobile est utile et n'a rien que d'avouable du côté de ceux qui l'instituent sans en être responsables au fond. Mais, responsables, ils le deviendraient du moment que ne se contentant pas d'ériger en exemple une peine estimée tout d'abord juste de soi, ou dans l'espèce, ils établiraient la punition pour l'exemple, et non plus seulement l'exemple par la punition. Ils seraient alors les véritables auteurs d'un *état de guerre* et d'un règne de la crainte fondés sur des actes de violence, puisque par hypothèse ils ne pourraient justifier la peine ou toute la peine, ni puiser tous leurs motifs dans les actes et les personnes réellement en cause. A entendre les législateurs et les légistes, il semblerait souvent que la nécessité justifie des traitements qui seraient à la fois iniques et inutiles à l'égard de ceux qui en sont victimes, et dont le seul but est d'imprimer l'imagination des autres. Mais c'est une erreur grossière et une vraie barbarie. Cette nécessité sociale ne saurait se voir, tant qu'on n'a pas sérieusement essayé de renfermer les peines dans le cercle déjà terrible de la répression et de la réparation, et de borner ainsi aux cas réels de défense l'application du droit de défense. En la supposant arbitrairement, on suppose que la justice ne suffit pas à faire tenir debout le monde; on sort de la morale et même du droit en ce qu'il a de plus élémentaire et de plus strict, car on emploie une personne et le tort qu'on lui fait comme simple instrument du bien prétendu des autres, l'injustice en guise de moyen pour faire des justes, et l'on punit l'innocent (innocent du moins quant au surcroît de peine que l'exemple seul motive), contre tout droit par conséquent, en vue de n'avoir pas à en punir d'autres qu'on aurait droit de punir. Une théorie si monstrueuse, malheureusement si répandue encore, démoralise le monde que sa pratique veut moraliser et assimile au fond les sociétés qui s'attardent à la professer à ces régimes de droit oriental dont le principe s'affirme, d'abord, par des jugements arbitraires, ensuite par des têtes exposées aux portes des villes et des membres sanglants colportés dans les provinces.

Après la doctrine de l'exemple, voyons celle de l'expiation. On peut, je crois, définir l'expiation comme on l'entend le plus souvent, le fait qui consiste en ce que l'auteur d'une injustice, indépendamment de son renoncement volontaire ou involontaire au mal qu'il a causé ou voulu causer, et aux fruits de ce mal, indépendamment de toute réparation possible à tirer de lui, subit en outre un mal particulier estimé compensatoire de celui dont il est coupable. Toute la question va porter sur ces mots *en outre* et sur le point de savoir si la raison conçoit et peut admettre moralement des expiations pour ainsi dire brutes, des maux purs et qui ne se mesurent pas sur des biens tels que la répression ou la réparation des maux antérieurs.

Je reconnais l'existence et la portée du sentiment moral que j'ai déjà nommé, qui nous porte à penser que celui qui a fait le mal a mérité de le souffrir. Mais l'agent coupable qui a été jugé (ou qui s'est jugé lui-même) subit déjà de cela seul, par contrainte extérieure (ou par contrainte interne sur soi) un *mal* qui a le caractère expiatoire, et que je soutiens être suffisant pour épuiser le contenu légitime de cette idée d'expiation. En effet, prenant d'abord le cas du jugement externe, nous trouverons que le coupable est condamné, c'est-à-dire premièrement réprimé, non seulement dans tels de ses actes passés, autant qu'il est possible et que les fruits peuvent lui en être interdits, mais aussi dans tels de ses actes présents et futurs, en tant que sa liberté suspecte lui est ravie; secondement, obligé de réparer, ou directement ce qui est réparable, ou par équivalents admissibles cela même qui ne l'est pas, en sorte qu'il est atteint dans ses biens matériels et peut être astreint au travail forcé. Cette double contrainte dont les amis des *supplices* proprement dits ne mesurent pas la force et la profondeur, et à laquelle il faut ajouter la dure peine non écrite du bannissement de la société des honnêtes gens, constitue une expiation autant *que matériellement on peut en établir une*. C'est un *mal*, en effet, et un grand mal que le condamné souffre (encore que ce soit un *bien* à un autre point de vue) et que l'on peut envisager comme la compensation voulue du mal qu'il a fait. Son esclavage, son impuissance, son déshonneur, composent une expiation extérieure que des imaginations qui ne seraient point souillées trouveraient la plus sérieuse, la plus grave. Si on pense que la compensation ainsi obtenue ne suffit point, où s'arrêtera-t-on à la recherche de la bonne? Sur quels principes la formulera-t-on? Je sais bien qu'on n'est pas embarrassé pour assigner des peines plus émouvantes pour les nerfs de la sensibilité; mais on le sera beaucoup quand il s'agira de dire pourquoi ces autres peines sont plus propres à entrer dans l'expiation réelle. Je vois certainement qu'elles sont moins faites pour amener l'expiation intérieure ou volontaire, car la violence et la cruauté révoltent les âmes encore capables de colère, avilissent, anéantissent les basses, et le spectacle des supplices n'est pour tous en somme que celui du triomphe matériel de la force, impuissante au fond.

Prenons maintenant l'expiation volontaire. Celle-ci n'est en rien au préjudice de l'autre, au commencement du moins, car il faut que les jugements aient leur cours, et ils ne peuvent se baser que sur des faits acquis et des apparences non simulables. Quoi qu'il en soit, la répression, qui était tout extérieure, devient ici en même temps une contrainte interne et spontanée, une ratification, une exécution du jugement d'autrui qu'on se rend propre, un effort de la conscience pour rentrer dans la voie du bien, pour s'y maintenir, une surveillance intime des tentations et des vices, une juste violence sur soi : il ne faut pas moins que cela au criminel pour dominer à la fois l'ancien levain et pour s'opposer au nouveau que l'intervention répressive de la société peut développer en lui. Que cette œuvre efficace du repentir soit difficile, c'est ce qu'on voit indépendamment des sentiments que chacun éprouve en y pensant, par l'exemple des hommes qui fuient les tentations dans la solitude ou qui se démettent du gouvernement d'eux-mêmes en faisant vœu d'obéissance. Mais c'est dans la société, autant qu'elle lui est désormais permise, et c'est avec la liberté qui lui reste ou qui lui est rendue, que le criminel doit travailler à rentrer dans l'ordre moral. Ces deux mêmes conditions sont exigées pour le second élément de l'expiation volontaire, c'est-à-dire pour un ardent accomplissement de toute la mesure de réparation possible. Le travail que le coupable accepte ou s'impose, toutes les œuvres dont il est capable, doivent être dirigés à cette fin de réaliser par le bien des compensations directes, s'il en est, ou les équivalents les mieux entendus de ces compensations du mal qu'il se reproche. Si maintenant on se rend bien compte de l'étendue de ces nouveaux devoirs et de tout ce que leur accomplissement implique de *peines* et de *maux* de tout genre, on ne trouvera pas que j'affaiblisse l'idée de l'expiation volontaire. Les maux dont je parle doivent être, il est vrai, considérés comme des biens ; mais tel est précisément le sens moral de l'expiation, que le mal qu'elle impose au coupable soit un vrai bien pour lui et pour les autres. Après cela, je croirais plonger mon esprit dans la barbarie, si j'imaginais que des maux, savoir de pures souffrances, des douleurs, des supplices, volontaires ou non, et sans rapport avec le mal qu'on doit réparer, avec le bien qu'on doit produire, pussent être exigés par la justice ou concerner la moralité autrement qu'en qualité de cas morbides occasionnés par ses déviations.

Envisageons la question par une autre face, et occupons-nous du droit du juge. Le criminel a ajouté injustement à ses biens propres, ou qu'il estime tels, et dépassé son droit avec ruse ou violence. Il perd maintenant partie semblable de ses biens, ou doit son travail à autrui : c'est ce que la réparation comporte ; et il est dépouillé de ses droits ou libertés dans une mesure que le droit de défense convenablement apprécié détermine : c'est le côté de la répression. Voilà la compensation de justice, la balance acceptable du mal par le mal dans l'ordre moral troublé. On veut maintenant davantage. On demande un autre mal, une sorte de mal absolu pour le criminel. Sur quel fondement ? Rendre le mal pour le mal, simplement et dans le sens le plus commun du mot, la morale ne le permet pas (V. ch. LIX), et le droit ne saurait le permettre, puisqu'il sort tout entier du droit de défense et qu'ici le droit de défense est dépassé ou négligé, laissé de côté.

Dira-t-on que l'ordre qui dépend de nous demande, en vertu de l'idée de compensation, que le coupable souffre, au moins tant qu'il n'est pas venu à résipiscence? J'ai déjà répondu que le but se trouvait atteint par l'exercice du droit de défense, et j'accorderai volontiers que la peine peut se prolonger sans injustice, autant qu'il est réellement donné de juger que la liberté d'un condamné est incompatible avec la sûreté d'autrui. La juste passion de la *vindicte* est donc satisfaite; mais la *vengeance* est réprouvée par la raison et par la bonté.

La question des peines éternelles dans le système théologique peut éclaircir ce sujet d'une manière intéressante. L'hypothèse des théologiens catholiques, que je n'ai point à examiner, est celle d'un état fixe désormais de la conscience après la mort, celle, par conséquent, de l'existence d'une classe d'esprits *damnés* qui ne sont plus susceptibles de repentir, d'amour sincère du bien, d'expiation véritable et utile pour eux. Sur ces données, ils établissent avec raison les peines éternelles; il est clair, en effet, que la société céleste doit être ce que toute société temporelle serait, c'est-à-dire retranchée aux coupables comme tels et tant qu'ils sont tels, donc, en ce cas, toujours. Si, partant de là, ils édictaient pour peine la privation ou diminution de liberté, l'impuissance de nuire, le bannissement moral, s'ils pouvaient y ajouter une réparation obtenue quelconque, à quoi ils ne songent point, la morale et le droit n'auraient rien à leur opposer. Mais ces théologiens ont de plus accepté un vieux legs de la corruption religieuse et de la politique orientale; c'est l'idée que les volontés divines et humaines qui commandent ont une expiation extérieure et matérielle établie pour faire payer le mal par des supplices décrétés de caprice, sans nul rapport avec un mal à réprimer ou à prévenir, avec un bien à faire [1]. Ce qu'on doit objecter à cette

---

1. J'ai fait entrer plus haut dans la définition de l'expiation des éléments moraux que j'y reconnaissais. Mais maintenant c'est une notion plus dégradée que nous rencontrons, dont le sens est que les volontés ou désirs d'un pouvoir qui n'a nul compte à rendre ont pour sanction des châtiments décrétés

grossière conception qu'ils ont parfois voulu épurer, mais dont ils sont après tout les fauteurs responsables parmi nous, je l'ai déjà dit; mais je trouve l'exemple bon pour montrer, comme dans un tableau définitif et complet, la situation respective, le rapport du juge à condamné que présente ce système. Il est impossible d'alléguer un motif moral ou même avouable quelconque en vertu duquel le juge soumettrait le condamné à des châtiments arbitraires, inutiles, cruels, ne pouvant que développer la haine et tous les mauvais sentiments chez ce dernier et les engendrer chez lui-même, alors qu'il serait supposé avoir déjà pourvu à la défense des bons et à la correction effective des méchants autant qu'il est en sa puissance. Le monde qu'on offre ainsi comme l'œuvre achevée de la justice divine est un double établissement corrélatif des bons et des méchants, où les tortures sans espoir des uns sont la *satisfaction* accordée aux autres qui doivent s'y complaire, puisqu'ils sont heureux. Quelle compensation aperçoit-on pour la justice violée, quelle expiation intelligible, quand le ciel accomplit sur l'enfer une œuvre sans but et sans fin d'arbitraire violence, et par là se dégrade, et quand l'enfer, de son côté, maintient contre le ciel un règne invincible des volontés injustes? La justice humaine, aussi bien que la bonté, a d'autres conditions et d'autres vues.

Mais les doctrines pénales se présentent sous une autre face, qu'il ne faut pas omettre. Nous venons d'envisager la peine comme une expiation indépendante de l'amélioration qu'elle peut amener pour le coupable. Cet élément de correction efficace d'un condamné, nous le trouvions, il est vrai, dans l'expiation volontaire,

également par pure volonté et qui doivent être subis par les personnes désobéissantes (ou par les substituts qu'on leur accordera). Contre cette doctrine, admise encore par la grande partie des sectes chrétiennes, nous avons la morale rationnelle tout entière. Au point de vue spécialement juridique, nous devons dire en un seul mot que toute juste notion de la peine se tire de la répression, de la réparation et de la défense.

mais seulement à raison de l'acceptation entière et même active de sa part de tous les moyens tant de répression que de réparation qui peuvent lui être imposés ou qu'il s'impose lui-même. Hors de là, en effet, il est impossible de voir comment une peine pourrait être ou devenir réellement améliorante, une expiation se trouver salutaire pour le moral de celui qui expie. Sans doute, on a souvent remarqué, mais on aurait tort de généraliser le fait, que tous les maux, toutes les afflictions possibles, les contraintes, les peines, justes ou non, la douleur enfin produit cet effet chez certaines âmes de les élever et de les tourner à la bonté. Ce phénomène psychologique n'est pas de nature à ce qu'on y doive compter, et dans le cas du condamné, si la réforme interne n'est pas dirigée avant tout à l'acceptation désignée ci-dessus, qui est la véritable peine et le véritable redressement, le but essentiel du droit appliqué n'est point atteint. Quoi qu'il en soit, nous nous demanderons maintenant si la justice pose l'amélioration du coupable comme une fin de la peine.

On vient de voir, et il est d'ailleurs assez patent, qu'il ne dépend pas du juge ou de ceux qui appliquent la peine édictée de lui donner un caractère tel que l'amélioration morale du condamné s'ensuive nécessairement ou très probablement. Ceci dépendra avant tout du condamné lui-même, puis des influences qui peuvent ou pourraient être exercées sur lui en dehors du jugement, en dehors de la peine. Ce ne sont pas ces dernières que je voudrais décourager ; mais elles ne concernent pas le droit judiciaire, ni à proprement parler la justice. Les peines afflictives ou corporelles, en particulier, ne renferment rien du tout en elles-mêmes qu'on puisse dire moralisant ; tout au contraire ; et si elles produisent parfois cette affliction mentale salutaire et ce retour de conscience, effets de l'impuissance et de la misère d'un homme qui n'a connu jusque-là que sa force et ses appétits, il serait peu sage cependant de leur attribuer cette destination presque toujours manquée, alors qu'elles en ont une autre qui les nécessite et les justifie. Enfin, si parmi ces sortes de peines il s'en trouve qu'on ait lieu d'estimer plus propres que d'autres à ramener un coupable aux sentiments et aux œuvres de la justice, point essentiel de l'amélioration à poursuivre, ce sont évidemment toutes celles qui mettront en saillie les faits juridiques de répression pour la répression même et de réparation pour la réparation, celles en un mot qui ne recouvriront pas d'une sorte de manteau de vengeance le vrai contenu moral de la punition : je veux dire la perte de la liberté dont on a usé criminellement et l'obligation de faire tout le bien possible, volontaire ou forcé, en compensation du mal qu'on a voulu. Ainsi, en admettant que l'amélioration du condamné dût être une fin de sa peine, cette fin se confondrait avec celles qui appartiennent à la peine considérée sous les autres aspects et ne s'obtiendrait, s'il se pouvait, qu'en même temps et par les mêmes moyens, autant que la justice en dispose.

Il faut aller plus loin et trancher la question principale. Est-ce une mission de la société de se proposer le redressement moral des malfaiteurs, et dès lors aussi des condamnés ? Généralement, oui ; la mission résulte des devoirs de tout homme envers tout homme, et de la société par conséquent, dans la mesure où *l'état de guerre* et l'exercice du droit de défense en permettent l'œuvre. En droit juridique, non, car c'est sortir de l'*espèce*. Or les espèces ici sont mutuellement répugnantes. Il y a incompatibilité entre la violence faite aux personnes et leur bien que l'on dit poursuivre, entre la contrainte que le droit autorise et réclame et les devoirs de bienfaisance, premièrement de respect, attachés au travail de moralisation qu'on entreprend, entre la peine qui annule la liberté du condamné et l'action purement morale à exercer, qui la suppose. Le redressement des actes et des faits est l'objet des jugements, mais le redressement des volontés et des cœurs ne peut être que spontané.

Moins d'erreurs seraient répandues sur ce sujet, et familières comme elles sont aux esprits les mieux intentionnés, si la loi morale était plus correctement connue. Mais on fait presque toujours dans le monde un mélange pernicieux des idées de morale et des idées de force et de contrainte, des notions de droit et devoir purs et de celles de défense, puis d'attaque et de violence, en un mot de paix et de guerre, et cette combinaison malheureusement naturelle de sentiments discordants se traduit en doctrines hybrides dont la seule unité possible se rencontre au fond dans l'idée de la *moralisation malgré soi*. Dès qu'on donne pour but à la peine l'amélioration du condamné, on rattache la peine à la morale et non au droit historique, au *droit de guerre* sorti du droit de défense. Dès qu'on rattache la peine à la morale, on suppose nécessairement que quelques moyens existent de rendre les hommes bons par contrainte, et que ces moyens sont légitimes. La loi morale est ainsi violée au premier chef. De même que, dans la théorie de l'*exemple*, on fait servir une personne d'instrument pour l'amélioration des autres, en dépassant le droit qu'elle a fourni contre elle, en invoquant tout autre chose que ce droit, de même dans la théorie de la moralisation forcée, on fait servir une personne d'instrument pour sa propre moralisation ; on le tente du moins, car ceci surpasse toutes les forces sociales. Il n'y a pas de moralité réelle possible sans autonomie, pas de peine imposée qui ne détruise l'autonomie, pas de moyen d'appliquer des peines qui ne soit une autorité extérieure et, matériellement parlant, une tyrannie, pas d'argument pour en justifier l'emploi en tant que moralisant pour celui qui les subit, si ce n'est qu'on admette et un droit de faire le mal en vue du bien comme fin et le pouvoir effectif de faire naître la *bonne volonté* dans l'homme en même temps qu'on paralyse l'action de la *libre volonté*.

Cette réfutation s'applique non seulement aux systèmes, encore juridiques, qui, sans nier la répression et le jugement comme de droit, voudraient cependant que la peine eût pour fin le rétablissement de la moralité du coupable, mais à la doctrine plus absolue suivant laquelle tout criminel est un insensé, un malade qu'il faut soigner quoi qu'il fasse, et non punir. Sous ce point de vue, il n'existe point de responsabilité proprement dite des agents; ils cessent même d'être des agents raisonnables sitôt qu'ils font le mal, et ils n'ont pu être des agents moraux avant de le commettre, puisque, par hypothèse, ils deviennent fous aussitôt qu'ils montrent n'être pas impeccables et que l'impeccabilité n'a rien à faire avec la moralité humaine. D'un autre côté, le droit de défense chez les autres est remplacé par des mesures matérielles de simple prudence contre le danger, auxquelles se joignent les soins de la charité pour guérir s'il se peut ces dangereux malades. Je ne veux pas m'étendre sur ce qu'une telle opinion du mal moral en général est la négation de la liberté interne qui (vraie ou fausse dans le fond des choses, je l'ai dit souvent) est en tout cas une apparence subjective indispensable au support des notions éthiques les plus simples, les plus universelles et que les partisans de la nécessité appliquent tout comme les autres, nécessairement; mais je resterai dans la donnée de mon argument en remarquant les conséquences de cette manière de voir sur la conduite morale du monde. Elles sont immédiates et se résument en ceci, que les personnes en santé, ou qui s'estiment telles, se donnent la mission d'appliquer aux personnes malades un traitement composé de camisoles de force et de toutes sortes de témoignages de bonté. Admettons, quoique en vérité la limite soit difficile à marquer et à tenir, qu'il ne s'agisse là que des cas de *maladie* graves. Toujours est-il qu'il n'y a plus jugement des égaux par leurs égaux, ni droits de l'accusé, ni justice en aucun sens, mais œuvre d'art ou de science de la part de médecins investis du pouvoir de soigner et guérir malgré eux des malades. La loi morale est donc abolie tout comme dans le système plus général où des prêtres, des savants, des magistrats quelconques auraient charge d'informer les esprits, cœurs et volontés des hommes par contrainte; avec cette différence que les hommes dont il est maintenant question sont supposés exceptionnellement, en vertu de leur état, hors de la loi commune du respect; mais avec cette ressemblance que tout accusé perd son caractère d'égal, tout juge son caractère de juge. Le juge devenu magistrat-médecin, tant pour l'instruction de la cause que dans les considérants de l'arrêt, acquiert un pouvoir exorbitant étranger à l'idée juridique, et cette idée est bannie des éléments de la nature humaine. Qu'on y pense et qu'on songe à la quasi-continuité des espèces et des degrés de la culpabilité (ici aberration morbide, aliénation), on reconnaîtra que la logique du système consistant à regarder le véritable ordre judiciaire comme un mandarinat des hommes raisonnables établi pour aviser d'autorité au traitement des prévenus de déraison ira difficilement à moins qu'à nous représenter la direction sociale sous un semblable aspect. Et de fait, n'est-ce pas le sens de la politique positiviste?

Je n'ignore pas que le cas pathologique, entier ou mélangé, est souvent, plus souvent que nos jurés ne le veulent avouer, substituable au cas de crimes expliqués par la psychologie passionnelle pure? Mais on ne peut faire valoir cette observation qu'en supposant aussi des crimes proprement dits. Autrement elle tombe d'elle-même et n'offre plus à l'esprit aucun sens. Au reste, je n'ai pas besoin de me demander si les actes matériellement criminels qu'il est permis de rattacher à la folie sont toujours innocents par cela même : la question soulèverait en théorie, plus encore en pratique, des difficultés inextricables, car il y aurait à remonter aux origines, à scruter les mobiles les plus secrets de l'âme : une vraie science de l'aliénation, de ses causes et de ses degrés, qui n'existe pas encore, y serait requise. Je peux admettre et j'admets la responsabilité en thèse générale et l'irresponsabilité dans certains cas, en m'inquiétant médiocrement des erreurs qui feraient méconnaître ces derniers. L'opinion même de l'irresponsabilité totale, universelle, je ne l'ai combattue qu'à raison de l'importance des principes et pour sauvegarder la vraie signification du jugement et la vraie qualité du juge ; ses conséquences positives quant aux peines sont les mêmes que j'accepte par d'autres motifs ; la répression pour cause de défense est aussi ce qu'elle se propose d'obtenir, quoique la défense ait pour elle un caractère différent et que l'idée de punition se change en celle de traitement ; la réparation, elle ne saurait y renoncer non plus, de quelque manière qu'il lui convienne de l'expliquer ; enfin, les peines qu'elle veut abolir sont également exclues par l'application de la loi morale, ainsi que je l'ai montré. On se rencontre ainsi pour la pratique des arrêts, tandis qu'on a différé sur l'interprétation de la justice et la nature du jugement, et ce n'est pas l'un des moindres avantages d'une bonne théorie du droit, et de l'exclusion des peines de vengeance, de diminuer dans une forte proportion l'intérêt des questions de responsabilité dans les cas particuliers, ou de permettre de traiter sans injustice les accusés et les condamnés comme s'ils étaient toujours responsables.

On remarquera utilement à ce propos qu'un moyen de maintenir la dignité dans l'homme et les relations humaines, ou d'y revenir après qu'elle est perdue, est de conserver le respect dans tous les cas et dans toute la mesure du possible. Cette règle, qui condamne l'impolitesse et la grossièreté entre égaux, mais encore plus expressément chez ceux qui se croient supérieurs et qui craindraient d'ajouter à l'infériorité réelle des autres en les traitant indignement, cette règle prescrit d'observer vis-à-vis des criminels eux-mêmes une part de respect nécessaire pour leur garder le reste de dignité qu'ils ont et leur permettre d'en gagner une plus grande. Or ce qui est vrai de la dignité et du respect l'est aussi de la responsabilité et des traitements qui la supposent, de la liberté et des procédés qu'exigeraient des êtres libres. C'est toujours en allant au delà d'une exacte proportion, d'ailleurs impossible à déterminer, qu'on peut élever les hommes à l'aide de l'opinion qu'on leur témoigne avoir de leurs personnes. Il semblerait au premier abord que le précepte est inapplicable aux parfaits aliénés, auxquels on a coutume de ne prêter aucune responsabilité quelconque ; et pourtant certains se guérissent et passent par des états divers et gradués, et les médecins non seulement les respectent autant que le traitement le permet, mais même leur parlent et les raisonnent, comme si à côté de l'agent irresponsable qui existe en chacun de ces malades, il y avait une personne qui se connaît, se juge et pourrait à tout moment suivre cette raison que quelque chose domine. Et qu'est cela, sinon la responsabilité virtuelle qu'on cherche à susciter en la supposant ?

Le principe limitatif des peines et déterminatif de leur nature résulte donc, ainsi que toute autre théorie partielle du droit et de la morale appliquée, de la comparaison et de l'emploi simultané de la loi morale et du droit de défense ; accessoirement, de la réfutation des doctrines qui altèrent ou défigurent la notion de justice dans la peine, telles que l'exemple, l'expiation, l'amélioration du condamné ; et ces dernières ne laissent pas de pouvoir être satisfaites à l'endroit des éléments moraux qui y sont réellement enveloppés, satisfaites autant que le comportent les justes moyens d'agir de l'homme sur l'homme, sans que nous souffrions qu'elles interviennent dans la propre définition des droits de juger et de punir. On a vu que la peine, ainsi limitée, se réduit à deux termes, répression, réparation, qui réunis épuisent le contenu du droit issu de la défense, et d'ailleurs n'annulent point les devoirs généraux de l'humanité envers ses membres, tels qu'ils peuvent subsister en cet état de guerre où la justice répressive aussi devient un devoir. Il faut insister maintenant sur le sens de la répression et se rendre compte de ce qu'il renferme pour la détermination de la nature des peines.

Réprimer, c'est, suivant l'acception ordinaire et très suffisante du mot, arrêter le mal moral dans son progrès, ses effets et ses suites, non pas assurément dans son principe même, on sent bien que cela surpasserait les forces de l'homme autant que son droit sur autrui, mais dans tout ce qui est en voie d'accomplissement matériel sans être définitivement acquis. Mettre fin de la sorte à un état de choses extérieur injuste et condamnable que produit la volonté libre d'une personne, arrêter la marche de cette volonté, c'est déjà la supprimer ou la suspendre à l'égard de certaines applications. Aller plus loin, comme la logique l'exige, et jusqu'à placer, retenir par contrainte la personne dans des conditions où son action externe est retirée du grand cercle social, rendue impuissante en une foule de choses et forcée en d'autres, parce qu'on a jugé consciencieusement que sa direction générale est jusqu'à nouvel ordre un danger public, de ceux dont la société doit se défendre, c'est annihiler la liberté même autant qu'on le peut et y substituer le commandement d'autrui. Il est donc clair que la fin de la répression a pour moyen essentiel l'établissement de la servitude pénale. Je voudrais montrer maintenant que la peine déduite de cette manière répond, dans le seul mode universel possible, à l'idée vulgaire du châtiment, et pour cela reprendre la thèse de l'expiation avec moins de généralité que ci-dessus, sous l'aspect peut-être plus grossier, mais d'autant plus clair, de la compensation toute matérielle des faits subversifs entre l'auteur de l'injustice et sa victime. Supposons la compensation exacte et rigoureuse en apparence : c'est nommer le talion.

Pris en lui-même et comme explosion d'un sentiment de l'âme en présence du crime, le talion serait loin de mériter le mépris ou l'indignation dont l'accablent des publicistes dont les théories pénales sont souvent plus mal fondées en stricte justice. Il traduit d'une manière frappante le côté subjectif ou psychologique de l'idée de peine ; il rappelle fortement à l'esprit l'égalité inhérente à tout concept du juste ; en réglant la vengeance, passion nécessaire, fatale, il en change la nature et la soumet à une loi d'équité et de jugement ; enfin, tout en ajoutant le mal au mal, matériellement parlant, il établit une répartition du mal physique, suite du mal moral, telle, qu'elle paraît être le seul bien possible à la portée des hommes, dans un ordre irréparablement troublé. Ce qu'on peut reprocher au talion, c'est, au nom du droit, de laisser la réparation dans l'ombre, quelquefois de la rendre impossible, et de ne représenter la défense sociale que tantôt très imparfaitement et tantôt avec excès, selon la nature des délits ou des crimes ; aussi n'appartient-il qu'à des sociétés très élémentaires ; c'est ensuite, au nom de la morale, de ne tenir nul compte des devoirs généraux de l'humanité et de ces passions de bonté dont la peine bien entendue ne doit pas rendre toute application impossible. Mais les mêmes objections valent contre tous les systèmes de pénalité afflictive cruelle qui visent directement à produire la souffrance en vue de l'expiation ou de l'exemple. Le vice propre du talion consiste en ce qu'il ne peut être généralement qu'une apparence, une apparence même grossière, et ainsi ne saurait donner de satisfaction réelle au sentiment caractéristique dont il s'inspire, pour peu que ce sentiment devienne éclairé. Il faudrait, en effet, que les cas et circonstances respectifs du criminel et de sa victime se trouvassent exactement substituables entre eux, ou que les éléments de la peine talionnaire, d'un côté, ceux de l'injure éprouvée, de l'autre, fussent d'une valeur égale en affliction et donnassent lieu à des effets comparables. Alors *Némésis* serait satisfaite, alors on pourrait dire que le coupable supporte l'effet de sa maxime érigée en loi générale, et que l'impératif moral a reçu de la société une sanction mathématique. Mais l'équivalence de la peine à l'injure est une pure vision, à peine accidentellement et partiellement admissible. Les attentats et leurs suites touchent diversement des personnes diverses, puis intéressent des groupes de personnes et la société entière, en quoi nulle compensation n'est imaginable. Les suites des peines, leur gravité même, avec d'égales apparences, varient fortement comme l'état des patients condamnés à les subir. Le talion est donc une illusion causée par la passion de la justice, mais aveugle, et qui témoigne d'un excès de simplicité et de barbarie intellectuelle chez les peuples qui l'ont pratiqué. Je ne me serais pas arrêté à démontrer une thèse qui ne peut guère rencontrer de contradicteurs, n'était la conclusion à laquelle je veux arriver maintenant : que le talion ramené à son essence, ou à ce qu'il renferme de généralement intelligible et applicable, reprend sa supériorité naturelle sur les autres principes de la peine, le droit de défense excepté, et se confond avec la répression et la réparation qui résultent de ce droit.

Ce qu'il y a de général dans l'acte injuste et quelle qu'en soit la gravité, c'est que l'auteur de cet acte a mal usé de son droit d'être et d'agir librement comme personne, a porté atteinte au droit similaire d'autrui, en manquant à son propre et strict devoir. Le talion qui, toute illusion dissipée touchant des équivalences matérielles et particulières à chercher, dira : quiconque a violé la liberté d'autrui a mérité de souffrir dans la sienne ; quiconque s'est soustrait à l'empire de la loi morale, et par là à l'obligation fondamentale de tout membre d'une société d'agents raisonnables, doit passer sous un autre commandement et devenir à quelque degré un simple serf de cette société ; quiconque a fait tort à ses égaux perdra l'égalité, sera dépouillé des fruits de son injustice et des moyens de commettre des injustices nouvelles, et travaillera, contraint, pour réparer ce qu'il a laissé de réparable : le talion qui parlera ainsi prescrira précisément ce que le droit de défense prescrit, et la mesure des peines établie sur l'étendue ou l'intensité des crimes ou délits et sur la probabilité des récidives concordera, soit pour la durée soit pour la discipline, avec celle que suggère de son côté le droit de défense plus ou moins intéressé selon la différence des cas.

Le talion expliqué, généralisé de la sorte, amène et justifie la peine, cette dérogation incontestable à la pure morale, exactement par le même motif, avec la même limitation, dans les mêmes faits, que sont produits l'*état de guerre* et le droit de défense. Les conditions nécessaires de la morale ont cessé d'exister, par hypothèse. Il y a une *pétition de fait*, et le fait n'est pas donné. L'agent, supposé raisonnable en théorie pour l'établissement de la loi de justice et des impératifs moraux, n'est plus tel d'un côté ni de l'autre de la corrélation sociale, ou du moins n'est plus entièrement tel et ne peut plus être traité avec le plein respect que l'idée pure de la personne exige. De là donc le nouveau droit, qui prend la forme du talion contre le délinquant et de la défense en faveur de celui qui ne sort de la justice idéale qu'à son cœur défendant. Mais, ce que les peines de vengeance et qui surpassent la répression ne font point, le nouveau droit laisse subsister par son principe tout ce qui se peut de la paix ou des moyens d'y rentrer, et permet encore aux passions et devoirs du genre de la bonté d'agir; il n'aggrave pas l'état de guerre en rendant celui qui fait justice auteur du mal à son tour et le semblable en cela du justicié. En un mot nous restons, dans cette théorie, fidèles au précepte que nous avons vu s'appliquer à la modification des droits et devoirs en général dans l'ordre troublé, celui de choisir, entre tous les moyens des fins nécessaires de ce nouvel état, les moins éloignés qui se puissent de la morale et de la paix et les plus propres à nous faciliter les voies de l'idéal.

Parmi les peines que le sentiment grossier du talion a dû inspirer, il en est une qu'il soutient aujourd'hui encore avec plus d'efficacité que ne le pourrait tout autre argument: c'est la peine de mort. Il convient de s'arrêter un moment à la discuter, et de ne point se borner ici aux conclusions générales des analyses précédentes; d'autant mieux que l'application de l'idée de répression soulève des doutes quand il s'agit des grands crimes et des criminels endurcis. D'ailleurs la peine de mort est à elle seule un signe considérable de l'état de nos mœurs, et nécessaire, on le craint. Les autres peines ont perdu progressivement leur caractère cruel et leur appareil théâtral, jusqu'à presque satisfaire au sens philosophique de la répression. Celle-là même, contradictoirement avec le sentiment barbare ou chrétien de la punition et du supplice, s'est réduite à n'être qu'un acte de retranchement brut de l'existence du condamné, acte rapide et à peine public. Mais on se demande toujours si l'on peut sans imprudence couper l'un des câbles qui retiennent la civilisation à ses temps passés, rompre la dernière attache de la justice répressive à la cruauté.

L'argument tiré de l'*exemple* est un de ceux qui font le plus d'impression en faveur du maintien de la peine de mort, mais c'est plutôt sur l'esprit des législateurs et légistes que du commun des hommes, et l'aveu de ces derniers étant indispensable en somme pour la conservation d'un trait de barbarie publique, on peut dire que le sentiment du talion, en tant que vengeance, ou tout au moins celui de la défense poussé dans certains cas jusqu'au droit d'extermination est au fond ce qui soutient la peine capitale. Il faut donc étudier ce droit. Rappelons néanmoins pour la question actuelle ce que nous avons dit de l'exemple en général. Cette raison d'État ne saurait s'alléguer qu'en violation flagrante de la loi morale, puisqu'elle fait servir une personne pour les fins d'autrui, au delà de ce qu'autoriseraient sa propre culpabilité supposée et le droit qui en résulte contre elle pour ceux qui sont dans le cas de défense. Et si l'on prétend que ce droit existe aussi et suffit de lui-même, on passe à l'autre thèse, que j'examinerai. Ce qui est vrai de l'exemple l'est de tous les motifs possibles, autres que de droit. Mais ce n'est pas tout. La Raison d'État, quelle qu'elle soit, s'étaie toujours d'une nécessité impérieuse de l'*état de guerre*, ou d'une utilité visible très grande, sans parler des conditions que la morale appliquée met à cette altération des devoirs hors de l'*état de paix* (V. chapitres LXXII et suivants). En fait, ces conditions sont presque toujours violées, et les hommes d'État ne sont trop souvent que des criminels autorisés travaillant pour compte public. Mais ici, l'utilité même est contestée par des arguments très solides et qu'on fait valoir déjà depuis longtemps avec force et clarté.

Si nous parlons des crimes civils ou privés, en voyant le point où les applications de la peine de mort se sont réduites, on ne peut plus soutenir que les exécutions capitales servent beaucoup pour défendre la société des récidives qu'elle a lieu de craindre de la part des condamnés : la plupart de ces derniers et des plus corrompus ne perdent que la liberté : évadés ou libérés, on tolère l'existence d'une *classe* de malfaiteurs, on supporte leurs écoles dans les prisons, et l'on ne saurait se flatter d'avoir épuisé outre la peine extrême (désormais fort ménagée) les vrais moyens de combattre un tel fléau. D'un autre côté, le spectacle des échafauds est démoralisant pour les hommes pervers sur lesquels on voudrait agir : il efface de leur esprit l'idée juste et élevée de la répression et de la réparation juridiques, il les habitue à ne voir entre eux et la société que la force, dans une lutte où ils ont tant contre eux que pour eux des hasards, et où ils mettent vaillamment, à ce qu'ils disent, leur tête en jeu pour des jouissances ; il entretient enfin dans toutes ces âmes basses ou cruelles un infâme assemblage de pensées de sang et de raillerie. Ainsi l'utilité bien entendue est en sens inverse de ce que prétendent les partisans de la peine de mort, et l'exemple étant au fond celui du mal et de l'impuissance sociale du bien devient un encouragement à la violence. Les honnêtes gens se rendent rarement compte des mobiles du crime, et du désordre moral, de la fougue, des faux calculs, des passions aveugles des scélérats ; ils raisonnent comme si l'exemple leur était destiné, à eux qui ont la retenue au nombre de leurs vertus et l'honneur encore par-dessus. Mais ceux pour qui l'exemple est fait n'ont rien de l'honneur que perverti et renversé ; un certain courage matériel assez commun les excite à la témérité de leurs appétits. La prudence des plus vils ne sert qu'à les engager à manœuvrer souterrainement, et ils font souvent plus de mal que les plus hardis. Entre tous, il n'en est peut-être pas un qu'on ne voie s'exposer plus volontiers à cette peine effrayante, mais qui n'est après tout qu'une sorte de maladie mortelle afférente à son genre de vie, et que les habiles peuvent éviter, qu'il ne s'exposerait à subir toute sa vie la contrainte d'une discipline de tous les moments, hors de la société de ses pareils, dans la parfaite impuissance d'exercer des volontés et de se procurer des plaisirs.

Si nous parlons des crimes politiques, nous remarquerons tout d'abord que la nécessité ou l'utilité invoquent pour ceux-là des motifs beaucoup plus spécieux. Pourquoi a-t-on renoncé à les faire valoir, et cela contre toutes les traditions anciennes et modernes? Est-ce seulement à cause des vicissitudes des opinions et des partis, du scandale causé par les soudains échanges de rôles entre juges et accusés, de l'horreur que soulèvent les gouvernements de sang, depuis surtout qu'on en a vu de tels qui abolissaient la peine de mort en principe? Sans doute; car si nous supposions un état social et politique stable où les droits seraient garantis et la liberté respectée, les attentats dirigés contre le gouvernement porteraient atteinte à toutes les personnes ensemble, et seraient les plus grands de tous les crimes, en même temps que ceux où l'utilité, la nécessité de retrancher les coupables pourrait paraître la plus impérieuse et de l'intérêt le plus universel. Et si nous considérons un gouvernement oligarchique ou tyrannique, celui-là aussi trouvera que les entreprises contre sa sûreté, contre la sûreté sociale qu'il assure être la même, constituent les plus saillants des cas où la Raison d'État réclame la mort. Rien n'était jadis plus avéré que ces maximes, et la moindre réflexion sur le caractère habituel des conspirateurs, des prétendants et des éléments populaires de leurs espérances nous apprendra que rien n'est plus fondé, si seulement nous accordons quelque chose à l'argument de la nécessité apparente. Mais puisque la peine de mort a pu être abolie en matière politique, il est clair que ceux qui tiennent l'argument pour bon en thèse générale, ont pu cependant l'abandonner, et cela dans l'espèce la plus probable. Un sentiment de justice ou la douceur croissante des mœurs produisent donc cet effet de faire disparaître la vision du mal nécessaire et de gagner le consentement des plus intéressés à la faire durer. Il en sera de la répression des crimes privés comme de celle des autres pour peu que les cœurs s'élèvent encore. On cessera de croire indispensable la répression sanglante, et on ne l'aura pas plutôt reniée qu'on avouera qu'elle n'était pas même utile, mais qu'elle était nuisible et démoralisante.

Deux dispositions inverses se partagent les esprits sur le traitement qui convient aux grands crimes. Les uns inclinent à plaindre le criminel, qui, en un sens est en effet plus malheureux que ses victimes. La perversion morale étant à leurs yeux une espèce de maladie, ils ne voient point de place à la justice, se détournent du droit, et se feraient plutôt un devoir de rendre bons malgré eux les méchants. Les autres, plus nombreux et dont l'impression est plus naturelle, ressentent d'abord une juste indignation, et de là passent à la colère, réclament pour leurs sentiments outragés une satisfaction du genre destructif et disent dans leurs cœurs qu'il est équitable que tel, par exemple, trouve la mort qui l'a donnée ou voulu donner. Mais rares sont ceux qui se renferment strictement dans la raison et dans le droit, cherchent ce que la défense exige et écartent toutes les passions, certains d'avance que les bonnes concorderont avec la raison et en recevront une juste mesure, tandis que le mélange des mauvaises ne saurait jamais être que pernicieux.

Laissons donc encore une fois ces jugements de talion, empreints de haine par le fait, sous simulacre de justice, et illusoires comme on l'a vu. Après avoir défini la véritable utilité, essayons de délimiter le droit; assurons-nous de l'identité des conclusions. Ce qui donne à penser que le droit de répression du mal, exercé par la société, peut aller jusqu'à la suppression de la personne du malfaiteur, c'est évidemment, quand on consent à se renfermer dans le droit de défense, l'assimilation de la lutte à un combat singulier où l'injuste assaillant peut recevoir de celui qui lui résiste la mort dont il le menace. Mais il y a deux différences caractéristiques. La première consiste en ce que la répression sociale, de sa nature, s'applique toujours à un ennemi désarmé, savoir préalablement privé de sa liberté; or ceci éloigne tout d'abord l'idée actuelle d'un combat. La seconde, encore bien grave, quoique à mon avis accessoire, tient à l'intervalle qui sépare l'acte criminel du jugement, et qui projetant sur les faits à constater et à apprécier une part quelconque d'incertitude, exclut de nouveau toute comparaison avec une lutte présente où il n'y a ni doute ni délai pour les adversaires aux prises, et doit inspirer au juge la crainte de porter l'arrêt d'une peine irréparable motivée faussement.

L'assimilation fondamentale ne peut se soutenir qu'en se déplaçant. Au lieu d'une lutte armée actuelle, il faut imaginer le combat terminé, l'agresseur désarmé, puis introduire l'hypothèse sans laquelle le droit de défense aurait pris fin, en tant que pouvant aller jusqu'à la mort de l'ennemi (V. chap. LIV) : il faut supposer qu'il y a des motifs justes et suffisants de penser que cet ennemi reprendra les armes ou tendra des pièges et qu'enfin son existence est incompatible avec la sûreté d'autrui. Mais si le droit de défense s'étend dans ce cas au degré extrême, ce dont je conviens quand il s'agit du combat entre simples personnes, desquelles celle qui est dans la justice n'a pas la puissance de s'assurer de la liberté de l'autre et de la mettre matériellement hors d'état de nuire, il n'en est plus de même quand nous considérons la société. Une fin de l'établissement social, dans l'*état de guerre*, est précisément d'apporter la garantie des personnes et d'assumer le droit de défense de toutes (V. chap. LX). Or la société a ce pouvoir qui dépasse les forces de l'individu, ce pouvoir de supprimer légitimement la liberté d'un malfaiteur, et, dès qu'elle l'a, elle perd le droit de supprimer sa vie sur le motif d'une juste défense et dans l'hypothèse de la mauvaise volonté persévérante du condamné. En abandonnant le droit prétendu elle retrouve les devoirs généraux de bonté et d'amélioration morale que j'ai tenu essentiellement à séparer des questions juridiques et pénales, mais qui n'appartiennent pas moins à l'humanité, et pour lesquels une société digne de ce nom représente ses membres aussi bien qu'en ce qui touche la justice et le droit.

En résumé, le droit extrême s'arrête au point voulu pour que l'utilité vraie en ressorte conforme et que la fausse nécessité disparaisse. Nous pouvons reprendre en terminant un argument indiqué plus haut, et d'ailleurs des plus connus, celui qui se tire de l'irréparabilité de la peine, en opposition avec la faillibilité humaine et la nature simplement probable des jugements. Si l'argument était unique et le droit d'ailleurs réel à la charge d'admettre la bonne application et les faits constants, on ferait valoir assez spécieusement à l'encontre la nécessité morale de juger en ne s'ignorant pas faillible, l'obligation pratique en mille choses de prendre des résolutions probables dont les résultats sont irréparables à certains égards, et en particulier de joindre à toutes les sortes de peines prononcées des conséquences qu'il n'est point donné ensuite de retirer. Mais le droit n'existant en aucun cas, l'argument se dresse dans toute sa force, et l'on est heureux de s'y rendre pour accorder la solution rationnelle du problème avec la paix de la conscience du juge.

Il ne resterait maintenant rien de général à dire touchant la nature des peines qui ne résultât de ce qui a été dit de leur limitation. Elles se réduisent en principe à atteindre le coupable en sa liberté, en ses biens et par le travail contraint : ce dernier imposé tant comme devoir commun que comme instrument de réparation à celui dont la volonté n'est plus libre. On n'a point d'autres moyens légitimes d'obtenir la répression et la satisfaction juridiques. Chercher après cela comment et dans quelle mesure la peine est applicable au genre du crime ou du délit, par quels motifs d'utilité, dans quelles circonstances, on substituerait, sans altération de principe, l'exil ou la déportation à l'emprisonnement à l'intérieur; essayer de définir et de classer les délits qui donnent lieu à une juste action sociale, enfin critiquer les modes d'exécution des peines, ce serait dépasser les bornes de la morale appliquée, telle que je la considère, entrer dans les questions multipliées qui ont à la vérité ce même caractère de morale appliquée, mais n'embrassent pas moins des parties de la jurisprudence civile, commerciale, criminelle, politique, administrative. Il faut donc que je m'arrête. Ce ne sera pas pourtant sans avoir touché deux points très importants qui soulèvent aujourd'hui des difficultés, des doutes et réclament une ferme solution de droit.

Le coupable condamné à la perte de sa liberté, retranché de la société par conséquent, ou temporairement ou à toujours, peut subir sa peine dans l'isolement ou dans la société restreinte et contrainte des autres condamnés ses pareils. La différence est pour lui tellement grave et change tellement pour son bien et pour son mal, tant pour ce que lui-même appelle ainsi que pour ce qui est ainsi réellement, les conditions de sa punition, que l'application en devrait manifestement appartenir à la loi, et n'être point laissée à l'arbitraire exécutif. Quant à la question en soi, consultons le droit d'abord, puis l'utilité générale et particulière.

Le droit varie, il est aisé de voir comment. Certains délits ne seront pas jugés assez graves pour que celui qui les a commis soit exclu de la société comme absolument indigne, et le seront assez cependant pour exiger une répression et une réparation entraînant la contrainte et par suite une privation plus ou moins rigoureuse de liberté. D'autres paraîtront de nature à ce que le verdict de jugement ne dépasse point le droit de défense quand il étendra cette privation jusqu'à l'interdiction de toute société pour le coupable, donc jusqu'à la réclusion la plus dure et à la réclusion solitaire. Remarquons, en effet, que le juge, dans notre hypothèse, représente une société, la seule légitime, la seule admissible; qu'il n'est point obligé de connaître l'existence d'une autre société, celle des condamnés entre eux, et de lui attribuer des droits. Donc les membres de la société, par son organe, déclarent vouloir retrancher au condamné toute communication normale avec eux, sauf bien entendu les relations indispensables pour l'application de la peine, et sauf encore ces autres relations que les simples devoirs d'humanité pourront y joindre librement. Ils ne font donc que s'éloigner pour ainsi dire eux-mêmes, et ce qu'ils ajoutent ainsi à la répression et à la réparation n'est qu'un acte libre et légitime de leur part, sous les réserves que je viens d'introduire. Prenons le point de vue inverse et passons du côté du condamné. Ce dernier, supposé un grand criminel, ne peut faire valoir aucun droit à des relations avec autrui qui contraindraient la liberté de ceux dont il est repoussé, et il n'en peut faire valoir à la société de ses pareils, laquelle n'a aucun titre à présenter. Si au contraire, il n'est détenu que pour cause relativement légère, à plus forte raison s'il n'est que prévenu, c'est lui qui peut se plaindre de la cohabitation qu'on lui impose avec des hommes entièrement corrompus. La réclusion solitaire est un droit qu'il peut réclamer, car il n'est pas admissible qu'une juste peine entraîne, par la volonté du juge ou autrement, des conséquences propres à en altérer la nature et à produire et propager le mal sans compensation.

On sait trop ce que sont les sociétés des prisons, des espèces d'enfers que la morale n'est point tenue de tolérer, d'après ce qui précède, et que par conséquent elle commande d'abolir. Le bien général le demande à son tour. Ici, nul besoin d'insister : la défense sociale est évidemment compromise, forcée de dégénérer en une guerre permanente contre les affiliations de la geôle. Le bien des particuliers, savoir des criminels, n'est pas moins clair, si l'on ne songe qu'au bien moral, car la satisfaction des passions sociales perverties ne leur est point due. On objecte la démence et les vices spéciaux qui peuvent résulter de ce refus d'aliment aux premiers besoins passionnels de l'homme. Mais c'est de quoi l'on n'est point responsable en restant dans les termes du droit; on y peut obvier en remplissant des devoirs d'humanité, et notamment en travaillant à l'instruction intellectuelle et morale des prisonniers. Si enfin des maux et des désordres particuliers naissent fatalement dans quelques cas, la morale ne les estime pas pires que ceux qui procèdent universellement de l'autre système.

Le dernier sujet que je veux aborder est celui de la réhabilitation des condamnés soit par suite d'erreur reconnue et de revision de jugements, soit après l'accomplissement de la juste peine. Mais ce sont deux questions profondément différentes. L'une est on ne peut plus claire; il ne faut pas moins que de violents préjugés, des habitudes invétérées d'autorité absolue et prétendue infaillible, pour en vouloir éviter la seule solution possible en droit; l'autre est extrêmement délicate et d'ailleurs échappe à l'ordre juridique.

S'il arrive qu'après une condamnation prononcée, à quelque époque que ce puisse être, des indices nouveaux suffisamment graves, des révélations survenues altèrent les éléments du jugement rendu et puissent en détruire les motifs, si les faits sont acquis pour un examen compétent, le jugement a par là même cessé d'exister jusqu'à revision, et la peine est un pur fait qui doit être suspendu. Il n'est pas de devoir de justice plus net et plus impérieux. Nul argument direct ne le peut combattre. Ceux qu'on oppose indirectement, et qui n'ont que l'utilité pour thème, reviennent toujours à poser l'infaillibilité hypothétique du juge comme une sorte de palladium nécessaire de l'ordre social. Une supposition aussi monstrueuse n'eût jamais été mise en avant, je dis même au nom de la Raison d'État, sans l'ignorance et la crédulité extrêmes des peuples auxquels on prétendait la rendre utile. On s'exagérait encore leur abaissement, ce qui est un moyen de l'augmenter et de le perpétuer, et on voyait l'utilité pour eux dans la soumission implicite à la sagesse et à la grâce des gouvernements, que dès lors ils ne pouvaient trop croire au-dessus de l'erreur. Mais il y a une autre utilité que cette utilité de brutes : l'utilité de l'être raisonnable à qui il est bon de connaître la vérité et la justice, de se rendre compte des conditions humaines de l'une et de l'autre, en un mot de savoir que l'homme est l'homme dans tous les rangs, dans toutes les fonctions, et que le juste n'est pas celui qui s'arroge une autorité certaine dans ses jugements, mais celui qui se reconnaissant peccable est toujours prêt à s'examiner lui-même afin de réparer ses erreurs ou ses fautes. Telle est l'idée que des nations éclairées devraient avoir de la personne d'un juge et de la nature d'un jugement ; elle leur serait très profitable de toutes manières ; la revision des jugements et la réhabilitation des condamnés en sont des conséquences immédiates en certains cas ; on ne peut s'y soustraire sans renier les préceptes mêmes de l'équité, de la réflexion et de la connaissance de soi-même.

La réhabilitation du coupable après la peine subie paraît de prime abord toute naturelle, encore que par des raisons qui n'ont rien de commun avec les précédentes. Ici l'on suppose que le condamné a reconnu la justice, qu'il s'est amendé, qu'une sorte d'active repentance le replace dans un état semblable et peut-être moralement supérieur à l'état qui précède sa faute. On va même plus loin, on dit quelquefois sans s'inquiéter de ses dispositions mentales qu'il ne doit rien, qu'il a payé sa dette à la justice. Cette dernière opinion est assurément très grossière, ne tenant compte ni de la suspicion légitime qui vaut désormais contre lui, fondée sur l'expérience, ni du jugement de l'honneur, dont les obscures limites ne sont pas identiques avec celles de l'arrêt, ni enfin de ce caractère acquis, ineffaçable, de certains faits qui, après tout, ne sauraient être n'ayant pas été quand ils ont été, et qui sont des taches. Mais l'opinion que j'appellerai de la réintégration morale interne du coupable a beaucoup plus de valeur. L'homme étant par hypothèse transformé, devenu un *nouvel homme*, ce n'est plus en quelque sorte à lui, tel qu'il est, qu'on peut justement opposer le jugement qui le frappa tel qu'il était. Ce point de vue n'a rien de subtil, la vérité en est universellement sentie, même en dehors d'une religion qui s'y appuie et n'aurait certes pas la puissance de la feindre ; et la morale en fait un devoir, autant qu'elle réprouve les passions de haine et de vengeance et tient pour juste que l'agent faillible excuse les fautes de l'agent failli et repentant. La réhabilitation s'offre dès lors comme une suite naturelle de la réintégration dans le bien. Il faudrait même ne s'en pas tenir là et convenir que, moralement parlant, le coupable cesse d'être coupable à quelque moment qu'il se trouve réellement réintégré, et qu'ainsi le jugement et la peine de contrainte devraient lui être épargnés, aussitôt que redevenu juste en son cœur il est capable de travailler à sa répression intérieure et efficacement résolu d'employer toutes ses forces à la réparation du mal qu'il a causé.

Mais voilà précisément ce qui n'est pas possible, et ces derniers mots mettent en saillie l'obstacle insurmontable à une réhabilitation juridique dont la condition serait la même que celle du pardon pur et simple, savoir la réintégration effective constatée, la certitude acquise d'un état interne qui n'admet nulle preuve matérielle, et de cet état même au degré où il le faut pour le garantir durable et de nature à porter fruit. Cette certitude est inabordable. Les probabilités ne sont pas de mise et seraient plutôt contraires. La conscience est fermée ; le droit, la morale appliquée tout entière s'arrêtent devant elle, quand il s'agit d'actes publics et juridiques, et sont tenus de se prononcer sur des faits constatables en excluant tout ce qui serait matière d'appréciations individuelles. Ainsi tout tribunal étant incompétent pour décider de la moralité d'un homme, comme il le serait pour condamner sur de simples intentions et réprimer des crimes non passés à l'acte, la réhabilitation ne se conçoit que dans le petit nombre de cas où le mal causé sans volonté perverse est ensuite réparé volontairement (comme dans les faillites commerciales). Hors de là c'est aux mœurs qu'il faut s'adresser, aux mœurs des particuliers et non à la morale et au droit publics. Il est vrai qu'il y a beaucoup à leur demander, et qu'on a raison de voir dans leur dureté et leur égoïsme une cause qui aggrave et prolonge outre-mesure les peines des condamnés, qui en inflige une aux accusés mêmes qui n'en méritent point et tend à mettre le sceau à la corruption de ceux qui ont manqué à l'honneur une première fois. Avouons toutefois que ce mal n'est pas sans compensation ni surtout sans excuse.

CHAPITRE XCII

LE DROIT EXÉCUTIF

Si nous considérons un État dont toutes les parties et les relations soient réglées conformément à un ordre légal, les administrations qui y sont instituées ont simplement pour objet l'exécution des lois de différentes espèces. Une administration n'est autre chose en principe que l'office d'une ou de plusieurs personnes coordonnées entre elles, avec des fonctions déterminées qui leur sont attribuées à l'effet d'exécuter un certain ensemble de prescriptions légales. Il suit de là que l'administration implique ce qu'implique l'exécution par la force même du mot : une loi antérieure avec toutes les conditions de légitimité de cette loi, et ne peut elle-même l'introduire, l'étendre ou la suppléer sous peine d'usurpation. Les objets du ressort de l'État, c'est-à-dire *d'intérêt commun et de délibération commune*, sont d'ordre légal et par conséquent général, car le caractère de la loi est de régler l'universel, sans acceptation particulière aucune, de telle sorte que les cas particuliers qui en dépendent se trouvent réglés par voie d'application et d'exécution sans être appréciés dans ce qu'ils ont de propre et de différent. C'est à la fois la grande garantie des individus et c'est l'ordre de la raison, qui veut, contrairement aux passions les plus communes, qu'une règle existe et se tire du général en toutes choses. De là la limite principale de tout droit administratif : ne rien décider ni faire qui ait trait aux personnes ou aux événements dans ce qu'ils offrent de particulier, ne rien justifier jamais par d'autres considérations que la loi. Si donc il arrive que des mesures d'exécution isolées, particulières, doivent être prises dans des circonstances que la loi n'a pas prévues ou pu prévoir, il faudra les prendre comme la logique prend les termes dits *individuels* qui ont exactement le rôle et les propriétés de *l'universel*, les traiter en lois véritables, malgré le caractère isolé qu'ils tiennent de la nature des choses, et les demander au législateur. L'administrateur n'a rien à prescrire de sa propre autorité. Celui-là seul qui fait légitimement la loi fait légitimement l'acte, quand l'acte se présente à part de toute loi préexistante et, bien entendu, quand il concerne la chose de tous et ne viole le droit d'aucun.

Distinguons deux choses dans l'administration ou office d'exécution des lois : premièrement, le droit inhérent de contraindre les personnes rebelles aux prescriptions expresses du législateur ou qui refusent les moyens nécessaires et prévus pour atteindre les fins de la loi. Mais c'est ici la partie exécutive de la justice ou qui suit le jugement. L'administrateur, en général, n'a point à s'y ingérer, si ce n'est comme plaignant auprès du juge ; ce dernier seul, après avoir rempli son mandat, saisit la force publique, et la force publique le représente en tant qu'elle représente le peuple même qui l'a institué et veut que ses arrêts soient exécutés.

Secondement, les groupes de fonctionnaires chargés de travaux de genres divers, ordinairement permanents, qui importent à la gestion des affaires communes. Des règlements particuliers, un certain ordre de hiérarchie et de commandement sont évidemment indispensables, par là même qu'il y a des missions expresses et des responsabilités particulières portant sur des points où la volonté intervient et ne saurait se généraliser. Mais le droit réclame une double garantie : celle des agents quels qu'ils soient contre les chefs, qui ne doivent rien exiger de leurs subordonnés que de conforme à la loi ; celle du public, qui doit considérer l'administration comme sa chose. Une publicité entière et sur tous sujets, puis au besoin des jugements et la liberté de les provoquer, tels sont les moyens qui s'offrent et qui sont essentiels dans les États libres. La nécessité de constituer les administrations et de conférer à des personnes déterminées le droit d'exécuter les lois résulte de la spécialisation des travaux et des tâches. Mais il ne s'ensuit pas de là que les particuliers renoncent au droit et au devoir général de surveillance et de dénonciation au juge compétent. Tout au contraire, une institution administrative quelconque a pour contre-partie logique la faculté pour tous de veiller à ce que la fonction soit remplie conformément à la loi. En principe, la dénonciation de tout acte illégal est juste et doit trouver des voies ouvertes. Exercée contre des personnes privées, supposée sans passion et même sans intérêt, elle n'attire l'animadversion publique que ces sociétés où le gouvernement passe pour l'ennemi dans l'opinion. Exercée contre des magistrats, le droit en est refusé aux citoyens, là seulement où la magistrature à tous ses degrés fait corps et n'accepte à l'égard du peuple aucune responsabilité, si ce n'est peut-être nominale et mensongère.

Le droit exécutif, remis en fait à quelques-uns est conservé chez tous en puissance, et ne pouvant se perdre quant à sa racine, il faut qu'il se délègue. L'exécution légale est le droit que l'auteur de la loi délègue d'exécuter la loi dans une sphère définie. Il est clair que celui qui a le droit de vouloir est fondamentalement celui qui a aussi le droit de faire, le seul qui a ce droit. Celui qui exécute en réalité ne possédant pas ce droit universel de vouloir, attribut commun de tous dans les limites de la raison et de l'action sociale légitime, il ne peut être que le mandataire de tous, lui-même compris, et cela dans tous les genres : droit de juger, élection de juges ; droit d'enseigner, élection de professeurs ; droit de décider des travaux, d'ordonner des recettes et des dépenses, élection de directeurs, d'ingénieurs et de financiers ; droit même de faire la guerre, élection d'ingénieurs et de généraux. Il reste à savoir seulement quelles fonctions seront utilement et sans manquer au droit déléguées d'une manière indirecte, c'est-à-dire avec interposition d'un ou même de deux degrés. Sous ce point de vue, la législation, d'où l'exécution émane au fond, peut revêtir le caractère d'une première espèce d'exécution de volonté : c'est que la nécessité de procéder à l'établissement des lois par voie de représentation, et non directement, assimile l'acte de légiférer lui-même aux divers droits d'exécuter que délègue celui qui a le droit de vouloir. (V. chap. LXXXIX.)

Dès l'instant qu'une société a des mandataires qui exécutent et ne doivent pas faire plus qu'*exécuter* en son nom, mais qui ont aussi la faculté particulière de *vouloir*, avec des passions pour les pousser à s'en servir au delà des bornes du mandat, il faut songer à joindre à leur institution des garanties contre l'intervention de leurs volontés personnelles. Le droit devenu un pouvoir ne se maintient pas sans peines dans les limites du droit. Si, en outre, on juge nécessaire d'assembler en une unité plus ou moins étroite les différentes parties de l'administration publique et de leur donner à toutes un chef, qui prend alors essentiellement le nom de pouvoir exécutif, les garanties des droits des individus et de leur vraie société libre deviennent à la fois plus indispensables et plus difficiles. Le pouvoir tend à se considérer comme la société même, c'est-à-dire, car c'est cela, à s'en séparer pour exercer sur elle une puissance externe, hétéronome ; il dégénère en usurpation tantôt tyrannique, par des *coups d'État*, tantôt consentie, comme quand un peuple semble dire à un chef qu'il se donne : conduis-nous, nous qui ne savons pas nous conduire, tantôt et plus souvent, même dans de prétendues démocraties, par un mélange confus et repoussant de ces deux choses.

Le moyen de garantie le plus sûr consiste évidemment à laisser les administrations dans la division naturelle qui correspond à celle des fonctions publiques et légales, en n'en étendant strictement les sphères qu'aux objets dont les individus ne peuvent se charger librement d'une manière suffisante, et les laissant dépendre en leur institution et en leur responsabilité des mêmes administrés qui ont le droit de se faire représenter par elles dans chaque ordre d'application de leur autonomie. Mais il faut pour cela qu'un peuple soit capable de vouloir sa constitution avec une certaine unanimité, une certaine fixité, de l'aimer, de la respecter au moins, comme sortie d'une majorité actuelle qui n'exerce point d'oppression et qui n'en subit point, et dès lors d'accepter et de surveiller l'application de chaque loi de fait, à titre d'instrument indispensable de paix et de progrès. Il faut que les espèces d'aristocraties, soit naturelles, soit légales, qui précèdent les élections ou qui en procèdent (quelquefois par plusieurs degrés nécessairement, et dans ce cas d'autant plus marquées) ne cèdent pas à la tentation d'identifier la raison avec leurs passions et de définir la justice par leurs intérêts. Il faut enfin que l'intronisation de la volonté de quelques-uns, plutôt d'un seul, ne soit pas rendue fatale par le désordre des esprits et les entreprises des forces anarchiques au dedans, par le développement des institutions militaires que semble commander le dehors. Autrement, les garanties accessoires, telles que celle de la brève durée des pouvoirs délégués, demeureront vaines. Il est trop clair et trop prouvé que les meilleures constitutions faites pour la liberté déchaîneront la licence et seront immédiatement renversées, en supposant qu'elles soient un seul moment autre chose qu'écrites, comme fut écrite cette constitution (admirable en soi) de 1793, qui devait entrer en vigueur *à la paix*. La paix! les conventionnels ne mesuraient pas la portée de ce mot. Les passions de la guerre étaient gravées en traits de feu dans les articles mêmes de l'œuvre où ils mettaient tout ce qu'ils avaient de vertu, d'amour du bien et de la vérité[1].

Lorsque la limitation normale, la division et l'indépendance réciproque des fonctions exécutives ne paraissent pas praticables, au vrai lorsqu'on désire instituer un pouvoir resserré, de vaste compétence et propre à diriger de *grands desseins*, sans cependant se livrer soi-même et s'édifier pour ainsi dire une usurpation de ses propres mains, on se rejette sur la division des personnes, sur la durée des mandats, qu'on abrège autant que possible, sur la balance cherchée des différents pouvoirs entre lesquels on partage les prérogatives, sur l'organisation de la responsabilité. Réunis ou séparés, ces divers moyens dont je ne songe pas à entreprendre l'examen, sont toujours exposés à être inefficaces pour deux raisons. La première est que le vice reste au fond, tant que le pouvoir exécutif reçoit une mission quelconque, ou pour le dedans ou seulement

---

[1]. Le droit d'insurrection, le tyrannicide, le refus de traiter avec l'ennemi qui occupe le territoire, etc.

pour le dehors, autre que celle d'appliquer des lois déterminées et nettement circonscrites ; de simple devoir et de droit positif conféré par procuration strictement définie, il devient plus ou moins volonté libre, arbitraire et droit supérieur, prééminent : rien d'étonnant à ce qu'il faille se défendre *a priori* d'une institution qui a son levain de corruption en elle-même. La seconde raison est que le peuple obligé de se donner de telles constitutions porte en soi le principe de la *guerre* et doit nécessairement le trahir dans son gouvernement ; or la guerre a des chances diverses, et les belligérants représentés dans les différentes autorités constituées se proposent naturellement de vaincre et peuvent être vaincus. Mais si les gouvernements de cette espèce ne sont guère que des conventions de trêve, disons si l'on veut des conventions de combat, ce n'est pas un juste motif de les dédaigner et de les rejeter ; car la guerre étant au fond des esprits et des cœurs, celui qui ne connaît pas de moyens d'y substituer instantanément la paix doit s'estimer heureux d'organiser la lutte en la modérant et l'empêchant d'aller aux dernières extrémités ; il peut même apercevoir le vrai chemin de la paix dans les conventions faites pour la guerre, pourvu qu'elles soient observées.

La définition rationnelle, la seule vraiment profonde, des gouvernements mixtes est celle qui les poserait, non pas tant comme des mélanges des formes monarchique, aristocratique et démocratique, car ces formes se concilient très bien les unes et les autres avec un exercice tyrannique (hétéronome) des pouvoirs sociaux, que comme des compromis entre l'idéal de l'autonomie, où l'exécution s'attacherait rigoureusement aux parties bien circonscrites d'un pur et complet régime légal, et le fait de l'hétéronomie permettant à quelques hommes d'avoir une volonté pour les autres, sans même la ratifier, si ce n'est fictivement quelquefois, par la loi des majorités (cette loi dont la propriété est d'impliquer le consentement des dissidents). Les anciennes sociétés grecques ont été bien près de l'idéal, sauf la stabilité, et seulement quant à la justice politique, laquelle est loin d'impliquer une justice sociale parfaite au même degré. Les sociétés modernes y tendent par leurs essais de républiques et par leurs gouvernements mixtes chargés de pouvoirs exécutifs de moins en moins hétéronomes ; elles s'en approcheraient insensiblement par la seule vertu du respect des lois, remède presque suffisant des vices de tout peuple, qui sont l'inconsistance, l'envie, l'ignorance et les compétitions brutales qui le poussent à se chercher des maîtres.

Dans l'état actuel des choses, on peut assurer que rien ne saurait soustraire le progrès politique et la sincérité des garanties contre le pouvoir à deux grandes conditions : longueur de temps, formation d'un faisceau de traditions respectées. De là le danger de la situation d'une nation qui, forcée de rompre toutes les siennes, s'en forme très difficilement de nouvelles ; la supériorité relative d'une autre qui a le respect de ses constitutions et de ses lois et croit encore les conserver quand elle les transforme profondément. Aucun changement brusque, aucune improvisation d'état politique ne sont possibles sans admettre une suffisante préparation d'intelligence pour concevoir, de passions et d'habitudes pour vivifier un régime accepté, de vertus pour le rendre applicable. Quand ces conditions manquent, on ne les suscite point par décrets. Quand elles sont satisfaites en partie, et vont se développant sous un de ces gouvernements mixtes, quel qu'en soit le nom, où l'autonomie tient une place légale, les lois et la constitution même s'améliorent progressivement. Les garanties contre le pouvoir entrent dans les habitudes, et le pouvoir, de son côté, s'accoutume à ne vouloir que ce que le peuple veut. On n'a point alors à recourir à ces révolutions dont les plus nécessaires créent autant de dangers qu'elles écartent d'obstacles, et les plus radicales détruisent à la vérité quelque chose de ce qu'il faut détruire, mais se voient ensuite impuissantes à construire un édifice de justice et de liberté sans fondements dans les mœurs.

En observant la marche continue d'un vrai système de garanties, on est porté à croire que l'établissement de l'autonomie entière en est la fin nécessaire. A plus forte raison devrait-on penser que l'autonomie une fois obtenue est durable de sa nature. Dans le premier cas, en effet, il est naturel de supposer qu'une suite d'efforts des classes dirigeant l'évolution élèvera les autres par l'instruction et par l'exemple à la capacité voulue pour le gouvernement de soi-même. Dans le second cas, l'hypothèse comporte déjà la donnée d'un peuple dont tous les membres possèdent plus ou moins les vertus essentielles. Mais cette double exigence n'est jamais qu'imparfaitement remplie. L'une voudrait plus de zèle et de prévoyante bonne volonté de la part des aristocraties : on les voit plus volontiers abandonner leurs privilèges mêmes que travailler à rendre dignes de la liberté les nouveaux venus qui vont avoir à l'exercer. L'autre reste toujours subordonnée aux passions de l'homme : passions injustes qui font fatalement explosion dans quelques occasions, et passions justes dans le principe, mais dont l'essor peut déchaîner la guerre à cause des résistances rencontrées et produire ensuite un profond pervertissement des consciences.

C'est donc avec un grand bon sens qu'on a regardé l'éducation comme la base de la politique pratique. Il appartient à l'éducation de développer la raison et d'inculquer de la morale tout ce qui est transmissible, par là de mettre les hommes en état d'exercer leur autonomie en respectant l'autonomie d'autrui. Cette condition est indispensable ; nulle société grande ou petite ne parviendra sans elle à se gouverner rationnellement. Mais cette condition ne suffit pas. De même qu'il arrive à l'éducation privée d'échouer, de voir ses fruits presque instantanément perdus quand se produisent certaines tentations et initiations pour l'élève et des circonstances externes qui ne sont pas faites pour ménager les épreuves à la vertu, de même l'espèce quelconque d'éducation publique reçue par tous les citoyens d'une nation en possession de se gouverner peut n'avoir pas des effets à l'abri des troubles que suscite la solution légale de quelques grands problèmes. A moins de supposer tous les problèmes sociaux résolus, ce qui est chimérique, la conduite et la destinée d'un peuple sont soumises, quand une question vitale se pose, au même jeu de passions, de liberté et de responsabilité, aux mêmes épreuves, aux mêmes conséquences possibles que la conduite et la destinée d'un individu. Pour être extrêmement plus complexe, affaire de conflits et de résultantes de beaucoup de volontés, le cas ne dépend pas moins de décisions qui prennent racine au fond des consciences particulières. Il résulte de là que le progrès naturel et nécessaire de l'humanité (pris ici exclusivement dans la succession des formes politiques) n'est pas plus vrai que le serait le progrès constant et assuré d'une personne isolée supposée devoir par sa nature acquérir en vivant une aptitude croissante à se diriger rationnellement elle-même, et à pratiquer toutes les vertus. L'expérience montre ce qu'il en est chez les personnes, même *bien élevées* ; mais n'a-t-on pas vu aussi des peuples perdre en peu de temps et dans certaines crises tout le bénéfice d'une longue éducation ? Le changement des mœurs politiques est beaucoup plus rapide dans la décadence que dans le progrès. Une seule guerre civile submerge parfois l'acquis de la vie publique de plusieurs siècles.

Ce qui domine la question des épreuves d'un peuple, quant à l'autonomie à obtenir ou à conserver, c'est la distinction importante que j'introduisais plus haut par les mots de justice politique et justice sociale. Une société observe la justice politique entre ses membres titulaires, lesquels participent également, je suppose, à l'établissement et, autant que possible, à l'exécution des lois ; mais en même temps elle viole la justice sociale dans ses relations externes, soit avec l'étranger (guerre, tributs, conquête), soit avec certaines classes exclues du droit commun (esclavage, servitude à tous les degrés). A ces causes de corruption il s'en ajoute de plus actives et promptes dans leurs effets, quand les lois et usages concernant la propriété, le travail et le commerce deviennent objets de débats passionnés entre concitoyens. Ce n'est pas tout de posséder l'autonomie de gouvernement, il faudrait avoir les lumières et les constantes vertus du législateur idéal ; mais les questions de capital et de rente, loyers, dettes, impôts, privilèges de propriété ou d'industrie, les questions de fortune en un mot, troublent les esprits dès qu'elles se posent sur des points tant soi peu graves, et égarent les cœurs au point que la règle des majorités devient impuissante et que les luttes de scrutin, avant même d'être ouvertes, commencent à dégénérer en luttes armées. De tous les dangers qui menacent la liberté, le plus grand quant aux relations extérieures est la conquête, car elle habitue les hommes, les uns à commander, les autres à obéir, développe à la fois l'esprit de violence et l'esprit de discipline, et forme des généraux pour les mettre en œuvre. Mais le plus grand danger à l'intérieur est une dissension sur l'organisation économique de la société, dissension à laquelle se joignent toujours une activité politique exagérée, une suite de changements brusques, un ébranlement profond de la confiance et de toutes les habitudes, enfin les révolutions et les coups d'État. Que la cause externe et la cause interne agissent ensemble, c'est alors surtout qu'on pourra estimer inévitable le passage d'un peuple, quels que soient ses précédents politiques, à des gouvernements hétéronomes, sa soumission à un pouvoir exécutif.

Exposer une situation de ce genre, en effet, c'est dire, en termes vulgaires, que le peuple se montre incapable, soit de réaliser par lui-même, soit peut-être de supporter, et soit d'empêcher par les voies de droit certains changements sociaux ; et que, d'autre part, il a des passions qui le disposent à demander à la puissance d'un seul homme, à la force, la réalisation de son bien, qu'il ignore, et de son progrès, il ne sait en quel sens ; il le subira vrai ou faux, comme il lui sera apporté. Bien plus, il se flattera d'étendre ses *vrais droits*, dira-t-il, et ses *vraies libertés,* parce que chaque parti verra les droits et libertés de l'adversaire anéantis, et ses propres vœux satisfaits en quelque chose. Ce contre-sens de morale et de droit répond à l'abandon des devoirs en faveur de la sécurité ou de tels autres intérêts; il exprime le sentiment dominant au moment de la perte de l'autonomie et de la dégénération du droit exécutif en pouvoir hétéronome.

Un pouvoir de cette espèce est précisément le pouvoir exécutif, tel qu'on l'observe dans l'immense majorité des cas et des nations policées. On feint une société qui diffère fictivement de ses membres, lesquels s'intitulent sujets (*sujets,* non de leurs propres volontés, mais *objets* d'une volonté étrangère, c'est ce qu'on entend). On la représente par des gouvernements qui prétendent exercer une action indépendante en vue du bien public, refrènent pour cela l'arbitre des uns, donnent carrière à celui des autres, remplacent le législateur ou le maîtrisent, décident que tels ou tels droits seront valables et dans telles limites, commandent, permettent, défendent, jugent, enseignent par l'intermédiaire d'une longue série de fonctionnaires savamment hiérarchisés, auxquels s'enjoint l'obéissance passive afin que la responsabilité (nominale) remonte aux chefs suprêmes et que les subordonnés n'en aient personnellement aucune, si ce n'est à l'égard de leurs supérieurs, enfin se chargent, tant et aussi longtemps qu'ils peuvent et que la force est avec eux, des affaires communes et particulières, comme s'ils avaient un mandat spécial de la raison ou du ciel, tandis qu'ils tirent tout ce qui est en eux des passions et des intérêts d'une classe, d'une famille, d'une personne, sont sujets à varier ainsi que varient des volontés individuelles et mettent la raison d'État au service des douteuses lumières et des rares vertus des conducteurs d'hommes.

Ainsi se posent, d'un côté, la vérité et l'idéal, le vœu de la raison, de l'autre, les fatalités historiques avec les innombrables degrés où elles se prononcent. L'opposition la plus flagrante entre les exigences du droit et les faits de l'histoire se rencontre dans les exemples fameux de peuples entraînés sur les pas de *messies temporels* dans des voies criminelles. Les messies spirituels des révolutions religieuses, les purs du moins, sont loin d'exercer l'action oppressive et l'influence démoralisante de ces héros de la force brutale, car ils aiment les hommes et croient avec *quelque chose au-dessus de leurs têtes*, et la foi libre des peuples les suscite, ensuite les transforme et les reconstruit à son usage, encore plus qu'elle n'en est jamais réellement dominée. Mais les Césars n'aiment et n'estiment qu'eux-mêmes et sont possédés de la manie de pétrir en grand et à leur guise le limon humain qui se laisse faire : en grand, sans autre mobile essentiel que la satisfaction même de ce goût, c'est ce qui les distingue du vulgaire des scélérats. Leurs qualités dominantes sont une intelligence pénétrante, une vaste imagination stratégique, organisatrice, mais toute matérielle, sans profondeur, avant tout cette volonté démoniaque qu'on appelle chez eux le génie et cette passion affolée de risques et de succès qui les pousse de cime en cime jusqu'au dernier précipice où ils tombent. Ils n'y tombent pas seuls ; leur démence est contagieuse ; leur chute, de quelque manière qu'elle se produise, est précédée ou suivie d'hécatombes de guerre. L'œuvre qui les éblouissait est manquée, mais non l'œuvre de servitude, dont profitent leurs successeurs. Le déploiement d'une puissance prestigieuse a fait des esclaves volontaires qui restent esclaves de gré ou de force, sous d'autres maîtres.

A l'extrémité opposée de l'échelle de déviation de l'autonomie à l'hétéronomie, en contraste avec cette divinisation du pouvoir exécutif, il faudrait placer une société où l'exécution, constamment légale, ne conserverait d'initiative propre que dans la mesure d'une utilité, d'une nécessité défensive sérieusement sentie et éprouvée ; où une aristocratie de fait, à rangs toujours ouverts, en possession de diriger l'action législative, serait pénétrée du sentiment de ses devoirs, disposée de pleine volonté à faciliter l'ascension de toutes les classes de peuple à l'autonomie et à chercher activement les moyens de les en rendre dignes ; où ces dernières, enfin, respecteraient les lois, redouteraient la violence, de quelque part et dans quelque intérêt qu'elle s'offrît, craindraient d'acclamer des chefs autant que d'en subir, et se trouveraient par position, si ce n'est par vertu, exemptes des habitudes et préservées des tentations de la vie militaire.

Les cas moyens des sociétés douées de quelque énergie améliorante, et dans lesquelles ni le peuple entier et chaque personne ne sont privés de toute libre action sur la chose commune, ni dispensés d'obéir à des nécessités établies en presque toutes rencontres, se composent d'alternatives de paix et de guerre au dehors, de concorde approximative et de luttes à l'intérieur, de bonnes et de mauvaises lois plus ou moins consenties, de pouvoirs plus ou moins réglés ou abusifs, de droits reconnus ou perdus, d'ordre légal habituel et de mouvements révolutionnaires. Certaines sommes de privilèges invétérés, mais objets de jugements divers sous le double point de vue du droit et de l'utilité, attirent principalement l'attention à chaque époque. Ces mélanges d'autonomie et d'hétéronomie créent des situations où la morale et le droit sont d'application délicate, la morale rationnelle pure hors de mise dans nombre de déterminations individuelles, l'étendue du droit de défense incertaine, les motifs d'utilité douteux, la conservation personnelle presque toujours en cause, les devoirs envers autrui réciproquement altérés de mille manières. La limite des moyens légitimes de revendiquer les droits contestés, de reconquérir la liberté perdue, ou même auparavant ignorée, ne se trace pas sans scrupule et sans danger. Les règles générales que j'ai posées pour la transformation des devoirs dans l'*état de guerre* reparaissent ici nécessairement, car elles portent sur les questions politiques, au même titre que sur les questions sociales et sur ces droits rationnels de la personne que j'ai examinés indépendamment de toute forme de gouvernement. Je puis donc me borner à les rappeler ici, d'autant mieux que nous allons les retrouver avec un degré nouveau de précision en traitant d'une dernière série de problèmes que je réunis sous le titre de *droit de la guerre* ou *droit extrasocial*.

CINQUIÈME SECTION

LE DROIT EXTRASOCIAL

CHAPITRE XCIII

DU DROIT DE LA GUERRE ET DU DROIT DES GENS EN GÉNÉRAL

L'idée et le fait de la guerre, intervenant dans la morale appliquée et dans le droit historique, ont modifié les éléments des problèmes moraux que j'ai étudiés, et par suite la détermination des devoirs, dont les principes ne laissent pas cependant de descendre directement de la pure loi morale. Il est étrange qu'un fait aussi universel et capital que l'*état de guerre*, et qui vicie aussi profondément, aussi nécessairement les relations humaines, j'entends celles-là mêmes qu'on intitule de société et de paix, un fait par lequel non seulement le commun des hommes (des hommes de bien), mais les saints de la philosophie n'oseraient dire que leur conduite n'est pas à tout instant altérée et soustraite à la sphère de l'éthique pure, ait pu être regardé comme indifférent quand il s'agit de formuler des préceptes pratiquement valables. C'est pourtant ce qui est arrivé. Et je ne fais pas allusion ici aux utopistes, car s'ils ont cru découvrir des moyens de changer rapidement et radicalement les effets ordinaires des passions, en même temps que les conditions du milieu social, on ne saurait les accuser d'avoir méconnu le mal et sa grandeur : ils ont, au contraire, prouvé par là même qu'ils en appréciaient l'étendue, et les ramifications et les fatalités actuelles ; je parle des moralistes de toutes les époques, qui ont traité de la morale et même du droit, comme s'il suffisait de promulguer le devoir abstrait à l'adresse d'une personne quelconque, abstraite aussi pour ainsi dire, et si tout finissait là. Il n'est pas moins étrange à mes yeux qu'une erreur, une fascination inverse, ait été possible. Des juristes occupés du droit des gens et assimilant le rapport de différentes nations ou sociétés entre elles, habituellement belligérantes, à celui de simples individus considérés à l'*état de nature,* quelques philosophes en outre, frappés du spectacle des passions égoïstes et de la lutte universelle des appétits dans le genre humain, encore que sous l'empire des gouvernements auxquels ils rapportaient la cause unique de ce qu'ils apercevaient d'ordre et de paix, ont défini l'état naturel par l'état de guerre, nié par conséquent les droits et devoirs sociaux en tant que naturels, la raison en tant qu'appliquée constamment à engendrer des rapports sociaux, et traité la morale comme quelque chose de surajouté de manière ou d'autre à la nature; ne voyant pas que la paix et la société, à différents degrés, sont des faits, non moins que la dissociation et la guerre à différents degrés; que la paix et la société idéale ou parfaite sont des faits de l'esprit, aussi anciens que la réflexion; que la justice affirmée, interprétée, reconnue, méconnue. est un élément de la dissension et des combats au même titre que de l'union naturelle et de tous les traités; enfin, que la raison, la paix, la société, la justice sont des principes qu'il faut admettre dans la nature de l'homme, avec la puissance de leurs contraires, sous peine de ne pouvoir ensuite les en tirer pour l'institution des gouvernements, des religions, des lois et de tous les pactes possibles, qui en supposent formellement l'usage.

L'opposition de ces deux points de vue, la paix naturelle, la guerre naturelle, conduit au point de vue moyen qui est le vrai. Le fait réel donné de la guerre n'oblige pas moins que l'idée également donnée de la justice et de la paix. Celle-ci a toute la valeur de la morale et des devoirs universels envers soi et envers autrui. Mais le fait, de son côté, donne lieu à la défense et au droit de la défense, c'est-à-dire au droit de la guerre

(V. chap. LII et suiv.). La seule existence de ce qu'on appelle *droit des gens* est une confirmation de cette vérité. En effet, quelque définition didactique qu'en adopte un publiciste, il doit pour le développer assembler deux éléments contraires : un élément de conflit pur, entraînant des passions haineuses et des actes de destruction brutale ; un élément de convention et d'entente impliquant une société quelconque entre les nations étrangères et ennemies. Le premier, alors même qu'on ne le reconnaît légitime, comme je fais, qu'autant que strictement mesuré aux nécessités de la défense, conduit toujours à des faits particuliers d'agression et de destruction qui ne se rapportent à nulle défense actuelle et spéciale, et imitent ainsi la guerre pure ; et le second, quoique réduit au minimum, et, par exemple, à la conservation des moyens de traiter de la paix, suppose des droits et devoirs réciproques reconnus, et par là certains principes indestructibles de société et de paix entre les hommes de toutes nations.

Le droit des gens a pu avoir autant de fois son origine dans l'humanité qu'il est arrivé à des tribus de négocier touchant des faits de guerre, sans pouvoir se fonder sur des usages antérieurs ; en cela, il est incontestable, et l'on ne remarque pas assez, que les plus barbares de ces tribus ont constaté la donnée mentale d'une morale et d'un droit n'exigeant de ceux qui l'avouent ou s'en réclament que la simple qualité d'homme, en quelques conditions et circonstances que ce puisse être. Autrement, comment concevoir qu'il soit possible à des ennemis de conférer entre eux, de se faire des propositions, d'attacher quelque valeur aux engagements pris ou à prendre ? L'intérêt, dira-t-on, les otages, les garanties matérielles suffisent. Mais si la parole ne compte absolument pour rien, pourquoi la demande-t-on et la solennise-t-on, et que signifie l'opinion qu'on a de la foi gardée ou violée ? La sanction religieuse, à son tour, serait-elle crue et invoquée si ce n'était pour être appliquée à des actes préalablement jugés devoir plaire ou déplaire aux Dieux vengeurs, c'est-à-dire être en eux-mêmes louables ou condamnables ? Ces phénomènes moraux ne sont pas particuliers aux peuples policés ; les conséquences pratiques n'en sont même pas toujours plus sûres chez eux que chez d'autres ; sûres ou non, le jugement que l'on porte des promesses et l'attente qu'on y fonde à un degré quelconque valent ce qu'il faut pour confirmer le principe.

Mais de toutes les origines historiques du droit des gens, celle qu'on peut dire avoir initié le monde à une doctrine de ce nom et qui fut tout d'abord une sorte de science, en même temps qu'une sorte de religion, est aussi celle où l'existence d'un lien de moralité commune et de justice universelle, et par suite, au fond, d'un principe de société de tous les hommes, se marque par les traits les plus frappants. Ces Romains de la Rome la plus antique qui regardaient les faits de guerre comme la matière, non seulement légitime, mais la plus noble qui fût de la vertu, ont entouré la déclaration et la suspension des hostilités et tout ce qui se rapporte aux négociations et à la foi des traités d'un ensemble de formalités saintes, par lesquelles ils supposaient évidemment l'existence, entre des ennemis mêmes, d'une certaine humaine alliance antérieure et supérieure au régime des combats. La violence était ainsi réglée en quelque sorte, les moyens de fraude circonscrits, la conquête souvent adoucie, le droit des peuples d'exister pour eux-mêmes implicitement reconnu. Tout cela n'allait pas sans doute aussi loin que le précepte qui résume nos règles ordinaires du droit des gens (et que nous observons d'ailleurs si imparfaitement) : *Faire dans la paix le plus de bien et dans la guerre le moins de mal qu'il est possible sans nuire à nos véritables intérêts* ; mais la différence ne portait pas tant sur le fond de l'idée du droit que sur l'interprétation des *intérêts* nationaux, sur l'intensité des passions guerrières et l'usage réciproquement attendu des privilèges du vainqueur.

Cette formule du précepte, tout en dépassant les pratiques actuelles et les sentiments les plus répandus, si du moins le mot *intérêt* y est compris dans le sens d'une doctrine utilitaire élevée, n'accorde pas tout ce que la loi morale exige. L'intérêt, trop sujet à tromper la conscience des hommes, trop difficile à démêler, même pour les plus éclairés, impropre en sa généralité à manifester le Juste, doit être remplacé par la *conservation* et la *sécurité*, la conservation et la sécurité strictement renfermées dans les limites de la juste défense, qui seule étant un droit peut engendrer des droits en s'étendant au besoin aux actes agressifs sans lesquels elle serait sérieusement compromise. Il résulte de là que le commencement de la guerre est moralement subordonné, non moins que le sont ses moyens légitimes, à la certitude pratique d'un cas réel et fondamental de défense.

Avec ces termes modifiés, le précepte du droit des gens est une application immédiate des préceptes de morale appliquée que nous avons dégagés en considérant l'idée de la guerre dans sa plus grande généralité, le droit de défense dans ses exigences, et les notions idéales de justice et de société en ce qu'elles ont d'indéfectible. Tout se réduit en effet à prescrire : 1° l'observation d'un minimum en matière de moyens que la simple loi morale n'avouerait pas pour assurer la défense ou l'empire du droit ; 2° le choix, entre tous ces moyens, de ceux qui sont à la fois réellement efficaces et les moins éloignés de la paix, les plus propres à en favoriser le retour et le règne durable. Et ce n'est toujours là que la défense, nécessitée par des faits contraires à l'ordre moral, mais attentive à ne s'éloigner de cet ordre que le moins possible, à le confirmer, à rester exempte des passions égoïstes ou haineuses, à ne rien entreprendre gratuitement ou dangereusement quand il s'agit d'obtenir des résultats par contrainte, enfin à ne dégénérer jamais en acte d'agression pure et de pure malfaisance.

Il n'est pas moins vrai que le droit de guerre entre

les nations est une conséquence du droit de défense, car la nature des choses est telle que les nations n'ont pas entre elles une société définie et réglée qui enveloppe leurs sociétés particulières et leur permette d'instituer des juges, encore moins d'appliquer des peines pour contraindre celle d'entre elles qui viole la justice au détriment des autres. La guerre est donc nécessaire ; elle pourrait l'être même dans l'hypothèse d'un tribunal international et d'exécutions internationales juridiques, car un peuple, soit qu'il attaque injustement, soit qu'il se tienne sur la défensive après avoir violé son devoir et refusé réparation, est dans un cas tout autre que l'individu isolé, membre d'une société dont la force dépasse extrêmement la sienne. Il n'est possible de le réduire que par ce jeu de forces multiples et savamment dirigées qui s'appelle l'art de la guerre et dont les moyens sont les sièges et les batailles.

Le droit des gens, supérieur au droit de la guerre et son modérateur, peut s'entendre de plusieurs manières. Premièrement, sous le point de vue théorétique, il s'appuie d'une part sur le droit de défense, établi généralement entre des personnes quelconques, et par suite entre des peuples : de l'autre sur la morale pure, universelle ou supposée universelle, et se résume dans le précepte que j'ai formulé ci-dessus, dont les applications seraient analogues à celles que j'ai parcourues en traitant des droits et devoirs personnels et sociaux modifiés par l'*état de guerre*. Secondement, sous le point de vue pratique et empirique, le droit des gens suppose que les sociétés divisées, belligérantes en puissance, se trouvent plus ou moins écartées de l'idéal moral, liées pendant la guerre et pendant la paix par des relations d'usage et des sortes de conventions, les unes implicites, les autres explicites, touchant l'exercice de leurs droits mutuels et l'emploi de leurs forces, enfin obligées positivement par des traités formels, qui tombent il est vrai dès que la guerre est déclarée, mais dont la réunion compose un précieux ensemble de précédents. Le plus grand progrès que l'humanité pût accomplir à cet égard consisterait dans la reconnaissance générale du point de vue théorétique, c'est-à-dire dans la substitution de la morale à la coutume en fait de règlements, si ce n'est toujours d'observance, et dans la franche adoption de l'idéal de la paix. Mais cet ordre *intersocial* est essentiellement lié à celui du droit *intrasocial*, car toute la morale coule d'une source unique.

Il est clair que le droit des gens, par quelque face qu'on le regarde, est toujours un droit réciproque entre personnes, quoique agglomérées de chaque côté et mises en rapport par leurs masses. Il suppose que ces personnes ne sont point actuellement toutes unies dans une société formelle ; et même il les considère en tant que des conventions expresses ne les lient point ; car en tant qu'il y aurait des traités justes dans la forme et dûment observés, ce sont les règles communes du droit positif qui les rendent exécutoires et obligatoires, absolument comme entre simples particuliers d'une même nation, et le droit des gens ne paraît que dans la supposition où les traités étant rompus, ou non intervenus encore, tout le droit positif est en question, en sorte que pour régler la paix ou la guerre il faille recourir aux purs principes de la raison ou aux indications de l'usage. En d'autres termes, il n'y a pas ou il n'y a plus de contrat social entre ceux que régit le droit des gens. Le contrat social formel, dont je n'ai pu reconnaître historiquement la présence dans les sociétés constituées (V. chap. LX), mais qui, phénomène bien remarquable, existe à un certain degré entre les nations qui passent des traités, ce contrat est exclu par un état de guerre ou de négociations, duquel il pourra seulement résulter. Et le contrat social implicite, qui repose en une société donnée sur un système de lois et de coutumes auquel chaque membre est censé accorder son consentement, cet autre contrat, bien que représenté aussi par les règles du droit des gens, telles que de part et d'autre on est disposé à les observer, se trouve démenti cependant entre des nations qui n'ayant ni juge commun, ni pouvoir légal au-dessus de toutes, ni sanction de justice internationale aucune, sont toujours prêtes à tout remettre en litige à l'occasion et à résoudre les points litigieux par la force.

On voit par là que le droit des gens est un véritable droit *extrasocial*. Je veux dire que si d'une part, et comme je l'ai montré, il implique par sa seule idée l'idée de société universelle dont toute notion générale de justice et de droit est inséparable, d'une autre part il suppose et cette idée de société et tous les faits que logiquement elle entraîne ou douteux et débattus, ou violés et renversés, ou enfin non réalisés dans une mesure plus ou moins grande, et la guerre comme seule ressource dernière pour tous les cas de mésintelligence.

Cette manière si générale d'envisager le droit des gens conduit à un résultat intéressant : c'est de permettre d'assimiler la série des principales questions morales qu'il soulève à celle de tous les problèmes de conflits dans une société donnée, pourvu que les conflits aillent jusqu'à mettre en question le principe social lui-même, ou la soumission des membres du corps civil, économique ou politique aux lois et institutions qui le régissent. En effet, soit que des citoyens règlent leurs querelles entre eux, violemment ou pacifiquement, sans avoir recours à l'autorité sociale et sans la vouloir reconnaître, soit qu'un citoyen refuse de se soumettre à l'État et entreprenne à ses risques et périls de résister au pouvoir ou à la loi ; soit qu'il prenne sur lui d'attenter violemment à l'ordre établi ou aux personnes qui gouvernent ; soit que des partis commencent une guerre civile, soit que des membres d'une association politique s'estimant lésés dans leurs droits naturels ou positifs, réclament la faculté d'émigration ou de sécession, il y a quelque chose de commun à ces divers cas: la négation du contrat social. Il s'agit de relations entre personnes qui n'avouent plus société entre elles, au moins à certains égards, et s'affranchissent des lois positives ; il s'agit donc d'un droit *extra-social* analogue au droit des gens, en substituant aux *gens (gentes)* les *gens* ou hommes en général comme placés dans un état incertain de guerre ou de paix possibles ; enfin les seuls principes de droit et de devoir qui dès lors puissent être invoqués doivent, comme les principes du droit des gens, se tirer de la seule loi morale avec les modifications que nécessite la donnée de la guerre.

J'ai traité plusieurs de ces problèmes et j'ai formulé la solution générale de tous, autant que je le pouvais sans sortir de la sphère des grandes applications ; mais il y aura profit à récapituler et à préciser les cas de conflit, tant des personnes que des nations, en les réunissant sous le titre de droit extrasocial que je viens d'expliquer.

CHAPITRE XCIV

CONFLITS DE PERSONNE A PERSONNE DANS UNE SOCIÉTÉ DONNÉE

Les luttes entre personnes dans une société donnée existent sous une multitude de formes qui rentrent toutes dans la définition générale de la guerre (chap. LII). Le droit social les autorise en partie et en même temps en limite et en régularise les effets par l'action des lois et des usages, en tant qu'elles sont des conséquences forcées de l'exercice des droits individuels de défense ; en partie il les réprime, lorsqu'elles dépassent ouvertement ces droits en produisant des actes faciles à constater et à qualifier ; il attend pour cela qu'elles se manifestent par des crimes ou délits bien caractérisés, et il considère comme tels, non seulement les faits de fraude ou de violence propres, à constituer une injuste agression, mais encore ceux dont les auteurs pourraient se croire admis à se *faire justice* eux-mêmes dans les cas où la société prend la répression sur elle et par des moyens dont elle se réserve l'usage. C'est le premier des intérêts sociaux, la condition indispensable de ce qu'il est possible d'établir de paix entre des hommes sujets à tant d'injustices et d'erreurs quand ils jugent dans leur propre cause, que de les obliger à renoncer à tout droit de jugement et d'exécution en ce qui les touche. Une forte mesure de crainte, ensuite l'habitude ont dû pour cela se joindre au sentiment trop confus du devoir, obscurci par des passions ardentes et par la tendance naturelle de chacun, légitime même, à cause de l'indépendance et de la suprématie de la conscience pure, à se poser en pivot du juste et de l'injuste. Il ne faut pas s'étonner si le résultat n'a pu être obtenu entièrement, toutes les fois que la société exigeant ce renoncement de l'individu s'est montrée de son côté impuissante à réprimer certaines injures contre les personnes, ou inhabile à faire entrer ces injures dans ses catégories de délits, ou enfin trop peu d'accord avec des opinions régnantes sur la mesure des satisfactions possibles. Dans ces divers cas, l'abandon de certaines satisfactions personnelles, si l'amour du bien le détermine, paraîtra souvent méritoire, car il suppose la même conduite morale et le même sacrifice à l'ordre social qui seraient exigibles dans la donnée d'un tel ordre réel et non pas seulement fictif.

Le grand obstacle est le sentiment de l'honneur, plus encore que la répugnance à supporter les injures. Les sociétés dans lesquelles on voit se produire les formes les plus accusées sous lesquelles les personnes se *font justice* à elles-mêmes sont des sociétés en quelque sorte doubles, ici d'opinion, là de légalité. Malheureusement la supériorité ou la délicatesse du sentiment moral ne sont pas toujours ou en tout du même côté, comme le sont l'utilité générale et les garanties communes. Mais du côté où les passions avouées par la justice semblent se marquer à la fois avec une intensité et une finesse toutes particulières, et qui manquent d'ordinaire aux représentants officiels d'un état juridique, se trouvent en revanche accumulés les mauvais effets de l'égoïsme, de l'aveuglement, des appréciations arbitraires et des préjugés les plus déraisonnables transmis d'âge en âge et imposés par l'opinion à l'encontre de la loi. L'honneur commande à ceux qui vivent dans un certain milieu de relations de *venger* directement leurs injures, après s'en être faits juges sous toutes sortes d'influences émanées de ce même milieu, tandis que les principes élémentaires d'une société organisée le leur défendent, mais sans leur offrir toujours une compensation certaine ou suffisante.

Les deux formes de la justice faite à soi-même, savoir la vengeance (ou plutôt la *vendetta*, car je la suppose accomplie conformément à quelque coutume et attente des hommes, sans quoi elle serait simplement un crime, et je n'aurais point ici à m'en occuper) et le duel sont donc des espèces de droit extrasocial que l'on s'arroge et qui constatent ou une impuissance actuelle de la société à donner satisfaction à ses membres pour certains torts ou offenses reçus, ou, ce qui revient au même, une impuissance et une indignité de ces derniers pour conduire leur état social au point voulu que leurs propres besoins de justice exigeraient et pour se contenter des moyens de défense et de garantie qu'il leur appartiendrait de se procurer en commun. L'une et l'autre de ces solutions des conflits entre personnes obéissent, dans les contrées où elles ont cours, à une sorte de jurisprudence et se règlent par un droit des gens, pour ainsi parler, ce qui prouve bien que ceux qui les acceptent se réfèrent à ce droit que j'ai appelé extrasocial, comme si étant *ennemis,* ou cherchant mutuellement à se détruire, ils ne se reconnaissaient plus membres d'un même corps politique et juridique et voulaient cependant observer certaines conventions de guerre. Seulement, au lieu que dans les guerres internationales et selon le droit des gens, les belligérants ne cherchent pas à se détruire absolument et en général ne le pourraient pas quand ils le voudraient, et la guerre elle-même a la paix en vue et s'impose des limites pour ne pas la rendre impossible; ici tout le règlement se réduit aux cas et aux modes de s'aborder et de combattre, et la mort est l'éventualité décisive que chacun des adversaires peut attendre : ce qui classe ces conflits parmi les faits de guerre les plus incompatibles avec la loi morale.

Je range sans difficulté la *vendetta* avec les duels, sous le titre de la guerre, car l'ennemi averti par son crime, s'il en a commis un, puis par la coutume et souvent par son ennemi même, est mis en demeure de se défendre comme il peut; et je ne ferai que répéter une banalité, mais très vraie, en disant que le duel outrage le bon sens en égalisant les avantages de l'offenseur et de l'offensé. J'avouerai d'une autre part que le duel a quelque chose de plus noble en son absurdité, par ce fait que l'offenseur s'offre la poitrine découverte pour le maintien de ce qu'il est dès lors obligé d'appeler son droit, et que l'offensé donne un frappant exemple on pourrait dire la vertu, quoique téméraire, et si l'honneur n'en était le seul mobile, en préférant un danger de mort pour lui aux moyens tortueux auxquels il se condamnerait pour conserver ses avantages en poursuivant sa vengeance. Le duel a d'autres supériorités visibles : il se prête à des conventions mieux formulées, il affecte les apparences d'un droit social et d'une façon de jugement, par les formalités qu'il observe et la présence des témoins, et n'exclut pas la possibilité de la réconciliation après la rencontre qui peut n'être pas mortelle. Toutefois, il est plus que douteux que cet usage se fût jamais établi, tant la déraison en est manifeste, s'il n'eût été favorisé par la superstition des *jugements de Dieu*. Je ne parle ici que des duels quasi-judiciaires, entre deux adversaires qui font rendre au sort du combat un arrêt qu'ils ne sauraient actuellement remplacer par aucun autre, les rencontres réglées entre partisans, entre courtisans, les tournois à pointes aiguisées, etc., n'ayant été que des effets de corruption, des abus de la guerre traitée en manière de jeu.

Les anciens furent préservés de ce fléau par le patriotisme et par le sérieux des mœurs politiques ; ajoutons par le courage universel et sans cesse éprouvé des citoyens dans la défense de la cause commune au dehors et de leur parti dans la cité. Ils ne firent jamais dépendre l'honneur de l'individu de sa disposition à provoquer l'adversaire au combat singulier, comme s'il n'y eût eu ni jugements d'opinion puis de tribunaux, ni occasions pour chacun de montrer ce qu'il vaut, ni lois de raison et de sens commun à suivre pour obtenir réparation des injures. Les nations chrétiennes qui ont placé l'idéal officiel dans l'humiliation volontaire et l'acceptation du mal, tandis que l'orgueil et l'oppression s'accusaient dans la réalité, ont éprouvé le besoin de se forger pour le monde un autre exemplaire de perfection plus pratique, et n'ont rien trouvé de mieux que ce type d'individualité farouche, se dressant en puissance indépendante, ne voulant que Dieu pour juge sous le signe de la force, et prêt à tirer l'épée contre toute individualité semblable, à la première dissidence. Depuis que le lien social est devenu plus juste et plus étroit, les mœurs chevaleresques formées dans les temps d'anarchie se sont perpétuées en s'affaiblissant. Les classes de la société qui n'y participent point et n'y ont jamais participé présentent à l'observateur assez de cas de vertu et de respect de la personne de soi et d'autrui indéniables, et les classes qui les acceptent et les vantent encore produisent, parmi ceux qui prétendent en être les modèles, assez de fous et de gredins spadassins, pour que l'aveugle prévention puisse seule aujourd'hui (le nombre des prévenus que je confesse très grand ne fait rien à l'affaire) les considérer comme exerçant une heureuse influence sur la délicatesse des relations. Il y a la véritable et la fausse délicatesse ; la fausse s'attache exclusivement aux paroles et son effet ordinaire est d'empêcher qu'elles soient conformes aux pensées et aux actes. Elle peut éviter des querelles, il est vrai, mais c'est que les causes de querelles existent, qui n'existeraient pas entre personnes réellement morales, et c'est un mal qui corrige un autre mal. Telle est pourtant presque toute la politesse du monde, celle qui ne vient pas du cœur, et le monde ne doit pas être trop fier de la pratiquer. Je reprendrai ce sujet tout à l'heure.

Les restes de mœurs duellistes que nous gardons trouvent deux excuses dans l'état actuel des choses, ainsi que je l'ai déjà indiqué. Il faut laisser de côté les susceptibilités exagérées, injustes ou mal entendues, pour lesquelles on ne saurait soutenir ni le droit ni l'utilité de recourir à des procédés dont le premier effet est de déguiser, déplacer ou défigurer les vrais objets de conflit et les appréciations du public. Restent donc, en premier lieu, le fait que l'action juridique dont la voie est ouverte aux particuliers ne leur offre nulle réparation appropriée à certaines injures graves, ou que la législation et le juge n'ont pas la finesse, la pénétration, les précisions voulues pour entrer dans certaines considérations et procurer des satisfactions du genre de celles que réclameraient le sentiment et l'honneur ; en second lieu, l'opinion du monde, qui met à l'honneur qu'elle distribue des conditions déraisonnables, faute de savoir ou de vouloir en fixer les conditions morales. Cette dernière excuse ne peut être alléguée valablement par le véritable honnête homme, car en obéissant à l'opinion du monde il ne cède point à une nécessité impérieuse de conservation personnelle et de défense. En y désobéissant il sacrifie certaines relations, mais quelle nécessité y a-t-il en général à ne pas les perdre, et pourquoi dans ce cas les regretterait-il ? Si un plus grand nombre étaient disposés à préférer la conscience à l'opinion, l'opinion se modifierait. D'ailleurs, à heurter le préjugé, les plus considérés courent moins de risque que les autres, et déjà le duel est plus souvent un moyen qu'on emploie pour pallier des torts ou des infamies, en exhibant des preuves de courage aux yeux d'un monde complaisant, qu'il n'est un instrument de réparation, bien ou mal entendu, pour l'injure qu'on a reçue.

Bien entendu, réellement efficace, cela ne se peut,

pour des raisons mille fois exprimées qu'il serait inutile de reproduire. Dans les cas fortuitement favorables, ceux où l'issue du duel fait triompher la bonne cause, en supposant qu'il y en ait une bonne et que nulle juridiction existante ne soit apte à lui faire droit, le duel ne produit aucun résultat que n'atteignent également et plus sûrement les mœurs où la *vendetta* est admise, ni sous le rapport des passions à assouvir et de l'honneur à satisfaire, ni pour la part de justice qui s'y peut rencontrer. On considérera le duel comme un moindre mal et un moindre désordre, au point de vue de l'utilité si ce n'est de la raison ; on lui attribuera une vertu préventive, sinon réparatrice de bien des méfaits de la vie privée ; mais il n'est pas moins vrai que la réparation n'étant ni certaine ni seulement probable (en laissant de côté maintenant la question d'opinion dont je viens de parler), les dangers et les hasards étant au contraire très grands, l'excuse empruntée de l'insuffisance de l'action sociale tombe entièrement et ne peut se soutenir. Ce n'est pas seulement la loi morale et le respect de soi-même, ce sont les règles de conduite les plus vulgaires qui interdisent de commettre au hasard ce qu'on désire et de le jouer contre la vie. Si la vie sans la vengeance est odieuse, la passion ne suffit pas pour justifier ce suicide conditionnel subordonné à un homicide manqué. En supposant l'homicide illégitime, on n'en change pas la nature quand on ajoute à la responsabilité qu'on en assume celle de la chance inverse que l'on court et qui est une autre mauvaise action. En le supposant légitime, il faudrait en prendre le parti à tout risque, au lieu d'y mêler un crime contre soi-même. Et enfin le sort, qui domine l'événement ainsi qu'on l'avoue, implique de la part de celui qui s'y confie une immoralité profonde, car c'est le propre abandon de la raison pour diriger les choses qui dépendent de nous[1].

[1]. Sur la question du suicide, voyez ci-dessus chap. vi et xix. Je ne la reprends pas ici, mais il y a quelque intérêt à remarquer qu'on pourrait la placer à la tête des questions de *conflit* que j'examine dans cette section :

Puisque l'on est tellement frappé, et d'ailleurs à bon titre quelquefois, de l'impropriété des procédés et peines usités par la justice sociale en matière d'injures privées d'un certain genre ; puisque l'on croit l'opinion et les mœurs (sans lesquelles rien de mieux ne serait possible) capables au fond de faire droit à l'honneur lésé et de satisfaire des intérêts très délicats, on devrait ce semble apporter plus de bonne volonté et d'énergie à instituer toutes les fois que de besoin des arbitrages et tribunaux privés pour résoudre les cas de conflit entre personnes. On userait ainsi d'une liberté qu'on a en général et qui aurait le mérite d'appeler les particuliers à une intervention de plus en plus directe dans leurs affaires et leurs jugements. Si les arrêts ainsi rendus manquaient de la sanction de contrainte, ils auraient du moins celle qui passe pour essentielle en de tels sujets. Puis les tribunaux ordinaires seraient toujours là, et les autres en se multipliant leur fourniraient des leçons. Entre des hommes sérieusement pénétrés de la loi morale et édifiés sur la vraie nature des droits et des sociétés, ce ne sont pas seulement les conflits dont je parle, mais bien des milliers d'intérêts litigieux, qui devraient se régler ainsi sans recours à la justice publique et contraignante. Ce qui s'y oppose surtout, quant à ces derniers, c'est le mélange de mauvaise foi et d'espérances cupides des plaideurs, merveilleusement servies par l'incertitude des arrêts, la complication et l'équivoque des lois, la divergence entre la législation, d'un côté, la liberté et l'équité, de l'autre. De même, le grand obstacle au règlement arbitral des conflits qui engagent l'honneur, on doit le chercher dans la corruption de l'opinion à beaucoup d'égards, l'hypocrisie des mœurs et le désir commun de fuir la lumière. En somme, la société est manifestement infé-

conflits de personne à personne, de personne à société, de société à société. Le suicide n'est-il pas le résultat du conflit d'une personne avec elle-même (encore que peut-être à la suite de ses relations avec d'autres) quand les conditions de la vie qu'elle s'est faite ou qu'on lui a faite lui semblent décidément trop onéreuses ?

rieure à ses aspirations, et rien de vraiment noble ne sortira d'elle, tant que le grand nombre de ceux qui la mènent n'adoptera pas ces habitudes de sincérité et de publicité en toutes choses, où nous avons vu des parties de l'observation de la loi morale.

Je suis naturellement amené à traiter d'une forme adoucie des conflits entre personnes, qui se trahit par des phénomènes tout opposés à ceux de la guerre, puisqu'ils simulent ou exagèrent les sentiments de bienveillance mutuelle et de paix, mais qui ne paraîtra pas moins un symptôme et un produit de la lutte universelle dans les relations humaines, si l'on songe qu'elle a pour principal caractère le déguisement de la vérité que l'on pense, et pour but de faire servir la dissimulation dans les paroles à empêcher les sentiments réels de l'un d'en exciter de correspondants chez l'autre et tous ensemble de dégénérer en hostilité ouverte. En nous mettant à ce point de vue, nous nous trouvons presque avoir défini les devoirs de politesse, à tout le moins sous une face essentielle. Il s'agit bien de devoirs, en effet, en tant qu'on a pour objet en les observant de maintenir la paix, et qu'on ne saurait douter en pratique, dans nombre de cas, du danger réel et sans compensation qu'attirerait l'expression vraie de ce que l'on pense. Ces devoirs, d'un autre côté, sont contraires au devoir, car ils consistent en fait à altérer la vérité. Mais cette contradiction nous signale de nouveau le caractère des usages du monde poli comme propres à cet état que j'ai appelé de *guerre*, où l'ordre des relations établies se refuse aux suppositions dont la science morale a besoin pour que ses préceptes soient applicables à la rigueur et sa loi pure de *débit* et de *crédit* sérieusement observée.

Certes, la politesse est encore autre chose que cela. Rien ne s'oppose à ce qu'on la définisse un produit de la bonté unie au respect pour exprimer dans les communications des membres d'une même société, et encore au delà, tout ce qu'ils ont au cœur de bonne volonté les uns pour les autres. Mais le fait est que les vertus que cette politesse suppose étant trop souvent absentes d'un côté, ou des deux côtés à la fois, le respect ne pouvant s'appliquer à des objets indignes, ni la bienveillance répondre facilement à la malveillance probable, on voit nécessairement paraître des formes convenues de geste et de langage, destinées à tromper au moins à demi ceux auxquels elles s'adressent, et des témoignages de respect simulé, des marques d'approbation et de sympathie feintes, qui sont dès lors tout ce que la politesse a de réel et qui néanmoins, parce qu'ils se rapportent à des sentiments possibles, quelquefois véritables, atteignent le but de diminuer les occasions de mésintelligence et de modérer l'explosion des passions hostiles elles-mêmes. Depuis les notes et protocoles des diplomates jusqu'aux relations familières des personnes les plus étroitement liées, on peut dire que partout la politesse est une espèce de droit des gens, plein de la pensée de la guerre au milieu de la paix et donnant des moyens de l'éviter ou de la limiter.

On sait combien la question a causé d'embarras aux moralistes. Les uns ont voulu que l'application stricte de la loi morale fût exigible, et réprouvé toute altération volontaire de la vérité dans les signes d'expression de la pensée, estimant d'ailleurs que le manquement au devoir possède un caractère absolu qui ne comporte pas le plus et le moins, mais consiste dans l'écart quelconque de la volonté et de la loi et ne souffre nulle excuse tirée de la fin cherchée ou redoutée. Les autres, plus nombreux, ont admis une échelle des devoirs, de manière à pouvoir du moins traiter certaines fautes de vénielles. Mais la question n'est pas tant de savoir si elles sont vénielles que de savoir si elles sont des fautes et ne deviennent pas plutôt des devoirs dans une foule de cas journaliers. La difficulté est grande pour ces moralistes, qui ne distinguent pas plus que les autres entre les purs principes moraux et les applications à un *état de guerre* donné d'où les altérations procèdent. Les premiers encourent le reproche partout répété de poser leur absolu moral en dehors des faits, et d'apporter dans un enseignement qu'ils savent ne pouvoir être suivi une sévérité infructueuse, hors de la nature (V. chap. xxviii). Mais leur doctrine est nette et conséquente. Les derniers manquent de règles pour discerner dans les mensonges de tout genre dont le monde use habituellement, et qu'ils ne sauraient non plus approuver sans doute, ce qu'il y a ou ce qu'il n'y a pas d'inévitable et de justifiable. Utilitaires ou rationalistes, quelque système qu'ils embrassent, pourvu que ce ne soit pas un empirisme excluant toute généralité dans les préceptes, il faut de deux choses l'une, ou qu'ils permettent à l'agent moral de déroger souvent à ce qui serait le bien, ou qu'ils condamnent souvent sa conduite, quoique pratiquement nécessaire. Le seul moyen de fuir cette alternative est de laisser chacun libre de se déterminer suivant que l'utile se montre à lui dans les cas particuliers ; mais c'est l'arbitraire, l'absence de garanties pour tous, la porte ouverte à la justification des moyens par les fins, et par des fins quelconques. Il n'est pas étonnant que ceux qui n'en viennent pas à cette extrémité, et qui cependant n'ont aucun principe pour distinguer tout ensemble la pratique de la théorie et régler l'une par l'autre, évitent ordinairement le problème et se contentent de réfuter ceux qui le tranchent par la sévérité, sans indiquer eux-mêmes une voie pour le résoudre.

Je sais bien que l'on croit répondre à la difficulté principale en remarquant que les hommes se doivent la vérité mutuellement, en ce sens qu'ils ne doivent rien dire de contraire à la vérité, mais que le silence leur est permis, qu'ils ne se doivent pas toute la vérité, qu'il est même de leur devoir de la taire à ceux qu'ils savent disposés à en faire un mauvais usage. Comme règle de prudence, cet argument banal trouvera peu de contradicteurs. Mais pour en conclure que le mensonge implicite et même formel puisse toujours être évité, pour admettre que le silence est compatible avec les pures lois morales d'une société d'agents raisonnables, pour supposer qu'en fait il soit toujours possible ou facile de se taire, pour ne pas voir que l'espèce de prudence érigée ainsi en précepte est précisément une mise en suspicion du prochain, c'est-à-dire une constatation du fait de la lutte et des relations non morales des membres d'une même société entre eux, il ne faut rien moins que l'aveuglement où l'on se plaît à s'entretenir touchant la nature expérimentale ou historique des relations humaines et son écart de l'idéal.

La nature vraie ou morale des relations implique la vérité donnée et rendue sans réserve, et en tant que service mutuellement dû pour atteindre la fin commune et les fins propres de toutes les personnes. La vérité, soit refusée, soit altérée par des réticences est un acte d'hostilité. Si le refus ou l'altération sont patents, l'hostilité se déclare, et c'est pour parer aux conflits ouverts et à leurs suites graves que se présentent les lois de la civilité, les formules polies et toutes ces conventions de la voix, du geste, de la parole et de l'écriture dont le but est de donner le change sur les dispositions réelles, ou du moins d'ôter des sujets de plainte à celui qui ayant aussi ses dispositions secrètes, n'exigera rien que l'observation du *droit des gens* à son égard. Le pur silence, l'abstention, seraient interprétés à refus ; il y a des cas où il faut parler, comme il y en a où il faut nécessairement agir. Si l'on parle en ne donnant rien à entendre que de parfaitement vrai, mais en taisant la chose essentielle qui serait demandée, on observe à la rigueur le devoir envers soi-même, on n'observe pas le devoir envers autrui tel qu'il serait s'il n'y avait d'autrui à nous nulle supposition d'hostilité ; mais n'induire point en erreur à quelque degré par la parole ou par le silence même, n'employer jamais des termes menteurs, encore que peut-être il s'agisse de mensonges trop convenus et universels pour produire une grande illusion, destinés ce nonobstant à en entretenir quelqu'une, enfin ne témoigner, ne laisser supposer en aucune façon des sentiments qu'on n'éprouve pas, c'est évidemment manquer au devoir envers autrui, en principe, et n'avoir d'excuse à tirer que de l'altération forcée de la morale par l'*état de guerre*, ainsi que je l'admets. Or c'est ce dont tout membre d'une société polie et pacifique en apparence se dira bien difficilement exempt.

Une grande partie des remarques précédentes s'applique à la série si considérable des mensonges officieux et des mensonges qu'on pourrait appeler de prudence, dans lesquels on ne se préoccupe pas précisément de conserver la paix avec les personnes, en altérant ou dissimulant la vérité qu'on semble leur manifester, mais où l'on songe plutôt à l'intérêt et défense de certains autres, ou de ceux-là mêmes à qui s'adresse l'illusion à produire. Tous ces modes de tromper sont également incompatibles avec la pure loi morale, car il n'en est pas un qui ne consiste à faire servir un agent moral et libre de simple instrument pour l'obtention de quelque fin (fût-ce la sienne propre). S'il est incontestable d'une part qu'il y a communément abus ou crime à manquer à la vérité en faveur de l'utile ou de ce qui plaît, de l'autre, la plupart des moralistes ne pensent pas moins que le mensonge doit être permis dans certains cas, et regardé même parfois comme nécessaire, et parfois comme méritoire. Examinons rapidement ces questions délicates et voyons comment elles se ramènent au même point de vue.

Je distinguerai les cas suivants : 1° le cas où le mensonge est jugé utile au menteur, soit à des tierces personnes, et s'emploie à en tromper d'autres que l'on regarde comme agents ou instruments d'une injustice à commettre, à laquelle on veut mettre empêchement ; 2° le même cas, en supposant seulement qu'il ne s'agit pas d'une injustice, mais d'un acte nuisible ou désagréable en lui-même ou par ses suites et qui est de droit de la part de celui qu'on empêche d'agir ; 3° le même encore, quand nul droit strict n'étant en question, on veut éluder les conséquences plus ou moins fâcheuses que pourraient avoir des refus opposés ou seulement de simples explications ou relations acceptées vis-à-vis de personnes données ; 4° le cas où le mensonge est jugé utile à celui-là même qu'on trompe, en ce qu'il le porte à agir ou éviter d'agir de telle manière, alors que, connaissant la vérité, on présume qu'il prendrait d'autres résolutions, comme il en aurait le droit, mais à son détriment et quoique sain d'esprit et de corps et placé dans des conditions de suffisante liberté morale ; 5° le même cas, avec cette différence qu'il est question d'un vrai malade ou faible d'esprit ; 6° le cas où le seul but qu'on se propose est d'être agréable ou secourable à la personne trompée et de l'entretenir dans un certain état mental, non que l'on redoute à proprement parler des actes de sa part, mais parce que l'on veut ménager sa sensibilité ou son bien-être et que l'on n'aperçoit pas un grand avantage à lui dire la vérité.

Les mensonges et tous les actes de fraude qui peuvent servir dans la lutte contre l'injustice font partie du droit de la guerre, au même titre que la violence entre dans la défense légitime contre l'agression proprement dite. Il y a évidemment des bornes à l'emploi de la fraude et de la violence dans les conflits entre personnes, comme il y en a que le droit des gens détermine dans les guerres entre nations. Il y a avant tout des conditions morales que la conscience doit apprécier et que j'ai exposées ailleurs (V. chap. LXXII et suiv.). Mais dans les limites, avec les réserves voulues, le droit au mensonge est aussi incontestable qu'il est certain en général que la pure loi morale ne saurait être la pure loi des relations entre personnes dont les unes l'appliqueraient et les autres non, que le devoir est altéré vis-à-vis de ceux qui violent le devoir, que la vérité n'est pas due à ceux qui rendent l'iniquité, et que nul n'est tenu de subir l'injustice qu'il peut combattre.

Kant a si bien senti lui-même la force que prend le principe de l'utile et de la préservation personnelle, et la faiblesse de l'impératif moral absolu, dès qu'il s'agit de lutter contre l'injustice, qu'il a cherché à montrer que la loi morale est toujours la plus sûre. La raison qu'il allègue serait spécieuse, si la vie humaine se composait d'actes d'un caractère moral pur et abstrait, n'exigeait indispensablement l'emploi des jugements probables comme motifs d'agir. Posons le cas du mensonge fait à un assassin pour l'empêcher d'atteindre sa victime. Le présent et l'avenir sont pleins d'inconnu ; il se peut donc, observe Kant, que le moyen, illégitime en soi, que vous prenez pour parer à un événement se trouve ce qu'il faut pour l'assurer et le précipiter contre votre intention. Alors outre la responsabilité du mensonge, vous avez à partager celle du crime dont il sera devenu la cause prochaine, au lieu qu'en demeurant fidèle à la vérité, vous n'avez rien à vous reprocher, et le crime s'impute à son unique auteur. Je ne veux pas insister sur l'espèce de haut égoïsme moral qu'on pourrait reprocher à cet argument, ni sur le trop bon marché fait des intentions, quoiqu'il soit bien aussi déplorable, dans la vie, de laisser le mal s'accomplir faute de se fier assez, qu'il est fâcheux de le favoriser en se fiant trop aux effets de la bonne intention qu'on a. Ce qui me frappe surtout c'est que la logique de la thèse kantienne du devoir pur et absolu va jusqu'à interdire tous les actes possibles en tant qu'ils se feraient pour des fins externes, quelque bonnes qu'elles fussent. En effet, de telles fins laissent ordinairement subsister une incertitude quelconque, à savoir si on les atteindra réellement, et de la manière que l'on veut ; et, toujours, elles se mêlent par l'action des autres hommes ou de la nature à des résultats imprévus et imprévoyables. Il ne nous est pas donné en général de nous déterminer à l'acte en vue d'une fin, sans remettre l'événement réel à des probabilités plus ou moins grandes que nous apprécions et qui, n'étant que cela, nous peuvent tromper. Si donc l'agent ne devait rien faire que d'absolument moral à la fois et certain comme tel quoi qu'il arrive, la vie entière serait frappée d'interdit dans la personne du sage qui se verrait ainsi, dans son impeccabilité, voué à l'isolement. Mais la solidarité humaine, non moins que la nature morale complète qui admet, outre l'impératif pur, la considération des fins en partie incertaines et le jeu des passions (V. chap. xxviii) exigent en une multitude de cas des actions dont le devoir abstrait n'enferme pas la règle, et que l'intention justifie.

Ce n'est pas que la formule des obligations morales ne s'y trouve nullement applicable : elle s'y applique toutes les fois que l'acte proposé est de nature à intéresser la justice ; mais c'est alors en tenant compte des données réelles pour la position de la question : *Pouvons-nous vouloir que la maxime de notre conduite soit érigée en principe de législation universelle ?* et si ces données sont celles de la guerre, les nécessités de la lutte contre l'injustice excusent des actions qui ne sont point justes de soi, c'est-à-dire dans la supposition d'une *législation universelle des êtres raisonnables,* effectivement raisonnables et tous raisonnables.

Il faut bien avouer que la loi morale est seule sûre, de même que l'idéal est seul vrai, quoique imparfaitement réel. En cela le génie de Kant a été supérieurement inspiré, et ses adversaires qui opposaient à la sévérité de la loi le *sentiment,* source d'arbitraire et de relâchement, le *sacrifice,* beau peut-être, mais dangereux, la justification du mal par l'intention, ont donné la main sans le vouloir à toutes les immoralités. Mais encore faut-il que la loi soit strictement applicable. Dès qu'elle ne l'est point, il est moral, il est sain et viril de constater sans faiblesse l'existence de ces autres données réelles, historiques, qui apportent dans l'humanité, avec la guerre de fait, un certain usage de la force et du mensonge, et les introduisent dans le droit en les soumettant à la surveillance constante de la raison dont la mission serait de les amoindrir et enfin de les détruire. Or l'idéal de la raison est toujours celui qu'a formulé Kant.

Je passe au second cas de ma division des mensonges faits pour une bonne fin. Celui-ci est loin de soulever autant de difficultés que le premier. On peut même en bannir toute casuistique comme inutile, tandis que l'autre en est formé tout entier dans l'application. Il s'agit de la permission demandée de mentir, non plus pour faire obstacle à l'injustice et à ses desseins, mais pour éviter ce que peuvent avoir de nuisible ou de désagréable à soi-même ou à autrui des actes dont on ne voudrait pas contester le droit. Quand le mensonge est formel et tant soit peu grave en soi ou par ses effets, et le droit de l'agent qu'on entrave clair et net, il n'y a ni hésitation permise sur l'exigence de la loi morale ni, par hypothèse, aucune excuse à tirer du droit de défense et de l'altération des rapports rationnels entre les agents ; il faut donc, tant pour soi que pour autrui dont on fait la cause sienne, être rigoureusement fidèle à la vérité, en supporter les conséquences et subir le mal, si c'en est un, qui est moralement inévitable.

Quand le mensonge est relativement léger et, pour ainsi dire, habituel et convenu selon le train du monde ; quand le droit entravé d'une personne est, comme il arrive d'ordinaire alors, de ceux qui n'ont rien de strict, ou du moins de ferme et de précis, mais supposeraient pour s'exercer une certaine bonne volonté non obligée des autres, et aussi de certaines dispositions convenables qui n'existent pas toujours de sa part (exemple le cas où l'on esquive une visite, une explication, etc., par des formules faussement dilatoires ou autres); quand on ne veut enfin que se soustraire aux inconvénients tout à la fois de l'acceptation ou du refus de certaines choses et de certaines relations, il y a de nouveau place à doutes et champ de casuistique très vaste, au point que le mensonge, opposé à la vérité brutale par laquelle on motiverait de franches répugnances, peut paraître un devoir de paix dans plusieurs occasions. Mais nous revenons à ces lois de la politesse dont j'ai fait plus haut la théorie. J'ajouterai seulement, afin de n'y rien laisser d'obscur et de contestable, que la solidarité des mauvaises coutumes entre les hommes est l'excuse principale des honnêtes gens dans cette fausse politesse, de même que l'absence de la politesse vraie, ce fruit du cœur et de la raison, est la cause profonde de l'introduction de l'autre. Il est aisé d'observer, dans le monde, que les personnes dignes et graves dont la vie entière et les attitudes respirent une conscience attentive et scrupuleuse, peuvent pratiquer la sincérité toute nue avec moins d'inconvénients que d'autres ne se la permettraient ; mais jusqu'à quel point de telles personnes trouveront-elles qu'il leur soit possible en ce cas d'étendre et de multiplier leurs relations et de réussir dans la vie active ? c'est là que la difficulté subsiste. Qu'il y a loin d'une société dont les cercles les plus polis imposent de continuels mensonges de petitesse à quiconque n'y veut point passer pour une brute, et par suite s'en exiler, à celle où la franchise philosophique ferait partie des mœurs des classes dites élevées ! Nous devons convenir à cet égard d'une infériorité réelle, en nous comparant aux anciens. Ils craignaient moins que nous les apparences et, en quelque sorte, les approches de l'hostilité dans leurs rapports mutuels, et tout ce qui pouvait constater, en paroles ou actes découverts, le franc état de leurs opinions et des jugements qu'ils portaient les uns des autres. Que les actes d'hostilité réelle entre membres d'une même cité fussent plus graves et plus nombreux que chez nous, j'entends surtout dans nos essais de mœurs démocratiques, ainsi que la comparaison l'exige, on le dira par habitude et on pourra le croire à première vue, mais un examen approfondi dissipe cette erreur[1]. Au contraire, les peuples modernes, sortis de la triste école du moyen âge, ont été formés à des manières timides qui ne changent rien au fond des passions et ne les modèrent point quand elles éclatent. L'idéal de la fausse humilité et de la paix à tout prix, l'hypocrisie qui en est la suite, les semblants d'assentiment constant et d'obéissance, les formes serviles nées d'une longue oppression des consciences mêmes, l'imitation des procédés doucereux de l'Église (recouvrant de mensonge une politique violente et sanguinaire), enfin la longue habitude d'un accord simulé de toutes les pensées ont tellement dirigé l'éducation et

1. Voyez l'admirable ouvrage de Grote, *Histoire de la Grèce depuis les temps les plus anciens jusqu'aux derniers contemporains d'Alexandre.*

façonné les âmes que la nature est comme gâtée, particulièrement chez les nations restées catholiques, et ne se rétablira peut-être qu'après bien des générations, dans les meilleures circonstances. Il nous est demeuré entre autres vices, parmi les gens bien élevés, une espèce d'intolérance profonde, un orgueil concentré joint à une modestie affectée, une sensibilité maladive vis-à-vis de la contradiction et du franc parler ; et tandis que nos *classes inférieures* qui pratiquent peu entre elles les mensonges prudents et officieux, mais sans préjudice des autres mensonges, sont souvent amenées à des voies de fait immédiates, nous avons une société raffinée qui règle et dispose une suite de conventions de mensonge pour n'avoir ni à s'expliquer ni à se battre, et puis règle le combat, quand il devient inévitable, de manière à décider encore les choses au hasard, dans les plus complètes ténèbres morales.

Le quatrième des cas énumérés présente la même netteté que le second et ne doit pas nous arrêter un seul moment, tel qu'il est défini, car il revient à dire qu'une personne substituant ses appréciations à celles d'une autre personne libre se croirait autorisée à créer pour celle-ci un milieu d'obscurités et d'illusions capable de la rendre instrument des volontés de la première. C'est la forme la plus odieuse peut-être, quoique la plus commune de l'injustice, dans la vie des passions, dans les relations domestiques, et c'est aussi la maxime la plus ordinaire de l'habileté politique. Nulle distinction et nulle excuse ne sont valables ici. Le dévouement même du menteur, dans les occasions où il sacrifie son propre intérêt ou sa propre passion en trompant quelqu'un (l'ami, l'amant, le parent) *pour son bien, pour son avenir,* comme on dit, est un raffinement qui met le comble à l'immoralité et au danger. Le mépris de la liberté ne laisse rien de stable dans la morale.

Le cinquième cas est une dérogation au précédent fondée sur la nullité ou l'imperfection des titres de la personne libre. Il est clair que la relation morale change de nature et que celles des obligations d'un agent envers un autre agent qui sont d'un être raisonnable envers un autre être raisonnable sont altérées suivant la mesure où le dernier cesse effectivement d'être un être raisonnable. L'excuse de ce cas ne se tire donc pas de l'état de guerre et du droit de défense, comme fait celle des précédents quand ils sont excusables, mais dépend d'une donnée encore plus générale à laquelle cette dernière se rattache elle-même, savoir, que les agents n'étant plus tels que les suppose l'établissement et que les voudrait l'application de la loi morale, leur relation est inévitablement troublée. Ceci posé, la limite des mensonges autorisables résulte de la condition formelle qui les autorise.

Les malades ou faibles d'esprit ne sont pas ordinairement tels d'une manière entière et nette, ni à tous les égards. D'un autre côté, les appréciations trompent et toute exception admise à la loi morale est moralement périlleuse pour celui qui la fait ; il est utile enfin à la santé de certains des malades dont nous parlons de les traiter autant que possible en personnes saines. Il y aura donc de grandes différences dans l'application de l'exception, selon que celui qui se la permettra aura des tendances morales relâchées, se croira volontiers privilégié en fait de raison, placera l'idéal de la loi à une hauteur généralement inaccessible aux relations humaines, ou que, au contraire, il aura toujours cet idéal présent et le tiendra à sa portée pour n'y déroger qu'en cas de nécessité bien apparente pour lui et non pas cherchée. Je ne peux me défendre de penser, quand je suis conduit à rejeter ainsi, pour l'application, les théories absolues, que je serais mieux compris de beaucoup de lecteurs, si je les maintenais en toute rigueur, que je ne puis espérer de l'être en recevant des exceptions malheureusement trop vulgaires ; car il y a toujours une distance de la thèse qu'on veut soutenir à celle qu'on réussit à communiquer, et il semble qu'on soit obligé de choisir entre deux erreurs qui vous seront prêtées. Je regarde fermement ma doctrine comme la plus sévère qui puisse entrer dans le domaine des faits. Oserais-je sans cela lui donner les noms de morale et de droit ?

J'éprouve la même crainte en passant au sixième et dernier cas de mensonge, tant il me paraît qu'on abuse dans le monde de la permission de plier les manifestations de la vérité au gré des personnes à qui l'on veut du bien et qu'on estime dans un état d'esprit ou de corps tel qu'il ne peut leur être utile et qu'il peut leur être nuisible à quelques égards de voir les choses comme elles sont. Utile ou bon en rien, c'est souvent ce qui n'est pas ou ce qu'on ignore; nuisible, on se trompe de même sur ce point, faute de démêler les biens et les maux d'ordres différents et leurs ramifications. Il semble que, hormis le cas d'une personne gravement malade, dont on sent que la connaissance d'une vérité empirerait l'état, et encore en supposant qu'il ne s'agit que d'une réticence, et que cette personne ne demande point impérieusement elle-même à être éclairée, ou que nulle raison ne lui ferait désirer, à elle, jugeant dans une situation plus normale et pour celle où elle se trouve à présent, la vérité qu'on lui refuse, on doit suivre la règle absolue du devoir, faute de pouvoir appuyer solidement l'excuse du mensonge sans donner carrière au relâchement indéfini. Mais la question devient plus délicate, si l'on songe à la faiblesse et aux vices de celui-là même que la coutume engage à ménager la faiblesse d'autrui et à qui l'on prescrirait la conduite des bons et des forts. Je m'explique : Ce qu'il est permis d'appeler la brutalité des anciens (mais nombre de modernes leur sont semblables en cela quand ils ne courent aucun risque à l'être) ne provenait pas seulement de leurs habitudes de sévérité dans la justice, mais aussi d'une grande dureté de cœur, vraiment frappante chez les personnages de l'antiquité. Une certaine mollesse, qui est aussi une certaine charité, introduite avec le christianisme, a rendu les hommes plus enclins peut-être à sympathiser mutuellement avec leurs misères physiques et morales, mais surtout les a disposés à voir de ce côté tout ce qu'il existe de bienfaisance, d'*humanité* et de mérite. Ceci étant le principe de beaucoup d'actes de condescendance, supposée louable, et de mensonges bienveillants accoutumés, tandis que la dureté et l'insensibilité existent dans le fond, la morale sévère qui prescrit la vérité toute nue risque par le fait de permettre seulement l'expression franche des sentiments d'indifférence ou de mépris. Prenons le cas, il n'est certes pas rare non plus, où celui qui use de ménagements est animé d'une bonté sincère : comme il ne se fait pas une idée ferme de ce que la justice pure exige, ayant plutôt du penchant pour l'amour en tant que principe d'action et donnant la préférence à l'eudémonisme sur l'austère raison dans la vie de chacun, il se conduit envers autrui ainsi qu'il voudrait qu'on se conduisît envers lui-même. Il n'a donc rien à craindre de la généralisation des maximes ; avant de le rappeler à la loi, il faudrait lui en rendre le véritable esprit plus familier et modifier en quelque sorte son tempérament moral, sans cependant porter atteinte à ses bons sentiments. Mais ceci est une œuvre de temps et de solidarité, plutôt qu'on ne peut compter sur l'effet des préceptes rigoureux. Il résulte de là que les mensonges qui procèdent du bon cœur ou de ses apparences, et dont le but est d'entretenir ou ménager une personne dans un état d'illusion ou d'erreur favorable à son bien-être, sont difficiles à condamner absolument dans l'état actuel des mœurs, quoiqu'ils soient contraires à la loi morale. La seule excuse qu'ils pourraient alléguer, outre la coutume, serait analogue à celle de quelques cas précédents ; on la tirerait du fait de la relation morale réciproque troublée, non conforme à la raison, savoir ici de la supposition, chez celui que l'on trompe, de la volonté d'être trompé. Or s'il est vrai que cette volonté ou plutôt cette passion existe souvent et de mille façons singulières ou communes, il est vrai aussi qu'elle ne s'avoue point (ceci serait contradictoire), et c'est partager une faiblesse que de la reconnaître pour y condescendre.

CHAPITRE XCV

CONFLIT DES PERSONNES AVEC UNE SOCIÉTÉ DONNÉE

La solution des questions comprises sous ce titre résulte des principes exposés dans la théorie des libertés rationnelles, touchant la modification du devoir dans l'état de guerre et au milieu de ces oppositions du fait et de la raison, de l'histoire et de la morale qui mettent en jeu le droit de défense de la personne, non seulement contre d'autres personnes, mais contre les institutions et contre la société même. Je rappelle donc ici des problèmes déjà traités (chap. LXX à XCII), afin de résumer l'esprit dans lequel je les ai abordés et de m'arrêter ensuite à quelques points spéciaux.

La question qui les domine toutes est celle de savoir comment et jusqu'à quel point le contrat social, implicite seulement dans presque tous les cas (V. chap. LX et LXX), peut être ou n'être pas obligatoire pour les membres de la société. Ceux-ci, dans les cas les plus défavorables, encore qu'ils n'aient point contracté directement et personnellement pour l'établissement des règles d'une société donnée, ont retiré par leurs ancêtres ou auteurs, ensuite par eux-mêmes, une telle part des avantages sociaux (éducation, propriété ou sécurité pour le travail, héritage moral et matériel de tous genres) que leur acceptation, leur consentement semblent à bon droit impliqués, leur signature apposée pour ainsi dire, avant même qu'ils aient eu le temps et l'âge d'y penser. Ne devraient-ils pas, voulant se dégager, commencer au moins par se dépouiller autant qu'ils le peuvent, de tous les bénéfices qu'ils tiennent de la société? Mais ils ne le pourraient jamais qu'en peu de choses, supposé qu'ils le voulussent. Le lien est donc bien puissant, et il est nécessaire; à quoi la morale ajoute encore ceci: que la seule solidarité qui enveloppe les individus n'est pas celle des biens acquis, mais qu'ils ne sauraient en général se flatter de juger la société et les injustices sociales du point de vue de l'idéal pur et de l'impeccabilité personnelle, non plus que de n'avoir nullement leur responsabilité propre engagée dans les maux dont ils se plaignent et qui les portent à dénoncer le contrat.

D'un autre côté, quand la justice est formellement violée, outragée, soit à nouveau dans un ordre social établi, soit simplement que de nouvelles lumières morales aient jailli dans les consciences, ainsi que je l'ai expliqué ailleurs ; quand il se trouve que la personne à l'état de protestation doit inévitablement participer à des actes qu'elle réprouve, à moins qu'elle ne parvienne à changer la marche des choses ou à se retirer, il faut se rappeler que l'individu est la chose première, unique de toute moralité et de tout droit, que tout ce que la société en possède et en a jamais possédé lui vient de lui, que lui seul peut et doit à une époque quelconque être l'organe des modifications, comme il l'a été, de génération en génération, de l'établissement des institutions et des lois ; et conclure nécessairement au droit de la personne contre la société, sans autres conditions que la défense sérieusement intéressée et la conscience éclairée, sûre d'elle-même.

Il est vrai que l'individu a toujours une certaine faculté de travailler à modifier les termes du contrat, d'accord avec ses associés et dans les limites de la paix ; mais pour que ce travail ait une efficacité réelle, il est nécessaire qu'une somme sérieuse de droits rationnels se trouve conservée et respectée dans l'ordre social établi, au lieu qu'il peut arriver au contraire que les plus élémentaires de ces droits violés de longue date, une injustice passée en coutume, soient l'objet essentiel de la protestation, que même des droits auparavant reconnus soient foulés au pied par un gouvernement ou des foules violentes, et qu'enfin l'individu se sente véritablement dans le cas de ne plus se reconnaître aucune solidarité (si ce n'est de fait) avec la société à laquelle il appartient.

Les premiers moyens de défense en pareil cas et les plus pacifiques sont l'émigration et la résistance passive. Le premier ne saurait être moralement contesté, pourvu que l'oppression sociale porte sur des points graves intéressant la conscience et paraisse d'ailleurs irrémédiable. Je ne parle pas de cette émigration, d'abord pacifique en apparence, ensuite occupée de conspirations ou d'invasions armées, et qui rentre plutôt dans la classe des insurrections ; il s'agit du parti que prennent des citoyens atteints dans leurs libertés essentielles, de se transporter dans des lieux plus favorables, pour se donner individuellement à des sociétés étrangères ou former entre eux des sociétés entièrement nouvelles. Le droit existe comme droit primordial et vaut de toute sa valeur, du moment que l'ancien lien est rompu ou cesse d'être reconnu tel qu'auparavant par la conscience éveillée au sentiment des vrais devoirs individuels et sociaux. Il s'exerce sans scrupule à l'égard des biens que l'émigré peut transporter avec lui et en général des avantages, restituables ou non, qu'il a retirés de la société qu'il abandonne. En effet, cette dernière n'est point le bloc indivisible que ferait supposer la nécessité d'employer des termes abstraits et de les personnifier pour le discours. Elle se compose, au contraire, d'une multitude d'éléments personnels, tant présents que passés. Parmi toutes ces personnes qui seraient fondées à revendiquer leurs parts dans les bienfaits qu'un homme doit à la solidarité sociale, les unes ne pourraient pas, les autres ne voudraient pas réclamer, ayant rempli de leur côté des devoirs formels ou obéi à leurs affections ; il en est qui feraient cause commune avec cet homme qui proteste contre une oppression désormais insupportable pour lui ; il en est qui lui seraient ou lui sont ennemis et par là le dégagent ; enfin la propriété n'est point un don de tous à chacun, mais bien un élément du droit de défense des individus, et la garantie seule en appartient à la société, tandis que la formation en revient toute au travail et la transmission à la volonté des personnes.

Reste donc le pouvoir ou gouvernement, que l'on confond si aisément avec la société même ; or c'est lui avant tout qui, avoué ou non par les principales masses de ses sujets, refuse de satisfaire à des droits essentiels, et ne remplissant pas ses devoirs dispense l'individu des siens. S'il veut retenir la personne ou la propriété de l'émigrant, il le rend esclave pour le punir de n'avoir pas voulu consentir à demeurer quelque chose d'un peu moins qu'esclave, et il s'appuie sur des services antérieurement rendus, auxquels il était obligé, pour se faire payer ce qui ne lui est dû intégralement dans aucune hypothèse ; en sorte que la rupture de tous les liens s'achève.

Les cas d'émigration les plus importants et les mieux justifiés dans l'opinion générale sont ceux que motivent une différence de religion et l'intolérance du culte dominant ou imposé par l'État. On sent très bien dans de telles circonstances que la conscience et la liberté de la personne se trouvent atteintes au point d'annuler ses devoirs envers la société-mère, et que l'émigration est préférable à la guerre civile. Il n'y a guère que les tyrans eux-mêmes qui puissent adopter d'autres maximes (comme le grand roi à l'égard des huguenots). Des motifs analogues auraient aux yeux de tous le même poids, quand ce sont les libertés civiles et politiques seules qui sont en jeu, ou encore les grands problèmes de la vie économique et le droit des associations privées, si les hommes n'étaient pas accoutumés à donner à leurs sentiments et leurs croyances une autorité profonde qu'ils mesurent parcimonieusement à la raison et aux purs préceptes moraux. L'unique objection sérieuse qui ait été opposée au droit d'émigration dans ces divers cas se fonde sur ce que l'émigrant abandonne pour ainsi dire la partie et déserte son poste dans la société dont il est membre, alors qu'il pourrait en y demeurant travailler à la propagation des principes de liberté et à la conquête pacifique des droits, ou enfin préparer dans la mesure de ses forces une de ces révolutions légitimes où la violence est justifiée quoique dangereuse.

On doit reconnaître ici, en effet, la présence d'un de ces devoirs que j'ai analysés en me rendant compte du rôle de l'agent moral dans un milieu rebelle à la raison ; mais encore faut-il qu'il y ait quelque espérance, que les sacrifices demandés à l'individu n'aillent pas jusqu'au point où son droit de défense se dresse tout entier sans permettre d'atermoiements, et que les sentiments naturels qui l'attachent à sa patrie ne soient pas détruits par des injustices trop vives et une complicité générale. Sachons bien aussi que les faits d'émigration, quand ils se multiplient, sont loin d'être sans profit pour l'humanité, et, à la longue, pour la nation qui les a forcés de se produire : la fondation des États-Unis d'Amérique en est un grand exemple. Des sociétés libres que des hommes sortis des milieux existants formeraient en des points inoccupés du globe exerceraient probablement sur les progrès de la justice et de la raison une influence plus grande que celle qui pourrait être due aux efforts des mêmes hommes enchaînés par la coutume et vaincus par d'innombrables résistances au sein des sociétés anciennes.

La résistance passive est un moyen de défense contre l'injustice, à peine semblable au précédent en ce que la paix y paraît observée matériellement, du côté de la victime, mais singulièrement différent par la résignation aux conséquences quelles qu'elles soient des volontés prédominantes qu'on ne peut changer et auxquelles on ne tente point d'échapper. La défense y va jusqu'à refuser toute participation à ces volontés dans ce qu'elles ont d'injuste, tout consentement et tout acte libre qui impliquerait consentement, et même encore jusqu'à faire ce qui est interdit, comme si la loi externe était nulle ou non avenue ; mais elle ne va pas jusqu'à opposer la force à la contrainte, non pas même peut-être dans les cas les plus caractérisques, jusqu'à tenter d'éviter la contrainte en recourant à la dissimulation et au secret. Le lien social est évidemment rompu dans ce parti pris de l'agent moral de n'accepter des devoirs sociaux positifs que ceux qui lui conviennent, et c'est un cas de guerre très net, quoique sans action violente d'une part, et en supposant qu'il n'y entre aucun élément de fraude. L'émigration est donc préférable et plus franche, quand elle est possible. Il faut dire de plus que l'agent n'atteint pas la limite de son droit, si, se trouvant dans un cas où sa juste cause ne saurait faire doute pour lui, dans son acte ou dans son refus d'agir, il ne résiste point à la force par la force. Mais manque-t-il à son devoir en demeurant au-dessous de son droit, c'est une tout autre question.

Si la justice était toujours claire, si le conflit du droit positif et du droit rationnel n'aveuglait pas les hommes, si la coutume n'avait pas plus d'empire que la raison et si la loi était plus réellement consentie par ceux qui la subissent ; si ceux qui prétendent se soustraire à la loi ou à la coutume et désobéir aux ordres d'une autorité constituée étaient plus assurés qu'ils ne le sont souvent de la rectitude de leurs consciences, si enfin le sentiment du droit individuel et de son extrême portée se trouvait universellement répandu, toutes ces conditions réunies permettraient de regarder la résistance active comme le plus grand exemple et le plus efficace qui pût être donné coûte que coûte, et le courage qui frappe pour la défense du droit comme mieux entendu que celui qui seulement supporte. Mais alors aussi on peut croire que ce courage n'aurait pas de fréquentes occasions de s'exercer, surtout contre l'autorité sociale. L'état des choses n'étant pas tel, c'est au contraire un exemple aussi frappant que possible, et méritoire, que l'attitude d'un homme sûr de lui-même et de sa raison qui, impuissant à persuader les autres et à faire respecter la justice en sa personne, respecte cependant à son tour la liberté d'autrui, quoique égarée, maintient ce qu'il peut du bien et de la paix, laisse aux agents du mal leur responsabilité tout entière et attend que la lumière naisse du temps, des convictions individuelles multipliées et de l'éclat de son propre sacrifice. Le devoir de résister activement paraît à tout le moins douteux à cause de l'état des dispositions communes et du peu d'espoir que l'on conçoit de les changer, surtout par la violence, mais le devoir de persévérer dans un acte volontaire ou dans un refus paraît clair et impérieux ; la résistance passive s'offre et résout le problème. Elle est difficile et rare, elle implique essentiellement le mérite, par le sacrifice qu'elle exige et les dangers personnels qu'elle fait courir. Aussi les exemples de martyre ont-ils toujours produit sur la société de grands effets moraux, quand il s'est trouvé des hommes qui ont eu la force à la fois de pratiquer ouvertement la loi de leurs consciences et de s'abstenir de tout acte violent contre ceux qui portaient atteinte à leur liberté.

Combien facile et presque inévitable en pratique est le passage de la passivité à l'activité de la défense et même à l'attaque, sous l'influence des passions et des premiers instincts de la nature, l'expérience le montre en des cas innombrables dont il n'y a pas à chercher loin les exemples. Essayons seulement d'imaginer les sentiments d'un fugitif qui, après mille injustices éprouvées, est arrêté par les sicaires de la tyrannie, au moment de franchir la frontière, ou d'un sujet qui refuse l'impôt ou le service militaire et voit ses biens pillés, sa femme outragée par la soldatesque! D'un autre côté, la théorie indique suffisamment les conséquences logiques du droit de défense une fois concédé, et dans un état de conflit avéré ayant déjà donné lieu à des actes d'injustice et de violence ; car la simple prudence veut souvent qu'on n'attende pas l'ennemi certain et dangereux qu'on peut prévenir. Le devoir social est moins étendu que le droit strict, ou considéré dans les simples rapports individuels ; il sert à le restreindre, en vertu des règles que j'ai ainsi résumées pour l'*état de guerre* : ferme représentation et rappel constant à la pensée des relations pures de droit et de devoir, telles qu'on voudrait les appliquer à un ordre de raison et de paix ; distinction nette de ce qui dépend et de ce qui ne dépend pas de nous quant aux fins que nous nous proposons ; jugement consciencieux de ce qui est possible ou espérable dans les résolutions d'autrui; ménagements observés à l'égard des faits acquis et du droit positif, encore que contraire au droit rationnel; choix parmi tous les moyens de défense (ou moyens d'agression liés aux premiers) de ceux qui sont à la fois réellement utiles pour la fin à atteindre, les moins éloignés qui se puissent des voies pacifiques et les plus propres à favoriser le progrès de la raison et l'établissement de la paix.

En vertu de ces règles, le point principal à considérer après la justice de la cause et la réalité du cas de dépense posé au fond, c'est l'appui plus ou moins sérieux sur lequel il est permis de compter pour la résistance active et pour les changements d'ordre légal ou social qui seraient les suites du succès. Je laisse de côté les cas où une personne isolée ou presque isolée se trouve en butte à des actes violents pour avoir préféré sa conscience à la coutume ou à la loi, et rend aussitôt guerre pour guerre aux assaillants : ces cas terribles échappent aux préceptes généraux ; il est souvent difficile d'étendre le blâme sur ceux-là mêmes où la conscience est mal éclairée et les antécédents imparfaitement purs, attendu qu'alors la faute remonte ou change de nature, et le fait en lui-même, au moment de la violence exercée et repoussée, dans des circonstances qui sont autant d'exceptions à la vie normale, échappe aux lois de la réflexion. Je m'attache aux actes délibérés et de caractère public plutôt que privé, par lesquels une ou plusieurs personnes passent de l'état de pure défense à l'agression formelle et tentent de changer violemment le système de l'autorité. Deux considérations dominent toute la question d'excuse : celle du nombre et de la réelle bonne volonté des révolutionnaires, puisque c'est à la fois un signe du droit commun revendiqué et une condition de réussite ; celle des dispositions réelles des masses maintenant inactives, car on ne saurait espérer, sans compter avec elles, un avenir durable pour l'ordre nouveau qu'on entreprend d'établir. Les deux points extrêmes de la série sont donc occupés par le tyrannicide, supposé le résultat d'une détermination toute individuelle, et par ces révolutions qui mettent un peuple entier en mouvement contre une oppression séculaire dont l'empire moral a été progressivement détruit. Entre deux sont les cas variables des insurrections et des guerres civiles.

A se mettre en face du droit pur, à envisager d'une part le tyran, ses actes et ses suppôts, c'est-à-dire l'homme qui annihile la juste volonté d'un autre et ne peut être atteint que dans sa vie et par surprise, nulle défense contre lui n'étant d'ailleurs possible, et, de l'autre, l'agent libre, supposé seul de son espèce, dans un cas où sa liberté est en jeu, sa liberté dont nul ne peut lui imposer le sacrifice, il est clair que le tyrannicide est justifié. C'est une forme du droit de défense, extrême, mais incontestable. Entre le tyran et son sujet forcé la relation morale a disparu, n'est plus celle d'une personne avec une personne, mais bien d'un homme avec un agent brut et le premier n'a de devoir à consulter qu'envers lui-même. Les anciens ont ainsi compris et pratiqué cet acte de souveraineté individuelle, eux que l'on accuse parfois d'avoir mal connu le droit personnel. Mais, pour admettre que ce droit se conserve, quand on tient compte du lien social et des devoirs envers autrui, à moins de vouloir que rien absolument ne subsiste de ces derniers et que tous les hommes soient tenus pour autant de tyrans par un seul révolté, il faut croire, non seulement que le tyrannicide agit au nom du peuple entier, mais encore qu'il est avoué et sera généralement acclamé au moment de la délivrance commune. Hors de là, le droit extrême exercé contre le tyran est une extrême injure faite à ceux qui prétendent lui obéir comme à un pouvoir légitime et qui institueraient au besoin volontairement, par conséquent la guerre d'un seul ou de quelques-uns contre tous, et sans espérance; et la morale appliquée à l'état de guerre ne saurait l'excuser.

Ce qui a rendu certaines doctrines de tyrannicide odieuses, chez les dominicains ou les jésuites par exemple, c'est qu'elles tendaient à substituer une tyrannie à une autre (celle qu'une conscience s'arroge sur d'autres consciences, au pouvoir civil demi-oppresseur, demi-protecteur, que les temps comportaient); et les régicides tout politiques de notre époque n'excitent pas tant l'indignation à cause d'une certaine mollesse des âmes, peu disposées à mettre à la liberté son prix, qu'ils n'éveillent un vif sentiment de solidarité violée, et n'appellent la réprobation sur l'homme qui se fait seul juge et tente d'imposer à tous sa volonté par le sang, dans un milieu vaste et complexe où les résolutions purement individuelles sont condamnées à rester inefficaces. Il n'en fut pas de même chez les anciens, ni dans l'opinion ni dans le fait, tant que le théâtre des révolutions fut réduit à l'enceinte d'une vraie cité. La solidarité y était grande sans doute, ainsi que l'exigeait le danger continuel et d'excessive portée de la guerre avec l'étranger, mais l'initiative personnelle était grande aussi, et continuellement exercée par chaque parti et chaque citoyen. L'ardente passion du droit, et d'un autre côté le caractère individuel, violent et farouche des pouvoirs usurpés, donnaient au tyrannicide l'assusance d'être soutenu et d'arriver, fût-ce par le sacrifice de sa vie, aux conséquences voulues de son acte, tandis que la nature tranchée des partis et des questions en suspens l'affranchissait de scrupule à l'égard de ceux qui pactisaient avec la tyrannie. En un mot, le cas de guerre était net, la défense précise et parfaitement sentie, même de l'ennemi. Lors de l'usurpation et de la punition de César, on peut croire que les conditions des sociétés antiques étaient désormais changées, et le monde occidental au fond conquis aux mœurs de l'Orient, mais les meurtriers ne le savaient point, eux qui suivaient naïvement les traditions de la liberté héroïque. Et de fait il est difficile de dire ce qui a manqué aux stoïciens pour entreprendre une œuvre de régénération qui eût changé la face de la terre, si ce n'est que, assez puissants pour gouverner quatre-vingts ans l'Empire établi par les monstres et soutenu

par la plèbe avilie, ils n'ont produit à aucune époque
des hommes chez qui les lumières politiques et le
génie fussent à la hauteur de la vertu. Les modernes,
en dépit de la lente restauration du droit personnel,
pour laquelle ils n'ont que les anciens de modèles,
voient toujours l'esclavage au lieu de la liberté dans
leurs propres traditions. Les lourdes habitudes contractées, les superstitions constamment hostiles au droit,
les États démesurément grands, les masses ignoran-
tes à traîner qu'il faudrait conduire et rendre aptes à se
conduire, leur créent au début de leurs établissements
autonomes les mêmes difficultés que les anciens ren-
contrèrent à la fin et ne surmontèrent point. Qu'il y ait
avec cela d'autres conditions et d'autres motifs d'espérance, on n'en saurait douter, mais la nécessité morale
n'en subsiste pas moins de subordonner les devoirs
individuels, dans la revendication des droits, à une
appréciation consciencieuse de ce que le temps et les
hommes peuvent porter. Or le tyrannicide est le plus
présomptueux, le plus insolent des actes par lesquels
une volonté se manifeste à l'encontre des volontés de
tous. Il est aussi le plus dangereux, au point de vue
même de l'agent, car il tourne contre son but par l'effet
de la réprobation générale, soit que la monarchie attaquée dans le monarque ait une puissance traditionnelle
qui la fera revivre dans un autre, avec la consécration
due au *martyre* du premier, soit que l'usurpateur assailli
possède dans un insoluble conflit actuel de passions et
d'intérêts une raison d'être qui doit lui donner des successeurs. N'a-t-on pas vu des régicides d'un tout autre
genre, puisqu'ils étaient des actes délibérés par des
assemblées nationales légitimes, peser d'un poids fatal
sur l'avenir des nations? Aussi le moraliste qui étudie
les mobiles de telles résolutions découvre-t-il que ces
grands actes de force apparente sont au fond des actes
de faiblesse : faiblesse, à cause de l'empire des passions,
bien plus réel que celui de la justice; faiblesse, parce
qu'on se défie de sa propre constance et qu'on veut se
fermer le chemin du retour; faiblesse encore chez le

peuple, que ses mandataires engagent au delà de ce que lui-même voudrait; et j'omets d'autres faiblesses plus particulières et plus basses.

Lorsque les sentiments de la révolte sont partagés par un nombre suffisant de membres d'une société en supposant toujours que la revendication de leurs droits, poursuivie par toutes les voies légales, les met par suite de négation obstinée dans le cas de juste défense, en ayant égard de plus à l'*état de guerre* qui se traduit en actes violents ou frauduleux, nés des essais de résistance d'une part et de répression ou compression de l'autre, la question du droit d'insurrection se pose ; elle n'est autre que celle de la défense, devenue fatalement agressive, et du droit de guerre envisagé dans les guerres civiles.

Le droit d'insurrection, s'il existe, est limité par les mêmes devoirs généraux que je viens d'exposer. Je me suis étendu sur le vice et le danger des révolutions, jugées par l'histoire. Loin d'adopter des théories qui mettraient purement et simplement la force au service du droit personnel, à tout risque, en tout état de cause, et ne tiendrait nul compte de la solidarité sociale et des conditions placées dans les mœurs qui ne sauraient changer brusquement, j'ai réclamé l'observation des préceptes moraux applicables à l'état de guerre, au point que, pour quiconque s'y conformerait avec rigueur et scrupule, ils devraient conduire à des résultats peu différents de ceux que veut atteindre l'interdiction absolue des moyens révolutionnaires. Au reste la nature des passions s'oppose à une pleine efficacité tant de l'interdiction que des préceptes. Pour bien juger comparativement de l'une et des autres, il faut pourtant les supposer obéis. Ils engagent également l'agent moral à employer son courage et ses forces aux œuvres incontestablement morales et toujours utiles, et lui déclarent que le droit de sa défense propre n'impliquant pas le droit de violenter le monde et de réformer la société malgré elle, il n'est d'ailleurs guère d'action sur les hommes, de ceux qui visent à exciter entre eux, par l'exemple et l'entraînement, une ardeur de destruction et de subite liberté, qui ne puisse être remplacée par des actes de dévouement ou des travaux de paix, plus sûrs, plus profonds, d'un exemple à coup sûr salutaire. Mais les préceptes rencontrent enfin une limite, dont la conscience de chacun et le mouvement général du peuple décident, tandis que l'interdiction ne saurait en avouer aucune. Les préceptes s'appliquent à l'état social troublé, où le mal est fatalement mêlé au bien, et ils n'excluent pas le bien, lié au mal, c'est-à-dire le seul à peu près qui entre dans la marche des affaires générales; l'interdiction s'oblige à le répudier entièrement et se place ainsi en dehors de tout le mouvement de l'histoire. Supposons les préceptes observés, nous pourrons accepter la justice même violente, quand l'utilité sagement consultée et le commun consentement s'unissent au droit strict des personnes; et il ne nous sera pas défendu ni d'avoir en vue cette justice suprême pour le jour d'une vraie révolution possible, efficace, durable, ni de maintenir le droit de défense personnelle en toute son intégrité, quoique subordonnée à d'autres devoirs que celui de se faire justice; mais supposons l'interdiction sérieuse et le commandement observé; comme il ne sera valable cependant que pour les gens de bien, les autres domineront sans trouver devant eux la seule espèce de résistance qui soit capable de les arrêter; le résultat, si ce n'est le principe, ne se trouvera en rien différent de ce qu'on attendrait d'une théorie préconisant le pur sacrifice, la soumission volontaire à la force et l'abandon parfait du droit personnel. Avec l'anéantissement de la personnalité viendrait celui de la société même, en ce qu'elle peut avoir de rationnel.

La négation absolue du droit d'insurrection comporte évidemment cette conséquence, et je ne saurais comprendre comment Kant entendait la concilier avec l'acceptation du droit social de contrainte, lequel a pour racine un droit individuel similaire, quand on admet que rien n'existe dans la société qui ne soit fondé dans la personne, quand on pense avec Kant que la légitimité de l'État n'est concevable que moyennant l'*idée d'un contrat originaire,* quels que soient les faits ou l'*origine empirique des gouvernements.* On peut envisager la société de deux manières, ou dans ceux qui la gouvernent et prétendent toujours la représenter de quelque manière, ou dans ceux qu'elle gouverne, mais qui la composent et prétendent au gouvernement d'eux-mêmes par voie de délégation explicite ou implicite. Ce dernier point de vue domine le premier dès qu'on ne reconnaît point à l'État une essence et des titres extra-humains ; si donc ils ne peuvent s'accorder, s'il se présente un cas où le premier est manifestement faux parce que le second est manifestement vrai, la société et son droit quelconque passent du côté des gouvernés : ce sont eux qui possèdent la justice et qui, étant dans un cas de légitime défense, ont à procéder comme ils peuvent à l'exercice de la contrainte envers les gouvernants ; et ce sont ces derniers qui sont les véritables révoltés. Admettre l'indissolubilité du contrat idéal au profit d'un pouvoir établi quelconque, c'est annihiler la personne du contractant au moment même où l'on semble la poser ; c'est l'engloutir dans l'ordre empirique et fatal, quelque inique qu'il devienne, et lui donner en fin de compte pour ultime loi le sacrifice. La morale rationnelle et les religions d'abnégation pure, le droit et le renoncement arriveraient ainsi à se confondre.

Comment ne pas nier radicalement tout droit de guerre et jusqu'au droit de la défense dans les plus extrêmes hypothèses, lorsqu'on ne veut reconnaître en aucun cas le droit de résistance active à un pouvoir constitué ? et qu'est-ce que cette constitution d'autorité, aux yeux de qui la croit dénuée de titres légitimes en elle-même et en outre de ces titres de fait que donnent une situation politique difficile, la division irrémédiable des partis, un consentement visible de certaines masses populaires ? La question comme elle s'offre ici permet de supposer un de ces cas de tyrannie (originairement usurpée ou non, il n'importe) flagrante par ses actes et généralement exécrée dont il y a des exemples. S'il est interdit de contraindre le tyran, sur quel fondement justifiera-t-on la contrainte exercée par la société sur un de ses membres ? Le tyran n'est que l'un d'eux, quand il est permis d'envisager hors de lui tout ce qui compose l'idée, la moralité et l'œuvre d'une association humaine ? Et si tout acte de résistance active est déclaré sans droit dans la cité, quelque apparente et criante que soit la situation défensive des personnes, où trouvera-t-on le droit d'une guerre extérieure du caractère le plus urgent et le plus défensif aussi ? Il faut toujours remonter au principe de la conservation et défense de la personne ; nul fait de guerre excusable ne s'excuse autrement, et les sociétés, les États, ne sauraient agir moralement sur d'autres principes que ceux qui se réduisent aux droits et devoirs des personnes. Qu'importe alors que l'ennemi légitimement repoussé soit dans la cité ou dehors, dès qu'il est bien l'ennemi, dès que nul devoir envers ceux à qui nous sommes en même temps liés par des liens de paix ne nous empêche d'opposer la force à la force et de réprimer le réel agresseur ?

Allons plus loin maintenant, supposons deux partis sérieux dans l'État, l'un agent ou complice actif de l'injustice, l'autre qui la repousse. De l'insurrection naîtra la guerre civile. Toute guerre civile est-elle illégitime des deux parts ? Comparons la guerre civile et la guerre étrangère. Celle-ci ne sera dite juste qu'en tant que formée d'une suite d'actes des personnes composant une société donnée, à l'effet de contraindre les personnes composant une autre société à observer les lois de la justice dans ses rapports avec la première. Mais changeons le mot *société* en ceux de *partie de membres liés d'une société*, c'est-à-dire *parti*, et les termes de la définition s'appliqueront sans aucune altération morale à certaines guerres civiles. Il en est donc de justes d'un côté, en principe. On avouera même que le discernement du juste est ordinairement plus facile et plus simple dans les contentions des partis que dans celles des nations, attendu que ces dernières n'ont jamais aussi clairement conscience de leurs devoirs réciproques et ne les déterminent pas avec la même précision. Et on n'alléguera pas que le droit de contraindre ne saurait être invoqué par les partis ; c'est plutôt aux nations entre elles qu'il n'est applicable que par extension, en se référant à l'idée d'une société universelle des êtres raisonnables ; une société au contraire est organisée de manière à fonder positivement ce droit, et quand il arrive que les constitutions et les lois violées par ceux qui ont mission de les défendre le rendent vain, étant disputé entre deux partis, il appartient légitimement à celui qui possède la justice, à moins qu'on ne veuille dire qu'il n'est à personne et que la société a complétement cessé d'exister. La plus juste des guerres est évidemment celle que déclarent à leurs spoliateurs des hommes dépouillés de leurs libertés les plus essentielles ; or comment ce qui est si juste deviendrait-il injuste par le fait que le véritable agresseur au lieu d'être un étranger sans liens antérieurs intimes avec l'assailli, est le concitoyen, qui doit plus que tout autre reconnaître les droits de son concitoyen, et qui avait peut-être mission expresse de les représenter et de les défendre? Il est impossible de voir en quoi le droit de contraindre vaudrait de la part d'une personne attaquée contre celle qui l'attaque, dans l'hypothèse de l'*état de nature*, ou seulement de l'absence actuelle de la protection sociale ; comment il vaudrait ensuite de la part de la société contre un de ses membres rebelles, et se trouverait sans valeur de la part d'un groupe de membres contre un autre, dans un cas où l'on n'a qu'un moyen de décider de quel côté est le principe social légitime, le droit de recourir à la force, et c'est de savoir de quel côté est la justice.

Ainsi quand nous consultons les principes du droit, nous justifions les insurrections et les guerres civiles, ou plutôt nous les excusons, car il faut se rappeler que le droit historique tout entier déroge à la morale et n'admet point de justification dans la rigueur du terme. Nous les excusons ; mais aussi les préceptes moraux de l'état de guerre nous obligent de supposer pour l'excuse ce qui n'est pas commun dans les faits, non seulement le bien fondé du droit, mais la clarté des situations où il s'invoque, la justice de la cause et de ses moyens à tous autres égards, l'utilité, l'efficacité réelle attendue de la force pour la fin qu'on se propose, la conscience pure, éclairée et attentive de l'agent. La question change de face pour peu que nous considérions empiriquement les faits, toujours si mêlés, les passions bonnes ou mauvaises en combinaisons inextricables, la complexité des intérêts en jeu, l'ignorance et les dispositions changeantes des foules, enfin l'incertitude de l'avenir en ses rapports avec les actes présents. Alors les insurrections les plus justes au point de vue purement individuel peuvent paraître douteuses et dangereuses au point de vue public que le devoir nous commande d'envisager, et les guerres civiles redevenir pour nous les plus odieuses de toutes, conformément au sentiment commun, car elles troublent le seul ordre de paix passable sur lequel on ait pu compter, renversent les affections naturelles ou acquises, excitent des haines incomparablement violentes, sans parler des crimes qu'elles favorisent, et mettent le peuple en danger de tomber dans un désordre d'où nul ne sait comment il sortira. Et pourtant il arrive aussi que des guerres intestines prolongées conduisent une nation à un état social plus juste et mieux cimenté que celui qui fut ébranlé, puis renversé par les protestations de la conscience et la résistance active des sujets.

Des exemples ne seront pas inutiles. L'histoire de l'Europe moderne en offre trois qui la dominent tout entière. D'abord celui des guerres religieuses. Quoique la religion ait été le motif ou le prétexte de guerres étrangères, la réforme a nécessairement commencé et s'est plus ou moins continuée partout par des actes de guerre civile. Ceux-ci ne pouvaient être évités que par la pleine soumission à une autorité tyrannique et sanglante à qui tous les moyens étaient bons, et dont le triomphe eût conduit l'Europe à une situation pire que celle où nous avons vu l'Espagne, car l'Espagne a beaucoup profité des libertés conquises par les autres peuples. La guerre, infiniment juste en elle-même, a produit la liberté religieuse, par suite la liberté civile, et a préservé le monde occidental d'une chute complète ; ou plutôt c'est de là que date tout ce que nous pouvons appeler notre civilisation, comparativement aux nations de l'Orient. Qu'on n'objecte pas la renaissance, car la victoire de l'Église l'eût inévitablement submergée, ni les découvertes modernes, car elles auraient été étouffées, et l'imprimerie serait devenue, à mesure que se révélait sa puissance, un pur instrument de gouvernement des âmes. Dès les premières luttes, les réformés pouvaient espérer qu'ils obtiendraient la liberté de conscience ; en tout cas la situation était de celles où l'on est condamnable d'espérer trop peu, excusable, par conséquent, d'espérer au delà des plus sûres apparences. Ils ne pouvaient se croire obligés à de grands ménagements vis-à-vis des soutiens d'un ordre établi, concitoyens ou non, qui prétendaient tenir leurs âmes en esclavage. La suite des événements a montré que la guerre juste était une guerre utile et une œuvre de salut universel. Tout ce qu'on peut objecter selon nos principes, c'est que les esprits des réformés n'étaient pas entièrement exempts du levain d'intolérance et que la justice de leur cause devait en souffrir ; les cœurs non plus n'étaient peut-être pas toujours purs. Mais la liberté et le bien ne restaient pas moins les grands mobiles, et si les règles morales que j'ai reconnues avaient cette portée d'interdire l'action à qui n'est pas absolument irréprochable, ils se confondraient avec la loi de l'obéissance et du sacrifice ; la morale applicable en ce monde se réduirait à des préceptes d'abstention, et le mal triompherait par le refus d'accepter des biens qui ne sont pas sans mélange. Nul, en effet, n'est irréprochable, nul n'est pur dans la vie active, on ne le sait que trop ; mais l'inaction volontaire est elle-même un acte, souvent de la plus grande conséquence. L'homme se flatterait en vain de ne pas agir : il fait en laissant faire.

Les révolutions d'Angleterre et de France sont les deux autres grands exemples. L'une a duré quarante ans et au delà, si l'on veut arriver au moment où les libertés anglaises ont paru définitivement constituées. L'autre dure toujours et n'a point encore de résultats certains. Si on les considère, surtout la seconde, aux divers moments où les partis révolutionnaires ont pris des résolutions engageant fortement l'avenir, on trouvera aisément que dans plusieurs cas les règles de la prudence n'ont pas été observées, ni le sentiment du possible suffisamment consulté, ni les ménagements gardés vis-à-vis du passé et des mœurs présentes. En un mot la guerre a eu ses entraînements, puis ses crimes, et le peuple a été plus d'une fois traité en pur instrument des choses qui se faisaient en son nom. L'insurrection passée à l'état de mal endémique, ainsi qu'on l'a vue plusieurs fois, a menacé de destruction toutes les garanties qui sont les gages du combat. Mais embrassons l'ensemble de la question, envisageons un état de guerre irrémédiable, latent, puis déclaré entre deux partis dont l'un prétend perpétuer une oppression religieuse et politique enracinée dans le passé, mais à laquelle échappent progressivement les consciences, l'autre revendique les droits naturels de tous les hommes, souvent aussi des droits positifs violés, anéantis : il nous sera impossible de dire qu'il ne s'est jamais trouvé et ne se retrouvera pas encore un de ces moments où le recours à la force contre la force est légitime et efficace.

En résumé, le droit d'insurrection, sorti de la stricte considération de l'individu, subsiste, mais restreint par les devoirs généraux des hommes, qui ne sauraient moralement, non plus que violemment, se soustraire toujours ni de toutes manières à la solidarité des milieux sociaux. S'il y a droit, il y a devoir, dans la mesure même où le droit se dégage et s'affirme : devoir envers soi-même d'abord, car c'en est un d'être libre autant que possible ; ensuite envers autrui, à cause des liens de parti devenus plus étroits et plus saints quand le lien social commun se relâche ou se brise, et conformément à cette pensée d'un ancien qui obligeait le citoyen à se déclarer dans les luttes de la cité. L'abstention ne laisse pas d'être consciencieuse et juste, non seulement lorsque l'on peut douter du fondement de la revendication et de la légitimité du but, mais aussi lorsque les moyens paraissent inacceptables en soi, ou plus dangereux qu'utiles à la cause qu'on veut servir. Affirmer l'insurrection, la résistance active, comme un devoir absolu de toute personne atteinte dans ses droits rationnels par une autorité quelconque, ce serait rendre l'individu juge unique des conditions sociales en ce qui le touche, et, dans le fait, ne lui permettre le choix qu'entre une société parfaite et la rupture du contrat social. Autant vaudrait dire qu'on le suppose parfait lui-même, en guerre permanente avec tous les gouvernements que l'histoire fait connaître, et obligé de tout exterminer jusqu'à ce que ceux qui font ou soutiennent les pouvoirs et les lois deviennent semblables à ce qu'il est ou croit être.

Le problème des sécessions, c'est-à-dire de la rupture et de la séparation des États en plusieurs membres indépendants, est le même quant au droit que celui des insurrections et des guerres civiles. Il s'agit toujours de juger moralement d'un cas de révolte contre un ordre social ou politique établi, mais contesté par des masses plus ou moins nombreuses. L'insurrection ordinaire vise à changer cet ordre et à modifier les termes du contrat sans le rompre ; la sécession se présente comme une fin raisonnable du conflit lorsqu'il n'y a nul espoir d'arriver à un accord, et que les partis en lutte correspondent, d'une part à des régions géographiques distinctes et peut-être à des langues et à des races distinctes, de l'autre à des croyances ou à des mœurs incompatibles ou qu'on estime telles. En tant que l'on envisage les faits, les causes et le droit d'une sécession tentée, les devoirs et préceptes moraux sont les mêmes que nous avons étudiés plus haut, pourvu que l'on admette un état d'union préexistante sincère. Toutes les conditions de légitimité et de possibilité des fins doivent être satisfaites, toutes les voies pacifiques épuisées. Il ne suffit donc pas toujours d'avoir des droits réels à revendiquer ou des plaintes à faire valoir ; à plus forte raison des sécessionnaires ne peuvent-ils réclamer leur indépendance pour être plus libres d'attenter à la liberté d'autrui et de mieux cimenter l'immoralité de leurs coutumes particulières. En pareil cas, toute société sérieuse a contre une partie coalisée de ses membres le même droit de contrainte qu'on lui attribue contre un seul à l'effet de garantir la justice et l'observation des lois. S'il arrivait ensuite que la sécession restât victorieuse à l'issue d'une guerre légitime d'un côté, illégitime de l'autre, la force insurmontable des faits ayant produit deux États où il n'y en avait qu'un, toute question ultérieure appartiendrait nécessairement au droit international.

En tant que nous considérons, au contraire, un État violent et mal constitué dont les parties illégitimement jointes n'ont pas été amenées par le temps à une unité réelle, le droit de sécession se présente avec de fortes apparences en sa faveur, sans qu'il soit même nécessaire de savoir si le membre qui réclame son ancienne indépendance est ou non capable de se donner de lui-même un ordre social préférable à celui qui lui est actuellement imposé. Nous arrivons ici de nouveau à des questions de droit international au fond. La raison voudrait, ainsi que la paix, que des divisions nationales fussent consenties aussi souvent que demandées pour cause de mœurs, ou de telles autres différences que les réclamants jugent suffisantes, et enfin pour cause de liberté seulement. Si les relations des nations indépendantes pouvaient être actives et généralement pacifiques, le progrès de l'humanité serait beaucoup moins incertain, malgré les divisions les plus multipliées, qu'il ne l'est avec nos habitudes conquérantes et oppressives ; absolument comme le progrès intellectuel et moral des personnes est plus réel au sein d'un seul et même État qui respecte leurs libertés essentielles, que dans un autre qui s'arroge le droit de dicter les croyances, les lois et de déterminer la conduite de tous en toutes choses.

Le grand obstacle au fractionnement des unités nationales est la nécessité où se croit chaque État d'être et de demeurer fort et uni, n'importe comment, pour résister aux attaques des autres ; de même que l'empêchement aux libertés individuelles est la conservation prétextée de l'autorité sociale à l'intérieur, laquelle est aussi regardée comme indispensable vis-à-vis du dehors. Ainsi la défense interprétée par les passions mène à l'usurpation et à la conquête, et se détruit elle-même. Les unités d'État les plus vastes possibles et à la fois les plus resserrées tendent à se former autour de chaque centre une fois constitué. Successivement, chaque société, sous la conduite de ses chefs armés de la raison d'État, succombe à la tâche, soit de gouverner ses membres plus ou moins contraints, soit de résister à l'envahissement de l'étranger, soit de s'assimiler ses voisins et le monde. Nulle garantie au dedans ni au dehors, ni pour la durée des États, ni pour les droits des personnes, ne semble réalisable si l'on n'est prêt à invoquer au besoin *l'ultima ratio* de la guerre et à courir les chances des combats ; mais la guerre menace ou renverse toutes les garanties : cercle vicieux auquel il n'est guère plus facile qu'échappe la sagesse présupposée d'un seul peuple entouré d'ennemis, que celle de quelques hommes obligés de se garder au milieu d'une société de fous. Au fond les plus sages ne sont pas sans folie, et les plus fous ne sont pas entièrement dénués de raison, ce qui rend le problème de la paix à la fois plus séduisant et plus désespérant.

CHAPITRE XCVI

LE DROIT INTERNATIONAL

Pour étudier le principe du conflit entre nations, il faut d'abord se rendre compte des éléments aptes à composer une nation quelconque et à lui permettre d'entrer régulièrement en rapports avec une autre. Certains éléments naturels sont, je suppose, communs à des hommes qui peuvent n'être pas actuellement unis en corps de nation, comme l'origine, la race, la langue ; on les présume liés à l'existence de caractères psychologiques semblables chez les individus, puis à des affinités et sympathies plus ou moins marquées ; il s'y joint enfin des coutumes et des croyances analogues : admettons que les stations géographiques ne diffèrent pas trop et que les événements, les séparations volontaires ou violentes n'ont point créé des diversités et des oppositions là où l'on s'attendrait à trouver des ressemblances. Mais de tous ces éléments, dits de nationalité, plusieurs et des plus importants peuvent quelquefois manquer, hormis la race sans laquelle on ne voudrait peut-être pas dire qu'il y a identité nationale naturelle, et qui cependant toute seule ne suffit évidemment point pour former, avec des groupes d'ailleurs désunis, une nation. Quelles conditions importent le plus, physiologiques, psychologiques, morales, à ne parler toujours que de ce qui est simplement naturel ou effet des temps et des milieux, sans intervention d'aucune volonté raisonnée dans l'ordre social, on ne le sait ; on ignore ce qu'est et ce que peut le mystérieux ressort des caractères physiques ou intellectuels communs et jusqu'à quel point on y doit compter ; on ignore si la communauté de langage, sans celle des croyances, aura plus de valeur que la communauté des religions ou de certaines autres habitudes, sans celle du langage, etc., etc. En supposant même l'existence de toutes les similitudes désirées, en y ajoutant, ce qui certes est un point capital, la passion du rapprochement chez les membres d'une nationalité éparse, on ne peut cependant affirmer qu'ils seront capables de s'organiser en société durable, et cela dans les meilleures circonstances externes. L'idée d'une nationalité naturelle est donc confuse et difficile à saisir, après que les événements de l'histoire ont une fois défait les groupes naturels et formé des groupes d'un autre genre ; et là où l'on se croit à peu près certain de la rencontrer, on doit encore se demander si elle sera suffisante pour constituer une nation ayant les caractères voulus de stabilité propre et de relations normales avec les autres.

C'est ce dont la raison est facile à découvrir. En effet, que des nations existent, avec des origines plus ou moins obscures, soit primitives et spontanées, soit comme résultats de faits violents qu'un long état de choses est venu ensuite absorber dans une masse de mœurs ou antérieures ou contractées, il n'y a rien là qui réclame l'œuvre de l'intelligence active d'un peuple appelé à se faire, pour ainsi dire, de ses propres mains. L'énigme d'une nation de cette espèce se résout par le mot *habitude*. Mais que des groupes séparés maintenant, n'importe de quelle manière et à quel degré, veuillent se réunir, il faudra nécessairement qu'ils fassent acte de raison et de volonté. La *nation* qu'ils institueront ne sera plus le simple fait d'une *nationalité* rapprochée et reformée, mais bien un *État* et qui exigera les conditions les plus rationnelles de l'État, puisque par hypothèse il devra se construire au lieu de se continuer.

Mais l'État rationnel n'implique rien de plus que la morale et le droit. Il se constitue avec des hommes de toutes races, langues et croyances, pourvu qu'ils aient des idées communes sur les lois de l'État même, c'est-à-dire sur la justice ; et il peut exister, sans un postulat de raison aussi explicite, à la simple condition qu'un contrat social réel, quoique peut-être obscur, tel que je l'ai défini plus haut, unisse entre eux des hommes différents sous mille rapports, d'anciens groupes nationaux divers, liés maintenant par un ensemble de notions, de lois et de mœurs dont la garantie sous un même gouvernement réalise pour eux une *patrie* morale. Au fait, s'il existe aujourd'hui des patries autres que celle-là, ce n'est plus chez les peuples civilisés de l'Europe; s'il arrive qu'elles paraissent ne pas les contenter, c'est qu'ils placent leur idéal dans un État où l'autonomie de la raison se substituerait décidément à l'empire des traditions et des usages ; si dans leur malaise et dans leurs épreuves ils en appellent aussi au *principe de la nationalité,* contre l'État qui les renferme, la cause en est qu'ils souffrent dans leurs libertés et se flattent de trouver un sort meilleur dans une autre combinaison, sans avoir à les conquérir d'eux-mêmes et à apprendre à se gouverner ; s'il en est enfin qui préfèrent à la conception morale d'un État propre à unir dans la justice les éléments humains les plus divers, celle d'une unité nationale de sang et de religion qui leur permette le développement de ce qu'ils ont de plus exclusif, et probablement d'intolérant, qu'ils ne demandent pas à la raison et au droit pur de leur fournir des arguments : ils n'en sauraient tirer que de l'*état de guerre* et des violences qu'ils subissent.

De même que l'idée de nationalité naturelle tombe dans une confusion nécessaire par suite des séparations et des mélanges forcés, des altérations de races et de langues, des coutumes introduites, etc., de même la notion de l'État rationnel périclite en ce que les luttes nationales, les conquêtes anciennes ou récentes, les faits de guerre en général obscurcissent dans beaucoup de cas la vraie nature morale d'une nation, en ce que surtout la raison et la volonté des membres de la société n'ont qu'une part douteuse ou contestée dans sa direction, se trouvent impuissants à se dégager. Le principe de droit ne réside pas moins dans cette dernière notion et dans elle seule, les conditions de communauté de mœurs, de religion et même de langage étant accessoires, importantes sans doute et grandement à consulter quant aux faits, aux passions, au jugement de possibilité des choses, mais destinées à se subordonner à mesure des progrès de l'État vers l'autonomie de ses sujets. En effet, l'histoire montre qu'un langage identique n'est pas toujours nécessaire aux fils d'une vraie patrie, et comme toutes les autres diversités ne nuisent à la constitution nationale qu'en tant qu'on suppose des lois de contrainte pour identifier ce qu'elles divisent, la liberté fait disparaître l'obstacle. Il faut seulement, c'est beaucoup, mais c'est assez, que des concitoyens ne cessent pas de s'estimer tels et de se régir en commun selon ce qu'ils ont de commun, la raison, la justice, quoiqu'ils aient des croyances ou des coutumes partielles groupées diversement, lesquelles ils doivent alors respecter les uns chez les autres.

L'idée de la nationalité naturelle se rapporte éminemment au système des faits sociaux involontaires, et je dirais presque aux fonctions instinctives de l'humanité. Mais la notion de l'État est le fruit de la réflexion et du vouloir. Elle soumet tous les faits de diversités légitimes entre hommes, à plus forte raison les faits irrationnels et illégitimes, au principe de l'identité de la nature morale. Elle est donc moralement supérieure, tout comme l'association volontaire est préférable aux coopérations spontanées, une république d'agents libres à une ruche d'abeilles. L'autonomie individuelle est mal respectée dans l'État systématique : c'est probable ; elle l'est plus mal encore dans la nation naturelle où la coutume tient lieu de loi, enchaîne étroitement les personnes et toutefois ne les préserve pas de leurs injustices réciproques. Les hommes, que certaines doctrines voudraient assimiler aux animaux domestiques, ne soutiennent pas la comparaison pour qui ne regarde pas à leur idéal rationnel ; ils n'arrivent jamais à un ordre de nature et à la constance des mœurs, mais la fraude et la violence réfléchie étant chez eux des produits nécessaires de la raison appliquée aux passions, ils n'ont de ressource que dans le dégagement et l'affranchissement de la raison même : or elle doit les conduire à l'idée pure de l'État, indépendante de toutes leurs diversités naturelles. Envisageons cette idée dans les réalisations grossières de l'histoire. Les origines de l'État sont injustes peut-être, mais désormais prescrites, et le bien de l'association devenue de plus en plus acceptable subsiste. Considérons les habitudes engendrées par un long régime commun : étant l'œuvre en grande partie de ceux qui les ont contractées, elles forment pour eux une sorte de système éthique plus réfléchi dans ses sources que ne le sont les passions et aptitudes de race, partant, si ce n'est toujours plus morales, au moins plus conformes aux attributs essentiels de l'humanité qui se mêle et se développe. On voit se constituer ainsi de ces *races éthiques,* comme j'ai essayé de les nommer[1], *formes de l'humanité en tant qu'œuvre d'elle-même,* et dont certaines sont des nations fortement constituées et consistantes, en dépit des mélanges forcés d'où elles proviennent. Songeons au droit, enfin, et nous reconnaîtrons qu'à moins de traiter de nuls les liens formés par le temps et de désavouer le consentement implicite résultant de toutes sortes d'échanges prolongés, ce qui d'ailleurs expose à des maux immenses avec des compensations très incertaines, il faut encore attribuer la supériorité à l'État qui exprime un contrat social donné, sur la nation naturelle qui manque de fondement historique et n'est représentée que par des passions confuses.

Par tous ces motifs, nous devons répondre négativement à la question de savoir si le but d'une politique générale rationnelle est d'arriver à la constitution des nations naturelles en autant d'États distincts. Le vrai but est d'améliorer les États en les amenant au respect de l'autonomie de leurs sujets et de leurs autonomies réciproques, de les considérer comme des produits de la raison et de la volonté encore plus que des affections, et, par suite, de faire dépendre leurs lois de formation ou de division, premièrement de la volonté délibérée de leurs membres, secondement des affinités et conve-

1. *Essais de critique générale,* Quatrième essai, p. 87.

nances diverses qu'il est permis à ceux-ci de consulter, troisièmement des conditions historiques imposées par le présent et par le passé. Il n'est pas facile, il n'est généralement pas possible de mettre d'accord des éléments nombreux et variables comme ils sont, sans sacrifices. Mais la poursuite intérieure de la liberté dans chaque État répond à toutes les difficultés surmontables, et doit se conseiller dans tous les cas comme la fin morale essentielle et le grand moyen légitime des autres fins.

Il est à peine utile de remarquer que cette conclusion est loin de se prêter à une excuse pour la conquête ou l'exploitation prolongée d'une race par une autre, d'un peuple ou d'une partie de peuple par l'étranger, sous prétexte d'établir, ensuite de conserver un État. Lors même que la nation ou le membre opprimé se croiraient à tort capables de se régir étant remis à leurs propres instincts (qui donc ici peut se poser juge ?), il suffit que l'oppression soit patente, le consentement refusé à la nation rectrice, pour que la revendication d'une liberté nationale soit équitable. Une insurrection, une sécession dans le sein d'un même peuple serait de droit strict dans le même cas, sous la réserve des devoirs généraux que j'ai définis. A plus forte raison, la question est claire quand la nationalité opprimée réunit des conditions historiques, géographiques et autres qui lui permettent de se considérer comme une vraie nation toujours existante, un véritable état en puissance auquel manque seulement la liberté actuelle de se produire. Mais il n'est pas moins vrai que lorsque les circonstances du lieu, du temps et de l'histoire sont complexes, obscures, douteuses et comportent plus de craintes que d'espérances raisonnables en cas de revendication à outrance, la supériorité du principe d'État sur celui de nationalité étant d'ailleurs rappelée, il sera plus sage de la part du plaignant d'employer tous ses efforts à réformer l'État où il est compris et à s'y faire une juste place, que de déchaîner les maux de la guerre pour contenter ses passions contre l'oppresseur.

La théorie sur laquelle on s'appuie volontiers pour regarder les États comme devant correspondre à autant de nations naturelles, n'est pas précisément celle qui inclinerait à donner la préférence aux créations spontanées des races humaines sur l'œuvre de la raison qui inaugure les sociétés à constitutions volontaires ; car les partisans des *nationalités* ne contestent pas ordinairement que chaque nation ne doive tendre à établir son autonomie interne ; c'est cependant une doctrine assez semblable au fond, transportée dans les rapports mutuels des races. On imagine que chaque peuple anciennement distinct est un élément naturel et providentiel des relations générales de l'humanité ; on veut donc faire à chacun sa place dans le concert de la paix. Mais si la nature est dirigée dans des voies providentielles quand elle produit les races, les langues et les aptitudes nationales, comment l'histoire est-elle à son tour si peu providentielle, et pourquoi vient-elle troubler, broyer ces éléments au point de les rendre méconnaissables ? La vraie providence, en ce qui concerne la direction des affaires humaines, est dans la raison même, ou doit avoir la raison pour organe, et se manifester dans la fondation des États justes, sans acception ni exception de races, non dans l'agglomération de telles ou telles similitudes. C'est donc toujours la raison qu'on subordonne ; c'est la nature physique ou morale qui reçoit la suprématie selon la doctrine des nationalités.

Mais la providence dont on cherche ainsi le dessein dans les données ethniques et psychologiques de l'espèce humaine, d'autres la prennent dans l'histoire, qui est la pierre d'achoppement des premiers. Ils disent, et trouvent plus de passions disposées à les écouter, que les États, principalement les États puissants et absorbants, servis par le génie de quelques familles et étendus par la diplomatie et la conquête, sont les véritables instruments providentiels du progrès de l'humanité. Les grands hommes d'action et les grands empires se présentent alors comme les missionnaires du plan divin, à la seule condition de réussir (au moins pour un temps, après lequel on n'explique pas moins bien leur chute). Mais le succès étant le secret de l'avenir, la politique d'usurpation et de mensonge se donne carrière partout où elle aperçoit le chemin ouvert, et le travail des passions subversives se met au compte de Dieu, du progrès ou du destin, idées équivalentes pour cette affaire. Il n'est rien de si répugnant pour un esprit bien fait que ce manteau de religion jeté sur le crime public, que cette prétention de poser en ouvriers de l'humanité les agents d'un faux patriotisme et jusqu'à ceux qui méprisent à la fois l'humanité et la patrie et n'aiment que leur propre grandeur. Rien ne montre mieux que la garantie unique des théories vraies, aussi bien que le critère des actes, est dans les principes de la morale et du droit. Les anciens ne recouvraient pas ainsi d'hypocrisie humanitaire leurs attentats contre l'humanité; ils prétextaient le droit contre le droit, et même quand ils étalaient impudemment l'ambition ou l'iniquité, ils ne corrompaient point la pensée publique; l'idéal demeurait sauf.

La doctrine des nationalités est l'inverse de ce système des missions des États, qui semble être la forme actuelle de la théorie du *droit divin*. Le dernier implique la justification de la guerre au dehors, et par suite, de la tyrannie au dedans, car les deux *instruments de progrès* s'appellent l'un l'autre. Mais la première est loin d'exclure le principe de guerre, ainsi qu'on peut l'exiger d'une théorie pure de droit international. D'abord une même race, une même langue, une même religion, une même aptitude nationale supposée se trouvant divisées entre plusieurs États, dans la situation présente des choses, la distribution à nouveau de peuples indépendants est nécessairement grosse de luttes et de problèmes souvent insolubles, et une fois achevée, si elle venait à l'être, mettrait en présence des agglomérations inégales dont l'équilibre ne se conçoit pas. Ce serait se tromper gravement que de prendre la paix perpétuelle pour accordée, quand on est à la recherche d'une condition qui la facilite et n'offre pas de fortes tentations de la violer. Ensuite, les intérêts nationaux et les autres particularités nationales, liés à autant de passions exclusives, devraient conduire à des collisions, d'autant plus aisément que toutes les diversités auraient été classées et concentrées, s'opposeraient avec énergie, et que le principe qui pose l'État au-dessus des divergences de mœurs, de croyances et d'intérêts, ayant été perdu de vue, aurait entraîné avec lui le principe de l'accord entre les hommes de différentes patries, unis par la même justice qui les unit dans chacune. Enfin de cela seul que l'essence du contrat social est placée ailleurs ou en partie ailleurs que dans la volonté guidée par la raison commune à tous les membres de la société, il faut s'attendre à ce que les différences consacrées comme autant de motifs suffisants de ne se point associer, deviennent aussi de bons motifs de se combattre. N'est-ce pas en effet un même problème que le problème de la paix, soit qu'on l'envisage entre les citoyens libres et autonomes d'un État, ou qu'on se propose de rendre l'alliance possible entre divers États, diverses nations autonomes?

Il peut paraître à désirer sans doute que du moment où le fractionnement de l'humanité en États divers est bon ou nécessaire, la raison et la volonté qui sont les mobiles vrais et légitimes ne soient pas les seules conditions consultées. Les conditions traditionnelles, historiques, les faits en un mot et les habitudes, on a vu l'importance que j'y attache, et cela contre la doctrine des nationalités. Mais demander que les analogies naturelles, les sympathies réelles ou supposées se prennent en considération et deviennent des motifs d'annexions ou de démembrements, sans se lier aux faits, qui s'imposent d'eux-mêmes, et sans égard pour le droit positif des traités, c'est aller directement contre le principe rationnel de la société, car ce principe veut que la raison, la justice et les contrats décident et que tout le reste soit subordonné. On ne verra plus de ces nations, telles que l'antiquité en a connues, qui joignaient aux constitutions rationnelles qu'elles avaient eu le mérite de se donner, l'unité et l'originalité du langage, du culte, des coutumes, au point qu'elles pouvaient parfois se croire *autochtones*. Nous avons perdu ces beaux attributs de la jeunesse; il faut en prendre son parti. La guerre et la mort ont détruit les vraies races, les vraies mœurs, les vraies religions, les vraies langues premières, et les nations d'ordre naturel. La raison nous reste si nous savons en user; elle nous apprendra que les diversités intellectuelles et physiques, les aptitudes morales variées des groupes de citoyens d'un même État sont précieuses et peuvent produire des résultantes utiles, des harmonies, d'un autre genre, plus vastes et plus complexes que celles que nous regrettons; qu'en les séparant pour les assembler ensuite en faisceaux étrangers les uns aux autres, nous nous exposons à renforcer les éléments de la lutte, à affaiblir le principe supérieur de l'association humaine et de la paix, celui qui doit suffire, et que la nature d'un contrat social légitime, de laquelle et les divisions et les réunions des nations et des États ont à résulter exclusivement, si du moins les faits se conforment à l'idée, est tout entière dans le consentement et dans l'accord des hommes à se régir par une constitution commune qui garantit leurs libertés.

Considérons maintenant des États indépendants et rendons-nous compte du principe du droit international. Il faut que ce droit puisse être ramené par l'analyse au droit personnel, car il n'y a jamais qu'une personne à qui puisse clairement appartenir un droit, incomber un devoir. Imaginerons-nous une sorte de personnalité sociale pour la mettre en rapport avec une autre semblable? Mais cette fiction de métaphysique réaliste demeurera obscure, ou, prise à la lettre, nous conduira à des théories qui annulent les personnes véritables, parce que nous arriverons pour la fixer à identifier l'unité d'un peuple avec l'idée ou le but qui le dirigent, avec un fait historique, fatal, étranger à la morale, avec un gouvernement pour ainsi dire impersonnel ; tout fondement intelligible de droit aura disparu. Nous devons, au contraire, nous représenter l'unité sociale comme constituée par un gouvernement de personnes particulières et responsables avec lequel est mis en relation un autre gouvernement pareil. Cette première supposition est inévitable, attendu que des masses de personnes ne peuvent être en rapport collectif avec d'autres masses sans se faire représenter. Cela posé, les communications de gouvernements à gouvernements, en tant que de personnes à personnes, sont d'abord assujetties aux lois communes de la morale ; les droits rationnels des individus, leurs devoirs, la forme et le fond des négociations et des contrats, tout ce qui dans les affaires publiques extérieures implique détermination de conduite individuelle est rigoureusement soumis aux mêmes lois que les plus simples relations d'homme à homme. Il n'y a pas deux sortes de préceptes selon que l'agent moral traite et décide de choses n'intéressant que lui seul, ou de choses d'intérêt général pour lesquelles il a mandat. C'est dire que nul mandat devant entraîner des actes injustes ne peut être accepté sans injustice.

La seule théorie possible du droit international admet une seconde hypothèse qui porte sur l'intérieur de chaque État. Ce n'est pas assez que les gouvernements existent et qu'ils aient leurs responsabilités morales propres, portant sur des personnes déterminées, ni même que celles-ci soient responsables au dedans, vis-à-vis de leurs mandants, ainsi qu'elles le sont dans leurs rapports externes : il faut encore que la responsabilité se partage sérieusement entre les citoyens, et que, par conséquent, ils possèdent, outre la mesure d'action et de liberté qui leur permet d'avouer ou de désavouer leurs mandataires, toute celle qui leur permet et les oblige de se tenir pour représentés d'une manière effective, agents réels en chaque chose où leurs gouvernements agissent. Autrement les chefs des peuples sont seuls en relation entre eux et prennent respectivement leurs sujets pour instruments de leurs desseins. Si, par exemple, la guerre éclate, elle se fait à des gens qui ne l'ont point encourue et voulue, par d'autres qui ne savent si elle est juste ou injuste et obéissent à des passions aveugles, en supposant qu'ils en aient. Si la paix s'établit, ils ne savent de part ni d'autre ce qu'elle implique, et conservent à peu près les mêmes sentiments, avec la même ignorance de leurs droits et devoirs et même de leurs engagements formels. Tout cela est incompatible avec les plus simples notions de droit. En d'autres termes, il n'y a que les États libres qui conviennent à l'idée d'un véritable droit international, parce que seuls ils offrent les personnes sur lesquelles on est tenu de le faire reposer sous peine de violer la loi morale au premier chef. Que maintenant cet État libre, dont les citoyens seraient responsables à l'extérieur comme à l'intérieur, ne soit point réalisé, il résulte de là seulement que le droit international manque de base; et l'on sait bien aussi que la loi morale est constamment violée. C'est à ce point, que le droit de défense même devient obscur, faute de se préciser en s'appliquant aux individus, et tout tombe dans les ténèbres.

L'État libre est donc l'État légitime à l'égard des relations externes. Sitôt qu'il est conçu, les lois de la justice paraissent applicables aux peuples comme elles le sont aux personnes. Les droits et devoirs généraux attachés à la personne même, la nature et la forme des contrats et enfin tous les rapports essentiels se retrouvent avec les mêmes préceptes et les mêmes sanctions, sous la seule réserve des lois civiles et politiques demeurant propres à chaque nation, et sans autre différence que le caractère collectif des objets du droit international. Mais la collectivité est réelle, non fictive. Ce que chaque nation possède ou revendique, ce qu'elle fait et ce qu'elle promet concerne des personnes qui ont des intérêts naturellement et volontairement liés, puis représentés, et dont la valeur ou le droit sont parfaitement définissables en s'appliquant à chacune de ces personnes en particulier qui se portent toutes solidaires. Sans doute, il se présente toujours dans chaque État une difficulté très grave, qui naît de l'inévitable principe des majorités en matière de décisions collectives : il est question de savoir jusqu'à quel point une personne est engagée par les déterminations peut-être injustes de la société dont elle fait partie. Mais l'embarras n'est pas autre pour la part que le citoyen doit prendre aux actes internationaux que pour celle qu'il a aux affaires intérieures. Ce sont des cas analogues de conflits, avec un problème identique pour la conscience, résolu pratiquement par les préceptes moraux dont j'ai rendu compte (chap. LXXXIX et XCV).

Ce qui n'est jamais douteux, c'est l'obligation morale de l'examen personnel afin de pouvoir agir ou refuser d'agir en sûreté de conscience. Ce qui ne l'est pas non plus, c'est le devoir de l'État de respecter la conscience du citoyen quant aux actes proprement dits qu'il aurait à lui demander et qui, dépassant le consentement passif à une mesure arrêtée en commun, iraient à réclamer son activité propre et directe. Le cas de la guerre est le plus important et suffira pour exemple. S'il n'en est aucun où l'esprit public semble plus fixé et plus profondément vicié parmi nous, aucun où la solidarité soit comprise d'une façon plus absolue, destructive de la conscience, il n'en est pas non plus qui laisse voir plus clairement le droit. Mais il faut vouloir y regarder, et on ne veut pas. D'abord, point de guerre entre nations qui n'ait motifs pareils à ceux qu'on imaginerait entre simples personnes, qui ainsi ne suppose droits semblables ou semblables injustices, et par conséquent mêmes préceptes à observer. Il n'y a de belligérants que des personnes, et la justice n'est pas double. Or la morale interdit les actes aveugles, les passions irréfléchies, prescrit l'examen en toutes choses et condamne la solidarité volontaire avec le mal. Quiconque porte les armes est donc tenu d'examiner, pour agir en homme libre. Que l'ignorant sans remède ou celui dont la conscience ne parle point admette implicitement le bon droit d'une cause que la solidarité fait sienne, ou suive les décisions d'autrui comme les plus sûres, ou cède à une pression et en somme à la force, ce sont des excuses que l'abrutissement des hommes oblige de recevoir ; mais celui qui est capable de savoir doit apprendre et juger par lui-même : lumière oblige ; il faut faire parler la conscience, qui veut être interrogée, et lui donner tout l'empire qu'elle peut recevoir. Ces vérités indiscutables ont cette conséquence immédiate, qu'un État juste ne doit avoir en aucun cas de soldats, si ce n'est volontaires. Le refus individuel de service est-il délictueux ou criminel, quand la guerre a été décidée régulièrement ? Certainement cela peut être ; mais alors le refus doit être puni comme tel, et la peine ou réparation doit porter sur des points que la solidarité nationale autorise, sans aller jusqu'à l'abus monstrueux de condamner le citoyen à combattre quand sa conscience le lui défend.

On vient de voir ce qu'est l'État libre, le seul théoriquement légitime, ou qui puisse donner lieu aux relations internationales rationnelles. L'État illégitime ou pervers au point de vue de la raison, quelles qu'en puissent être les nécessités historiques et actuelles, est au contraire celui qui, prenant ses sujets pour instruments des desseins des hommes d'État, c'est-à-dire de ceux qui prétendent représenter quelque chose de plus que les volontés, les droits et les devoirs des citoyens, savoir une idée supérieure à la raison pratique personnelle, un but affranchi de toute obligation morale, se trouve par son essence même en situation de menace constante et de guerre naturelle vis-à-vis des autres États. Les chefs de ces entreprises politiques rivales qui se font le plus de mal possible dans le cours des siècles, et finissent par s'anéantir dans leur succès même quand ce n'est pas dans leurs revers, distinguent comme on sait la *grande morale* de la *petite*, soit, ainsi qu'ils l'entendent, le *crim public et pour compte commun* d'avec la *morale*. Ils semblent croire que la poursuite d'une fin *per fas et nefas* (d'une fin d'utilité prétendue dont ils se portent juges) change de caractère parce qu'elle intéresse un grand nombre d'hommes au lieu d'un petit, et que le *salus populi* rend juste l'injustice. Ils s'estiment donc bons à leur manière, et cependant le salut du peuple n'est le plus souvent qu'un faux prétexte du goût qu'ils ont pour la domination ou pour l'intrigue, et les plus sérieux d'entre eux en s'identifiant à la cause commune la servent exactement comme ils feraient leur propre avancement dans le monde, leur fortune et leurs honneurs, avec les mêmes moyens, les mêmes illusions et les mêmes dangers. Ils affichent aussi des sentiments religieux, ils propagent, ils imposent des religions qui condamnent formellement leurs actes et leurs théories : c'est une conciliation qui ne leur coûte pas plus que celle des deux morales. Et pourtant on ne voit pas qu'ils soient trop méprisés, même quand ils sont haïs ! Le droit entre les nations n'a plus ni appui ni garantie, le droit entre les citoyens et l'État périt de même, car ce sont en réalité choses identiques, et il n'y a en tout qu'un droit ; mais les hommes laissent faire à leurs directeurs ce qu'ils feraient à leur place. Ce pervertissement commun de la conscience est l'excuse des hommes d'État qui, ne voyant partout que des instruments, sont des instruments eux-mêmes, non de la providence, ainsi que certains l'admettent volontiers, mais de la corruption générale.

Je suis loin de prétendre qu'un peuple autonome ne ferait jamais la guerre et ne serait jamais forcé de l'accepter. L'antiquité nous a montré ce que peut la rivalité des nations libres et directement actives et responsables dans leurs relations mutuelles, et où mènent les passions d'usurpation et de conquête qui en somme ne se développent chez des chefs que parce qu'elles existent plus ou moins partout. Sans doute la prépondérance acquise de nos jours au travail et la suprématie attendue des classes travailleuses nous donnent, et surtout nous promettent des motifs et des garanties de paix qui manquaient aux anciens, dont l'activité libre avait un tout autre idéal que celui de la production et de l'échange. Il y a donc là une raison sérieuse d'espérer, quand vient se joindre aux sentiments de paix, que le travail favorise toujours, la notion de plus en plus répandue de l'intérêt qu'ont les peuples à leur prospérité mutuelle et à leurs faciles relations de tous genres. Mais la suppression totale des luttes armées suppose quelque chose en outre ; savoir, que la justice, ou ne fût-ce que l'intérêt bien entendu, seront perpétuellement observés dans les rapports des nations devenues autonomes, que de grands intérêts collectifs ne se choqueront pas, que les passions patriotiques s'éteindront ou resteront exemptes désormais d'aveuglement et d'excès, et qu'enfin on ne verra plus se dresser nulle part l'injustice arrogante, dont les communautés aussi bien que les individus sont assurément capables. La seule autonomie ne saurait d'aucune façon assurer ces résultats. Elle ne nous donne point de soi la certitude d'un exercice sage et constamment moral ; mais de même que les guerres civiles demeurent possibles dans l'État le plus libre, si les partis se disputent outrageusement le droit, ainsi les guerres étrangères devraient nous le paraître, ne fissions-nous qu'assimiler différents États aux partis opposés d'une seule nation.

Les responsabilités seraient du moins réelles, connues, placées où il est bon qu'elles soient. Les guerres pourraient n'avoir qu'un caractère accidentel, là où nous les voyons toujours attendues, toujours préparées et en quelque sorte poursuivies d'une manière latente ; puisque les relations internationales, étant par hypothèse établies entre les nations mêmes organisées pour la paix, se produiraient généralement sur le pied de l'égalité et d'un respect sincère. Les mêmes citoyens qui travaillent et qui administrent auraient à prendre les armes au besoin, puis à les déposer, et les exercices seraient communs, ne fût-ce qu'à titre d'éducation physique de tous, comme dans les républiques de l'antiquité, sans détriment pour la vie pacifique industrielle qui nous sépare profondément des anciens. Au contraire, les États que je nomme pervers ont des chefs qui s'intitulent soldats, ne songeant qu'à justifier leurs plumets et leurs épaulettes, et des armées permanentes, menace incessante adressée au dehors, menace encore au dedans et instruments de servitude. On emploie des esclaves à faire d'autres esclaves. De là cette *servitude militaire* (le poète n'a pas dit *esclavage*, il lui fallait un mot plus noble, il parlait de l'officier!), cette sujétion honteuse dont l'habitude nous dérobe l'injustice pourtant criante, qui force les hommes à livrer la meilleure part de leur vie à la volonté d'autrui et les façonne à l'obéissance passive au point de donner ou recevoir la mort sans savoir pourquoi. L'aveuglement est tel, l'oubli des notions morales les plus élémentaires si profond, que nous comparant à ces anciens qui combattaient souvent et littéralement *pro aris et focis* et pour la liberté de leurs femmes et de leurs enfants, et qui même dans leurs guerres injustes étaient du moins les champions de leurs propres passions et se battaient pour leur propre compte, on ne craint pas de signaler un progrès dans la coutume moderne de faire la guerre par représentants et esclaves délégués : en sorte, dit-on, que les vrais combattants étant sans passion et ne sachant même véritablement ce qu'ils font, la patrie engagée sans presque s'en apercevoir, les citoyens de la classe *qui ne marche pas* libre de vaquer à leurs affaires et à leurs plaisirs, il y a *décadence de l'esprit de guerre et des institutions militaires.*

Ces belles raisons n'empêchent pas les hécatombes humaines des batailles, ni les conquêtes, ni les invasions en retour, ni les horreurs des marches, des retraites et des assauts, que nul de ceux qui les ont vues n'ose complètement décrire. Elles ne font pas que la guerre ne soit un *métier*, une *carrière* pour beaucoup, l'armée une peine et un esclavage pour presque tous, et une école, dite d'*honneur*, où l'oisiveté, le culte de la force et le mépris des vertus pacifiques tiennent cependant assez de place pour créer un déversoir au vice et à la fainéantise de la jeunesse.

La contre-partie des institutions militaires des États pervers est la diplomatie. D'un côté c'est la violence organisée à l'aide d'une discipline toute matérielle et qui va jusqu'à la destruction de la volonté ; de l'autre, c'est la ruse appliquée aux relations de la paix, si bien que la guerre est partout, tantôt sous l'une et tantôt sous l'autre de ses deux formes essentielles. Le droit des gens, au lieu d'être une loi de la raison, fixée par des traités formels, mais avant tout inhérente à la nature morale et non moins étendue que les droits des personnes, auxquelles la nation n'ôte pas la personnalité, le droit des gens n'est qu'une espèce de convention intervenue empiriquement pour apporter dans les négociations et les combats certaines formes ou certains ménagements d'intérêt commun. Ses progrès suivent plutôt ceux de la moralité des individus qu'ils ne proviennent d'un sentiment réel réciproque de droit international. La mauvaise foi dans l'exécution des traités semble toute naturelle à ceux qui y gagnent, et presque à ceux qui en souffrent, quand ils ne sont pas les plus forts. Enfin, l'art de dissimuler, de créer des illusions et d'inventer des subterfuges passe pour si essentiel dans les rapports internationaux que la franchise, quand elle s'y montre, n'est elle-même qu'une habileté, comme chez ces militaires qui en cherchent l'apparence, en obtiennent la réputation, et à qui leur manque de sincérité profite d'autant mieux. Le nom même de la diplomatie est devenu synonyme de *manéges*. Mais il en est des habiletés comme des batailles : elles ont des chances diverses, et ceux qui en usent le plus sont naturellement les plus exposés à être battus.

Au reste, l'utilité des manœuvres diplomatiques deviendrait douteuse à tous les yeux, en tant qu'on voudrait s'y fier sans compter définitivement sur les canons qu'on a par derrière, qu'on ne serait pas encore près d'y renoncer. Et ce n'est pas seulement qu'elles servent à gagner du temps dans quelques occasions ; mais tout moraliste remarquera que leur emploi continuel n'est pas tant de tromper positivement que de couvrir d'un voile de décence des prétentions ou des motifs qu'on aurait honte d'avouer. Même dans ces régions peuplées de froids observateurs et de gens désabusés, il arrive qu'on se ment un peu à soi-même tandis qu'on en impose à autrui, et en tout cas le diplomate a beau représenter une nation qui peut à ce qu'on croit tout ce qui lui est utile et n'est tenue à nulle morale, il est homme cependant, et certains crimes qu'il se permet de servir, il ne se permet pas de leur donner leurs noms et leurs physionomies véritables.

Les mêmes finesses et jusqu'aux mêmes fraudes qui sont en usage entre les chefs des États par leurs ambassadeurs se retrouvent en bonne partie dans les rapports qu'ils entretiennent avec leurs sujets. Les ministres du pouvoir exécutif traitent diplomatiquement les assemblées nationales, les tiennent tant qu'ils peuvent dans l'erreur, les tentent par leurs passions et tâchent à les placer sous l'empire du fait accompli, toutes les fois qu'ils ont une résistance à craindre. L'éloquence, comme art d'en imposer aux hommes, est une branche de l'art de gouverner. De leur côté, les opposants qui n'ont pas la ressource de tromper sur la réalité des faits se rejettent sur celle de les défigurer par la parole. Les ardeurs de la lutte laissent peu de place à la recherche du vrai et du possible, et des joutes d'avocats sur des causes mal étudiées ne peuvent guère que servir d'intermède à des révolutions. Cette corruption intérieure achève la symétrie que j'ai déjà observée entre le dehors, pour les États qui ne possèdent point leur autonomie. Mais c'est ici l'extérieur qui nous occupe.

Certaines des données de la guerre entre les États sont inévitables. Un cercle vicieux évident arrête toute tentative que l'un d'eux ferait seul pour y échapper, attendu qu'il s'agit de relations réciproques et que des communications de plus en plus nécessaires s'établissent entre toutes les nations, dans l'état actuel du monde. On n'a pas moins à chercher quel est le minimum du pied de guerre, pour ainsi parler, sur lequel pourrait se poser une nation qui voudrait entreprendre sérieusement l'œuvre de la paix. Je laisse maintenant de côté les conditions d'autonomie nationale que j'ai fait ressortir, ou plutôt je les suppose réalisées dans une telle mesure, que les pouvoirs hétéronomes, les gouvernements personnels avec leurs traditions et visées politiques ambitieuses, se trouvent suffisamment réfrénés chez un peuple désireux d'entretenir de bonnes relations à l'étranger.

Le principe de la défense est toujours celui qui doit guider, car tout le droit y est enfermé. Or si des passions dites de prépondérance et de gloire, au fond d'usurpation, ne s'y opposaient point et n'avaient pas plus d'empire qu'on croit sur les esprits ; si l'égoïsme de certaines classes ne les portait pas à rejeter sur d'autres le fardeau principal et la réelle obligation du service militaire, si enfin les gouvernements n'avaient jamais à s'imposer par la force et ne craignaient pas d'armer et d'exercer tous les citoyens libres, on aurait bientôt fait de reconnaître avec unanimité qu'une nation peut s'organiser sûrement, énergiquement et à peu de frais pour la défense, en renonçant à toute guerre agressive et sans laisser pour cela d'être prête pour ceux des actes d'agression que la défense même rendrait absolument nécessaires. On a dit depuis longtemps qu'un peuple sage, moral, travailleur et convenablement exercé et préparé serait invincible sur son territoire. Ceci est au moins vrai de toute nation de suffisante étendue, et le progrès des armements a d'ailleurs lieu aujourd'hui dans le sens le plus favorable à la défense.

Les guerres agressives pourraient être évitées beaucoup plus souvent qu'on ne pense, non seulement quand elles sont la conséquence des injustes prétentions ou des entraînements du peuple qui les déclare, mais encore quand elles paraissent justifiées par la nécessité d'obtenir le redressement d'une injustice patente. Ce redressement en lui-même est légitime et la force y peut être employée de droit, par la même raison qu'elle peut l'être, ainsi que nous l'avons reconnu, par une société contre ses membres, ou par une portion de la société contre une autre, et, fondamentalement, car c'est là le principe, par tout individu placé réellement dans le cas de défense. Mais le droit ainsi défini ne suffit pas pour éteindre tout devoir, soit envers autrui, soit avec soi-même, et nous avons vu à quels préceptes moraux est assujettie l'action qui veut s'exercer moralement, en outre utilement, et ménager les intérêts et droits de toutes les personnes en lesquelles il est interdit de voir des ennemis. Or la guerre est de tous les actes possibles celui dont la décision suscite le plus de ces obligations complexes, médiates et immédiates, engage le plus d'inconnu et doit soulever le plus de scrupules à cause de la grandeur et des effets solidaires des maux qu'elle engendre et du grand nombre d'*innocents* dont elle joue la destinée. C'est vraiment par une abominable perversion du sens moral qu'elle est traitée si légèrement par des hommes qui n'ont plus l'excuse de la regarder comme un digne exercice de l'activité humaine et volontaire. Mais si nous renoncions du fond du cœur, non pas des lèvres seulement, aux passions de la conquête et de l'exploitation des vaincus, aux sentiments des maîtres et des esclaves, si nous regardions les débats, collisions et crimes entre nations du même œil que ceux de la sphère du droit personnel, alors nous apprendrions des moyens d'éviter la guerre, que nous semblons ignorer. Nous saurions supporter patiemment les injures qui n'atteignent pas notre véritable honneur et qu'il n'y a pas profit, mais danger, à vouloir à toute force repousser: danger, pertes certaines et toutes sortes d'autres devoirs violés. Nous trouverions même des moyens légitimes de lutte et de triomphe en rompant toutes relations avec ceux qui n'en acceptent pas d'équitables. Mais on a plutôt fait de suivre la pente des mauvaises passions et de la fausse gloire, sous prétexte de droit, que d'attendre l'ennemi dans sa forteresse et de chercher dans la vertu la force vraie que le temps lui donne toujours. Nous croyons l'agression quelquefois nécessaire, soit, mais nous savons aussi qu'ordinairement elle ne l'est point, essayons donc de la réduire aux cas où nul ne peut douter qu'elle ne le soit. Après cela, nous compterons, par l'énumération des guerres évitées, combien de fois il a failli nous arriver de déguiser nos haines ou nos convoitises sous le masque de la nécessité.

Néanmoins de graves questions se posent, et il ne faut pas ici les éluder. La guerre est-elle ou non légitime : 1° pour contraindre une nation à accepter des relations avec nous, quand elle se refuse systématiquement à toute communication ; 2° pour lui imposer une constitution sociale supérieure à celle qu'elle possède et la faire sortir de la barbarie ; 3° pour réprimer les attentats d'un peuple contre les droits d'un autre qui n'est pas nous ; 4° pour intervenir dans les rapports d'un gouvernement étranger avec ses propres sujets, d'un parti politique ou religieux contre un autre parti, en supposant des faits d'usurpation parfaitement caractérisés ? Tous ces cas, s'ils étaient admis, impliqueraient généralement le droit d'agression.

L'isolement volontaire et systématique d'une nation a dû toujours être la suite des sujets de plainte que l'étranger lui avait donnés et de l'expérience de quelque danger réel des relations extérieures ; c'est la seule hypothèse vraisemblable, et l'histoire la vérifie. Cet isolement par lui-même est contre le droit humain, car si toute personne n'avait le droit d'entrer en commerce avec une autre, tout devoir disparaissant par la même raison, l'union nationale qui créerait la barrière permettrait en même temps à chaque groupe de considérer les membres du groupe étranger comme en dehors de l'humanité, et cela est contraire au concept de l'agent raisonnable, dont la nationalité n'efface point le caractère universel. Les faits viennent ensuite montrer que l'expansion de l'humanité sur le globe n'entraîne pas moins les relations entre nations que le développement de chaque nation n'exige les libres rapports entre individus. Il semble donc que la contrainte peut légitimement s'exercer, soit qu'on envisage le peuple isolé comme n'étant l'objet d'aucun devoir, par sa propre volonté, jusqu'à ce qu'il s'amende, soit qu'on puisse arguer aussi de certains de ses actes où l'on est forcément intéressé. Mais si l'on songe à l'origine de la situation qu'il a prise, si l'on se connaît soi-même assez pour ne pas ignorer ce qu'on ajoute d'injustes prétentions au droit qu'on réclame, ce qu'on apporte avec soi de méfaits et de mauvais exemples, la question change de face et devient comparable à celle qui se poserait entre deux simples individus dont l'un voudrait obliger l'autre (supposons ce dernier si corrompu que nous voudrons) à accepter avec lui certaines relations, quand il ne lui offre lui-même aucune garantie de conduite honnête. Le droit que j'admets en théorie pourrait donc être revendiqué par un peuple très pur et très sûr en tous ses rapports; mais il est à croire que celui-là trouverait à la longue dans ses bons procédés, sa bonne réputation, et par l'emploi de moyens moins violents que les invasions et les canonnades, une issue à la véritable difficulté. Le bien a sa contagion comme le mal; pour être reçu à le nier, il faudrait en avoir essayé sérieusement : or qui peut dire l'avoir fait? En d'autres termes, le droit d'agression pour cause d'isolement existerait en faveur d'un peuple qui, précisément, ne serait point disposé à l'exercer, et qui, de son côté, n'aurait jamais donné lieu à des griefs fondés. Mais laissons cette solution abstraite et voyons les choses comme les montre l'histoire : il ne peut plus être question de droit; tout roule sur la violence, plus ou moins habilement et utilement conduite; la seule excuse à invoquer parfois est celle d'un ordre empirique des événements où le bien ne pouvant se tirer du bien, qu'on ne fait point, se lie en quelque manière au mal qu'on fait et n'est à tout prendre, dans les cas les plus favorables, qu'un moindre mal comparé à de plus grands. Encore peut-on s'y tromper, faute de critère moral et à cause de l'obscurité de l'avenir dans les hypothèses diverses que la comparaison comporte.

SCIENCE DE LA MORALE, II.

Passons à la question de la civilisation importée par les armes. Voulons-nous examiner cette fois le fait avant le droit ? la dernière remarque y est éminemment applicable. On prétend réaliser le *progrès* par l'action extérieure d'un peuple sur un autre, et par l'emploi de la force à créer des institutions, des religions, des mœurs, là où ces choses ne se produiraient pas spontanément, à imposer des modes d'être et d'agir que soi-même on estime justes, mais à des hommes qui manquent des données morales intimes, propres à les mettre en œuvre. C'est une grande illusion, ordinairement coupable dans sa source, et à laquelle vient ensuite se joindre un mirage de théorie historique. On veut tirer le bien de ce qu'on sait être le mal ; mais le bien est douteux, le mal est très certain. On croit se diriger par une bonne fin, obéir au *progrès* et, qui sait? presque à sa conscience, alors qu'on a des vues ambitieuses ou intéressées, car on changerait assurément de point de vue, sitôt qu'il y aurait un sacrifice à faire au lieu de brillantes espérances personnelles ou nationales à concevoir. Puis, quand le temps a passé sur l'action matériellement réussie, celles qui échouent ne se comptent pas, quand après des invasions, des exterminations et des mélanges, un ordre nouveau, suite de causes très complexes, a prévalu dans la nation soumise à l'expérience, on observe les changements en mieux, on néglige les changements en pis, on annule comme sans valeur les forces perdues, les droits violés, les douleurs souffertes, et l'on conclut que l'œuvre de la civilisation par la violence est constatée. Tel est le procédé de justification historique des empires et royaumes, formés comme l'on sait, et des croisades et conquêtes lointaines. Il est simple et infaillible ; il n'y manque que la connaissance de ce qui serait arrivé si toutes ces choses ne se fussent pas faites et dans l'hypothèse où la même intensité d'action eût été mise au service du devoir.

C'est un sophisme visible, pour qui ne détourne pas de parti pris les yeux de la morale, de comparer simplement un état de choses nouveau avec un ancien, et de le déclarer supérieur afin d'en justifier les causes quelconques ; car il ne suffirait même pas de savoir, en contre-partie, quels résultats aurait donnés au bout d'un temps suffisant le développement interne des libertés détruites et des germes anéantis : l'expérience comparative est naturellement impossible ; il faudrait en outre instituer la comparaison avec le bien qu'il eût été permis d'attendre de la substitution des moyens pacifiques aux moyens violents, des exemples de justice présentés au monde, et pourquoi ne pas dire de l'humanité embrassée et propagée, des missions de la raison, puisqu'il s'agit d'entreprendre des conquêtes ? La morale et ses prétentions vont sembler ridicules ici, quand on voit le train des choses ; mais à qui s'adresse-t-elle ? à ceux qui prétendent civiliser le globe avec d'autres procédés. Ce n'est pas la morale qui est ridicule, ce sont eux qui sont odieux. Qu'ils fassent leur besogne, on ne leur demande pas de se justifier, mais s'ils osent le tenter, qu'ils souffrent alors qu'on leur montre à quel prix on est juste !

Avant de faire honneur d'un progrès à sa cause présumée, il faudrait d'abord le bien définir, et il faudrait le bien lier à cette cause, autres difficultés dont je n'ai rien dit et qui paraîtront assez grandes, quand on examinera de près les notions confuses, les rapprochements vagues et les éliminations arbitraires des auteurs de synthèses historiques, qui cependant ont parfois des prétentions à la rigueur. La précision et l'exactitude apparentes résultent de l'aplomb de l'historien optimiste, et de la vertu d'un système quel qu'il soit, et trompent aisément ceux que les systèmes attirent. Mais laissons cette question qui nous entraînerait trop loin. Il s'agit seulement d'une cause violente et inique par elle-même, à laquelle on prétend rattacher un progrès ultérieurement sensible, de manière à la justifier, sans tenir compte des progrès semblables ou plus grands que d'autres causes auraient pu produire. J'admets la réalité et du progrès et de la cause, mais n'est-il pas manifeste qu'on ne saurait se prononcer à moins d'instituer par l'imagination cette expérience comparative que refusent les faits, je veux dire de parcourir les différentes hypothèses possibles, du moins les principales, touchant ce qui serait advenu si les actes de volonté perverse dont on observe les suites avaient été remplacées par des actes de toute autre nature. Les historiens de la vieille école se demandaient ainsi dans leur naïveté quels événements auraient pu arriver si d'autres événements avaient disparu de l'histoire. Que leurs idées à ce sujet aient été plus d'une fois insignifiantes, puériles, de trop courte vue, que la question bien posée soit étrangement difficile, je ne le conteste pas ; elle ne s'offre pas moins de toute nécessité à quiconque veut résoudre un de ces problèmes de réhabilitation de la violence et de la guerre, établir une de ces théories de légitimité du mal où l'on arguë du bien qui s'en ensuit. Qu'enfin les modernes arrangeurs des philosophies de l'histoire ne s'estiment pas obligés de prendre tant de peine et de se jeter dans de telles obscurités, uniquement parce qu'ils sont persuadés que les événements ne pouvaient pas être autres qu'ils ont été, à la bonne heure ; mais ils doivent en cela la clarté, la simplicité prétendue de leurs constructions à une hypothèse. Si nous la leur accordions il deviendrait vain de s'enquérir avec eux de ce qui, dans le passé, fut juste ou bon, ou même utile. Tout est juste en effet, et tout est utile, ces mots ne signifiant rien de plus que ceci : ce qui est est, ce qui suit est préférable à ce qui précède. Il ne faut plus que trouver le point de vue favorable pour en juger. Et on le cherche.

Revenons à la question qu'il a fallu généraliser. La logique de l'optimisme historique est rarement poussée (mais pourquoi pas?) jusqu'à justifier des faits d'extermination comme ceux dont les Espagnols se sont rendus coupables dans le Nouveau Monde, ou des conquêtes à la mongole et même à la mahométane, quoique tout cela ne fût pas si stérile au jugement des envahisseurs qu'il doit le paraître au nôtre. On admettra au besoin que ces sortes de faits sont des accidents en histoire, ou plutôt des perturbations et des cas de tératologie, sans songer que cette comparaison physique est d'une application arbitraire, à faute d'admettre un critère moral, le seul certain, le seul qui n'exige pas de l'agent la science des futurs. On commencera probablement à se partager, quand il s'agira d'apprécier des actes très complexes, à ramifications considérables, tels que les grandes croisades, ou d'événements qui laisseront l'esprit suspendu entre le mérite des choses détruites et le mérite des choses substituées, la croisade albigeoise par exemple ; il y aura des raisons de se mettre d'accord touchant l'utilité de guerres iniques au plus haut degré et d'approuver, je suppose, les conversions forcées et les transportations en masse des Saxons par Charlemagne ; mais où l'on n'hésitera plus guère, c'est, en se plaçant au point de vue de sa race et de son temps, à décerner un brevet d'excellence (sous la réserve des considérations de prudence ou d'économie) aux expéditions civilisatrices lointaines et à toutes les tentatives d'intrusion de missions plus ou moins appuyées par les armes, de commerce imposé, les denrées offertes fussent-elles des poisons, de protection hautaine de ses nationaux, quels que soient l'insolence et les méfaits que leur reproche l'étranger. Cependant, même en laissant de côté le vice profond inhérent aux procédés qui s'emploient dans ces sortes d'entreprises, en les jugeant comme elles prétendent être jugées et les supposant pures d'excès, elles sont toujours entachées d'un double sophisme : mettre en avant le bien lié au mal que l'on fait, sans vouloir penser au bien qui se fût accompli dans d'autres hypothèses, ni à celui qu'on pourrait soi-même chercher par des moyens purs si l'on était aussi bien intentionné qu'on dit l'être ; remplacer chez autrui le progrès interne, et nul autre n'est efficace ou réel en général, par des modifications violentes, et, comme telles, sans vertu. Lorsque l'œuvre semble à la fin réussie, c'est que ce progrès du dedans dont je parle se déclare, et alors pour d'autres causes et dans d'autres circonstances que l'emploi de la force : or cela même constate que le moyen cherché dans la violence pouvait se demander ailleurs. Lorsque les différences de tout genre entre l'envahisseur et l'envahi sont trop grandes, au contraire, l'expérience montre que ce dernier cède à une extermination lente, plutôt que de subir effectivement la contrainte à laquelle on le soumet.

C'est assez parler de l'utilité des guerres civilisatrices et de leur fausse justification. Le droit prime tout, il faut revenir au droit. Quand bien même ce qui est illusion ou sophisme serait réalité, raisonnement solide sur prémisses sûres, sujet d'appréciation possible et facile, le fondement de droit ne manquerait pas moins entièrement. Quel que soit l'état de civilisation d'un peuple, nous devons respecter tout d'abord son existence et sa liberté. Nous ne saurions avoir de droit de guerre à son égard que celui qui naîtrait de nos rapports avec lui et des injures dont nous aurions à poursuivre la réparation. C'est ainsi, car l'assimilation est complètement exacte, c'est ainsi qu'au sein d'une même société, nous ne reconnaissons pas à la personne le droit de contraindre la personne en vue de l'utilité de cette dernière ou de ses progrès désirables quelconques, mais seulement à raison de la juste défense de l'autre et de ses droits lésés. Dès lors la question rentre dans celle de la guerre en général, examinée ci-dessus. Hors de là, il n'y a plus d'idée de droit qu'on puisse fixer entre nations, non plus qu'entre individus, mais la justice est remplacée par le privilège que chacun s'arroge d'imposer sa volonté par la force à celui sur qui il s'attribue la supériorité intellectuelle ou morale, et le principe de la liberté est anéanti.

Je me suis posé deux autres problèmes ; les plus agités de tous par le droit des gens et engagés dans la politique journalière des peuples, et qui peuvent conduire à la justification des guerres agressives, selon la solution qu'on en donne. Premièrement, y a-t-il un droit ou même un devoir pour une nation de prendre parti dans les querelles des autres quand la cause de l'une d'elles est manifestement juste? Secondement, l'intervention d'un État dans les débats intérieurs d'un autre État, dans les guerres civiles qui le déchirent, est-elle légitime, en la supposant toujours fondée sur la justice manifeste des prétentions à soutenir? Cette condition de justice est nécessaire dans les deux questions, et nous ne saurions nous les proposer sans cela, car non seulement le droit rationnel se trouverait inapplicable, mais encore en nous plaçant au point de vue du droit des gens positif, en admettant des traités formels entre des États, et par lesquels ils se seraient obligés à se soutenir mutuellement en toutes circonstances et dans les conséquences de leurs actes justes ou non, nous introduirions une violation implicite et préalable du droit. Quant à savoir comment il serait possible ensuite de concilier le droit positif et le droit rationnel, ou lequel serait préférable de satisfaire à une obligation contractée quoique injuste, ou de s'y refuser malgré l'engagement pris, c'est un de ces problèmes insolubles en termes généraux, et qui, dans les cas particuliers, ne se résolvent pas non plus mais se tranchent, par une détermination telle quelle du moindre mal entre tous les actes diversement mauvais et nécessairement tels en vertu de décisions antérieures.

Maintenant, distinguons dans la première question, celle de l'intervention d'un État dans les guerres des autres, le cas où il existe une alliance avec l'État injustement attaqué et le cas où il n'en existe point. Il est clair que les traités constituent des devoirs formels, mais le droit de la guerre ne saurait s'étendre plus loin pour la cause d'autrui que pour la nôtre. Si donc nous nous rappelons ce qui a été dit en général des guerres défensives et des guerres agressives, nous ne conclurons pas qu'une de celles-ci devienne toujours nécessaire, mais nous devrons diriger tous nos efforts et les borner autant que possible à la défense proprement dite de ceux que nous entendons secourir. Il existe pour cela des moyens qui comportent au besoin d'aussi grands sacrifices que le feraient des expéditions dirigées sur le territoire de l'ennemi. L'agression paraît-elle enfin inévitable, il est essentiel d'y bien regarder ; les mêmes observations, réserves et préceptes que ci-dessus se présentent.

A défaut d'alliances positives toujours souhaitables, on doit reconnaître une alliance naturelle entre les États pour la défense de leurs droits. Cette alliance qui a pris chez les modernes la forme imparfaite d'un *équilibre des puissances*, et qui se faisait déjà plus ou moins sentir à d'autres époques, peut se rationaliser en se dépouillant (du moins en théorie) des éléments de crainte et de jalousie qu'elle renferme. Élevée à la justice par la loi du respect mutuel, soustraite aux causes de composition et de décomposition de ces coalitions qui vicient les ambitions et les tendances usurpatrices de chaque *puissance*, elle nous offre quelque chose de tout semblable à l'obligation de secours réciproque des membres d'une même société. Ces derniers en effet, quoique le recours à la protection et à la force publiques leur soit commandé, ne laissent pas d'être tenus de se secourir les uns les autres contre des assaillants, dans les cas qui n'admettent pas de délai, et ce devoir est fondé sur l'essence morale et sociale de l'homme, non sur l'existence d'un contrat social particulier. De même les États, les peuples étant composés de personnes, c'est-à-dire de membres égaux de cette nature morale commune, mais n'ayant pas un droit public constitué entre eux, auquel ils puissent recourir pour la réparation des injures, sont tenus pour des raisons identiques, et dès lors dans tous les cas, de se prêter secours contre les agressions injustes. Ceci résulte de l'idée universelle de société des êtres raisonnables, où se fonde la morale du Juste en ses premiers éléments.

On voit donc qu'il y a droit et devoir, légitimité parfaite des guerres entreprises pour la défense de cet opprimé qui est un peuple, savoir un ensemble de personnes. On n'en jugerait autrement qu'en donnant au mot *étranger* un sens tiré de l'idée de la guerre naturelle, et se refusant à reconnaître un lien entre les hommes comme simplement hommes, sur ce motif qu'ils appartiennent à des États différents. Et cependant considérons à leur tour les relations collectives mutuelles de ces réunions de personnes semblables à nous. La guerre en sort-elle plus nécessairement que nécessairement la paix ne sort de l'organisation d'un seul et même État, à l'intérieur de cet État? En aucune manière; il n'y a partout que des hommes dont les libres communications admettent la paix et la guerre en puissance. Les États ne sont naturellement ni ennemis ni même étrangers, quand on songe à tous les rapports que développe entre eux l'expansion de la nature humaine, de ses lois et de ses besoins. Or, sitôt qu'ils ont entretenu des commerces où la justice et l'intérêt ont également part, ils ont fait plus que de n'être pas naturellement étrangers, ils ont contracté une espèce de société volontaire. Nous pouvons les assimiler alors eux-mêmes à des personnes dont les moindres communications pacifiques impliquent des devoirs de défense réciproque dans les cas d'agression flagrante et imméritée contre l'une d'elles. Enfin, ne consultons même que l'intérêt; il nous sera facile de voir qu'en tant que les États n'ont pas actuellement de justes motifs de guerre entre eux, ils en ont pour être en guerre avec les mêmes ennemis.

C'est donc à tort, en principe, qu'on appelle ces sortes de guerres *chevaleresques* : elles ne sont que justes. Mais, outre les réserves que je dois rappeler sur la manière de les décider et de les conduire, ainsi que d'autres guerres quelconques, il y a des conditions particulières, relatives à l'état empirique des relations internationales. Il y en a de deux genres. D'abord nos rapports de justice avec le peuple qu'il s'agirait de secourir peuvent être obscurs ou troubles et tels que notre propre état de paix avec lui soit affaibli, douteux, difficile à définir; lui-même peut être reprochable en certaines choses, ou redoutable par les dispositions que nous lui connaissons, ou se trouver dans une situation intérieure, soumis à une constitution qui à la fois le rendent moins intéressant et permettent de ne le pas bien envisager comme un État régulier avec qui l'on puisse traiter. Or l'affaire est collective, de toute nécessité, et exige une entente pour mille raisons. Ces divers cas vont évidemment jusqu'à annuler le devoir d'intervention, puisqu'ils reviennent tous à affecter l'idée de la paix ou la possibilité d'une alliance. Ils en laissent seulement subsister le droit, en supposant toujours une injustice avérée du côté de l'attaque et la faculté de porter secours sans donner trop probablement lieu, par le fait et la suite, à des maux semblables à ceux qu'on voudrait prévenir, ou pires encore. Viennent ensuite les considérations, dont l'importance n'est pas moindre, qui ressortent du principe de conservation et de défense de l'État même appelé à intervenir. Je ne les développerai pas, elles ne frappent que trop tous les esprits ; elles dépendent toutes en un mot de la prudence exigée par le défaut de sécurité des relations entre les États, ou de ce que le devoir ne s'étend pas en général jusqu'au sacrifice de soi-même, et ne disparaissent, en vertu des principes que j'ai posés pour l'*état de guerre* universellement parlant, que dans les occasions où nos relations avec l'opprimé sont étroites et sûres, assez ou pour lui donner sur nous des droits positifs ou pour nous rendre sa cause commune ainsi que sa fortune.

La dernière question qui reste à résoudre est celle de l'*intervention* proprement dite, soit de la guerre apportée par un État au sein d'un autre État divisé d'avec lui-même, afin de régler ses affaires par la force dont on appuie l'un des partis contendants, qu'il faut alors supposer avoir pour lui la justice. La solution des problèmes précédents a rendu celui-ci fort simple. En effet, de deux choses l'une : ou la guerre civile qui se poursuit n'a point un caractère si tranché, n'a pas produit des résultats tels qu'on voie clairement dans les partis en lutte quelque chose de tout semblable à deux

États, à deux nations, à deux gouvernements ; ou, au contraire, on est en présence d'un de ces faits de sécession nationale, ou de conflits armés de pouvoirs, qui permettent de traiter régulièrement avec un parti ou avec l'autre comme on ferait avec un État librement constitué. Dans le premier cas l'intervention ne serait manifestement qu'une de ces guerres entreprises pour régler du dehors les conditions d'un peuple, lui imposer violemment la justice ou le bonheur ; il faut donc la condamner sans restriction pour des raisons exposées ci-dessus. Mais dans le second cas, le caractère d'organisation du belligérant à défendre ou à secourir, joint à la justice de sa cause, qu'il faut toujours rappeler (et dont on devra juger d'après le droit rationnel, puisque les droits positifs ont été anéantis par hypothèse) ramène la question à celle de l'intervention entre des États différents. Le droit et le devoir se déterminent donc par les mêmes considérations et souffrent les mêmes réserves, tant particulières que portant sur le droit de guerre en général et sur l'obligation de rechercher en toutes circonstances les moyens d'action les moins éloignés qui se puissent de la paix ou les plus propres à la ramener.

En somme les préceptes sont les mêmes pour le droit international que pour les autres parties de la morale appliquée, et cela doit être, car les principes de la paix et de la guerre sont partout identiques et, du petit au grand, de l'individuel au collectif, des rapports entre personnes aux rapports entre sociétés, les faits ne diffèrent pas essentiellement et n'intéressent pas autrement la conscience. Les préceptes se réduisent donc toujours à recommander à l'agent, quel qu'il soit, de maintenir la représentation ferme et constante de l'idéal et de choisir avec scrupule, parmi les moyens de ses fins que la nécessité pratique d'agir sous les conditions de la guerre écarte de la pure loi morale, ceux que j'ai nommés possibles et utiles en regard du but, et dont la divergence d'avec la loi permet le mieux d'espérer une convergence ultérieure. Quand il s'agit des relations internationales, il faut, pour appliquer convenablement les préceptes, être bien convaincu que les progrès intérieurs des États sont les plus précieux et les plus sûrs de tous; que le bien apporté du dehors et imposé par la force est généralement inefficace; que la guerre entraîne des maux certains avec beaucoup d'espérances illusoires; que sa détermination, comme utile, est pleine de difficultés et, comme juste, extrêmement délicate; que la défense est seule légitime en principe, et serait presque toujours suffisante en fait pour un État qui serait lui-même ce qu'il doit être; enfin que les agressions, nécessairement dangereuses de leur nature, produisent le double mal de rendre les nations qui s'y livrent incapables de liberté et de créer pour les dispositions belliqueuses des autres, et par le fait seul de la menace constante qui pèse sur elles, une excuse apparente dont l'effet est d'enfermer l'établissement d'une véritable paix dans un cercle vicieux.

Supposons que les préceptes soient observés par une nation entre toutes les autres. Ce pourrait être par une grande puissance : les petites y seraient assurément mieux disposées; celle-là cependant n'y aurait à courir que les moindres dangers. Il semble que d'autres suivraient sans trop de difficulté l'exemple une fois donné, et qu'ainsi une fédération solidement garantie contre l'extérieur deviendrait possible. Ce serait donc un acheminement à la paix durable universelle. Mais quelles sont les conditions requises pour qu'un État ait la volonté formelle et persévérante d'observer les préceptes? Ne parlons pas des accidents qui peuvent survenir au dehors, des injures, réelles ou prétendues, puis des passions exaltées, des tentations éprouvées; ou du moins ne nous occupons pas en cela des nations comme corps; pensons aux personnes qui les composent et dont les dispositions morales se traduisent nécessairement dans les actes généraux. La guerre n'est pas seulement entre les États, dans l'humanité; elle est entre les personnes d'une seule et même société. Les passions radicales de la guerre ne sauraient s'éteindre dans une sphère et continuer de brûler dans une autre. Nous supposons sans l'avoir dit un État en paix avec lui-même, où la ruse et la violence ont disparu des relations publiques et des débats entre les partis. Ce sera donc un État intérieurement conforme au droit rationnel. Ce que nous aurons gagné sur lui et pour sa direction pacifique à l'extérieur, il faudra que nous l'ayons gagné dans sa politique intérieure, et, plus profondément, dans les esprits et les cœurs de ses citoyens. Ainsi, sachons bien que nous demandons pour la politique internationale exactement la même donnée que pour la morale appliquée en général, et c'est tout simplement la vertu de chaque personne, à tout le moins d'un nombre suffisant de personnes.

Sous ce point de vue logique et rigoureux, à la question : la guerre est-elle fatale ? on est obligé de répondre par une autre question : la passion de l'homme d'imposer à l'homme une volonté par la force, en la disant injustement juste, est-elle fatale ? Et remarquons-le bien, il y a une nécessité où se trouvent les uns d'user d'une juste contrainte, et qui est fondée sur ce que d'autres veulent user d'une contrainte injuste. Et qu'est-ce que le juste, à quoi le reconnaître si une passion l'altère ? Cette passion altérante est-elle donc fatale ? La morale répond de son côté par le droit et le devoir, et par la liberté d'où résulte le mal, non pas fatal, mais possible : et l'histoire répond du sien par les faits où éclate le mal réel, en partie solidaire, pénétré de toutes sortes de *nécessités* produites, relatives et pour ainsi dire *accidentelles*, quelle qu'en soit l'universalité. Le monde moral est tout entier dans la lutte de la loi morale contre cet accident énorme qui a eu ses suites nécessaires, et il s'agit de les éliminer progressivement en développant les nécessités inverses du bien. Point de réponse d'ailleurs ; la morale, même appliquée, ne fournit qu'une loi et des préceptes.

Imaginons maintenant un de ces grands États, tels

qu'on les a rêvés, tels que la conquête a souvent tenté de les réaliser, où la paix, ce qu'on appelle la paix, règne grâce à l'unité de pouvoir. Les divisions, les guerres intestines y seront toujours possibles, elles s'y produiront même inévitablement, faute des vraies données de la paix qui sont loin de dépendre d'une administration, si vaste, si minutieuse et si irrésistible qu'on la suppose, mais qui, tout au contraire, exigeraient la liberté et le respect dont on prétend se passer. Puis le pouvoir même se corrompt et s'affaisse sous le poids de ses vices. Avec ou sans choc extérieur, il faut, à certain moment, que tout se décompose, et les parties de cet ensemble artificiel, n'ayant plus rien dans les traditions, dans les mœurs, dans les lois, qui les rende capables de constituer des États, tombent dans l'anarchie et se déchirent sans fin. Ni raison, ni autorité ne peuvent de longtemps leur trouver une organisation passable et tant soit peu stable. La grande erreur politique a été de croire que les grands États possèdent par eux-mêmes une capacité de bien et de progrès indépendante de la vertu des personnes qui après tout les composent, et que la capacité de celles-ci peut à son tour se conserver et se développer autrement que par la liberté. Allons encore plus au fond, on a pensé que le bien pouvait consister pour l'homme en ce qu'on lui fait faire et non point en ce qu'il fait, en ce qu'il est ou se rend digne de faire lui-même. C'est toujours à la loi morale que nous revenons ; les faits les plus complexes en subissent l'application avec la même clarté que les plus simples.

La donnée d'un certain nombre d'États indépendants, plus ou moins équilibrés, est tout autrement favorable que celle d'un grand État toujours croissant et absorbant, pour réaliser les conditions de la paix. Seulement, les rivalités, les méfiances légitimes ou non, les contentions sans cesse renaissantes pour cause de territoire, ou de commerce ou d'*honneur*, à ce qu'on prétend, les grands armements qui se justifient par la défense et s'emploient pour l'usurpation au dedans et au dehors, sont de graves empêchements. On voit ces États tendre à en absorber d'autres, ou à les affaiblir et à leur nuire dans leur indépendance, ou encore à peser sur eux pour le choix de leurs constitutions, s'ils le peuvent. De plus, et tandis que d'un côté la passion (nous ne dirons plus le principe) des nationalités tend à diviser et à agglomérer sans raison les populations et fait partout germer des semences de guerre; de l'autre, les États qui ont exagéré leurs agrandissements dans le passé et visent à se soutenir ou à s'accroître encore pour ne pas déchoir ou n'être pas menacés, ceux mêmes qui se forment et se croient obligés d'imiter la manière des autres et de se chercher les mêmes garanties, sont conduits par leurs doctrines de force et d'unité à s'opposer dans leur propre sein au développement de l'autonomie et parviennent rarement à se régir par des gouvernements à demi libres. Il en est un qui compte beaucoup dans les conseils de l'Europe et retient encore l'organisation et la politique d'un empire asiatique. Un autre, imbu d'un esprit militaire très rogue, se porterait volontiers conquérant pour venger d'anciennes injures, au nom d'une race autrefois abaissée politiquement, qui pourrait sous sa direction et dans son unité faire autant de mal aux hommes par les armes qu'elle leur fit de bien par la science au temps de ses divisions. Un autre encore essaie d'appliquer le système fédératif aux éléments hétérogènes qu'il assemble, et, chargé du poids très lourd d'un passé odieux, ne peut que bien difficilement se résoudre à concéder l'autonomie sans garder le pouvoir. Un quatrième a été gâté à ce point par l'habitude et le succès de ses violences, succès suivis de revers équivalents, mais qui n'en affaiblissent pas la mémoire, qu'on se demande, c'est de la France que je parle, à laquelle des deux destinées il donnera la préférence, de celle qui l'attend sous des chefs militaires, avec la haine ou le mépris du monde, ou de celle que lui promettrait sa liberté intérieure réelle, s'il était digne enfin et capable de se la donner, avec le respect de la liberté des autres peuples.

Le seul État qui se montre sérieusement pacifique et qui travaille lentement à réparer ses injustices séculaires, le seul libre aussi parmi les grands, est celui de qui la situation réclame la moindre action propre et directe pour l'établissement de la paix générale, encore qu'il en puisse exercer indirectement une très considérable. Je ne parle pas des autres États, ou trop faibles pour avoir l'initiative, ou dont la force morale a été détruite par le gouvernement des prêtres, pire que celui des soldats. Et je ne dis rien non plus de l'Amérique, qui ne restera définitivement pour l'Europe un grand exemple et une grande espérance que si le culte de la force n'y étouffe pas la doctrine du droit personnel.

Il serait inutile d'ajouter des traits plus particuliers à ce tableau; on voit assez que l'esprit de guerre est l'ordonnateur de ce qui existe, le moteur de ce qui se prépare; et cela est si vrai que les hommes qui poursuivent le plus ardemment l'idéal de la paix, forcés de l'envisager en dehors des gouvernements établis, et des États actuels inséparables de ces gouvernements, et même des institutions sociales comme elles sont, voudraient commencer par détruire ces choses et leur déclarent la guerre à toutes : illusion vraiment puérile, car on voit alors la guerre dans ses résultats, qu'on veut abolir, non dans ses sources profondes où il faudrait l'atteindre, et l'instrument qu'on emploie est encore la guerre : *la dernière*, croit-on ; et pourquoi la dernière, quand on soulève toutes les passions et tous les intérêts à la fois, quand on les appelle volontairement aux armes, quand on n'a d'autre magie à ses ordres, pour faire sortir la paix du désordre universel, que des systèmes, c'est-à-dire, quant à la pratique, des mots ! Ayez donc vous-mêmes d'abord des sentiments pacifiques, montrez que vous en êtes pénétrés entre vous, ce que vous ne faites guère : attendez-en de semblables des autres ensuite ; mais quelle paix espérez-vous donc de ces menaces et de ces jactances, de ces passions enflammées qui vous poussent comme des ennemis de tous à travers le monde?

Des esprits d'une autre humeur semblent croire que le progrès naturel des rapports internationaux et du droit des gens, le lien croissant des intérêts, la raison des gouvernements, plus éclairés qu'ils ne furent dans le passé et exempts des passions aveugles de leurs sujets, sont des bases suffisantes d'un commencement de fédération européenne. Quelques États du moins, ou quelques hommes, car tout revient à cela, seraient des initiateurs possibles. Ainsi l'autonomie des peuples ne paraîtrait pas être une condition nécessaire de l'établissement d'un système de relations pacifiques. Au contraire, on éviterait en renonçant à cette condition les causes de troubles et de guerres, premièrement civiles, ensuite étrangères, qui s'attachent toujours aux luttes pour la liberté. Une nation comme la France pourrait donner le grand exemple en se renfermant tout d'abord dans une attitude strictement défensive ; c'est bien à elle, en effet, qu'il appartient de le donner, puisque nulle autre n'a causé tant de crainte et de dommages aux autres États depuis deux siècles et qu'elle est coupable du dernier des grands abus de la force en Europe. Et que faudrait-il de plus pour l'y déterminer, qu'un gouvernement honnête et fort dont les dépositaires seraient des philosophes ! Puis tout irait de soi ; l'exemple serait suivi : après un certain temps de paix, l'examen systématique et la solution amiable des cas litigieux devant se généraliser, un tribunal international s'instituerait, sans demander aucun sacrifice à des nations qui auraient cessé de craindre et de vouloir se faire craindre et renoncé au faux point d'honneur qui n'est dans les cœurs qu'une forme de la guerre. Enfin, comme il n'existe pas des cas litigieux seulement, mais encore des affaires communes aussi bien que des intérêts communs aux différents États, la voie serait ouverte à une fédération proprement dite.

Ces vues optimistes sont toutes superficielles : elles font dépendre la paix générale de la volonté de quelques personnes, et supposent cette volonté persévérante à travers les changements intérieurs des États. Mais les gouvernants ne sont pas en général capables des vertus dont les gouvernés n'ont point en eux profondément les éléments. Ceux-là, outre qu'ils participent aux plus injustes passions des nations qu'ils conduisent, sont dominés par d'autres qui leur sont particulières, ont un orgueil et des ambitions propres, et se dirigent par la raison d'État, qui est le contraire de la morale et du droit, par conséquent de la paix. Ils changent souvent et arbitrairement de politique, se succèdent sans se continuer, et n'ont essentiellement rien de commun entre eux que les traditions, préjugés et habitudes militaires et l'intérêt de rester bien armés vis-à-vis de leurs sujets, ce à quoi la guerre étrangère toujours en vue sert de prétexte. Il n'est pas possible que la paix générale se réalise sans impliquer le sentiment général de la paix. Or ce sentiment suppose à son tour la justice, et la justice ne peut exister sans modeler sur le droit l'intérieur des États, comme les relations internationales.

Les idées de paix, de justice et de travail, qui sont les idées sociales par excellence, ont à faire la conquête du monde. Le progrès de ces idées et des sentiments, des passions nobles qui s'y lient, a nécessairement tout à la fois pour fins l'autonomie de la personne et l'autonomie des États et le respect mutuel des autonomies des personnes et des États. Il n'y a là qu'une question, qu'un principe et qu'un but. Et cette conquête doit elle-même être définitivement pacifique pour mener à la paix. Non que la violence ne puisse en rien aider, dans la marche historique des peuples, à l'obtention des fins intermédiaires qui sont des conditions de la grande fin : il faut reconnaître l'efficacité de quelques révolutions (en quels cas rares pourtant et avec combien de réserves, on l'a vu) ; mais aider en cette sorte, c'est en somme ne point réussir, ou, quant au dernier but, être sûr de ne point l'atteindre. L'emploi prolongé de moyens moins impurs doit effacer les traces et jusqu'au souvenir du hideux mélange. Qu'une imparfaite justice prenne des chemins dangereux pour en éviter d'autres, et que la conscience s'y souille, ainsi qu'il arrive toujours, la justice parfaite ne saurait mettre la paix dans la dépendance de la guerre, ni la logique souscrire à la possibilité de cet enfantement monstrueux. Si les hommes approchaient véritablement de l'ère de la paix, on les verrait aussi peu disposés à croire à la nécessité d'une dernière guerre qu'à vouloir confier à quelques gouvernements la tâche de leur procurer ce qu'ils sauraient alors se donner eux-mêmes. La paix régnerait déjà dans les cœurs et les faits n'auraient point de peine à suivre.

La doctrine du droit se termine ici par la vision de l'idéal; tout le reste appartient au domaine trouble de l'histoire, et la morale ne peut rien de plus que marquer le but, juger les moyens et formuler les préceptes. L'idéal est une fédération d'États libres, homogènes, autonomes, limités et multipliés par leurs décisions propres et par leurs conventions, autant que par des affinités naturelles et par la facilité de se connaître et administrer eux-mêmes : intérieurement justes, en tant qu'expression de la raison et des volontés concordantes de leurs membres, extérieurement disposés à observer leurs devoirs réciproques avec scrupule, comme pourraient le faire les meilleurs citoyens d'une même société. Puisqu'ils sont libres et librement institués et perpétués, et qu'ils respectent au dedans le droit des personnes et des libres associations de personnes, ils ne font au dehors que respecter des personnes et des associations semblables. Le principe est partout le même : loi morale, liberté; les conséquences ne peuvent différer. Comme ils ont ensuite des fins communes à poursuivre, des affaires communes à régler, la fédération des États a pour objet d'y pourvoir, et la sphère des droits des fédérés demeure la plus étendue possible, ainsi que celle des droits des personnes dans chaque État, qui a aussi ses fins communes et ses affaires communes. La raison et la volonté plus que l'habitude posent les fondement du contrat social devenu de plus en plus explicite et formel. Ce contrat a plusieurs degrés. La notion de la fédération se fond dans celle de l'État, celle de l'État dans celle de l'association libre. Chaque personne travaille à faire son devoir, ainsi seulement le droit règne, ainsi la vertu est la pierre angulaire de la société : chaque personne est, de son point de vue propre, cette pierre qui ébranle tout quand elle tombe. Telle est la condition de la paix perpétuelle universelle, qu'on ne saurait attendre de la liaison empirique d'États fondés par la coutume ou la force et conduits par des passions sans règle. Telle est enfin la condition de la morale comme loi des faits, car elle ne saurait subsister en général ou dans le tout sans être observée dans les parties et unités où elle a son principe et son unique sens. Il est clair qu'en posant cet idéal nous sortons de l'histoire et du droit historique ; nous supposons les passions constamment ordonnées dans l'agent, et la liberté bornée aux vrais biens, de son propre mouvement ; nous revenons à la morale pure, et le cercle de notre étude se referme au point où il s'est ouvert pour la définition des rapports de justice, je veux dire dans le concept abstrait de la *société des êtres raisonnables*.

CONCLUSION

CHAPITRE XCVII

LA LIBERTÉ ET LE PROGRÈS

Le moment est venu de récapituler les parties principales de ce livre, et de nous demander à quelles affirmations se termine la morale dont on a vu l'établissement, les applications et les préceptes.

La morale s'est d'abord posée comme la formule d'un certain *devoir être et devoir faire*, d'un devoir ramené à l'origine et réduit, pour ainsi dire, à l'*élément*. La règle qu'elle envisageait alors était applicable aux données internes de l'agent, jointes aux seules données nécessaires d'un milieu simplement matériel et assez favorable pour n'exiger ni lutte ni effort de travail. Elle se tirait de la pure raison de cet agent, isolé par une sorte d'abstraction, borné par la pensée à celles de ses propriétés et relations essentielles qui permettent de se rendre compte du *devoir envers soi* le plus élémentaire, sans aucun mélange avec des faits complexes. L'obligation se présentait avec un sens étranger à la notion du droit ; la science dégageait son sujet en éloignant toute hypothèse qui eût porté sur l'essence ou la cause de la personne et du monde et supposé des croyances, mais en déterminant, ce qui est très différent, un de ces purs concepts dont la méthode rationnelle ne saurait se passer pour fixer une matière, obtenir des définitions et enchaîner des conséquences.

Les *vertus* déduites de ce point de vue laissaient déjà paraître en première ligne la vertu par excellence, la Force, un travail fait par l'agent sur lui-même et sur sa nature modifiable, par ses réflexions, par ses résolutions, afin de diriger en tout sa conduite, d'arrêter son choix parmi les divers biens apparents, souvent incompatibles, que sa mémoire et sa prévision lui permettent de comparer, sa raison de juger, et de réaliser ainsi les meilleurs d'entre les phénomènes qui lui semblent également possibles jusqu'au moment où il se détermine.

En restituant autour de l'agent le milieu vivant dont on a d'abord fait abstraction, vivant, mais non pas encore moral, on voit toujours le devoir envers soi dominer, si ce n'est plus alors composer toute la morale. La conservation, la défense de l'agent, les conditions nécessaires de son établissement au milieu du règne de la nature, apportent un nouveau devoir de travail qui s'exerce cette fois contre le monde externe et pour en modifier des états, en créer ou détruire des parties. En même temps et par contre-partie viennent un devoir de respect et un devoir de bonté dont la source est encore dans l'idée générale du devoir envers soi. Les oppositions sont conciliables, ou, sinon, tout litige se tranche par la suprématie du principe de conservation et de défense qui pose le premier des devoirs de ce genre et une condition des autres.

La restitution du milieu moral amène la morale du Juste, avec les relations de *débit* et de *crédit* des agents réciproques, c'est-à-dire avec le droit et le devoir comme termes corrélatifs, l'obligation dans toute son énergie, le droit dans son acception pure, à titre de revendication d'une dette rationnelle. Ces relations se résument théoriquement de chaque côté par la dignité, c'est-à-dire la liberté, la personnalité même, et par le respect de cette dignité. Le principe de l'autonomie des agents moraux, le critère du bien moral, emprunté de la généralisation des maximes de conduite, et le précepte du respect, ou interdiction de faire servir la personne de pur instrument pour des fins quelconques, sont autant de formes d'une seule et même loi morale ou législation *a priori* des êtres raisonnables.

Ensuite viennent les principes secondaires qui fournissent une sorte d'intégration de la morale vivante.

Ils sont tous subordonnés au principe suprême, attendu que la raison est la loi, mais ils ne laissent pas d'intervenir nécessairement et d'avoir une grande importance, mesurée à celle des passions et des intérêts qui animent et meuvent l'agent, qui le lient aussi avec ses semblables, et sont tels qu'il n'est ni possible ni bon qu'il en soit affranchi, ou que, n'en étant pas affranchi, il agisse comme s'il l'était.

Enfin, les sanctions et les postulats de la morale achèvent le développement de la science, non qu'ils opèrent un retour sur les principes et préceptes établis auparavant et en deviennent des conditions, mais bien parce qu'ils posent eux-mêmes des conditions pour la connaissance de l'ordre des phénomènes, en dehors de la morale, et introduisent des rapports entre cette science appliquée et les autres choses qui touchent l'agent et le modifient.

Le fait de la solidarité des hommes dans le bien et dans le mal, plus facile peut-être dans le mal et plus durable, l'altération des vertus, celle des notions morales mêmes, dans un milieu plein des données de la *guerre*, le développement, soit normal soit subversif, des passions dans ce milieu, la recherche des éléments d'un contrat social sous ces conditions ont donné lieu à des suites d'analyses qui ont abouti à l'établissement d'un *droit historique* où entrent la contrainte et la guerre, à la détermination de droits et devoirs transformés et, finalement, à une application de la loi morale en cet ordre troublé, telle qu'elle satisfît à la fois aux conditions suivantes : revendication des droits purs conformes à la nature, c'est-à-dire à la raison, répression, correction, réparation des actes tant individuels que sociaux injustes ou de leurs effets, recherche des moyens utiles et possibles, obligation de rendre ceux que l'*état de guerre* impose pour l'accomplissement des fins de justice les moins éloignés qui se puissent de l'*état de paix* ou les plus propres à l'amener, et de travailler ainsi incessamment à diminuer l'écart des faits et de l'idéal dans la conscience et dans la société, à mettre en possession de sa liberté tout agent raisonnable.

La liberté, considérée dans la morale pure et dans ses applications normales, est tout ensemble fin universelle et moyen universel : fin, parce que la loi morale dont il faut établir le règne se définit par l'autonomie et le respect de l'autonomie; moyen, parce que la liberté ne peut jamais procéder que d'actes de liberté.

Sous les données de la *guerre,* la liberté est encore le but. Nous avons vu tous les droits se déterminer comme des libertés de divers genres, tous les devoirs comme des actes ou préceptes de respect, sauf en ce que, les droits rationnels étant violés, les devoirs méconnus par le fait, un droit et même un devoir de contrainte peut naître pour les uns contre les autres à la suite des injustices commises. Or la contrainte, qui suppose déjà par son origine une liberté violée, en suppose une de nouveau par sa nature ; soit donc que la contrainte puisse ou non être exercée effectivement au bénéfice du droit, la liberté souffre toujours quelque part : elle souffre à la fois de tous côtés dans toutes les sociétés connues. La liberté n'est donc plus, comme en théorie, le moyen universel, mais la fin seulement, et toutefois ce moyen reste nécessaire pour cette fin. Le problème qui naît d'une telle situation est absurde, à le considérer dans l'abstrait, c'est-à-dire pour tout agent universellement parlant ou pour l'ensemble de tous ; mais, historiquement, il reçoit des solutions imparfaites, à cause de la division des genres et domaines de la liberté et de la variété des cas où il est donné de la défendre ou de la conquérir, et enfin de la distinction des personnes admises réellement ou non à la revendiquer. Une liberté obtenue sert à en gagner d'autres, un cas heureux influe sur d'autres cas, et les personnes qui ont atteint partiellement leurs fins y trouvent des moyens de travailler aux fins d'autrui, si elles le veulent. Mais le contraire aussi arrive ; de là le développement des faits en divers sens, l'enchevêtrement des moyens de guerre et de paix, les balancements, les révolutions, les progrès et les décadences.

L'idée du progrès est par cela très nette, la même pour l'humanité dans l'individu que pour l'humanité dans le corps social; elle se fixe évidemment dans tout ce qui porte à l'accomplissement de cette humanité, savoir de l'autonomie ou liberté qui en est le grand caractère. La mesure de liberté employée et respectée dans une société donnée est donc le critère du progrès de celle-ci, quand on la compare à ses états antérieurs sous le même aspect. La mesure de liberté non exercée ou perdue est le critère de la décadence. La comparaison de sociétés différentes, à une même époque ou à des époques diverses, doit suivre la même règle. Les autres formes de progrès, les autres modes de supériorité ou d'infériorité sont accessoires auprès de ceux qui tiennent ainsi au propre fond de la nature raisonnable et constatent la réalisation plus ou moins étendue ou l'échec de cette nature. Quelle que soit leur importance particulière, ils sont tous moralement subordonnés, en essence d'abord, car l'autonomie de l'agent moral est son incomparable bien, ensuite par le fait, attendu que les biens quelconques et les plus matériels perdent de leurs garanties en raison de la diminution de la liberté qui s'emploie à les obtenir ou à les défendre.

Prenons deux cas extrêmes, tous les biens imaginables avec la servitude, tous les maux avec la liberté, et comparons-les. Mais ne sortons pas des conditions de l'histoire. D'un côté, nous envisagerons une de ces babylonies où la paix et le repos sont assurés dit-on par l'obéissance de tous à un maître et par l'invariabilité des mœurs et des croyances qu'un sacerdoce enchaîne. Les sciences matérielles auront là, si l'on veut, un beau développement, ou plutôt un établissement parvenu à la fixité comme tout le reste. Tant de *bonheur* n'empêchera pourtant ni les vices obscurs, une dégradation profonde des âmes inactives, ni la multitude des faits de guerre sourde, d'injustices, d'abus, d'oppressions irrémédiables, ni les faveurs, l'envie, l'hypocrisie, la haine, ni même enfin les révolutions dans une certaine sphère, les jeux de la ruse et de la force entre les puissants et la misère des faibles toujours foulés. Cette paix prétendue d'un empire est une des formes de l'*état de guerre* universel et continuel, la plus désespérée de toutes. De l'autre côté, nous prendrons une de ces petites républiques de l'antiquité où les méfaits et les vices sont à découvert, où le mal s'étale comme le bien; et nous ne choisirons pas celle dont le génie des sciences et des arts a couronné la liberté; mais, si inculte que nous en voulions supposer une, si déchirée au dedans par les rivalités politiques et les autres compétitions, au dehors par des guerres incessantes, nous serons forcés d'avouer que les hommes y sont plus hommes, et que l'autonomie étant possédée par chaque citoyen, la justice est la grande préoccupation de tous et pose un idéal dont les relations obscures des membres de la société, non moins que les institutions publiques, ressentent l'influence. Ensuite l'histoire nous démontrera que les peuples qui ont formé de tels États, du moins à certaines époques de leur vie, sont essentiellement ceux qui ont jeté dans l'humanité des semences de progrès intellectuel et moral. Tous les progrès de ce genre, et les progrès matériels mêmes dont ces peuples ont été capables à d'autres moments de leur existence, ils en avaient posé les bases pendant qu'ils étaient libres; plus tard, à mesure qu'ils s'appesantissaient dans l'esclavage, ils perdaient la force de soutenir leurs propres œuvres.

Il est certain que les idées et les sentiments dont s'inspirent les peuples modernes, et qu'en outre les formes de leurs institutions les plus diverses, descendent exclusivement de trois sources : les États de la Grèce et leurs colonies, Rome et ses fondations européennes, la Judée et son Livre. Or, en nommant les villes grecques, on nomme la liberté, la cité, la philosophie, la science et l'art, à la fois les méthodes et les modèles. En parlant de Rome, on parle d'un peuple qui a créé l'administration et la jurisprudence dans un temps où il se dirigeait lui-même avec une énergie et un esprit de sagesse incomparables, l'autocratie des empereurs n'ayant fait rien de plus que suivre et puis corrompre des traditions établies par l'autonomie des citoyens, et qu'appliquer des principes antérieurement posés, à l'aide d'hommes, tant qu'il en resta, dont la mémoire et l'étude de l'antiquité faisaient toute la force. Enfin, quand on cite la Judée, on doit savoir que le prophétisme, c'est-à-dire l'autonomie religieuse, quelque chose non seulement de différent de la théocratie, mais de diamétralement contraire, fut le véritable auteur de l'idée monothéiste et du sentiment de fraternité populaire, la caractéristique d'Israël, l'initiateur unique de son histoire et le sujet de son Livre. Depuis les figures d'Abraham et de Jacob, depuis celle de Moïse jusqu'à Samuel, quoique prêtre, et à David, quoique roi, et aux prophètes proprement dits qui luttèrent contre le formalisme lévitique, la corruption des princes et les cultes *adultères*, et jusqu'à Jean le Baptiseur, à Jésus le Christ et aux chefs d'insurrections anti-helléniques ou anti-romaines, cette nation extraordinaire n'offre jamais qu'un même phénomène, et c'est l'autonomie de la personne se sentant inspirée de Dieu pour établir sur la terre une race sainte, ensuite pour y faire régner la justice ou la fraternité.

Ainsi la liberté seule a posé tout le fond de notre avoir intellectuel et moral et de ce qui nous constitue à l'état de race éthique. Ce que l'empire romain apporta, ce que le moyen âge accomplit ou tenta pour organiser le *spirituel* ou le *temporel*, ou pour les unir, tout cela n'est que servitude, un développement accoutumé des vices des nations, un fait de corruption générale. En Occident comme en Orient, on a vu les races aryennes former à certains moments des empires ou des théocraties et ne pouvoir pas toujours se relever de leur chute. Les peuples occidentaux modernes ont été secourus dans cet abaissement par la division des États, qui permettait aux hommes de respirer et de renaître, par la séparation dès lors naturelle de l'Église et des pouvoirs civils, puis par la mémoire conservée des libertés antiques et la tradition renouvelée des lettres, des arts et de la philosophie. Enfin ce qu'à leur tour ils ont pu créer au delà de ce que l'antiquité leur enseignait, c'est leur propre liberté, à mesure qu'ils la conquéraient, en religion, en science, en gouvernement, qui les a rendus capables et dignes de le produire.

Pour achever d'éclaircir le principe de la liberté comme critère du progrès des nations, il est bon d'instituer une comparaison régulière entre le moyen âge et l'antiquité républicaine. On est venu depuis soixante ans à se former sur ce sujet d'étranges illusions. La plus récente de toutes consiste à faire honneur au moyen âge des progrès des modernes, et même de ceux qui sont une imitation pure et simple de l'antiquité, sous ce prétexte que les ayant précédés, il les a préparés. A ce compte, le moyen âge aurait travaillé à la ruine de son principe et de ses institutions fondamentales. Mais il y a un moyen âge selon l'esprit et un autre selon la lettre des temps. Ce dernier, quoiqu'il ait réalisé le premier très suffisamment, est une époque où subsistaient encore et fermentaient des éléments d'origine plus ancienne qu'on n'avait pu détruire, et les hommes qui les ont mis à profit de diverses manières, à différents moments, sont ceux qui ont souffert la persécution pendant tant de siècles en niant l'idéal et combattant les œuvres du moyen âge. S'ils ont enfin commencé une ère où l'on a vu l'idéal des anciens rétabli et même dépassé en certaines choses, c'est par l'emploi de la méthode des anciens qu'ils ont fait cela : c'est en un mot par l'usage de la pensée libre et en fixant leurs yeux sur les véritables origines intellectuelles et morales, au delà de tout le moyen âge et de la période impériale. La religion même n'a retrouvé alors un peu d'élévation et de sincérité qu'en remontant à sa source et par conséquent à une autre espèce d'antiquité où pût se retremper la conscience.

Le moyen âge a constamment poursuivi le rêve de l'unité politique romaine. C'était son antiquité à lui, celle de la décadence. Cette unité pouvait se reconstituer d'une manière durable au profit d'une monarchie militaire ou au profit de l'Église, bien difficilement il est vrai dans les deux cas. Dans le second, la plus étouffante des théocraties connues aurait pesé sur l'Occident. Dans le premier, le monde eût été préservé des plus profonds et des pires effets d'un gouvernement des âmes, mais il eût perdu un certain élément de liberté par la soumission de l'Église à l'État. Ni l'une ni l'autre des unités ne s'étant réalisée, grâce surtout à l'esprit féodal des nations germaniques, les libertés civiles et religieuses ont pu se faire jour enfin au travers des diversités et des rivalités des États et à la faveur de l'incertitude qui régnait plus ou moins dans les rapports de l'Église et des princes. En cela, si l'effort du moyen âge n'a pu aboutir, il a cependant assez réussi pour créer un ordre de choses diamétralement contraire à celui de l'antiquité républicaine et qui a duré plus de mille ans, un ordre fondé sur l'assujettissement de l'âme et du corps à une double autorité externe. Où donc est le progrès ?

Serait-il dans la séparation même de l'Église et de l'État, dans le principe de cette séparation, et quoique, en fait, la conscience et le corps aient toujours été maîtrisés ensemble par la souveraineté spirituelle ou par les seigneurs temporels qui se mettaient plus ou moins volontairement à son service ? Il s'agit donc, quant aux effets de liberté, d'une séparation toute fictive et nominale ? Les anciens ne la connaissaient pas, dit-on. Sans doute, la religion a toujours fait partie de la *république*, dans l'antiquité, mais comment ? spontanément, par suite d'un établissement immémorial de cultes civils et de croyances nationales, sans protestations, sans dissensions, troubles ni procès, si ce n'est très exceptionnels, sans pouvoir sacerdotal, sans dogmes disputés et imposés, sans hérésies et sans orthodoxie, enfin sans domination qu'on s'arrogeât sur les consciences. Cette union de l'Eglise et de l'État n'a de commun que le nom avec ce qu'on nomme ainsi du point de vue catholique. Une union qui n'est pas combattue, une séparation qui n'est pas demandée n'intéressent en rien la liberté, ou plutôt c'est la liberté même qui produit alors ce qui existe : voilà pour l'antiquité. Une union forcée, là où la séparation serait de principe, une séparation invoquée, mais toujours nulle, à cause de la force prêtée aux arrêts d'une autorité promulguant la foi, le culte, la morale et la discipline, sous des sanctions spirituelles de nom, matérielles de fait et abominablement cruelles, voilà pour le moyen âge.

On a coutume de voir une supériorité des temps chrétiens dans le concept de la religion comme ils l'ont formé, savoir avec pleine indépendance des liens civils et politiques, et comme un ordre de rapports étrangers aux lois de la société humaine, intéressant chaque conscience seulement, donnant lieu sans doute à des relations, à des faits de communauté volontaire entre celles que les mêmes sentiments animent, mais à des faits séparés de l'ordre social rationnel aussi bien que de toute constitution de pouvoirs, ne leur devant rien et ne leur demandant rien hormis le respect. Cette supériorité serait, selon moi aussi, très réelle, mais encore faut-il qu'on puisse l'appliquer quelque part. Les anciens avaient déjà réalisé en partie cette pensée d'indépendance en instituant les mystères, et c'était un progrès de leurs religions, qui s'éloignaient de l'État, se rapprochaient de la conscience. Les chrétiens après les Juifs universalisèrent à leur tour l'idée religieuse, et sitôt qu'ils appartinrent eux-mêmes à toutes sortes de nations, la dénationalisèrent complètement. Mais comme ils poursuivaient d'une réprobation fanatique les cultes différents du leur et leurs propres variations, quand elles n'entraînaient pas la masse ou ses guides les plus influents, à peine se sentirent-ils assez forts qu'ils voulurent réaliser l'universalité par contrainte et appliquer à l'humanité entière cette unité de croyances que chaque nation avait possédée spontanément. Ils traitèrent le monde et chaque personne en particulier ainsi que le régime impérial les avait traités, seulement avec une bien autre persévérance, et des moyens d'inquisition tout nouveaux et des prétentions de descendre au fond des cœurs et d'y dominer qui n'avaient jamais existé auparavant. Dès lors tout le bénéfice de l'idée nouvelle en fait de religion se trouva perdu ; ce fut l'idée contraire qui régna, en exagérant encore son principe. Si donc quelque église pouvait se vanter de la supériorité qui appartient au sentiment de la liberté de conscience et de l'indépendance mutuelle des États et des croyances, des sociétés civiles et des communautés religieuses, ce ne serait que tout récemment, grâce à l'influence des doctrines modernes sur l'autonomie personnelle et sur le rôle exclusif de la raison dans la constitution d'un État. Le moyen âge a été aussi éloigné que possible d'un tel mérite ; et disons le christianisme primitif lui-même, car le *fidèle*, tout en faisant de sa foi personnelle une affaire *entre Dieu et lui*, regardait l'infidélité volontaire comme un crime digne de châtiment, ce qui le disposait soit à ne se reconnaître aucun lien social avec l'*infidèle*, soit à n'en former un que pour tyranniser aussitôt cet ennemi de Dieu, le corriger ou le punir.

On voit que si la religion a paru un moment plus libre quant au principe, si elle a pu être considérée comme un fait de conscience où nul pouvoir ne doit s'imposer extérieurement, ce fait a été aussitôt contraint, cette autorité externe instituée. Ce fait a perdu, faute d'autonomie, tout son prix et ce qu'on pouvait y voir de divin. Cette autorité a été un monstre de l'histoire. Les anciens, outre que la conscience proprement dite était sauve chez eux, jouissaient d'une tout autre initiative de culte au sein de leurs religions nationales.

Si la religion a affecté une forme plus élevée, plus morale à certains égards, lorsqu'on la compare aux religions antiques dégénérées et dont le sens même était perdu, surtout aux dégradantes apothéoses de l'ère impériale, d'une autre part les superstitions, aussi basses, aussi nombreuses au moyen âge qu'en tout autre temps, la déchéance intellectuelle des hommes, les dogmes imposés à la raison contre la raison, la doctrine théologique de la grâce, contraire à toute justice et au premier principe de l'ordre social, la domination du prêtre par les sacrements, enfin cette espèce d'apothéose progressive d'un représentant de Dieu sur la terre sont des faits en présence desquels disparaît le mérite quel qu'il soit d'une construction théologique et morale accessible au seul sacerdoce et l'enchaînant à des formules contradictoires.

Si des sentiments plus doux, un esprit de bonté, de charité, semble avoir pénétré les âmes, quand on regarde d'un côté la forme habituelle des passions dans l'antiquité héroïque, de l'autre certains exemples, certains discours et les légendes des saints dans l'ère chrétienne, cet idéal en effet nouveau de pardon et de sacrifice, à la fois touchant, méritoire et dangereux, bon pour tout dissoudre et pour tout livrer aux entreprises de ceux qui le méprisent et de ceux qui s'en donnent les apparences et les exploitent, cet idéal est à porter au compte d'un christianisme primitif ou de théorie, non pas au compte du moyen âge comme époque réelle. Il n'y paraît que pour montrer son insuffisance, sa nature illusoire comme principe de société, et pour être doublement rejeté : banni du système politique, car on ne vit jamais tant de violence arbitraire, ni plus d'actes d'oppression insolente et de férocité, ni plus de faits de compétition, de haine et de vengeance ; et banni du système religieux, puisque la propagation et la défense de la foi prirent pour moyens la guerre et les supplices : « *Crois ce que je crois ou je te tue* », et que l'esprit de domination et d'orgueil fut l'un des caractères des mêmes hommes qui se paraient des préceptes de résignation et d'humilité, le *compelle*, la pratique de ceux qui n'auraient pas dû se permettre seulement la résistance.

Le moyen âge n'offre un développement moral notable que par ses fondations d'assistance et de charité. Mais en ne considérant des œuvres charitables que le bien et ce qui devait durer, en supposant que les instruments de ces œuvres n'eussent pas été corrompus, détournés de leurs fins, que des abus et de grands éléments de barbarie ne s'y fussent pas mêlés, il reste toujours impossible de voir dans ces choses un équivalent sérieux et plus qu'un palliatif pour la justice perdue, l'insécurité universelle, la privation de liberté civile et politique et l'absence totale de garanties pour les personnes.

Le développement intellectuel à peu près unique est dans la théologie. Mais la théologie raisonnante ou scolastique est une imitation de l'antiquité, une philosophie altérée, avec la liberté de l'esprit en moins et les contradictions en plus, vu la tâche impossible de concilier l'autorité des dogmes et la raison, les textes et la conscience.

Le développement de l'art est réduit à l'architecture. Quelques précieux que puisse être ce que le moyen âge a créé dans cet ordre, ce n'est point assez pour compenser la triste infériorité de la poésie, des lettres et des arts plastiques. On ne se trompera point en assignant toujours la même cause, c'est-à-dire la servitude des âmes, à la décadence de ces grands moyens d'expression des sentiments et des pensées des hommes. Une autre civilisation a produit vers les mêmes temps des œuvres poétiques bien supérieures à tout ce qui s'essayait en Occident (*les Pouranas*). C'est que, en dépit de beaucoup de théologie et certes très profonde, et malgré l'existence des castes, qui n'impliquait rien du gouvernement théocratique ou des attributs qu'on lui supposerait, les poètes de l'Inde procédaient avec une réelle spontanéité au vaste déploiement de leurs mythes et de leurs légendes. Avec combien d'extravagance aussi, il n'importe, et ce n'est point de cela qu'il s'agit. Je veux remarquer seulement que les formules étroites imposées à tout exercice de l'esprit durant le moyen âge, et cela sous peine du feu, ont eu pour effet de réduire le dogmatisme à l'impuissance, non moins que l'hérésie et toutes les sciences, et de stériliser la poésie même[1].

La question est donc jugée. En religion, en science, dans les lettres, le moyen âge a soumis les hommes au plus complet régime d'*hétéronomie* que l'Occident ait jamais connu ; et il est superflu de dire que les libertés civiles et politiques y ont été sans garantie et sans réalité, partout où la puissance matérielle ne les accompagnait pas. Celles qu'il a conservées étaient l'effet ou de l'esprit germanique et des coutumes des barbares, ou des principes de droit survivant à l'antiquité ; encore les appelait-on privilèges plutôt que libertés, et avec juste raison. Constamment battues en brèche par l'Église et par les princes, en se développant malgré tout, comme dans les communes et les républiques marchandes, c'est à la ruine du moyen âge qu'elles tendaient ; en succombant sous l'effort des monarchies, presque dans toute l'Europe, à une époque déjà toute moderne et qui s'étend jusqu'à la veille de notre siècle, c'est une victoire prolongée du moyen âge qu'elles constataient et dont l'alliance plus ou moins intime d'une Église et d'un État était le signe invariable ; en arrivant à leur tour à des conquêtes

---

[1]. Le poème unique du moyen âge parut au dernier moment, à la veille de la renaissance, dans le pays où les souvenirs de l'antiquité s'étaient le moins effacés. L'inspiration catholique de Dante n'empêche pas que ce grand poète n'ait été, comme tel, un disciple enthousiaste des anciens. Rappelons-nous comme il parle de Virgile et la place qu'il lui donne dans la fable de la *Divine comédie*. Ardent gibelin, il combat avec une extrême énergie le gouvernement sacerdotal. C'est un de ces hommes qui, comme Abélard et Roger-Bacon, tentaient de sortir des voies du moyen âge et continuaient la chaîne des esprits libres. Il ne fut point persécuté, du moins dans ses œuvres ; on peut se demander par quel accident ou grâce à quelles circonstances.

durables, dans la réforme et les révolutions d'Angleterre et de France, elles marquaient un retour à l'antiquité religieuse et à l'antiquité politique : religieuse, avant l'établissement d'un gouvernement sacerdotal ; politique, avant la décadence et l'empire.

Dans toute sa partie d'organisation religieuse, le moyen âge est une véritable continuation de la décadence des institutions d'autonomie de l'antiquité, un effort d'unité par la théocratie ; l'empire réussi à la faveur d'un changement de religion. En politique, c'est le contraire ; le moyen âge est l'empire détruit et de plus en plus dissous, malgré des essais de reconstruction impuissante ; la dissolution se systématise en quelque sorte dans le régime féodal ; puis on voit se reformer l'État, mais multiple et de noms divers, sans que les ambitions et les rivalités arrivent jamais à poursuivre dans l'unité autre chose qu'un but fuyant, et jusqu'à ce que la division des régions, des intérêts, des autorités, jointe au vice croissant de l'oppresseur et au mérite de l'opprimé, permettent à la liberté de s'introduire. Mais pour avoir manqué son œuvre politique, tandis qu'il réussissait dans son œuvre religieuse, le moyen âge n'a pas moins en tout lieu son caractère tranché de gouvernement des âmes et des corps par deux pouvoirs généralement unis, dont chacun se prétend un droit propre où l'humanité gouvernée n'entre pour rien. La conquête et la *grâce de Dieu* sont les titres du *pouvoir temporel* comme *propriété*, depuis les rois jusqu'aux simples barons ; la révélation divine, la foi et les conversions forcées, que *Dieu veut*, sont les titres du pouvoir religieux. Il est donc évident que le moyen âge occidental est une période de pleine rétrogradation, comparativement aux lieux et époques de l'antiquité où il était entendu que les hommes se gouvernaient eux-mêmes et croyaient spontanément aux mythes ou légendes de leurs nations.

Il ne reste plus qu'à savoir si une vérité tellement manifeste pour quiconque avoue le principe de l'autonomie doit être modifiée en un point, il est vrai très important, où le moyen âge se sépare plus heureusement de l'antiquité. Je veux parler de la transformation de l'esclavage. Il faut donc se demander ce que c'est que le servage, comment, dans quelles circonstances il s'est établi et quel changement cette institution, non pas nouvelle, mais généralisée, apportait dans les principes et dans les faits relativement à l'esprit et aux mœurs des anciens peuples.

Le servage est une espèce de l'esclavage. Le serf, en effet, n'est point maître de son corps et de son travail et n'engendre point les hommes libres. Le même nom a désigné le serf et l'esclave tant qu'a duré l'usage de la langue latine, si bien que la justification du servage a dû être, à cause de la généralité du mot et de l'idée, une justification de l'esclavage pour les écrivains qui l'ont tentée. La différence consiste en ce que l'esclave pouvait être *personnel* et *meuble*, au lieu que le serf était toujours *immeuble* et possession *réelle*, esclave *réel*. Ce dernier était vendu comme l'autre, mais avec la terre seulement, non plus comme marchandise distincte amenée sur le marché. De là une amélioration matérielle, et assurément considérable, dans le sort de cette classe d'hommes. En même temps, une amélioration morale résultait de la vie de famille laissée à l'esclave et de la protection que l'Église étendait sur lui au nom de la charité et de la fraternité, sans que pour cela toutefois de vrais droits lui fussent acquis, ni que rien fût changé au mépris dont l'homme libre accablait le serf, non plus qu'à l'ensemble des traitements arbitraires auxquels il le soumettait.

Ce progrès qui ne se fondait nullement sur le droit inhérent à l'humanité, droit établi par les stoïciens longtemps auparavant, mais bien oublié depuis, était compensé par l'immense diminution de la classe des hommes libres. Plus tard, de nouvelles causes qui préparaient lentement un autre état social permirent à cette dernière classe de se reformer en dehors de la noblesse et de l'Église. Elle devint l'appui des États modernes, elle peupla des cités dont le souvenir et l'imitation de l'antiquité fécondaient les institutions ; mais le système féodal et le système ecclésiastique propres au moyen âge ne comportaient d'hommes libres que les conquérants du sol et les conquérants des âmes, ceux-ci sans familles, ceux-là étrangers, occupés à se déposséder les uns les autres. A peine déjà existait-il d'autres hommes libres qu'eux au moment où ils se trouvèrent les seuls maîtres. La liberté, durant la dernière période de la décadence de l'empire d'Occident, avait fini par n'appartenir qu'à un nombre de personnes extrêmement restreint ; c'est pour cela même que la transformation de l'esclavage en servage devint nécessaire et se fit en grande partie indépendamment des invasions et des mœurs des Barbares, qui la confirmèrent.

Rien n'est plus connu que les effets de la grande propriété, de la culture servile, du mépris des lois économiques et des exigences dévorantes du fisc sur toute l'étendue des provinces romaines. Quand la dépopulation, la misère et l'insécurité générale eurent porté les choses au point que l'administration ne put offrir de garanties à ses sujets (et quelles garanties !) ni en trouver contre eux pour ses propres besoins qu'en les attachant rigoureusement à leurs conditions et à leurs fonctions devenues impraticables, qu'ils voulaient fuir, un servage universel se trouva l'unique ressource de l'empire. Toute propriété, tout travail, toute fonction dans les villes comme dans les campagnes devinrent des sortes d'investitures forcées, à la charge de payer l'impôt ; les domaines, les corporations et les municipalités furent des enceintes fermées avec service obligatoire comme celui de la glèbe. Les *colons*, tenus pour libres jadis, tombèrent comme serfs au même rang que les esclaves qu'on avait attachés à la terre, et tous ensemble passèrent à l'état d'immeubles par destination. La guerre ne produisant plus d'hommes à vendre, faute de victoires, il fallut que tout domaine encore cultivé eût son personnel servile invariable et transmissible avec lui. Ce système d'exploitation, qui même alors n'était point nouveau, dut se généraliser. En même temps, l'appauvrissement croissant, la ruine des villes, la diminution, non du luxe, mais du nombre de ceux qui en jouissaient, rendit les esclaves personnels moins communs et tendit à resserrer le marché de cette marchandise. Telle était déjà la situation quand les invasions germaniques amenèrent sur le sol de l'empire de nouveaux propriétaires auxquels ce régime convenait parce qu'il était le leur.

La transformation de l'esclavage est donc un progrès qui tient à la plus lamentable, à la plus complète décadence connue dans l'histoire. La servitude ne s'adoucit qu'à mesure qu'elle s'étend. La cause du changement favorable est toute de fortune, triste fortune, non de volonté réfléchie et de principe moral. La volonté, la loi, consacrent progressivement des faits qui se déroulent sans mérite, ou plutôt par l'effet du vice à travers les siècles. Les principes invoqués par les philosophes, loin de se fortifier, s'effacent comme la philosophie même. Ce n'est point parce qu'ils sont reconnus que les conditions de la propriété et du travail se modifient, mais c'est parce que les conditions sont modifiées que des préceptes de clémence et de bonté, qui sont de tous les temps, peuvent avoir une efficacité nouvelle, les rapports sociaux changer sans violence ni résistance, et aussi sans que le droit de l'homme soit conçu autre qu'auparavant. Ce n'est plus l'idée stoïcienne de la dignité, de l'égale dignité des personnes qui dirige l'évolution sociale : idée ou principe d'où naîtrait, d'où pourrait uniquement naître la liberté ; c'est la croyance à l'*égale indignité* dans la nature corrompue ; et c'est la loi d'amour, non d'amour des hommes indignes, mais d'amour de Dieu seul, qu'on prêche au monde en abandonnant toute morale rationnelle. L'idéal de bonté et de fraternité en vue de Dieu aura le pouvoir d'adoucir le sort des esclaves q

restent, qui resteront longtemps encore dans le nouvel
ordre de choses et que nul décret religieux ou moral
n'appelle à la liberté ; il provoquera des actes individuels d'affranchissement, dont la multiplication ne
porte plus désormais atteinte aux bases de l'ordre
établi : il n'aura point la vertu de réaliser la justice, car
il l'éloigne, la dissimule et la fait perdre de vue[1] ;
il n'empêchera seulement pas qu'au moment même où
l'on croirait qu'il a dû porter tous ses fruits, les principes politiques du moyen âge survivants, au commencement des temps modernes, n'amènent une reconsti-
tution plus hideuse que jamais de l'esclavage, pour
servir aux intérêts mal entendus des établissements
coloniaux.

En soi, le sentiment de l'idéal de bonté fut un progrès sur les mœurs antiques. Il ne semble pas douteux
que l'enseignement de l'Église ait en cela travaillé
efficacement à l'amélioration du cœur humain, encore
que les hommes qui ont donné et reçu cet enseignement
aient commis toutes les atrocités possibles, et que les
anciens, de leur côté, aient laissé d'autres exemples
que ceux de leur dureté de cœur. D'ailleurs, de ce que
l'on nie qu'il y ait progrès dans le passage d'une
époque à une autre, on n'est point obligé d'y contester
tous les progrès assignables, non plus que de les y
envisager tous quand on adopte l'affirmation contraire.
Mais en tant que l'idéal de bonté se substitua à l'idéal
de justice, ce fut une rétrogradation essentielle qui
renferme tout le sens, l'esprit et l'explication du moyen
âge, et qui eût été poussée au dernier degré imaginable, suivant ce que l'on voit chez les nations boud-

---

1. Est-il besoin de dire que les lois, soit canoniques, soit civiles, n'ont
point condamné l'esclavage d'une manière générale ? La fraternité humaine,
dont on a tant parlé depuis, n'avait point pour conséquence, selon le dogme,
une égalité civile ici-bas, ni l'existence d'un droit politique quelconque. On
recommandait la douceur aux maîtres, la résignation aux esclaves ou serfs ;
on obtenait des actes de clémence, exactement comme on déterminait aussi
l'abandon du monde et le choix de la vie monacale de la part de beaucoup
d'hommes, mais sans plus de portée quant aux réformes sociales.

dhistes, sans la conservation latente et qui parut longtemps presque désespérée, des principes de dignité et de liberté. C'est que la justice est la grande, l'unique sauvegarde, et que la bonté n'est qu'une passion, sujette aux altérations et au plus complet renversement là où manque la raison. Toutes les améliorations du genre de la charité, soit dans le cœur, soit dans les institutions, disparaissent, non sans doute isolément ou du nombre des faits, mais pour une supputation générale du progrès, absolument comme en tout art et en toute science passent sans être comptés les résultats qui, venant à se rencontrer hors des moyens rationnels et des méthodes sûres, ne peuvent ni servir à la fin même de cet art ou de cette science, ni comporter par leur nature aucune garantie de conservation, de reproduction et de diffusion.

Quand il s'agit de la transformation de l'esclavage, l'amélioration obtenue ne repose sur aucun droit : arrivée par coutume, elle peut selon les événements, par d'autres causes, se continuer ou se perdre; en tout cas, elle coïncide pour bien des siècles avec le total abandon des pensées de liberté et de revendication de liberté pour tous les hommes. Est-elle donc un progrès à tout prendre? Transportons la question dans l'ordre de la vie individuelle. Un homme qui était esclave et maltraité change de sort. Esclave, il l'est toujours, il a seulement acheté des traitements plus humains au prix de l'oubli de son droit; il sera désormais plus heureux, mais sans désir et sans espérance. Peut-on dire qu'il y ait progrès pour lui dans ce changement? On écarte par l'hypothèse la vraie fin du progrès et la seule propre à l'homme ; il faudrait donc que le progrès accordé se rencontrât avec le but supprimé, ce qui est absurde, ou se dirigeât vers un autre but estimé suffisant. Mais la loi morale n'autorise pas le troc de ce bien essentiellement humain qui est la poursuite du juste et la contemplation de l'idéal contre les biens communs à tous les animaux, si nécessaires qu'ils puissent être.

Reprenons toutefois le point de vue de l'humanité. On dira peut-être qu'il y a progrès parce que le bien gagné est toujours gagné et que celui auquel il a fallu renoncer se retrouve à la fin. C'est ainsi que les modernes jouissent à la fois de ce qu'ils doivent au moyen âge et de ce qu'ils doivent à l'antiquité. Mais raisonner ainsi, c'est supposer que ce qui était gagné ne pouvait se perdre, et que ce qui était perdu devait nécessairement se retrouver : question qui doit rester douteuse sous peine de pétition de principe. Au contraire, en n'admettant pas un progrès nécessaire *a priori* dans la succession des époques, en classant et appréciant sans hypothèse les caractères des temps, nous trouvons que les modernes n'ont repris possession des éléments éthiques et politiques de la vie de l'antiquité que parce que le moyen âge a manqué la fin qu'il se proposait, qui était de les détruire ; et que nous-mêmes, si nous avons pu hériter de quelques qualités dont le mérite revient au moyen âge (ou plutôt au christianisme), c'est que nous les avons fécondées par d'autres toutes différentes, et préservées d'une entière corruption sans cela infaillible. Nous devons donc juger définitivement que le moyen âge est une ère de *décadence*, au même titre que cette partie de l'ère des temps antiques que l'on a toujours qualifiée de la sorte. *Le progrès* appartient aux deux époques qui comprennent cette longue vieillesse de l'esprit, cette mort de la liberté, suivie de ce qu'on a si bien nommé une renaissance. Dans l'intervalle et mêlés parmi les reculements il y a *des progrès*, qui, sans l'origine et la fin entre lesquelles ils se placent, n'eussent été que des vicissitudes.

Ainsi, quand nous comparons la grande période antique de l'institution des États libres et du libre exercice de l'esprit, cette période qui succède aux temps de la barbarie demi-héroïque, demi-patriarcale, quand nous la comparons suivant notre critère à celle du moyen âge, qui en est séparée par la décadence de l'antiquité et fait suite à cette dernière, nous reconnaissons qu'il n'y a point progrès de l'humanité dans la série des époques et des nations dont l'ensemble forme tout cet enchaînement historique. Et cependant il s'agit d'une durée de deux mille ans, la plus longue, la seule dont nous connaissions bien les aboutissants et à peu près les précédents, qui enfin nous concerne nous-mêmes. Une partie des régions et des peuples compris dans cette tradition de civilisation, pour ainsi parler, ont disparu du résultat et n'y ont pas même repris place de nos jours, car le siège des plus anciennes initiations de l'esprit et de la liberté est retombé dans la barbarie. Voulons-nous agrandir le point de vue, considérer les autres grands membres de l'humanité pendant le même laps de temps? Que trouverons-nous? L'Égypte engloutie avec sa religion, ses arts, sa science, ses mœurs, remplacée sur le sol par quelque chose qui n'a point de nom; l'Assyrie, la Perse, sombrées comme l'Égypte, des tribus féroces et fanatiques et des princes corrompus se partageant la possession des territoires où régnèrent ces grands États; l'Inde arrivée à l'anéantissement moral, la Chine impuissante à soutenir la vie de ses institutions, incapable d'en concevoir d'autres et d'échapper à l'anarchie.

Admettons maintenant, malgré le vague et l'arbitraire d'une pareille thèse, que les peuples tombés ont généralement trouvé des héritiers de ce qu'ils avaient de bon, de même qu'ils ont légué quelquefois des superstitions et des vices à la postérité; croyons que leur chute n'a jamais été un mal, une perte irréparable pour le tout; oublions ce que de grandes races constituées dans des habitudes perverses, occupant des espaces de la terre immenses, et ce que des empires traversant les siècles ont créé, créent et créeront d'obstacles à la marche normale des groupes d'hommes affranchis : il reste vrai qu'on ne voit pas la famille humaine obéir dans son ensemble à une *loi* de progrès. Celles de ses branches qui recueillent le fruit du progrès de toutes ne se rattachent à celles qui furent les initiatrices du mouvement qu'à travers un vaste intervalle de rétrogradation. Enfin le progrès n'a qu'une valeur de *fait* et se réduit au rapport de deux grands événements que cet intervalle sépare et qui furent eux mêmes des faits de progrès : le premier, la fondation de la liberté antique et de la science antique, cinq ou six siècles avant le commencement de notre ère ; le second, la fondation de la liberté moderne et de la science moderne, plus de deux mille ans après. L'avancement d'une partie de l'humanité fut grand à cette ancienne époque, il est grand à la nôtre, où le même fait se reproduit. Chacun de ces deux phénomènes a comporté un développement de plusieurs siècles ; le dernier se continue sous nos yeux et la relation qu'il soutient avec l'autre à si grande distance ajoute à son intérêt ; mais de loi, de série de phases progressives enchaînées, il n'y en a pas d'apercevable, sauf la loi générale qui rend les hommes nécessairement solidaires en une multitude de choses, malgré la diversité des temps et des lieux, et de plus liés très souvent par la mémoire et la tradition volontairement acceptée.

On doit se demander quelle est l'essence ou cause essentielle du fait de progrès à chacun des deux moments. La question, quoique fort naturelle, ne se pose point pour ceux qui, grâce à toutes sortes d'altérations apportées dans l'esprit de l'histoire, prétendent enregistrer une continuation de progrès objectifs, à caractères vagues, et relèguent la cause d'une telle loi dans le mystère. Nous n'admettrons pas que les hommes deviennent en général plus vertueux à de certaines époques qu'ils ne l'étaient à d'autres, ou plus résolus de faire ce qu'ils estimaient être leur devoir, plus capables de l'embrasser et de s'y tenir. Cette hypothèse n'a rien de plausible, nous ne saurions où la rattacher. Qu'elle devînt acceptable pour l'avenir, quand la culture de la raison aurait trouvé ses méthodes et ses travailleurs sur un terrain bien libre, il est possible : quant à présent et pour le passé, il n'y a nulle raison de croire à de grands changements dans les parts que la spontanéité et la morale, les passions et la réflexion prennent aux déterminations individuelles. Seulement, les temps de progrès sont remarquables en ce que la coutume s'affaiblit, la solidarité se détend, et par suite la raison et toutes les impulsions naturelles des personnes prennent à la fois plus d'empire. Mais d'où vient ce phénomène ?

Faut-il supposer que le siège du changement favorable est dans les passions mêmes ? Par exemple, certaines passions agissant dans une bonne direction fixe accumuleraient leurs effets, que l'habitude et la solidarité viendraient fortifier encore, tandis que les passions nuisibles et en général les écarts et les déviations s'annuleraient dans les résultats, grâce à leurs directions variables. Cette deuxième hypothèse n'est point méprisable, mais elle n'explique pas le progrès comparativement à la rétrogradation, ou plutôt toute rétrogradation serait impossible avec elle. On la trouve logique et bien fondée, quand il s'agit de rendre compte de la conservation des biens nécessaires de l'humanité et de la société, car, à l'égard de ces biens, si les passions et actes subversifs des individus s'ajoutaient incessamment, au lieu de se détruire dans l'ensemble, on aurait à craindre une dissolution générale. Mais il en est autrement pour le progrès : la loi des accumulations peut agir en deux sens contraires, les passions empêchantes se multiplier, durant certaines périodes, autant qu'ont fait les passions adjuvantes auparavant, et tirer de l'habitude et de la solidarité le même secours que les autres, à mesure qu'elles se fortifient. Il faut même remarquer que si tout changement, quel qu'en soit le sens, doit se faire contre l'action de cette force, ceux qui ont lieu dans la direction progressive trouvent beaucoup plus de résistance, car ils réclament à la fois l'exercice, la reconnaissance et l'établissement durable de la liberté ; et ceux qui prennent la direction rétrograde n'usent qu'un moment des forces libres, que, de leur nature, ils tendent à détruire, et mettent de leur côté la force d'inertie, à laquelle ils paraissent faire violence.

A moins donc d'imaginer quelque grâce mystique, un infaillible instinct universel qui agisse constamment à travers toutes les vicissitudes des passions pour en dominer les résultantes, une fin secrètement imposée qui détermine par anticipation tous les faits, ou ne laisse influer les accidents (s'il est des accidents) que sur le degré, le lieu, le temps, la vitesse de chaque modification nécessaire, à moins de cela on ne voit point pourquoi la capitalisation morale ne devrait pas croître et décroître à l'instar des autres phénomènes de ce genre, quand on la calcule sur les masses comparées des passions favorables ou défavorables au progrès. Mais l'hypothèse ne peut invoquer en sa faveur ni la raison, ni l'expérience et l'histoire sincère.

Puisque le développement des passions en elles-mêmes ou un empire croissant de la raison et de la réflexion sur les passions ne nous font pas plus connaître l'un que l'autre la cause essentielle du progrès, il faut chercher si cette cause ne serait pas dans le développement de l'intelligence ; car nous aurons ainsi parcouru tous les grands mobiles humains. Mais l'intelligence peut s'avancer dans les sciences proprement dites (c'est-à-dire exactes et invariables depuis l'instant qu'elles sont obtenues), et cela dans les deux ordres liés des connaissances abstraites et des applications matérielles ; et on peut envisager tout particulièrement ses efforts dans la conquête de certaines vérités essentielles d'une espèce à la fois plus voisine de la morale et sujette à contestations et à corruptions, comme le prouve la difficulté de les atteindre et de les posséder. La distinction importe ici beaucoup, les connaissances dites positives étant les plus progressives de leur nature mais les moins efficaces pour servir à un autre ordre de progrès, et les connaissances morales étant les plus efficaces, les seules qui le soient essentiellement, quand il s'agit de liberté, de dignité, de droits, mais aussi les moins progressives en elles-mêmes et de la conservation la moins assurée à travers les séries de changements humains.

Pour peu que des révolutions trop profondes n'arrêtent pas le cours des choses dans une tradition établie, l'accumulation est une loi de la culture positive de l'esprit, comme de la nature. Dire accumulation, c'est dire un progrès, qui d'ailleurs se reprend en lieux et temps favorables, après avoir été suspendu, et s'étend des vérités trouvées à leurs applications. Mais que peut ce progrès, pour conduire à l'observation de la loi morale, fin suprême de l'humanité? N'insistons pas, comme tant de moralistes, dont Rousseau n'a fait que poétiser la thèse, sur les vices des habitants de ces grands établissements humains où la science, l'industrie et l'art ont opéré leurs merveilles; considérons plutôt les bienfaits d'un gouvernement étendu et centralisé, la guerre éloignée de ses anciens théâtres, la population accrue avec l'aisance moyenne, un certain nombre d'hommes élevés par culture spéciale à un très haut degré d'affinement et de délicatesse, même à mieux que cela, à côté de certains autres, il est vrai, tombés beaucoup plus bas que ne les eût mis la nature toute seule; mais nous devons compter pour peu tout ce progrès des connaissances pures et appliquées, tant que nous n'y pouvons pas joindre celui des connaissances morales, inséparables de leur pratique. Les grands établissements dont nous parlons sont ou vont être des empires: l'histoire nous le dit; les vices de leurs habitants sont au premier chef ceux qui résultent de la privation de la liberté et qui augmentent à mesure que cette privation est plus habituelle et moins sentie; ainsi la liberté meurt quand les progrès de l'ordre positif se font sans elle, et d'une première mort qui, frappant les imaginations, n'est pourtant rien auprès d'une seconde plus lente dans laquelle est entraîné le bénéfice de ces mêmes progrès qu'on croyait acquis. Veut-on maintenant supposer qu'ils se sont accomplis sans compromettre la liberté? c'est dire par son usage;

cette hypothèse ou plutôt ce vœu réalisé à de trop rares moments et ce précepte impliquent la reconnaissance d'une suprématie de l'ordre moral sur l'ordre intellectuel et matériel, d'une condition à laquelle est soumis, de la part du premier, le second qui, de lui-même, n'est ni suffisant ni sûr.

La distinction des deux genres de connaissances, dont l'une est purement et simplement la loi morale, a échappé à un auteur de mérite qui s'est cru du moins obligé de chercher à la loi de progrès un fondement ailleurs que dans les arrangements arbitraires de l'histoire [1]. L'*agent moral* s'est toujours montré stationnaire à travers les âges, Buckle le constate, et avec pleine raison, entendant par ce mot l'agent appelé à l'application des principes et préceptes de la morale, principes et préceptes à peu près invariables eux-mêmes sous un certain point de vue banal ; il faut donc que ce soit l'*agent intellectuel* qui progresse, dit-il, et que la connaissance des *vérités intellectuelles* étant progressive, tire tous les autres progrès après elle. Mais la conclusion de Buckle eût été bien empêchée, s'il eût distingué parmi les autres *vérités intellectuelles*, une vérité singulièrement au-dessus de toutes, celle qui consiste à reconnaître en théorie et en fait que l'exercice de la liberté humaine est le premier droit, le premier devoir et la première utilité des hommes, et s'il eût nommé *agent moral*, d'un autre côté, non pas simplement celui qui se conforme plus ou moins aux règles de vie de tous les temps, mais celui qui parvient avec plus ou moins de succès à se représenter sa propre liberté comme son bien suprême et le respect de la dignité d'autrui comme son unique précepte. Cet *agent*-là n'est certes pas stationnaire dans l'histoire, non plus qu'il n'est régulièrement progressif ; cette *vérité intellectuelle*, dont Buckle était mieux pénétré que personne, est une vérité pratique aussi bien que théorique, elle ne se déduit ni comme un théorème de géométrie ni de quelque décou-

---

1. H. Th. Buckle, *Histoire de la civilisation en Angleterre*, t. I.

verte d'ordre matériel ; il devait en la supposant lui faire une place à part : c'eût été la faire à la connaissance de la loi morale.

Il est facile de voir que l'élément intellectuel est dans la dépendance de ce qu'il renferme de moral, beaucoup plus que ce qu'il renferme de moral ne dépend réciproquement de quelques notions ou études positives que ce puisse être. Prenons de Buckle lui-même une division des grands moteurs de changements chez les peuples civilisés : il faut d'après lui tenir compte de trois choses : la somme des connaissances acquises par les hommes les plus capables ; la direction qu'elles suivent, ou les sujets auxquels elles se rapportent ; pardessus tout, l'étendue de leur cercle de diffusion et la facilité avec laquelle elles pénètrent dans toutes les classes. Or, déterminons comme nous l'entendrons le genre des connaissances préférables, toujours est-il que si la liberté de l'esprit connue et pratiquée n'en fait pas partie ou va déclinant, tandis que les autres se développent, celles-ci à leur tour déclineront, le cercle de leur diffusion diminuera, puis celui de leur culture, jusqu'à ce qu'elles ne soient plus que les souvenirs effacés d'un temps plus fécond de la production intellectuelle.

Le même auteur, voulant montrer sa méthode dans l'explication des progrès de l'époque moderne, observe que les persécutions religieuses et la guerre sont deux des plus grands maux connus qui puissent peser sur le genre humain. Il estime que l'un et l'autre sont aujourd'hui très affaiblis, et ne se demande peut-être pas assez jusqu'à quel point, à quelles conditions on peut être assuré que cet état de choses durera plusieurs siècles encore ou toujours ; mais passons. L'abandon des persécutions religieuses lui semble dû à la *diffusion des lumières,* la décadence de l'esprit militaire à trois causes : l'*invention de la poudre,* les *principes de l'économie politique,* la *facilité des communications* ; et tout cela n'étant que faits intellectuels au fond, la nature du véritable facteur du progrès ressortirait de cette simple analyse. Accordons, ce qu'on nous demande, que l'influence des religions, des littératures et des lois politiques n'est jamais à compter au nombre des actions déterminantes *primitives* d'un avancement ; à notre tour, on nous accorde que ce peuvent être là de graves obstacles ; il faut donc que les causes intellectuelles du progrès aient la vertu de les surmonter. Mais comment attribuerions-nous à des faits tels que ceux qui modifient la manière de se battre ou qui facilitent les communications humaines, à ces faits rigoureusement vus en eux-mêmes, la puissance de changer les passions, les habitudes et les volontés ? Il faut, pour les trouver si importants, y renfermer comme éléments l'intelligence qui les découvre, celle qui les accepte, celle qui les applique ; et cela ne suffit même pas, il faut y joindre l'énergie du désir et du changement, et, en un mot, la liberté en acte. Or, ce qui est vrai des inventions l'est encore mieux de la diffusion des lumières et des principes de l'économie politique. Ni le premier de ces termes, vague comme il est, ni le second malgré sa précision plus grande, n'entrent dans la marche de l'histoire à la façon d'un théorème prenant rang dans un ordre de déductions scientifiques. Le mot de *principes,* qu'on emploie, ne fait pas qu'un genre de vérités complexes qui touchent à tout et n'élucident pas tout, qui mettent en jeu les idées de liberté et d'autorité, de droit et de devoir, soit qu'on le veuille ou non, et qui excitent tant d'intérêts divers, s'introduisent dans l'esprit de l'homme avec la même simplicité, la même fixité que feraient des thèses démontrées de mécanique ; le mot *lumières* ne saurait déguiser ce qui appartient aux fonctions passionnelles et volontaires dans le parti qu'un homme embrasse au milieu des luttes religieuses et politiques, et pour échapper à l'un de ces conflits de systèmes qui se réclament tous de l'évidence en quelque chose ; le mot *diffusion* enfin, bon pour certaines connaissances positives, désigne mal ces grands phénomènes historiques où l'on voit la vérité procéder chez chaque peuple, et même chez les hommes pris individuellement, par élans et reculs, crises et mouvements révolutionnaires, engager des luttes, livrer des batailles qu'elle ne gagne pas toujours, et disparaître parfois dans l'anarchie ou dans la tyrannie intellectuelles. Mais on dirait à lire certains auteurs que l'esprit humain s'éclaire comme une caverne en disposant simplement d'un nombre de torches suffisant.

En résumé, il est donc vrai que l'organe du progrès est la connaissance, mais la connaissance active et pratique du principe de la loi morale, la liberté non seulement à connaître, mais à posséder et à respecter ; c'est cette science qui n'est ni bien réelle si elle ne s'applique, ni bien appliquée à moins qu'on n'en ait la ferme et constante intelligence ; c'est cet instrument d'amélioration dont l'emploi donne tout ce qui se peut de direction réfléchie de l'entendement et des passions, par suite le succès dans la recherche scientifique, la moralité dans la conduite de soi-même et dans l'action sur autrui ; c'est la liberté dont le premier usage est d'obtenir, d'élever et d'étendre la liberté ; c'est ce moyen et ce signe d'avancement que nous avons vu s'identifier avec l'essence même et avec la fin de ce qu'il faut atteindre. Il n'est pas de progrès partiel et de nature quelconque dont une liberté en acte n'ait été l'agent : il n'en est point de dû à une personne seule, ou duquel elle ait profité en son particulier, qui n'ait été conquis par une liberté contre une résistance, car les actes mêmes ayant un caractère de soumission et de reconnaissance d'autorité, tirent tout leur prix de la liberté d'où ils émanent et des déterminations contraires suggérées à l'arbitre ; et il n'en est point d'applicable aux masses ou d'accompli par les masses qui ne suppose des libertés averties, éveillées, en exercice chez un nombre assez grand pour donner vie et durée à l'objet désiré. Enfin, les grands progrès sociaux sont des victoires remportées sur les habitudes générales, par conséquent des actes de liberté pour faire ou pour faire faire, à tout le moins pour accepter ce qui se fait ;

et les plus grands de tous les progrès imaginables seraient aussi les actes de liberté les plus profonds et les plus résolus. En effet, la solidarité des masses, celle de leurs passions et de leurs traditions étant, ce semble, impossible à rompre dans ces vastes sociétés qui sont pourtant les produits culminants de la civilisation, les réformes économiques et civiles vraiment radicales, et, disons en un mot le règne de la justice, dépendent de l'initiative que des groupes libres d'hommes choisis prendraient de composer entre eux des sociétés nouvelles et exemplaires, œuvres de passion philosophique et de puissante réflexion en des sphères limitées (V. chap. LXXXVII). Demander qu'une ardeur efficace de réformer le monde existe sous cette forme, se répande et ne rencontre pas d'insurmontables obstacles dans le milieu presque tout fatal enveloppant les milieux volontaires qui se constitueraient ainsi, c'est aller directement à l'idéal de l'humanité divisée en sociétés pacifiques libres, librement et pour ainsi dire artificiellement formées ; mais ce n'est point utopie, car les moyens de tendre à cette fin, quoiqu'ils soient de même nature qu'elle, se laissent circonscrire par mille conditions tirées de l'expérience et ne deviennent pas pour cela nuls ou inutiles. Tout l'emploi possible de ces moyens, possible à une volonté ferme et éclairée, est ce que commande le précepte unique du progrès et de la liberté envisagés comme organes l'un de l'autre [1].

[1]. Je veux rendre hommage ici, comme dans mes autres écrits, à celle des écoles *socialistes* qui a fait fonds sur la libre initiative des hommes, beaucoup plus que sur une loi de développement organique, pour conduire à l'association de justice et de bonheur. L'école de Fourier n'a point recommandé de gouvernement sacerdotal et n'a jamais compté sur le savoir-faire des hommes d'État. Malheureusement elle exagéra quelque temps son principe en déversant le mépris sur les idées et les efforts de la politique, toujours bons et nécessaires. Ensuite, et par une faute inverse, elle subit l'entraînement des circonstances au point de compromettre son œuvre d'association volontaire dans les agitations violentes des partis. Il faut encore lui reprocher d'avoir dès l'origine ignoré combien le sentiment d'une loi morale est indispensable en toute fondation de société grande ou petite, et de

Cette manière d'envisager le fait du progrès humain est toute pratique et vivante ; elle donne à l'histoire la loi morale pour fin, pour guide, pour auteur autant qu'il se peut ; elle rend à l'éthique sa dignité, compromise à la fois par ceux qui n'admettant qu'un progrès matériellement nécessaire, devraient la bannir comme ridiculement superflue, et par ceux qui, la bouche pleine de ses préceptes à l'adresse des particuliers, ne paraissent pas lui attribuer la moindre action sur le train du monde ; elle en appelle enfin à la bonne volonté de chaque homme pour décider en sa part du sort de tous. L'adversaire de ce point de vue est la doctrine déterministe, qui attache le progrès, quand elle admet le progrès, à la chaîne des événements quels qu'ils soient, au lieu de le suspendre à la liberté. Si le déterminisme était universellement et absolument vrai, il serait bien vain de vouloir changer quelque chose de la marche et du sort des hommes et des choses ; la seule excuse admissible en faveur de qui tente pareille entreprise serait d'y être déterminé lui-même, et de faire partie de cet ensemble et de cette suite de faits liés dont, par une illusion inévitable, il se voit comme détaché, pendant que ses propres actes y sont compris.

rappeler aujourd'hui trop souvent par son langage ces charlatans de *perfectibilité* tant bafoués par le maître. Tout cela n'empêche point que seule elle n'ait vu le progrès où il peut être et ne l'ait demandé exclusivement à la liberté. Son système des phases ou périodes historiques, mieux inspiré au point de départ que les doctrines à la mode, est assez indéterminé en somme, assez faible, disons-le pour n'enchaîner guère l'avenir : Fourier, si je ne me trompe, recourait à une sorte de miracle de la nature externe, et non à l'action de l'histoire ou à la pression interne de la destinée, quand il songeait à forcer la rébellion humaine à franchir la *civilisation*. Enfin le postulat d'une loi numérique de groupement et de coordination de toutes choses, particulièrement des travaux, fonctions, œuvres et agents de production et de consommation sociétaires, l'hypothèse d'*harmonie*, en un mot, est aussi subordonnée à la liberté, quant aux moyens d'en introduire et employer les éléments, que la morale et la politique rationnelle le sont à la bonne volonté des hommes appelés à en avancer le règne. Pourquoi faut-il que l'harmonie et la morale aient été posées en antagonisme au lieu de l'être en accord !

Le déterminisme régit des classes de phénomènes tellement grandes qu'après les avoir parcourues dans la pensée, on voit le point réservé reculer, se rétrécir et perdre de son importance, jusqu'à ce qu'on réfléchisse à tout ce que les irradiations de cet unique point peuvent atteindre et changer dans le monde. Il y a d'abord, au plus loin de l'homme, le déterminisme mathématique, comprenant la série immense, indéfinie des conséquences et lois qui s'ensuivent de définitions, relations et constructions posées dans l'ordre du nombre, de la figure, du mouvement et de tout ce qui s'y ramène. Il y a le déterminisme logique, plus vaste en un sens, enveloppant dans l'abstrait le précédent qui, dans le concret, ne s'étend pas à moins qu'à la nature entière, et consistant dans l'ensemble des vérités déterminées par des vérités préalablement données. Ce double déterminisme, en quelque sorte *statique,* se rattache à la nécessité que ce qui est soit, en tant qu'étant, et de là fait dépendre l'infinité des manières d'être subordonnées.

Il y a le déterminisme physique (ou *dynamique*), c'est-à-dire de devenir et de causalité dans le déroulement des lois naturelles. Celui-ci embrasse la production des phénomènes dont toutes les conditions sont réunies de moment en moment, savoir celles que l'expérience a toujours montré être requises et être suffisantes. Ici l'induction, par conséquent l'hypothèse et par conséquent la croyance interviennent à un degré ou à un autre dans nos affirmations touchant l'avenir ou touchant la détermination antérieure du présent. Nos jugements sont faillibles, mais ceci n'atteint que notre manière d'appliquer les déterminations de ce genre, laquelle en effet n'est pas toujours sûre, et non l'existence d'un ordre immense de ces déterminations portant sur toute la suite des faits soumis à notre prévision systématique dans l'ensemble des sciences constituées.

Il y a le déterminisme moral qui régit chez les vivants : 1º la manifestation de toutes les sortes d'instincts, de passions et d'idées liés aux différentes suites d'états naturels et de besoins ; 2° les phénomènes d'ordre inverse, où l'on voit des mouvements produits, des organismes et le monde externe modifiés par suite des modifications représentatives des agents (quelle que soit l'origine première de celles-ci) ; 3° les associations ou liaisons et consécutions spontanées en vertu de quoi les sentiments, les images, les jugements mêmes dépendent si ordinairement les uns des autres, dans la représentation, que chaque terme ou groupe de termes en doit engendrer invariablement certains autres ; 4° les habitudes par le moyen desquelles les êtres les plus mobiles arrivent à se fixer et à se trouver constants dans ceux de leurs actes ou qualités qui, déterminés ou non qu'on dût les estimer primitivement, admettaient du moins certaines variations et l'apparence d'un mode d'être indépendant.

Il y a le déterminisme qu'on peut appeler du hasard, branche obscure des précédents. C'est celui que produit le concours de causes quelconques, lorsque nous n'apercevons entre elles nulle dépendance, nul rapport même, et que réunies cependant elles donnent lieu à des phénomènes sans aucun lien antérieur avec chacune en particulier, qui soit capable de les déterminer. Ceux-ci sont déterminés en toute rigueur dès que les causes le sont elles-mêmes séparément et en temps et lieux tels que, par le fait, elles se rencontrent. Par exemple, le cas de naufrage et de mort d'un homme n'a point de lien suffisant avec la résolution du départ, le choix du temps et du navire, ni avec le caractère du capitaine et avec les raisons qui ont donné à ce dernier sa profession ou sa place, ni avec l'action et la marche complexe des météores ; cependant ces circonstances et beaucoup d'autres accessoires et, de plus, un nombre indéfini de faits qui ont existé dans le cours antérieur des âges et ont été des conditions déterminantes de la production des précédents sont des causes dont la réunion, dite fortuite, détermine l'événement. Et remarquons bien que l'événement appartient à la sphère du déterminisme, alors même qu'on supposerait, dans l'assemblage des causes, quelques éléments qui ne seraient pas originairement de cette sphère ; il suffit qu'ils s'y classent à titre de faits accomplis.

Il y a enfin le déterminisme secret dont les ressorts se cachent au milieu de l'étonnante complexité des organes et fonctions de la vie, ou dans l'obscurité de ces représentations qui informent et guident les animaux, et qui nous gouvernent nous-mêmes sans que nos consciences en soient distinctement averties. C'est sans doute une question, et très difficile, de savoir si quelques phénomènes de motilité animale, soit premiers, avant toute expérience acquise de la part des sujets, soit de ceux qui semblent accidentels et dus à une spontanéité pure, sont absolus en effet dans cette qualité d'être spontanés, et n'arrivent point prédéterminés par telles et telles suites d'antécédents physiques, physiologiques, vaguement représentatifs, auxquelles on peut les imaginer rattachés, ou s'ils occupent tous, ainsi que les autres faits naturels, des lieux et des moments et soutiennent des relations rigoureusement fixes qui les rangent dans la chaîne universelle des choses. Mais ce qui n'est point douteux, c'est qu'une immensité de modifications dont les tenants et aboutissants nous échappent appartiennent au déterminisme et ne sont pas moins tenus par des lois, ni moins étroitement rivés à un monde d'antécédents que le peuvent être les plus importants phénomènes de la nature ; c'est ensuite que, dans l'hypothèse où certains accidents de spontanéité absolue devraient être admis, ils ne laisseraient pas pour cela d'être déterminés et nécessaires en un certain sens, comme les produit de natures données, et n'auraient que peu de rapports avec les actes délibérés où entre la raison, où se met le siège de la liberté.

Voilà donc l'étendue du déterminisme ; elle est si grande qu'une forte induction entraîne ceux qui commencent à s'en rendre compte, et qui voient la portée du principe de causalité, à ériger ce principe en vérité universelle et à affirmer que tout phénomène se produit par détermination antécédente, savoir comme l'unique conséquent possible d'un ensemble d'antécédents donnés, chacun desquels a dû être obtenu de la même manière. Cette conclusion semble confirmée par les applications croissantes de la méthode des sciences, qui cherche partout des lois, c'est-à-dire des enchaînements constants, des uniformités, qui en découvre, et qui, si elle ne se flatte en conséquence de se soumettre progressivement tous les domaines de l'observation tant interne qu'externe, de rendre toutes choses prévoyables et à la fin sciemment nécessaires, se propose du moins cet idéal pour inspirateur de ses travaux. Selon cette manière de penser des savants qui voudraient ne voir partout que science exacte et rigoureuse, le grand objet de la direction des sociétés et de l'éducation ne serait point de former l'homme à la raison et à la liberté par la liberté, en quoi est le dernier mot de la morale, mais de créer les milieux propres à le déterminer dans le sens le plus généralement utile, et, pour cela, d'attribuer des pouvoirs à ceux que la nature et la marche des choses ont le mieux instruit de la connaissance des milieux et de l'art de les constituer. Mais ces pouvoirs, il appartient encore à la nécessité, il ne saurait appartenir qu'à elle de les établir, dans l'hypothèse.

Ce qui devrait donner à penser, et malheureusement ne paraît qu'ajouter à la force du parti pris, c'est que l'origine des séries de phénomènes dont le déterminisme a besoin échappe au déterminisme à quelque moment, quand on recule dans la ligne des temps; car il est impossible d'éviter la question d'un premier commencement, impossible de la poser rationnellement sans renoncer à y appliquer la causalité. On la tranche en affirmant qu'il n'y a eu ni pu avoir de premier commencement et de premier terme de la série des phénomènes, mais que le monde envisagé régressivement est composé d'un nombre innombrable de moments successifs dont chacun est le seul produit possible du précédent, qui est le seul produit possible d'un autre, et ainsi de suite sans fin. Une composition faite et qui ne compose rien de déterminé, un nombre qui se refuse à être nombré, quoiqu'il existe et qu'il ait dû se nombrer par la position effective de ses unités, toutes données suivant l'hypothèse ; des choses, des phénomènes qui sont ou qui ont été et néanmoins ne forment pas une somme numérique dans le temps, tel est le mystère, telle est disons plutôt l'absurdité énorme que ne craignent pas d'embrasser des savants, grands ennemis, à ce qu'ils croient, de tous les mystères et voués par état à ne parler que de ce qu'ils comprennent. Mais ici, dans un sujet qui échappe, il n'y a pas jusqu'aux mots dont ils se paient qui ne soient inintelligibles et contradictoires.

Si l'on renonçait au fond et sérieusement à cette chimère du principe de causalité poussé à l'absolu, alors, admettant, en vertu d'une loi de l'entendement, l'existence d'un ou de plusieurs commencements des séries des phénomènes, on n'aurait *a fortiori* point de peine à croire possible que certains des groupes qui se produisent maintenant se trouvent soustraits en certains de leurs éléments à la nécessité d'être prédéterminés par ce qui les précède. Il ne s'agit cette fois que d'un affranchissement partiel. Le théâtre où il s'obtient est la conscience humaine, en ceux-là seuls de ses jugements ou actes qui sont réfléchis et délibérés, et, cela, non point qu'ils soient indépendants de conditions et de motifs et manquent d'antécédents et de racines (l'idée seule de délibération dit assez le contraire), mais par la raison que dans le nombre des facteurs des résolutions il en est un qui appelle, éloigne ou soutient tous les autres et est lui-même automoteur afin d'être autonome : c'est précisément la conscience, en tant qu'elle ne dépend de rien que par le moyen d'elle-même, ni rigoureusement d'elle-même sur ce qu'elle était à chaque moment qui précède le moment actuel, mais sur ce qu'elle se fait être à ce dernier. Quand on accepte le postulat de cette indémontrable liberté, on reconnaît deux pôles du monde moral, le libre et le nécessaire. Le domaine du déterminisme reste toujours immense, et le point qui s'y oppose n'est rien de plus qu'un point dans l'homme. Les produits du libre arbitre humain s'appuient toujours sur une masse de phénomènes antérieurement déterminés; ils vont s'y déversant à leur tour et sans cesse l'augmentent. Il n'est pas moins vrai qu'à tout moment ce monde qui ne se compose que de faits accomplis dépend et a dépendu dans sa marche, en ce qui intéresse éminemment l'homme, d'un certain nombre de ces faits, lesquels ne préexistaient pas déterminés en leurs antécédents. Cela suffit pour que nous soyons les auteurs de nos destinées dans une mesure quelconque, individuellement d'abord, ensuite socialement, et non pas les simples réceptacles des groupes d'effets qui s'ensuivent spontanément de leurs groupes de causes.

Je sais que le principe de causalité n'est point en apparence ce qui touche le plus les défenseurs actuels du déterminisme absolu. Ils ne témoignent que dédain pour les thèses rationnelles axiomatiques dont toute la force ne consiste qu'en ce que les thèses qu'on poserait contradictoirement sont inconcevables; et ils paraissent se flatter de mettre l'expérience en œuvre et de conclure quelque chose autrement qu'en jugeant et raisonnant, c'est-à-dire en s'appuyant sur des thèses de ce genre. Au fond, quoiqu'ils soutiennent, et d'une façon parfois bizarre, que l'impossibilité de concevoir n'est point un signe de fausseté, il est permis de croire que la loi de la raison suffisante et de l'enchaînement des phénomènes préoccupe le positivisme autant qu'elle a toujours fait la métaphysique. Sans que des exceptions à cette loi soient précisément *inconcevables* (en dehors de la philosophie, tous les hommes en conçoivent sans peine), elle pèse d'un poids tel dans toutes les spéculations et est si bien la forme de toutes les sciences qu'on ne doit pas s'étonner de la voir exercer son empire sur des philosophes dont le plan serait de faire de la vie humaine un objet rigoureusement scientifique.

Quoi qu'il en soit, on prétend aujourd'hui établir le déterminisme empiriquement, le déduire de la seule observation des faits. Suivons la discussion sur ce nouveau terrain, puisqu'il le faut, et voyons si la preuve qu'on apporte est autre chose qu'une induction tirée à la légère, dans un problème qu'on ne prend seulement pas la peine de poser tant on est pressé de le trancher.

On commence par alléguer en fait principal que les hommes conforment généralement leur conduite à des motifs constants pour des circonstances données, en sorte qu'ils comptent sur les actes les uns des autres en des cas prévus et selon les caractères qu'ils se connaissent mutuellement, et que toute la vie humaine, les œuvres qui se font de concert, les commandements, etc., etc., supposent que la volonté de chacun est déterminée quand certains autres faits sont déterminés. On admet ensuite des exceptions à cette loi, ce qui semble en détruire toute la valeur pour la question qui s'agite, car les défenseurs du libre arbitre peuvent bien s'attendre à ce qu'on relègue dans l'exception le siège de leur thèse, eux qui n'ont jamais pensé à nier l'existence d'une masse immense de phénomènes déterminés par des antécédents dans l'esprit humain. Mais n'allons pas si vite : avant d'examiner le chapitre de l'exception et l'argument que les déterministes emploient pour le ranger à la règle, rendons-nous compte de celle-ci. Le libre arbitre ne se montre-t-il donc à l'expérience que dans ces cas de déviation sensible du vouloir où l'homme agit en sens inverse de ce qu'on attendrait généralement de lui?

Ce n'est pas infirmer la liberté que d'admettre la cohérence des actes, l'ordination volontaire des pensées et de leurs suites, la logique et l'esprit de système dans les résolutions et la conduite de la vie. L'agent raisonnable se règle lui-même et règle en conséquence, autant qu'il peut le prévoir, ce qu'il sera et ce qu'il fera dans des circonstances données : il se détermine d'avance. Si nous croyons au libre arbitre, nous penserons que la situation volontairement acquise ou gardée, les cas pré voyables, les motifs recevables, tout ce qui détermine actuellement l'agent sans le forcer, tout jusqu'à son caractère est ce qu'il a voulu déjà dans le passé ; nous ne nous étonnerons pas que les actes présents de sa liberté ne démentent point les actes antérieurs ; nous les prévoirons, nous ne serons en suspens et n'*attendrons* de l'*inattendu* que dans les cas seuls où nous avons lieu de penser que cette liberté se trouve en exercice d'une manière toute particulière, c'est-à-dire appelée à mettre un coefficient nouveau à ses décisions antécédentes, à les compléter, ou peut-être à les faire fléchir ou à changer de direction entièrement, ou à trouver pour des conditions toutes nouvelles des décisions nouvelles aussi. En d'autres termes, nous distinguerons deux sortes d'actes : les uns résultent ou des partis pris précédents de l'agent ou de son caractère ; il les a voulus avant de les vouloir quand il en a accompli certains qui les impliquaient dans sa pensée (exemples : les promesses tenues, les choix de professions), il les a préétablis, puis confirmés par chacun de ceux dont l'ensemble ou les principaux ont constitué chez lui le fondement de ce qu'on appelle un caractère ; les autres, beaucoup moins nombreux, suivent des délibérations internes où il ne se demande pas seulement pour la forme, si tant est qu'il prenne cette peine, s'il sera conséquent à lui-même, mais où il met réellement en question ses idées et ses passions, la valeur des motifs et la bonté des résolutions avant de sentir le poids des engagements : quelquefois en le sentant bien, mais alors sous l'influence de faits nouveaux ou de réflexions nouvelles. Ces mêmes actes sont les éléments de formation de son caractère, en tant qu'il dépend de lui, c'est-à-dire outre la part incontestable, mais non pas toujours immodifiable, qui lui vient de la nature.

Le déterminisme ne manque jamais d'assurer que, connaissant le caractère d'un homme, *il serait toujours possible* de prévoir avec certitude ses actions futures dans des cas bien définis. On rend cette proposition plus spécieuse en avouant qu'*il n'est pas possible* qu'on arrive jamais à connaître un caractère et à définir d'avance des cas d'une manière assez complète et assez précise. Mais ce n'est rien dire de propre à toucher ceux des défenseurs du libre arbitre qui ont sérieusement réfléchi à la question. Suivant eux, en effet, l'impossibilité de prévoir en pareille matière ne tient pas seulement à la complexité des éléments dont se forment les caractères et les cas; quand on parviendrait à la vaincre, il resterait encore celle-ci, plus radicale, savoir que les caractères ne sont que probables de leur nature, qu'ils ne sont fixes que jusqu'à un certain point nécessairement ignoré, qu'ils se forment ou se déforment dans le cours du temps, et qu'enfin ils ont pour éléments composants ou modificateurs successifs ces mêmes actes de la seconde espèce dont tous les hommes ont la conscience vraie ou fausse et dont il y aurait à démontrer l'illusion. Tel est le point de vue où nous nous placerons si nous croyons au libre arbitre.

Si, au contraire, nous croyons au déterminisme absolu, nous admettrons que les déterminations passées de l'agent dépendirent toutes et exclusivement de leurs antécédents propres, ainsi que dépendent les déterminations actuelles; mais nous ne pourrons point prouver cela sans pétition de principe. En effet, de ce que nombre de déterminations sont impliquées par d'autres antérieures, il ne s'ensuit point que toutes le soient, et de ce que l'agent assemble et systématise pour l'avenir des groupes et séries d'actes, les unes selon sa nature, les autres par délibération et résolution anticipées, on n'a rien à conclure, car de telles séries peuvent commencer à des premiers termes émanés de volitions imprédéterminées; il peut se glisser dans leur cours des actes nouveaux, c'est-à-dire ici dont les motifs sont soumis à un nouvel et libre examen, et ceux mêmes des actes dont l'arrêt semble le mieux porté d'avance restent sujets encore à un certain doute qui se mesurerait sur le degré inconnu d'une délibération demeurée possible. Enfin, les cas et circonstances où la conduite d'un agent moral échappe à la prévision s'étendent à un nombre considérable de points de la vie de chacun, et des plus honnêtes gens et des personnes dont le caractère est le mieux connu, loin qu'on puisse les borner à la catégorie des singularités ou des crimes. Mais la statistique a fourni en faveur du déterminisme un argument qu'on a cru très fort, quand elle est arrivée à permettre le calcul des cas de volonté accidentelle, ou déviée ou pervertie, et l'on s'est hâté de s'établir sur ce terrain, sans songer que la question ne saurait s'y décider tout entière, puisque le cas commun et normal de l'application de la liberté ne s'y trouve pas compris, et que les défenseurs sérieux du libre arbitre en placent le siège principal ailleurs que dans la catégorie des méfaits ou des *accidents*. Ce ne serait pas moins un résultat d'importance d'avoir montré que certaines classes d'agents, notamment les criminels, ne sont pas libres. Examinons donc cet argument, fréquemment reproduit et vanté à notre époque, et qui fait pourtant peu d'honneur à la philosophie apportée dans l'emploi des nouveaux matériaux que les sciences mettent à notre disposition.

La question porte sur la loi que voici : Un genre de faits dont les causes déterminantes particulières échappent à la connaissance est à son tour divisible en plusieurs espèces ; par exemple, une boule sort d'une urne, et cet événement se répète un certain nombre de fois, c'est le genre ; la boule sortie est tantôt blanche, tantôt rouge, tantôt noire, voilà des espèces ; or il arrive, quand les circonstances essentielles du cas en expérience restent les mêmes, que des rapports constants *tendent* à se manifester entre les nombres respectifs des événements de différentes espèces à mesure que l'expérience se prolonge, et d'autant plus qu'elle se prolonge davantage ; si bien enfin que, dans l'exemple que j'ai choisi, on parvient à évaluer, avec une approximation et une assurance de plus en plus grandes, les nombres de boules de chaque couleur qui *doivent* être contenues dans l'urne qui sert aux tirages. Je dis que les rapports *tendent* à se manifester, et j'emploie ce mot d'un sens assez clair, si ce n'est précis, pour éviter la définition rigoureusement mathématique de la tendance en pareil cas. Tout ce qu'une parfaite exactitude ajouterait ici se bornerait à faire comprendre comment cette *tendance* est mesurable et démontrable sur les bases du calcul des probabilités.

Cela posé, la *loi des grands nombres*, dont je viens de donner une idée sommaire, se montre applicable dans le fait aux classes d'accidents qui dépendent de la volonté humaine, et que la statistique relève. Les déterministes concluent de là que des sortes d'actes où l'on a coutume de voir la présence du libre arbitre sont prédéterminés, puisqu'ils se produisent en nombres à peu près fixes en des circonstances constantes, et par conséquent ne sont pas libres comme on les croit. Ainsi, le nombre des suicides conserve tous les ans le même rapport à peu près avec le nombre des morts de tout genre, dans le même temps et dans le même pays. A leur tour, les nombres de suicides de différentes espèces ou à l'aide de différents instruments conservent entre eux les mêmes rapports à peu près. Même loi pour les crimes et délits, et pour leurs classes diverses. Même loi pour toutes sortes d'accidents, cas singuliers, etc., etc. Les rapports déterminés tendraient à devenir d'autant plus fixes sans nul doute (et nonobstant d'inévitables écarts) que l'observation porterait sur des nombres plus grands et des régions plus vastes, supposé d'ailleurs que les conditions de l'activité humaine ne variassent point avec le temps et les lieux. Les écarts pourraient bien augmenter en valeur absolue, mais les rapports oscilleraient autour d'une limite dont ils s'approcheraient sans cesse, tellement qu'on obtiendrait une mesure successivement plus approchée de chaque cause ou ensemble de causes qui produisent des actes individuels de chaque espèce dans une société donnée. Les déterministes concluent de là que ces actes sont prédéterminés et non pas libres.

Mais pourquoi cette conclusion ? Voilà ce qu'on ne dit point. J'ai formulé à dessein la loi de manière à rendre la conclusion spécieuse autant que possible. Spécieuse, elle doit l'être en effet pour qu'on se dispense de rien ajouter (que je sache) à l'exposé de faits qui la prépare. Une démonstration ne serait pas de trop pourtant, car les apparences peuvent aisément tromper, dans une question renfermant des éléments philosophiques et des éléments mathématiques avec lesquels on n'est pas toujours familier. Ce qui trompe ici, c'est qu'on néglige de distinguer entre la détermination générale, collective, d'un certain nombre d'actes de telle nature et la détermination individuelle de l'un de ces actes en particulier chez l'agent ; c'est aussi que l'on ne tient nul compte d'un fait tout aussi important que peut l'être celui de la tendance *des grands nombres* à se fixer, je veux dire de l'existence non moins constante des écarts, qui ne permettent jamais de détermination qu'approximative, même portant sur le général. Ces deux causes d'illusion sont faciles à éclaircir, pour peu qu'on veuille se reporter à la loi, se rendre compte de sa nature, en prenant pour type d'application, comme il est de juste, le cas d'un tirage au sort, celui-là même qui est le type consacré des analyses du calcul des probabilités. D'ailleurs, c'est précisément de probabilités qu'il s'agit : on va le voir.

Commençons par opposer un argument spécieux à un autre. N'est-il pas remarquable que la loi des grands nombres, sur laquelle le déterminisme s'appuie, soit une loi dont la vérification empirique la plus complète et la plus certaine se trouve dans le tirage des *sorts*, et par conséquent dans ceux des phénomènes que le commun des hommes est le plus porté à ne point croire individuellement prédéterminés ? Ajoutons que la démonstration mathématique de la même loi se fonde sur ce que certains phénomènes simples auxquels on remonte sont des phénomènes dont la production et la non-production sont *également attendues*, c'est-à-dire jugées *également possibles*. Comment se ferait-il donc que la loi des grands nombres fût par excellence la loi des faits qu'on ne regarde point comme prédéterminés, et qu'on se trouvât admis ensuite à arguer d'elle pour soutenir que des faits qu'elle régit sont prédéterminés par cela seul qu'elle les régit ?

La nécessité de distinguer entre la détermination numérique des accidents de chaque espèce pris ensemble, et la détermination de chaque accident pris à part, est tellement sensible, quand on considère la loi des grands nombres dans l'exemple-type des *sorts,* que l'on ne saurait s'y refuser sans absurdité. En effet, lorsque nous énonçons, ce que nous pouvons démontrer *a priori,* que le rapport du nombre des *blanches* au nombre des *noires* tirées d'une urne, où ces deux sortes de boules sont contenues en proportion invariable, *tend* à se montrer constant à mesure que le nombre des tirages se multiplie, nous ne voulons pas dire que chaque *blanche* ou *rouge* est individuellement déterminée dans sa sortie ; encore moins songeons-nous à prouver cela, mais nous croyons spontanément tous ou presque tous le contraire. Quand donc nous tirons de la loi des grands nombres cette conclusion : les nombres d'événements sont respectivement constants, donc ils sont prédéterminés ; gardons-nous de comprendre que chacun des événements qui les composent est prédéterminé lui-même en ses temps, lieu, siège et circonstances. La proposition serait toute autre. Tant de *blanches* sortiront sur tant de tirages : cela ne signifie point que telle blanche sortira à tel moment, et telle noire à tel autre. De plus, les nombres constants ne sont constants qu'en manière de *tendance* ou avec certaine approximation croissante ; mais ceci est le second point, auquel je passerai tout à l'heure. Il est bon d'insister sur le premier.

Je n'ignore pas que les déterministes, et parmi eux plusieurs des auteurs qui ont traité du calcul mathématique des probabilités, regardent les événements comme prédéterminés individuellement, même alors qu'il s'agit des accidents du sort, d'un tirage de loterie ou de tous autres faits dits fortuits. Ces faits, à les entendre, sont indéterminés quant à notre ignorance, mais déterminés en soi; et il y a manière de se rendre compte d'un certain effet de neutralisation des causes déterminantes qui produit le même résultat que l'indétermination réelle produirait. Mais les auteurs dont je parle et le principal d'entre eux, Laplace, n'avouent pas moins que l'on prend et doit prendre pour thèse fondamentale du calcul l'*égalité de l'attente* devant les futurs contraires d'un certain genre, et qu'ainsi l'on doit supposer une *égale possibilité de production* de tel événement et de son contraire. Leur opinion sur la détermination de tous les futurs est une opinion de métaphysiciens; tout ce qu'ils peuvent, c'est de la montrer conciliable avec le calcul des probabilités et la loi des grands nombres; comme mathématiciens, ils font voir nettement que ce calcul et cette loi s'établissent dans l'hypothèse de l'indétermination réelle d'une classe de futurs [1]. Cette dernière vérité me suffit, nul mathématicien ne la niera : et comme je ne prétends point démontrer le libre arbitre, mais, ce qui est bien différent, démontrer que la loi des grands nombres n'exclut nullement l'imprédétermination des faits qu'elle régit, j'ai atteint le but que je me proposais. La loi des grands nombres est, aux yeux de quiconque croit à la liberté, une loi singulière dont le caractère propre est de s'assujettir, encore est-ce en un mode tout spécial, les phénomènes que nulle loi d'ailleurs n'est capable de déterminer.

Ce que l'application et l'essence même de la loi des grands nombres ont de singulier, c'est de ne porter point sur des déterminations particulières précises, de ne régir le collectif qu'avec une certaine approximation et moyennant des écarts continuels, nécessaires sans lesquels elle n'existerait pas, car son énoncé rigoureux consiste à tracer à ces écarts une limite, et une limite

---

[1] Voyez les *Essais de critique générale*, *Premier essai*, p. 587 et suivantes, et *Deuxième Essai*, p. 343 et suivantes.

en telle sorte seulement que la *tendance* des faits à s'y renfermer se mesure sur une probabilité croissante avec le nombre de ces faits. Ceci nous ramène à l'autre des erreurs où tombe l'argument des déterministes ; tout à l'heure ils voulaient fonder sur une loi dont la démonstration suppose que des possibles contraires sont égaux en possibilité, l'opinion qui n'admet d'autres vrais possibles que ceux qui se réalisent en fait ; maintenant, dirons-nous, ils prennent cette même loi dont le caractère est d'impliquer des exceptions, d'en exiger et de les embrasser, et veulent l'employer à prouver que les actes futurs sont prédéterminés sans exception. La thèse déterministe, en effet, demande cette rigueur ; elle serait tout autre qu'elle est, si elle se bornait à soutenir que les actes libres sont rares dans la vie humaine ou moins fréquents qu'il ne semble : ce serait toujours admettre la liberté qu'on rejette. Les statistiques dont on se sert pour établir la constance des nombres laissent, à l'instar de la loi dont elles offrent l'application, une certaine marge nécessaire qui, remarquons-le bien, va croissant en valeur absolue, à mesure que l'on observe un plus grand nombre d'événements de chaque espèce : les rapports seuls *tendent* à se fixer à travers les écarts que rien ne limite dans les cas particuliers. Comment des savants, des hommes rompus à la logique ou qui devraient l'être, peuvent-ils négliger cette espèce d'*élongation* des phénomènes qu'ils prétendent fixer, et conclure comme si elle n'existait point ? Dût le jeu du libre arbitre se renfermer dans l'espace qu'elle laisse disponible, le déterminisme se trouverait n'avoir rien démontré. La liberté est ou n'est pas, le nombre de ses manifestations réelles ne fait rien à son existence. Je suis loin toutefois de vouloir le réduire à ce point, tout en l'estimant moins étendu que généralement on ne pense. L'argument que je réfute est impuissant, de cela seul qu'il ne tient nul compte des exceptions que lui-même est forcé de constater ; mais le vice principal réside toujours dans la confusion de ce qui est déterminé au sens collectif et de ce qui est déterminé au sens particulier de l'acte et de l'agent.

Mettons de nouveau ce vice en lumière, et cette fois sur les exemples. Tant de meurtres, tant de suicides ont lieu annuellement dans une société donnée dont les conditions ne varient point : tant de meurtres de chaque espèce définie, tant de suicides de même. Un défenseur du libre arbitre ne doit voir aucune difficulté à ce que ces nombres constants (approximativement constants) soient la mesure des causes réunies qui, dans cette société, portent les hommes au meurtre ou au suicide avec telles ou telles déterminations particulières. L'observation constate en cela, et la raison aurait même pu prévoir l'existence d'un certain domaine du déterminisme, domaine qui s'étend sur le collectif, et se définit à l'avance par des probabilités. La réserve du libre arbitre de chacun ne contredit nullement l'affirmation des résultats fixes (approximativement fixes) de l'épreuve qui se fait sur tous. Quand on décime un régiment, l'ordre barbare qui veut qu'un homme sur cent périsse ne condamne individuellement ni plus ni moins ceux que le sort désignera que ceux qu'il sauvera. Quand il est probable qu'un nombre donné de traversées maritimes amènera un nombre donné d'accidents de mer, l'instruction et les qualités d'esprit moyennes des navigateurs entrent, comme les conditions météorologiques, comme l'état de la science navale, etc., dans les éléments déterminants des faits moyennement attendus; mais la décision arbitraire du commandant qui hésite sur la marche à suivre en un des cas douteux où la sagesse n'a point de conseil à donner, ou qui appelle ou éloigne le danger par des actes dont l'influence est imprévoyable, peut perdre ou sauver un navire; d'autres personnes encore sont causes éloignées mais réelles en ce dernier sens, et ces sortes de décisions heureuses ou fatales venant à se balancer, en tant précisément qu'on ne les suppose point prédéterminées, l'ensemble des épreuves ne laisse pas d'être soumis à la loi de fixité numérique approximative des accidents, et de traduire l'effet de causes physiques et morales à peu près constantes. De même, les criminels qui délibèrent avant d'agir succombent à leurs tentations ou les dominent; s'il est vrai qu'ils sont libres, il n'y a nulle raison, *en tant qu'ils le sont,* pour que leurs résolutions individuelles se produisent en un sens ou en un autre; sous ce rapport, elles pourraient et devraient se balancer *dans les grands nombres,* tandis que les motifs généraux qui inclinent les hommes au bien ou au mal et les autres conditions moyennes des actes demeurent à peu près les mêmes dans les mêmes circonstances, et se traduisent et mesurent par des nombres à peu près constants d'événements de chaque sorte. Supposons, par exemple, que le calcul exact des conditions et motifs généraux, je ne dis pas déterminants, mais *inclinants,* fût possible *a priori* et menât à représenter par un millième le coefficient de production d'une espèce d'actes comparée à l'espèce contraire, on pourrait dire que la probabilité des premiers est un millième aussi, en les considérant individuellement tout comme collectivement; d'autres coefficients modifieraient alors celui-là, lesquels se tireraient du caractère individuel et des circons.ances individuelles : le libre arbitre ne serait point altéré, car une décision cent fois ou mille fois moins *probable* qu'une autre, obtenue en fait une fois sur cent ou sur mille, est une décision parfaitement *possible*. Ainsi, le déterminisme s'applique où il doit s'appliquer, d'une manière conforme à la vraie signification de la loi des grands nombres, qui est une loi de probabilités[1], et enfin la liberté subsiste, ou du moins rien n'empêche qu'on y croie.

---

1. La probabilité de chaque décision individuelle prise en un certain sens, dans l'un quelconque de tous les cas qui seraient supposés identiques entre eux, est le nombre dont s'approche indéfiniment, à mesure que l'on envisage un nombre de cas plus grand, le rapport entre le nombre total des décisions observées en ce sens et le nombre total des épreuves. Ceci est l'énoncé même de la *loi de Jacques Bernouilli*, appliquée aux résolutions des agents libres. De plus le *rapprochement indéfini*, ou ce que j'ai nommé plus haut la *tendance*, n'est aussi qu'une probabilité, qu'on fait croître en augmentant le nombre

Des objections contre le libre arbitre, aussi mal fondées scientifiquement que celle que je viens d'examiner, ne se seraient jamais offertes à la pensée d'un savant, n'était le préjugé invétéré qui persuade aux déterministes que toute extension reconnue de l'empire des motifs dans la vie humaine répond à une place perdue purement et simplement pour la liberté. Ce préjugé devait, il est vrai, durer et se confirmer par le fait de la doctrine antagoniste, dite de la *liberté d'indifférence*, suivant laquelle tous les jugements étant nécessaires, autrement dit déterminés, le vouloir se trouverait libre, autrement dit indéterminé, au moment où son rôle commencerait après le rôle expiré du jugement. Si cette opinion scolastique était vraie, les actes libres tendraient, en vertu de la loi des grands nombres, à se partager également entre les résolutions contraires de chaque espèce, au lieu que la force des motifs tend à se déclarer et à se mesurer dans le partage inégal acquis à l'observation. Sous ce point de vue, le déterminisme semble triompher; ce n'est pas toutefois une raison pour confondre avec la certitude la probabilité plus ou moins grande qui peut appartenir aux actes particuliers; et il faut chercher d'autres arguments que ceux qui valent contre l'indifférence de la volonté, pour les opposer à d'autres défenseurs du libre arbitre. Selon ces derniers, tout acte réfléchi, délibéré, se motive dans le vouloir au même titre que dans le jugement; tout motif admis (dans un cas d'alternative) est déterminant, nécessitant, mais les motifs en tant qu'admis sont l'œuvre des agents qui les posent, les éloignent, les rappellent, les scrutent, les modifient: ils ne sauraient donc être déterminants qu'en se déterminant eux-mêmes dans l'acte propre de détermination des agents; envisagés dans le collectif, où leurs valeurs s'expriment par les nombres respectifs des actes qui les rejettent ou

---

des observations, et si chaque décision simple n'était estimée possible en deux sens, quelque peu probable qu'elle puisse être en l'un, les bases de la loi et de sa démonstration seraient à l'instant renversées.

leur font droit, ils ne déterminent pas extérieurement les agents, dont les résolutions forment tout au contraire les parties intégrantes de ces nombres : ils ne sont à leur égard que des causes probables, tant qu'ils n'existent qu'indépendamment de leurs délibérations et décisions, mais ils deviennent causes certaines dans le fait accompli de chaque liberté qui les rend siens. Tel est le sens du libre arbitre.

En y adhérant résolument, on ne dément point ce qui a été dit au commencement de ce livre : que la liberté est une apparence subjective, nécessaire il est vrai comme apparence, mais engagée seulement comme telle dans le fondement de la morale, indémontrable d'ailleurs aussi bien que toute autre vérité transcendante ; mais, réelle ou non, on se sert d'elle et de cette même apparence pour l'affirmer, à mesure qu'on en voit l'idée, sous différentes formes, être l'origine et la fin de tous les phénomènes moraux, la condition des préceptes, l'essence de ce que le progrès moral doit accomplir dans tout homme et toute société d'hommes.

D'abord, en suivant le cours de ces études, sur tous les points qui touchaient aux faits de l'expérience et de l'histoire, il a fallu se servir du langage le plus naturel et le plus vraisemblable ; en d'autres termes, se confier à l'apparence du libre arbitre. Vouloir à toute force éviter cela, c'eût été s'obliger à un emploi de termes abandonnés, dépassés par tous les esprits, tels que les mots vagues de *sort* ou de *fortune*, usités chez les anciens et par les écrivains de la Renaissance ; ou c'eût été embrasser une théorie déterministe, comme celle de la *rencontre des causes mutuellement indépendantes*, plus difficile à appliquer en psychologie que dans le calcul des chances mathématiques, ou comme celle des *perturbations*, qui s'est offerte plus récemment pour justifier, dans le développement de l'homme individuel et social, la présence des éléments de déviation si visibles du côté du mal dans la marche des choses humaines. Mais le déguisement de l'idée commune du libre arbitre est une sorte de gageure qu'un déterministe résolu aurait beaucoup de peine à tenir dans toute une suite de commentaires, et qui serait à la fois puérile et fatigante à essayer seulement. Quand même le libre arbitre ne serait que l'illusion attachée à des phénomènes dont la réalité est ailleurs, les mêmes analyses historiques et morales faites de ce point de vue subsisteraient toujours, comme une espèce d'astronomie de Ptolémée, toute relative aux apparences, à des apparences d'ailleurs parfaitement liées et concordantes qui se déduisent les unes des autres. Ainsi le langage est justifié en tout état de cause, et c'est à la doctrine de la liberté de la fournir.

Ensuite, il s'agit de savoir si le monde moral tourne réellement autour d'une conscience libre, ou si l'homme est entraîné moralement dans un système inconnu, comme il l'est physiquement dans celui que la science a su déterminer en partie. La démonstration ne pouvant s'obtenir en un sens ni dans l'autre, il faut recourir aux motifs inclinants d'une affirmation quelconque, ce dont les déterministes ne sont pas exempts plus que leurs adversaires, puisque, eux aussi, ne démontrent pas, mais affirment; et il est naturel que ces motifs soient empruntés à l'ordre moral, dont il est question principalement. Alors on est obligé d'avouer que le penchant à affirmer la liberté est le penchant même à attribuer une valeur objective à la morale, et cela seul devrait faire réfléchir. Quand la morale appliquée, quand l'histoire expliquée par la morale roulent entièrement sur l'apparence de la liberté, on doit se demander s'il n'est pas bon et raisonnable de croire que cette apparence est la réalité même. Le *postulat* affirmé répond déjà à une suprême convenance de doctrine, restitue la vérité à la conscience et au sentiment moral, lève une anomalie, une contradiction entre les phénomènes personnels et l'ordre profond des choses. Mais, ce n'est pas tout, et ce ne serait pas assez, car il est constant que nous sommes sujets à de grandes et continuelles illusions que la science a mission de constater et de redresser, sans qu'elle puisse les dissiper toujours. L'une de ces illusions n'aurait-elle pas son siège au fondement de la morale ? Ce qui répond à ce doute, c'est qu'il appartient à la morale, et ne saurait appartenir à nulle autre science d'en décider. Mais la morale prononce moralement, et ramène les questions au devoir.

Plaçons-nous donc à ce point de vue, et observons tout ce qui se rattache de différences en énergie morale, en dispositions actives, en sincères et puissants motifs d'agir, aux deux partis pris opposés de l'affirmation ou de la négation; nous serons conduits à reconnaître que la morale nous fait de la croyance à la réalité du libre arbitre un dernier devoir, de même qu'elle nous fait, et que la vie entière nous crée une première nécessité d'en accepter l'apparence.

Cette croyance dépend de nous, s'il est vrai au fond que nous sommes libres, et dans ce cas elle est un acte essentiel de notre liberté même. Sans doute, elle ne dépend pas de nous, s'il est vrai que nos résolutions sont entièrement déterminées par des actions et motifs antécédents de tout genre ; mais ceci est la thèse déterministe, et si nous la préférons, nous ne pouvons nous dissimuler que d'autres préfèrent la thèse contraire, tout aussi nécessairement que nous la nôtre, à ce que nous devons penser ; que nos arguments ou démonstrations prétendues ne les touchent point, que même ils nous en opposent à leur tour qui leur paraissent plus concluants. Par là nous devons, si nous sommes raisonnables, être amenés à douter, en songeant que ce déterminisme, cette nécessité que nous croyons enfante simultanément les deux convictions dans les consciences. Le doute enfin nous rend à la liberté pratique de nous déterminer, puisque nous ne savons plus, quand nous doutons, en quel sens ce qui n'est pas nous, nous détermine, si tant est qu'il nous détermine. Ainsi, soit en apparence et d'une apparence qui suffit, soit au fond et en réalité, la croyance au libre arbitre dépend de nous, et le devoir s'offre pour motiver notre choix au défaut de l'évidence qui manque [1].

Le devoir parle certainement; notre conduite sera modifié selon que nous déciderons de croire, ou si ce n'est notre conduite propre, actuelle, car les jugements pratiques et les résolutions d'agir ne sont pas toujours conformes aux théories que nous professons, au moins la vie humaine sera envisagée et dirigée de deux manières bien différentes à mesure que les effets et corollaires de notre croyance se produiront avec plus de logique, et se généraliseront pour les sociétés. Des hommes élevés dans la conviction qu'ils sont libres, et par d'autres hommes qui respecteront leur liberté, deviendront de plus en plus des hommes libres au sens le plus complet de ce mot. Ne voyant pas seulement un siège, un certain noyau de puissance réelle établi en eux-mêmes et affranchi des actions de contrainte, ce qu'il n'est pas interdit aux déterministes de concevoir, mais croyant de plus à la possibilité que des phénomènes féconds, réellement nouveaux, sortent d'eux pour entrer dans le monde (au lieu d'un simple déroulement des choses préparées dont ils ne seraient que les supports ou vases contenants), ils auront le sentiment vif de l'effort, de l'innovation et de la responsabilité; ils oseront, et toutefois avec plus de conscience, de méditation et de scrupule; ils sauront que la dignité est là, et qu'elle n'est que là, et seront animés d'un vrai désir d'en étendre le don à l'humanité entière. Ils se garderont de voir dans la conscience d'autrui, comme dans la leur propre, un simple réceptacle d'actions, une simple résultante de forces où toute question morale, politique, sociale consiste à faire aboutir de convenables influences. Ce point de vue est en partie juste et très utile; la doctrine de la liberté ne défend point de s'y placer, sous la réserve du

---

[1]. Lequier, *Recherche d'une Première Vérité*. Saint-Cloud, imp. de Mme Ve Belin, 1865, in-8°, p. 81-84. — Cet ouvrage posthume, dont je suis l'éditeur, a été tiré à 100 exemplaires et, par des causes indépendantes de ma volonté, n'a pu être mis en vente.

respect de la loi morale ; mais le déterminisme n'en connaît pas d'autre, et la loi morale y reçoit difficilement un sens.

Considérons les théories qui se répandent sous le règne de l'esprit déterministe. Ce sont en religion des systèmes de grâce, en morale des systèmes d'utilité, en politique des systèmes d'autorité. Des prêtres, des savants, d'autres conducteurs d'hommes encore, moins respectables et aussi dangereux, des chefs d'États, sont chargés de *déterminer* le monde, eux-mêmes *déterminés* par des actions vraies ou supposées, humaines ou divines, tout autres que la conscience. Sous de si différentes formes, la morale de l'utilité tient constamment lieu de la morale du devoir ; le grand projet qu'on se propose à l'aide de moyens divers est de diriger les actions individuelles à l'utilité générale, qu'on se flatte de connaître encore qu'on la détermine souvent en sens opposés. Il est vrai que le développement des notions exactes d'utilité, soit particulière, soit universelle, est un but légitime et nécessaire, et que la recherche du bonheur est un grand et inévitable mobile : il faut donc louer les philosophes, les politiques, les économistes qui parcourent cette carrière de recherches ; mais un principe supérieur est nécessaire aussi ; d'abord pour régler par le devoir l'utilité incertaine ou abusive et fausse, ensuite pour dépasser les sociétés de lutte et s'avancer vers l'idéal de paix. Les religions tentent du moins de fixer un tel principe et de s'élever au-dessus de la sphère de l'utile en dominant tous les autres intérêts par un certain intérêt éminent. C'est à tort que croiraient se passer d'elles les moralistes qui recherchent empiriquement les utilités et n'admettent point les aprioris de la justice et de la raison.

A mesure que la foi religieuse décline et que la politique des hommes d'État se discrédite, en l'absence d'une science achevée, sûre d'elle-même et prête à gouverner, les théories se tournent du côté des masses humaines et les chargent d'aller spontanément au bien.

On voit volontiers dans le *peuple* un fonds de sagesse et même d'infaillibilité refusé aux individus. On acclame, on adore dans l'ensemble la force et le fait qu'on n'estimerait point dans l'acte de la simple personne. Pour plus de sûreté, on étend ce procédé sur les siècles et sur leur succession, déterminée nécessairement selon le mieux des choses. Comme autrefois à la grâce divine, on demande maintenant à l'histoire et au *progrès* de justifier les événements et de faire atteindre les fins. On trouve ainsi le moyen de susciter le salut de l'homme sans l'homme et sans sa vertu ; à chaque idée qu'on se fait de l'avenir (grâce à l'initiative personnelle dont il n'est donné à personne en réalité de se dépouiller), on se fait dicter ce qu'on ose prédire par de prétendues séries historiques dont l'illusion persiste chez chacun malgré les résultats contraires où d'autres se disent conduits. On se forge enfin une sorte de religion du progrès, destinée à remplacer les religions anciennes, et dont l'esprit déterministe admet sans doute quelques bons effets, comme la foi dans la prédestination divine en produit pour un certain état des âmes, mais ne fait pas moins que l'homme s'absente volontairement de son œuvre autant qu'il le peut (je ne dis pas autant qu'il le croit), et pense la remettre au destin.

La croyance à la liberté mènerait le monde à des vues théoriques opposées, et l'animerait d'un esprit tout autre. Chaque agent envisagerait essentiellement l'œuvre possible du bien et du salut en lui-même, et dans toute personne comme en lui, non dans la masse qui ne saurait jamais être qu'une résultante. C'est là, dans cette masse et dans son histoire, abstraction faite de chaque action et de chaque création individuelle distincte, qu'il verrait la place du déterminisme et d'une lourde nécessité, portant sur le bien comme sur le mal acquis à la suite des précédents efforts, mais sur le mal peut-être encore plus impérieusement. La solidarité des sociétés présentes avec les sociétés passées, celle de tout homme avec une société actuelle, le faisceau et l'héritage des coutumes lui paraîtraient constituer l'obstacle plutôt que le moyen des progrès réels et décisifs, ne fût-ce qu'à cause du droit et du besoin de la défense personnelle, qui l'autorisent en un milieu de guerre à satisfaire sa conscience d'un bien inférieur à la loi morale, et à se permettre ce qu'autrement il ne se permettrait point. Sans doute, il reconnaîtrait que l'homme trouve un appui pour le bien, et non pas seulement pour le mal, dans cette solidarité de tous, mais principalement pour le préserver des écarts qui le feraient tomber au-dessous d'une certaine moralité moyenne, non pour l'encourager et le soutenir dans l'ascension à l'idéal. Enfin, l'autonomie étant à ses yeux le but et aussi le signe et l'élément du progrès à mesure qu'elle se réalise, il croirait que sa vraie fin et celle de ses semblables sont de rendre leurs sociétés volontaires et libres, de fatales qu'elles sont, au lieu de se confier à leurs errements spontanés pour les conduire à des relations sociales justes. Cet agent arrivera donc à la pensée des associations partielles autonomes, les seules qui puissent être créées rationnellement, œuvres de raisons individuelles et concordantes, et par conséquent de raison.

Les libres associations ne voudraient et ne pourraient point rompre avec la société générale enveloppante, plus ou moins nécessairement donnée, car elles auraient, outre les rapports inévitables, la liberté à demander, au moins la tolérance, en échange de l'exemple offert. Elles viendraient se placer, sous quel nom que ce fût, écoles pratiques, églises, coopérations, sociétés modèles, expériences même, entre les masses trop fatalisées, trop peu mobiles, et les dispersions individuelles d'opinions, pour viser à l'idéal de croyance et de vie. Le seul grand progrès possible du monde est dans la multiplication de ces sortes de groupes. Ils affranchiraient l'humanité de la fatalité, lui rendraient quelque chose de la spontanéité, des libres mouvements des petites sociétés primitives qui créaient leur mœurs et ne les subissaient pas. Ils ne la feraient point renoncer au bénéfice, mais l'arracheraient à l'injustice et à l'abus des grandes agglomérations et des lois étendues sur de grandes surfaces. Rien d'universel, en effet, ne deviendrait impossible; il faudrait seulement qu'il fût universellement consenti. Au commencement de tout serait la conscience, avec ses déterminations libres; au milieu, pour ainsi dire, et comme résultantes premières des volontés, se produiraient les établissements formés par des accords de croyance et de raison, et les solidarités partielles qui en dériveraient, moins pesantes que les anciennes; au bout, l'État général ou société universelle, alliance des alliances, transformation accomplie des États empiriques ou historiques, appelés à se subordonner aux associations contractuelles dont ils règlent ou compriment aujourd'hui l'essor. Voilà l'idéal d'une doctrine de liberté. On peut juger à quelle distance en est encore le monde.

L'autorité n'est pas moins indispensable que la liberté dans la marche des choses humaines; mais il faut que la première résulte de la seconde, sans quoi l'on ne saurait échapper à l'injustice et à la fatalité. Et ce n'est point assez que l'autorité soit acceptée, comme on la voit l'être ordinairement, faute de mieux, sous la pression des faits et la crainte de l'avenir. Avec des autorités purement politiques, plus ou moins déterminées par des précédents et des circonstances, avec la loi des majorités pour résoudre des questions sociales, n'espérons pas changer beaucoup la face du monde. D'un autre côté, sans des autorités librement constituées et à sphères bien définies, morales, économiques, scientifiques (ce seraient les associations mêmes avec leurs règlements, institutions et mœurs, en regard de la liberté de chacun de leurs membres), il ne semble pas possible qu'on échappe à l'anarchie des esprits, à peine qu'une vérité quelconque reste jamais définitivement acquise, au milieu des divergences infinies d'opinions de gens qui tranchent sur toutes choses et les remettent sans cesse en question. En cela, c'est le positivisme qui aurait raison contre les systèmes tout politiques et contre l'individualisme, si ce n'est que, les yeux tournés vers le moyen âge, il n'a une juste idée ni de ce qui rend une autorité légitime, ni des principes de morale et de droit qui doivent en commander l'origine et en diriger l'action. Prenant pour instrument de progrès la science sans la liberté, il prétend même imposer à cette dernière une construction dont les preuves prétendues le cèdent en sincérité, en rigueur relatives, à ces *Sommes* du moyen âge dont les bases du moins étaient alors acceptées de tous les esprits.

Je sais que le déterminisme positiviste travaille pour le progrès avec autant d'ardeur que s'il le faisait dépendre du bon usage du libre arbitre de chacun, et non point d'une loi de l'histoire imposée sans condition. L'une des écoles qui le composent use même de son droit en essayant de pratiquer sa foi, et se formant en société particulière. Inversement, les moralistes qui fixent les yeux sur la personne seule, douée du libre arbitre, organe essentiel, par conséquent, de tout le bien qui peut se faire dans le monde, montrent d'ordinaire peu d'activité pour susciter chez cette personne, et chez eux-mêmes d'abord, les grandes résolutions d'où naîtraient les réformes sociales. Ce ne sont pas là des contradictions, comme on est tenté de le croire, mais le partisan de la liberté, dont la hardiesse ne va pas à imaginer des sociétés toutes volontaires, conformes à la raison, est naturellement abattu dans ses espérances, quand il songe aux effets de la loi de solidarité, à la faible puissance dont l'individu isolé dispose pour modifier les événements et les choses : il se réduit donc à travailler à son *salut personnel*, ou du moins son enseignement s'adresse à la personne et lui constitue des devoirs relatifs au perfectionnement individuel, les plus indépendants possibles du monde environnant : en sorte que ces mots de *salut personnel* ne sont pas moins applicables en morale qu'en religion. Et le déterministe, dans sa croyance au mouvement qui conduit les hommes et maîtrise l'histoire, est souvent porté à s'y joindre en poussant de toutes ses forces. C'est ainsi qu'on a vu (mais je n'entends établir aucune comparaison fâcheuse) des fanatiques mettre à l'exécution des ordres du ciel plus de constance et d'audace qu'ils n'en eussent jamais trouvé en s'inspirant de leurs propres sentiments de justice et demandant à réaliser leurs volontés raisonnables.

Je suis donc loin de penser que les croyances et les théories que je combats produisent toujours l'effet qu'on leur reproche de décourager de la vie active et de favoriser l'inertie de l'âme ; non, pas plus qu'une sincère croyance au libre arbitre ne porte toujours à faire du libre arbitre un grand usage. Mais je ne répète pas moins ce que j'ai dit, que, par une inclination d'esprit déterministe, l'homme s'absente de son œuvre d'agent indépendant autant qu'il le peut. Les conséquences en sont immenses pour le choix des voies où il s'engage. Usant de sa liberté sans le vouloir, pour ainsi dire, et sans le savoir autrement que par une illusion dont il se défend, il n'aura point le respect, sinon forcé, de la liberté des autres. La nécessité, en lui-même et hors de lui, répondra de tout à ses yeux, aura la charge de tout faire et de tout expliquer et légitimer. En diriger le jeu sciemment, et toujours nécessairement, sera son ambition et son privilège.

Au contraire, la liberté fondement de la justice et même de la raison, l'autorité partant de la personne, allant à la personne libre, toutes les vérités, tous les biens moraux posant sur la personne, et l'établissement des relations sociales légitimes demandé aux libres décisions de la personne, voilà la fin et le moyen du progrès de tous les agents raisonnables, l'origine et l'essence du devoir de chacun. C'est la conclusion et la profession de foi de ce livre. Elle conduira ceux qui l'embrasseront à former des vœux et des plans tout autres que n'en suggère la thèse de l'évolution générale et toute naturelle d'un monde dont les éléments et les moments sont déterminés d'avance avec les places que les personnes doivent être amenées ou poussées de manière ou d'autre à y occuper. Elle conduira aussi à des procédés d'application et d'exécution bien différents. Le progrès selon le déterminisme est autoritaire en principe, révolutionnaire au besoin, mais pour engendrer de nouveau l'autorité ; et la fin justifie le moyen, sans qu'elle soit morale, car il suffit alors qu'elle soit déterminée, ce dont on juge par l'événement. Mais la doctrine de la liberté n'admet pour le progrès que des moyens de liberté, et la loi morale reste sa constante règle et son fanal unique au milieu même des faits qui s'éloignent de l'idéal de raison et de paix.

Si l'avenir et la vérité roulent en entier sur l'accomplissement des devoirs individuels et sur l'usage personnel de la liberté, encore que les moyens de réforme ou de transformation soient nécessairement de nature sociale, on est obligé d'avouer d'une autre part que le plus grand nombre des hommes ou ne se croient guère libres, ou le sont au contraire bien moins qu'ils ne pensent l'être, et enfin ne désirent point réellement le devenir. On les voit chercher de toutes leurs forces à se déterminer les uns les autres, et souvent à se fataliser eux-mêmes, sans respect de la liberté, sans espérance de ce qu'elle peut produire, avec tremblement au contraire à l'idée de tout ce qui menace de les arracher à leurs habitudes. Il s'en faut probablement de beaucoup que les nombres d'actes libres soient équivalents entre eux dans les différentes vies d'hommes, et il n'y a nullement lieu de penser qu'ils soient bien grands dans la vie de chacun. Les actes qu'on peut nommer originels et têtes de séries, directeurs de mouvements, dans lesquels une multitude d'autres sont établis par anticipation, ces actes-là se réduisent à quelques-uns, et l'agent lui-même ne saurait souvent bien dire lesquels, tant nous étendons difficilement sur nous l'empire de la réflexion, en cet état d'engourdissement mental, en ce sommeil de somnambules où nous sommes presque toujours plongés.

C'est sur le nombre déjà si petit des faits de liberté réelle et sérieusement consciente d'elle-même (si petit, suffisant cependant si nous cherchions à le dégager en nous et en autrui, non à l'envelopper et à l'absorber) que viennent peser toutes les actions externes et tous les précédents acquis indépendamment de la liberté : la nature, le tempérament, le caractère naturel, les besoins, les passions, le milieu de race, de climat, de régime et d'habitudes, la loi de conservation et de défense personnelles, l'éducation, le respect humain, l'honneur et l'intérêt bien ou mal entendus, et tout ce qui passe pour vrai ou faux, bon ou mauvais avant l'examen [1].

Il y a donc bien peu de liberté dans les masses humaines, en dépit de ce qu'on doit reconnaître d'absolu dans le libre arbitre envisagé comme faculté, et sans aller jusqu'à nier les actes d'initiative individuelle qui modifient la vie et les résolutions des personnes et changent la marche des sociétés. Mais les résultantes variables qui forment les événements sont composées au fond par des conflits d'autorités, encore plus qu'elles ne sont dues aux actions de la liberté. L'anarchie dont nous sommes témoins, l'instabilité, les doutes et l'absence de respect dont on se plaint, la confusion des idées chez les savants, les prétentions des ignorants, les retours continuels à des errements qui semblaient abandonnés, l'impossibilité de s'entendre ne proviennent pas des écarts de la raison personnelle, impuissante à rien fonder, dit-on, et du défaut de garanties sociales contre ces écarts ; il faut, au contraire, attribuer ces maux au manque d'autorités librement constituées et acceptées en des sphères d'actions précises et limitées, et à la lutte des autorités anciennes et de tous genres, à la fois puissantes et discréditées. Je crois avoir montré le remède où l'on ne voit trop souvent que le mal. Mais encore est-il besoin que le remède soit estimé

[1]. L'opinion qui réduit à ce point l'usage effectif de la liberté humaine était celle de l'admirable écrivain que j'ai cité plus haut (Lequier, *La recherche d'une Première Vérité*). Nul homme, en aucun temps, certainement, n'a mis plus de force et d'ardeur à affirmer la réalité du libre arbitre, et nul n'a exposé avec plus d'énergie et de clairvoyance les raisons qui, montrent l'immense étendue de la nécessité ou prédétermination de nos actes nous portent à la croire sans limites.

bon par ceux que cela regarde; or il n'est pas d'une espèce à se prendre de confiance, car le malade doit se mettre tout entier, de toutes ses forces au travail de sa guérison, et j'ai déjà remarqué dans quel cercle vicieux était pris le progrès qui demande à la liberté en exercice l'œuvre de fondation de la liberté.

Les progrès décisifs étant difficiles à ce point, on s'explique sans peine et on excuse les systèmes qui s'inspirent de l'urgence visible d'instituer une autorité, qui l'imaginent imposée par la nature des choses et le mouvement de l'histoire, faute de la comprendre libre et variée, et la veulent simple, absolue et contrainte. Si, en effet, l'accord touchant la vérité ne se fait point par le mérite des esprits, par l'affirmation de la liberté et l'accomplissement du devoir, chez des groupes d'hommes assez nombreux et assez hardis pour appliquer sérieusement la morale à leurs relations; si nulle initiative individuelle ne prend sur les âmes, au nom de la raison, un empire comparable à celui que donnent la passion religieuse ou le prestige de la force, on peut s'attendre à voir de deux choses l'une : ou les autorités du passé reprendre vie et force au delà de ce qu'on croit, ou, en supposant que celles-ci ne puissent désormais triompher de l'anarchie universelle, les sciences et les méthodes scientifiques interprétées dans le sens matérialiste et déterministe se charger progressivement de toutes les parties de la direction sociale.

Dans cette dernière hypothèse, appuyée par les indications sérieuses d'une autorité qui se forme déjà sous nos yeux et qui travaille à se donner une doctrine générale, le panthéisme de la race germanique communiquera probablement une sorte de caractère religieux au positivisme plus négateur, plus brutal des races latines démoralisées. L'humanité sera ainsi conduite au sein du second moyen âge, où les savants prendront la place des prêtres, où la science remplacera la foi, mais nominalement, non de fait, attendu que l'affirmation y sera poussée bien au delà des bornes que fixe la rigueur des méthodes rationnelles, où, enfin, la capacité intellectuelle et le progrès tiendront lieu de la grâce, et l'utilité générale du salut, le dévouement (l'*altruisme*) étant toujours posé en principe moteur de l'activité légitime. Mais ce principe de l'amour, loin de favoriser la liberté, aura encore une fois pour effet l'établissement de la contrainte universelle, religieuse, sociale, à cause de l'écart inévitable entre l'idéal et les faits, et de la mission que l'autorité se donnera d'en supprimer au moins les apparences. Le nouveau corps sacerdotal réglera et distribuera toutes choses : les travaux, les fonctions, les mariages, la vie entière, et visera par le double moyen de l'enseignement et de l'administration hiérarchisée à préparer chaque homme pour chaque poste et à les modeler tous dans l'esprit de la moralité convenue. De la contrainte naîtra l'hypocrisie, du règlement l'inertie individuelle, de la routine la perte des méthodes, et de l'organisation le dépérissement. C'est l'histoire du positivisme des *Lettrés* de la Chine.

Est-ce donc ainsi que doivent aller jusqu'à la fin les destinées de l'humanité, d'anarchie en autorité contrainte, et d'autorité contrainte en anarchie, sans que jamais l'homme social parvienne à constituer des sociétés volontaires de paix et de liberté ? Pourquoi pas ? Il n'existe après tout que des hommes, des personnes, et l'humanité qui, physiquement, n'est qu'un nom commun de races naturelles, logiquement un nom collectif, peut n'être pas plus que cela non plus moralement, si ce n'est quant à l'idéal, et demeurer en fait impuissante à se faire exister elle-même. La liberté en doit décider. Supposé qu'il en fût ainsi, ce qui, selon le postulat de la liberté, n'est peut-être point actuellement prédéterminé, le devoir subsiste pour toute personne, et la réalisation de cette humanité contingente est le but du devoir.

Dans l'hypothèse où le but ne serait jamais atteint, rappelons-nous l'autre postulat de la morale : l'immortalité personnelle. La Terre alors se présentera à notre pensée comme une simple station par laquelle tous les membres de l'humanité physique ont à passer, et qui n'a pour chacun que la valeur d'un moment de l'éducation destinée à les former comme membres de l'humanité morale. Entrés dans cette station, ils y rencontrent la vision de la cité idéale, avec la raison et la justice pour les conduire au but. A la suite des premiers écarts et des vices, bientôt invétérés, qui en sont la conséquence, ils se trouvent définitivement dans l'*état de guerre*, et la paix recule devant leurs yeux, jusqu'à disparaître entièrement pour de longues périodes, même en pensée et en espérance. Les uns font le mal avec des intentions perverses, les autres, que sollicitent des passions justes en elles-mêmes, gouvernent les familles et les États de manière à détruire la liberté, source unique de tout vrai bien et condition de la moralité. D'autres encore agissent dans l'ordre du droit révolutionnaire, et poussent la passion de l'idéal, ou peut-être l'application du principe de la défense personnelle et de la défense des opprimés, au point de violer le devoir envers autrui, envers eux-mêmes, et à rendre plus difficile que jamais, plus lointaine, la fin même qu'ils se proposent d'atteindre. D'autres se séparent par l'esprit, échappent à la solidarité des croyances ou des pratiques vicieuses, et emploient ce qu'ils ont de courage à des luttes intellectuelles, où la vérité d'ailleurs n'est point toujours ou entièrement de leur côté. D'autres plus nombreux s'isolent dans leurs intérêts de famille et de propriété et ne connaissent guère de vertu que la prudence, ou se créent une passion favorite et donnent leur vie au délassement ou à telles occupations absorbantes qui ne méritent guère que ce nom. D'autres, enfin, que le problème de la destinée ne laisse pas indifférents, embrassent, tantôt d'un sentiment spontané, tantôt de guerre lasse, un déterminisme plus ou moins large, sous la forme d'une religion, d'une autorité et des idées et croyances quelconques où le sort de la naissance les a jetés. Il y a parmi ces derniers assez d'honnêtes gens et d'amis de la paix pour que la comparaison ne soit pas toujours favorable aux *violents* qui veulent *ravir* le ciel de la liberté, et cependant si tous étaient semblables aux hommes d'habitude et de discipline, il faudrait renoncer à toute espérance. L'avenir repose sur les revendications actives de la conscience. La soumission à un ordre établi, le bon usage des conditions du présent quel qu'il soit, la moralité vulgaire seront impuissantes à amener un progrès décisif.

Je ne parle pas du plus grand nombre, c'est-à-dire de ceux que le travail de vivre absorbe tout entiers, et que l'ignorance, la misère, l'égoïsme de leurs concitoyens retiennent dans un état à ne compter pour rien dans la marche du monde. En un mot, le déterminisme est toujours et sous mille formes, dans les faits comme dans les doctrines, l'aboutissement des hommes qui renoncent sciemment ou non à constituer la véritable cité humaine ; et quand il arrive que les milieux établis deviennent impropres à modeler des sujets modifiés par d'autres causes, et désormais rebelles, on cherche à en former de nouveaux qui ressaisissent les volontés échappées. On finit, nous l'avons vu, par croire que les milieux successifs se déterminent nécessairement, et par ne rien admettre de meilleur que ce qui est possible, ni de possible que ce qui est ou ce qui se fait. C'est de là qu'il faut remonter à l'idéal et à la liberté. L'expérience et l'effort personnel ouvrent une école à chacun dans sa sphère, grande ou petite, active ou de spéculation. École particulière dans chaque traversée terrestre ? rien de plus ? C'est ce dont jugera l'événement. École pour l'humanité même, en tant qu'appelée à définir un jour sur son théâtre actuel sa constitution sociale ? On le saura quand viendra le règne de la paix, quand se fondera la société libre des agents raisonnables. Il appartient à la liberté de décider d'elle-même, et de toutes choses ensuite.

Nous avons vu la liberté, répétons-le maintenant, se poser en apparence nécessaire à la première page de l'éthique. Nous l'avons demandée en postulat, comme fondement objectif de la théorie du devoir. Elle nous a été d'un constant et inévitable usage pour le développement de la psychologie et de la morale des passions et pour l'interprétation de l'histoire de l'homme. La doctrine du droit nous a fait envisager tous les droits comme des libertés, toutes les libertés revendiquées, déniées, accordées, conquises, comme des dépendances de la liberté. Le principe de la défense, source de tout droit appliqué dans l'ordre empirique des choses, nous a paru lui-même une exigence de la liberté morale forcée d'entrer dans les phénomènes externes, et d'avoir égard à leurs perturbations et de s'y créer des garanties, pour que la société qui doit selon la raison grandir et fortifier la personne ne la détruise pas. Les préceptes universels de travail sur soi et de respect d'autrui en vue de réaliser continuellement la vertu et la justice, ces préceptes à l'adresse de la raison pratique pure, n'ont pu être intelligibles pour nous qu'autant que nous supposions des agents capables de s'y conformer en échappant quand il le faut aux actions déterminantes d'autre sorte. Il en est de même du précepte qu'on pourrait appeler de la raison pratique imparfaite et troublée, qui prend les consciences comme elles se trouvent et le monde comme il se conduit, et, admettant certaines dérogations à l'absolu de la loi morale, se réclame encore de cette loi, et prescrit à toute personne de réaliser selon sa force et ses lumières le plus qu'il peut et que la prudence permet de l'ordre de la paix dans ses actes, et le moins de l'ordre de la guerre, afin que le passage de celui-ci à celui-là soit possible et que l'idéal avance parmi les hommes. A tous ces points de vue, la liberté s'est offerte, et pour la simple personne et pour l'humanité, à la fois comme le moyen et le but, comme l'origine et la fin essentielle des actes ; elle est donc le premier mot de la morale, elle en est le dernier, et, dans les différents sens et applications qu'elle reçoit, elle l'embrasse tout entière.

Les controverses sceptiques et dogmatiques de la philosophie étaient engagées pour ainsi dire depuis le commencement dans des cercles qui semblaient fatals, car ils se reformaient toujours d'eux-mêmes après chaque doctrine dont l'auteur avait tenté de les franchir. Nulle vérité transcendante ne demeurait établie, les systèmes de l'évidence n'avaient point au fond d'autre base que les systèmes de la foi. Kant a changé la face des questions. Une seule doctrine invoque légitimement notre assentiment, et c'est la morale, la doctrine de l'homme, l'homme lui-même arrivé à se connaître dans sa propre loi. Seul, ce qui pourra s'en déduire aura force obligatoire pour le for intérieur; ce qui ne pourra point s'en déduire, et sera d'un ordre ou d'une généralité à surpasser la matière et la méthode de l'expérience et des sciences, restera plus incertain, objet de croyances plus libres. Contre cette doctrine, les doctrines objectives, physiques, déterministes continuent de se dresser; elles ne sont, en dépit de leurs prétentions arrogantes, que des fois particulières aussi, et elles conduisent, en ontologie, en psychologie, en morale, en politique, à absorber la personnalité humaine au sein d'un tout qui l'anéantit. C'est ainsi qu'est posé maintenant à l'humanité le grand problème de l'humanité. Il ne fut jamais si facile à la conscience de se résoudre et de prendre un parti.

TABLE DES MATIÈRES

LIVRE QUATRIÈME
LE DROIT SOUS LE CONTRAT SOCIAL
Suite.

TROISIÈME SECTION
Le droit économique.

Chap. LXXVIII. Du droit de propriété. — Idée générale de la propriété. — Droit d'occupation. — Droit acquis au travail et par suite au capital. — La propriété expression du droit de défense et garantie de la liberté. — La propriété comme droit naturel et comme droit positif. 1

Chap. LXXIX. Droits et devoirs sous le régime de la propriété. — Examen de l'assistance individuelle. 22

Chap. LXXX. Des moyens de résoudre l'antinomie de la propriété. — Examen de l'assistance sociale. — Les lois agraires et l'impôt progressif. — Le droit au travail et ses modes d'application possibles. 29

Chap. LXXXI. Droits consécutifs à la propriété. — Le droit de tester. — L'hérédité naturelle et le droit de tester. 45

Chap. LXXXII. Suite. Les contrats de louage et les contrats de salaire. — Leur légitimité intrinsèque. — Leur condition générale de moralité. — Cette condition peut-elle être remplie par contrainte? — Retour à la question du droit au travail comme solution de l'antinomie de la justice et des faits, sous le régime des loyers et des salaires. 57

Chap. LXXXIII. Suite. Du droit quant aux relations commerciales. — De l'échange du travail et de sa valeur. — De l'échange des produits et de leur valeur. — Du commerce proprement dit : ses avantages, ses vices. — De la vente des choses productives. — Pétition de fait en droit commercial. 76

CHAP. LXXXIV. Suite. Résumé du droit économique pur. 93
CHAP. LXXXV. Des services moralement inéchangeables : la domesticité, les travaux répugnants. — Solution par le mérite... . 98
CHAP. LXXXVI. Du service économique de l'État. — Principes généraux de l'État économique. — La circulation et la distribution. — Les assurances. — Les impôts. 105
CHAP. LXXXVII. Du droit quant aux associations économiques. — Résumé de la *pétition de fait* économique. — Droits et devoirs sous le régime de fait. — Solution par l'association. — Le droit d'association et ses empêchements. — Question pratique de l'initiative individuelle et de l'initiative de l'État. . . . 122

QUATRIÈME SECTION
Le droit politique.

CHAP. LXXXVIII. Le gouvernement : sa définition, ses limites. — Ses formes ou fonctions : les trois pouvoirs. — Formes quant aux personnes : la démocratie, — l'aristocratie, la monarchie. 135
CHAP. LXXXIX. Le droit législatif : établissement du droit. — Critique de la capacité législative. — Pétition de fait résolue par le principe de la représentation. — Examen des systèmes électoraux. — Critique du principe des majorités. 150
CHAP. XC. Le droit judiciaire : matière, formes et limites du droit de juger. — Question de la qualité du poursuivant. — Question des moyens préventifs et de la police. — Question de la majorité des voix dans les verdicts de jugement. 170
CHAP. XCI. Des peines : idées générales de peine et de punition. — Critique de la peine comme exemple, — comme expiation, — comme moyen d'amélioration du condamné. — Limite des peines. Vrai sens du talion. — La peine de mort. — La réclusion solitaire. — Question de la réhabilitation des condamnés. 185
CHAP. XCII. Le droit exécutif : sa définition, son siège, ses limites. — Des garanties contre le pouvoir exécutif. — Dégénération du droit en puissance hétéronome. 216

CINQUIÈME SECTION
Le droit extrasocial.

CHAP. XCIII. Définitions du droit de la guerre et du droit des gens. — Définition du droit extrasocial. 231

CHAP. XCIV. Conflit de personne à personne. — La vendetta. — Les duels. — Question des devoirs de politesse et des mensonges prudents et officieux. 239

CHAP. XVC. Conflit de personne à société : le contrat social et sa rupture. — La résistance passive, l'émigration. — La résistance active, le tyrannicide. — Les droits d'insurrection et de sécession. 261

CHAP. XCVI. Le droit international : idées de nationalité et d'État comparées. — Droits et devoirs mutuels des États, États légitimes, États pervers. — Institutions militaires et diplomatie. — Conditions morales de la guerre et de la paix. — Conditions de la paix perpétuelle. 283

CONCLUSION

CHAP. XCVII. La liberté et le progrès : récapitulation. — Le progrès jugé d'après la liberté. — Le moyen âge quant au progrès. — Le progrès de l'humanité en fait. — Question du déterminisme humain. — Dernier mot sur la liberté. 325

CHARTRES. — IMPRIMERIE DURAND, RUE FULBERT.

www.ingramcontent.com/pod-product-compliance
Lightning Source LLC
Chambersburg PA
CBHW052040230426
43671CB00011B/1727